ITパスポート
試験 問題集

ITパスポート試験教育研究会 編

IT P

Information
Technology
Passport

実教出版

本書の構成と使い方

　本書は，経済産業省ITパスポート試験のシラバスにそって，問題を出題分野ごとにまとめて編集しています。本書を有効に活用することにより，見事ITパスポート試験に合格されることを祈念しております。

○演習問題(756題)

　項目別に基本的な確認問題を収録しました。計算問題には **解法** も示してありますので，学習内容の確認に最適です。側注には，重要語句の解説を掲載しました。解答は，次の見開きの欄外下に掲載しています。

○練習問題(757題)

　ITパスポート試験の過去問題およびシラバス収録のサンプル問題などを収録しています。過去問題等をそのまま使用している場合は，各問題にその旨を表示しています。

　IP：ITパスポート試験

　サンプル：ITパスポート試験シラバス収録のサンプル問題

○模擬試験問題(1回分100題)

　実際の試験と同一の出題範囲と問題数で構成した模擬試験問題(1回分100問)を最後に収録しています。

　初めに模擬問題を一度解いてみましょう。正解数は少なくても構いません。学習を終えた後に再び模擬試験を解くことで，どのくらいできるようになったのか確かめることができます。

○解答・解説

　「練習問題」および「模擬試験問題」の解答・解説は巻末に収録しています。

Contents ———— **目次**

1章　コンピュータシステム

1—1　コンピュータ構成要素

♣コンピュータの五大装置
・制御装置：プログラムの解読や各装置の制御を行う。
・演算装置：加減乗除などの演算を行う。
・主記憶装置：プログラムやデータを記憶する。
・入力装置：データを入力する。
・出力装置：データを出力する。

♣マザーボード
　コンピュータの部品の一部。CPUやメモリモジュールを装着する基盤。

♣CPU（Central Processing Unit）

♣GPU（Graphics Processing Unit）

♣マルチコアプロセッサ
・デュアル＝2個
・クアッド＝4個
・オクタ＝8個

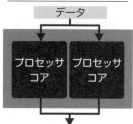

デュアルコアプロセッサ

データ

プロセッサコア　プロセッサコア

2つのプロセッサコアで処理

♣ROM（Read Only Memory）

♣RAM（Random Access Memory）

♣レジスタ
　マイクロプロセッサ（MPU/CPU）内部にある，演算や実行状態の保持に用いる記憶素子。

◆ プロセッサ

　プロセッサとは一般的に CPU と呼ばれ，制御装置と演算装置から構成されたコンピュータの中心機能である。メインメモリとは，半導体メモリと呼ばれるデータや命令を記憶する装置のことである。

1 次の CPU に関する記述のうち，最も適した語を解答群から記号で選べ。

□（1）一つの CPU 内に演算などを行う処理回路を複数個もち，それぞれが同時に別の処理を実行することによって処理能力の向上を図ることを目的とする。

□（2）画像処理を CPU に代わって専門に担当する演算装置。PC やスマートフォンなどの表示画面の画像処理用のチップとして用いられているほか，AI における膨大な計算処理にも利用されている。

□（3）ディジタル論理回路が動作するときに，複数の回路のタイミングを合わせる（同期を取る）ために使用される周期的な信号のこと。一般に CPU の機種・製品が同じならば，数値が高いほど単位時間当たりの処理能力は高くなる。

□（4）マルチコア CPU において，一部のコアを自動的に停止させ発熱量や消費電力を抑えること。

□（5）一度に扱える処理量の上限が 4 G バイトの CPU。

□（6）一度に扱える処理量の上限が理論上約 16,000T バイトの CPU。

解答群		
ア　32 ビット CPU	イ　64 ビット CPU	ウ　GPU
エ　クロック周波数	オ　ターボブースト	
カ　マルチプロセッサ		

◆ メモリ

　メモリとは半導体メモリをいい，データを記憶する装置の総称である。メモリには，ROM と RAM の 2 種類がある。記憶容量や処理能力によって役割が異なり，それぞれの特徴を活かした利用形態がある。

2 次のメモリに関する説明に最も適した語を解答群から記号で選べ。

□（1）電源供給が無くなると記憶情報も失われる揮発性メモリ。

□（2）IC（集積回路）を利用した読み出し専用で，電源の供給が切れても内容を保持することのできる不揮発性のメモリ。

□（3）CPU などのプロセッサが直接アクセスすることのできる記憶装置。通常メインメモリと呼ばれる。

□ (4) 主記憶以外の記憶装置のうち，主にコンピュータに常時接続される大容量の記憶装置をいい，磁気ディスクの HDD や半導体メモリの SSD に用いられる。外部記憶装置や二次記憶装置ともいう。

□ (5) 主記憶とは異なる半導体（SRAM）を使用した高速にアクセスできるメモリ。主記憶は CPU と比較すると動作が遅いため，CPU と主記憶の速度差を埋め，CPU の処理効率を向上させる。

□ (6) 電源供給が無くなると記憶情報も失われる揮発性メモリ。集積度を上げることが比較的簡単にできるためコンピュータの主記憶装置として使用されている。

□ (7) フリップフロップと呼ばれる回路を用いることで，DRAM のようなリフレッシュ動作の必要がない非常に高速に動作する半導体メモリ。電源供給が無くなると記憶情報も失われる揮発性メモリ。キャッシュメモリなどに使用される。

□ (8) ディスプレイに表示する画像データを記憶するために使われる半導体 RAM。ビデオメモリの容量は表示可能な画面サイズや同時発色数の上限や，3DCG の処理速度などに大きく影響する。

□ (9) 電気的に書き換え可能な ROM で電源を切ってもデータが消えない半導体メモリ。区分的には ROM に分類されるが，書き換えが可能なため ROM でも RAM でもない存在として別に分類されている場合もある。

□ (10) 複数の半導体メモリチップで構成される電子基板でメモリモジュールという。コンピュータのマザーボードなどに挿入してメインメモリとして使用する。

□ (11) 主にノートパソコンや省スペースパソコンで使用されるメモリモジュール。大きさは DIMM の約半分程でプリンタやルーターなどのネットワーク機器にも用いられる。

□ (12) コンピュータのメインメモリに用いられる DRAM の規格の一つ。SDRAM の 2 倍の電送効率で，複数の処理を平行して行うパイプライン処理が可能なメモリ。

□ (13) 主にパソコンやサーバのメインメモリとして利用されている半導体メモリ。第 3 世代の DDR SDRAM 規格。標準のメモリモジュールの入出力ピン数が 240 ある。

□ (14) 主にパソコンやサーバのメインメモリとして利用されている半導体メモリ。第 4 世代の DDR SDRAM 規格。標準のメモリモジュールの入出力ピン数が 288 ある。

解答群

ア キャッシュメモリ	イ フラッシュメモリ	ウ 主記憶
エ 補助記憶	オ ROM　カ VRAM　キ RAM　ク DRAM
ケ SRAM	コ DDR 4 SDRAM	サ DDR SDRAM
シ DIMM	ス DDR 3 SDRAM	セ SO-DIMM

♣ 2 次キャッシュメモリ
　CPU がデータを読み出すとき，まず 1 次キャッシュメモリにアクセスし，データが無い場合は 2 次キャッシュメモリにアクセスする。1 次 2 次の順で高速である。

♣ VRAM（Video Ram）

♣ DRAM（Dynamic Random Access Memory）

♣ SRAM（Static Random Access Memory）

♣ SDRAM（Synchronous Dynamic Random Access Memory）

♣ SDR SDRAM（Single Data Rate SDRAM）

♣ DDR SDRAM（Double Data Rate SDRAM）

♣ SIMM（Single Inline Memory Module）同じ位置の表側も裏側も同じ端子となっている。

♣ DIMM（Dual Inline Memory Module）同じ位置の表と裏が異なる端子となっている。

♣ SO-DIMM（Small Outline Dual In-line Memory Module）

♣補助記憶と記憶媒体
- HDD（Hard Disk Drive）
- SSD（Solid State Drive）
- CD（Compact Disc）
- DVD（Digital Versatile Disc）
- Blu-ray Disc
- SDカード

3　次の説明に最も適した用語を解答群から記号で選べ。

☐（1）フラッシュメモリを用いる補助記憶装置。高速・省電力で耐久性にも優れている。

☐（2）デジタル情報を記録するためのメディアである。第1世代光ディスク規格の一つ。

☐（3）動画を収録可能な第2世代光ディスク。

☐（4）第3世代光ディスクの一種であり，大容量相変化光ディスクのこと。

☐（5）メモリカードの規格の1つ。携帯電話やスマートフォン，デジタルカメラやゲーム機などに利用される。

☐（6）磁気ディスクを回転させ，磁気ヘッドを動かして記憶する装置。

解答群
ア	Blu-ray Disc	イ	HDD	ウ	SDカード
エ	SSD	オ	DVD	カ	CD

◆　入出力デバイスとインタフェース

コンピュータ本体に周辺機器を接続する装置のために，インタフェース規格がある。

♣USB 3.0（Universal Serial Bus 3.0）
SuperSpeed USB 最高 5Gbps

♣USB 2.0（Universal Serial Bus 2.0）
Hi-Speed USB 最高 480Mbps

♣インタフェースの転送形態
- シリアル転送
　データを一列に1ビットずつ転送する形態。
- パラレル転送
　データを並列に1バイトずつ転送する形態。

♣PCMCIA（Personal Computer Memory Card International Association）

4　次のインタフェースに関する説明に最も適した語を解答群から記号で選べ。

☐（1）情報を埋め込んだRFタグ（ICタグ）から電磁界や電波を用いて情報のやり取りを行う技術。電車の定期券などとして利用される非接触型ICカードに用いられている。

☐（2）シリアルバス規格の一つ。ハブを使い最大127台まで接続可能。ホットプラグ，プラグアンドプレイ，バスパワー方式に対応している。

☐（3）AV機器やコンピュータを接続する高速シリアルバス規格。

☐（4）ノートパソコン向け拡張カードの統一規格。

☐（5）映像・音声をディジタル信号で伝送する通信インタフェースの標準規格。

☐（6）機器同士を接続して映像・音声を出力できるインタフェース規格。映像出力が4K120Hzや8K60Hzに対応している。

☐（7）ディジタルディスプレイ装置の映像品質を最大限活かすよう設計された映像出力インタフェースの標準規格。

☐（8）PCと周辺機器などを無線で接続するインタフェース規格。

☐（9）赤外線を使って無線通信をする技術で通信可能範囲は30cm〜1m程度。

☐（10）至近距離での無線通信を行う国際標準規格。電子マネーやICカードで使用されている通信規格。

解答群
ア	DisplayPort	イ	USB	ウ	NFC	エ	PCMCIA
オ	Bluetooth	カ	RFID	キ	IrDA	ク	HDMI
ケ	IEEE1394	コ	DVI				

【演習問題の解答】　◆プロセッサ◆　**1**（1）カ　（2）ウ　（3）エ　（4）オ　（5）ア　（6）イ　　◆メモリ◆　**2**（1）キ　（2）オ　（3）ウ　（4）エ　（5）ア　（6）ク　（7）ケ　（8）カ　（9）イ　（10）シ　（11）セ　（12）サ　（13）ス　（14）コ

5 次の説明に最も適した用語を解答群から記号で選べ。
- □ (1) PCに接続されている周辺機器を制御，操作するためのソフトウェア。
- □ (2) 周辺機器を接続すると自動的にデバイスドライバのインストールと設定を行う機能。
- □ (3) USBポートなどから通信ケーブルを経由して電力を供給し，接続した機器を動作させる方式。
- □ (4) PCの操作中に装置を抜き差しできる機能。
- □ (5) デスクトップパソコンの機能を拡張するための拡張カードを接続するための規格。
- □ (6) 数個の衛星によって地球上の位置情報を測定し，受信機をもつ受信者が自身の現在位置を知ることができるシステム。
- □ (7) 電波を用いた無線通信により近くにある機器間を相互に接続し，構内ネットワーク(LAN)を構築する技術。

```
解答群
  ア  ホットプラグ     イ  バスパワー  ウ  Wi-Fi  エ  PCI
  オ  デバイスドライバ  カ  プラグアンドプレイ    キ  GPS
```

◆ **入出力装置**

6 次の入出力装置に関する説明に最も適した語を解答群から記号で選べ。
- □ (1) 身体に装着して持ち歩くことができるモバイルデバイスのこと。
- □ (2) スマートフォンやタブレットPCを代表とする，既存のパソコンや大型コンピュータの枠にとらわれない情報機器。
- □ (3) 電子ペンを用いてコンピュータ本体に情報を送ることができるポインティングデバイスのこと。
- □ (4) 印刷物・写真などの原稿をセンサーでスキャンし，ディジタルデータに変換する装置。
- □ (5) 感圧式，静電式，光学式などのセンサーを利用して，指先や専用のペンで画面に触れることで入力を行う装置。
- □ (6) PCの画面などを壁や大型スクリーンに投影する装置。
- □ (7) 3DCAD，3DCGデータを元に立体（3次元のオブジェクト）を造形する機器。
- □ (8) 手書き文字を読み取り，文字コードに変換したいときに用いる装置。
- □ (9) 印刷されたマークを読み取り，コンピュータに入力する装置。

♣ GPS（Global Positioning System）

□ (10) PC に接続して，撮影された画像や映像にアクセスできるリアルタイムカメラのこと。

□ (11) ノズルから微細なインク粒を紙に吹き付けて印刷するプリンタ。

□ (12) 印刷時にカーボン紙やノンカーボン紙を使って同時に複写が取れるプリンタ。

□ (13) プリンタヘッドを文字など印字したい形に熱し，専用紙を加熱して発色させるなどの方法で印字するプリンタ。

□ (14) レーザ光線を使って図や文字を描き，それをトナーに付着させて用紙に焼き付けるプリンタ。

□ (15) 周りの環境からの微弱なエネルギーを収穫（harvest）して電力に変換する技術の総称。

```
解答群
 ア  エネルギーハーベスティング        イ  タッチパネル
 ウ  スマートデバイス   エ  レーザプリンタ  オ  Web カメラ
 カ  ペンタブレット    キ  インパクトプリンタ
 ク  OCR          ケ  プロジェクタ  コ  感熱式プリンタ
 サ  イメージスキャナ  シ  3D プリンタ  ス  ウェアラブル端末
 セ  OMR          ソ  インクジェットプリンタ
```

7 次の入出力装置に関する説明に最も適した語を解答群から記号で選べ。

□ (1) 光ファイバーケーブルの中継アダプタ規格の一つ。

□ (2) 指やペンなどで触れて操作する入力装置で，複数のポイントに同時に触れて操作することができる入力方式。

□ (3) ディスプレイを構成するドット数が 1280×1024 ドットである解像度の業界標準の規格。

□ (4) VGA（640×480 ドット）の 1/4 の解像度。主に，携帯電話やカーナビ等に使用される。

□ (5) 一枚の回路基板にコンピュータに必要な機能を実装し，必要に応じて複数枚を接続して構成するサーバ専用機。

□ (6) 日々の運動量をスマートフォンやウェアラブル端末などと連携して記録して利用するアクセサリ。

□ (7) 停電時に一定時間電力を供給する無停電電源装置。

□ (8) 電気，空気圧，油圧などのエネルギーをモータなどの動力に変換する装置。

□ (9) 通信機能付きのデジタル電力メーターのこと。通信機能を搭載し，電気の使用データを直接電力会社へ送ることができる。

```
解答群
 ア  アクティビティトラッカー          イ  DLC アダプタ
 ウ  アクチュエータ  エ  ブレードサーバ    オ  マルチタッチ
 カ  スマートメータ  キ  SXGA    ク  UPS  ケ  QVGA
```

♣IoT（Internet of Things）：モノのインターネット

♣センサの利用例
・環境センサ：エアコン等
・物理センサ：血圧計等
・位置検知センサ：カーナビ等
・画像センサ：デジカメ等

♣加速度センサ
　スマートフォンの落下や揺らしなどを検出するものもある。

【演習問題の解答】◆メモリ◆ **3** (1) エ (2) カ (3) オ (4) ア (5) ウ (6) イ　◆入出力デバイスとインタフェース◆ **4** (1) カ (2) イ (3) ケ (4) エ (5) ク (6) ア (7) コ (8) オ (9) キ (10) ウ

練・習・問・題

・・・◆ プロセッサに関する問題・・・・・・・・・・・・・・・・・・・・・・・・・・・・・・・・・・

❶ コンピュータを構成する一部の機能の説明として，適切なものはどれか。　(H21 秋 IP)

- ア　演算機能は制御機能からの指示で演算処理を行う。
- イ　演算機能は制御機能，入力機能及び出力機能とデータの受渡しを行う。
- ウ　記憶機能は演算機能に対して演算を依頼して結果を保持する。
- エ　記憶機能は出力機能に対して記憶機能のデータを出力するように依頼を出す。

❷ CPU におけるプログラムカウンタの説明はどれか。　(H24 春 IP)

- ア　次に実行する命令が入っている主記憶のアドレスを保持する。
- イ　プログラムの実行に必要な主記憶領域の大きさを保持する。
- ウ　プログラムを構成する命令数を保持する。
- エ　命令実行に必要なデータが入っている主記憶のアドレスを保持する。

❸ CPU に関する記述のうち，適切なものはどれか。　(H23 特 IP)

- ア　CPU 内部に組み込まれているキャッシュメモリは，主記憶装置の容量を仮想的に拡張するために用いられる。
- イ　CPU の演算機能は制御機能の一部である。
- ウ　CPU は，一度に処理するデータ量によって "16 ビット CPU"，"32 ビット CPU"，"64 ビット CPU" などに分類されるが，ビット数の大小と処理能力は関係がない。
- エ　同じ構造をもつ CPU であれば，クロック周波数が高いものほど処理速度が速い。

❹ コンピュータにおける命令の実行順序に関する次の記述中のa，bに入れる字句の適切な組合せはどれか。　(H24 秋 IP)

コンピュータの命令実行順序は，

- (1)：プログラムカウンタの参照
- (2)：命令の　 a
- (3)：次の命令の主記憶アドレスをプログラムカウンタにセットする
- (4)：命令の　 b
- (5)：命令に応じた処理を実行
- (6)：(1)に戻る

を繰り返す。

	a	b
ア	解読	読込み
イ	書込み	解読
ウ	読込み	解読
エ	読込み	書込み

❺ CPU の性能に関する記述のうち，適切なものはどれか。　(R4　IP)

- ア　32 ビット CPU と 64 ビット CPU では，64 ビット CPU の方が一度に処理するデータ長を大きくできる。
- イ　CPU 内のキャッシュメモリの容量は，少ないほど CPU の処理速度が向上する。
- ウ　同じ構造の CPU において，クロック周波数を下げると処理速度が向上する。
- エ　デュアルコア CPU とクアッドコア CPU では，デュアルコア CPU の方が同時に実行する処理の数を多くできる。

6 CPU のクロックに関する説明のうち，適切なものはどれか。 (R3 IP)

ア USB 接続された周辺機器と CPU の間のデータ転送速度は，クロックの周波数によって決まる。

イ クロックの間隔が短いほど命令実行に時間が掛かる。

ウ クロックは，次に実行すべき命令の格納位置を記録する。

エ クロックは，命令実行のタイミングを調整する。

7 ターボブーストとも呼ばれるコンピュータの処理性能向上技術に関する説明はどれか。 (H30 秋 IP)

ア CPU と主記憶の間に配置して，主記憶の読み書きの遅さを補う。

イ CPU の許容発熱量や消費電力量に余裕があるときに，コアの動作周波数を上げる。

ウ 演算を行う核となる部分を CPU 内部に複数もち，複数の処理を同時に実行する。

エ 複数のコンピュータの CPU を共有して，膨大な量の処理を分散して実行する。

8 互換 CPU に関する記述のうち，最も適切なものはどれか。 (H27 春 IP)

ア オリジナルの CPU で動作するのと同じ OS やアプリケーションソフトを動作させることができる。

イ オリジナルの CPU の特許が有効な期間は，開発・製造することはできない。

ウ シングルコア CPU に対応する互換 CPU は開発されているが，マルチコア CPU に対応する互換 CPU は存在しない。

エ 古くなった PC の性能を向上させるために用いられる CPU であり，新製品の PC に採用されることはない。

9 デュアルコアプロセッサに関する記述として，適切なものはどれか。 (H29 春 IP)

ア 1 台の PC に 2 種類の OS を組み込んでおき，PC を起動するときに，どちらの OS からでも起動できるように設定する。

イ 1 台の PC に 2 台のディスプレイを接続して，二つのディスプレイ画面にまたがる広い領域を一つの連続した表示領域にする。

ウ 同じ規格，同じ容量のメモリ 2 枚を一組にして，それぞれのメモリに同時にアクセスすることで，データ転送の実効速度を向上させる。

エ 一つの LSI パッケージに二つのプロセッサ(処理装置)の集積回路が実装されており，それぞれのプロセッサは同時に別々の命令を実行できる。

10 マルチコアプロセッサに関する記述のうち，最も適切なものはどれか。 (H25 秋 IP)

ア 1 台の PC に複数のマイクロプロセッサを搭載し，各プロセッサで同時に同じ処理を実行することによって，処理結果の信頼性の向上を図ることを目的とする。

イ 演算装置の構造とクロック周波数が同じであれば，クアッドコアプロセッサはデュアルコアプロセッサの 4 倍の処理能力をもつ。

ウ 処理の負荷に応じて一時的にクロック周波数を高くして高速処理を実現する。

エ 一つの CPU 内に演算などを行う処理回路を複数個もち，それぞれが同時に別の処理を実行することによって処理能力の向上を図ることを目的とする。

⑪ PCやスマートフォンなどの表示画面の画像処理用のチップとして用いられているほか，AIにおける膨大な計算処理にも利用されているものはどれか。　　　　　　　　　　　　　　（R2　IP）

　　ア　AR　　イ　DVI　　ウ　GPU　　エ　MPEG

・・・・◆ **メモリに関する問題** ・・・

⑫ データの読み書きが高速な順に左側から並べたものはどれか。　　　　　　　　　　（H23 秋 IP）

　　ア　主記憶，補助記憶，レジスタ
　　イ　主記憶，レジスタ，補助記憶
　　ウ　レジスタ，主記憶，補助記憶
　　エ　レジスタ，補助記憶，主記憶

⑬ 次の記憶装置のうち，アクセス時間が最も短いものはどれか。　　　　　　　　　　（H31 春 IP）

　　ア　HDD　　イ　SSD　　ウ　キャッシュメモリ　　エ　主記憶

⑭ CPUのキャッシュメモリに関する説明のうち，適切なものはどれか。　　　　　　（H29 春 IP）

　　ア　キャッシュメモリのサイズは，主記憶のサイズよりも大きいか同じである。
　　イ　キャッシュメモリは，主記憶の実効アクセス時間を短縮するために使われる。
　　ウ　主記憶の大きいコンピュータには，キャッシュメモリを搭載しても効果はない。
　　エ　ヒット率を上げるために，よく使うプログラムを利用者が指定して常駐させる。

⑮ CPUに搭載された1次と2次のキャッシュメモリに関する記述のうち，適切なものはどれか。
　　　　　　　　　　　　　　　　　　　　　　　　　　　　　　　　　　　　　　　（H30 秋 IP）

　　ア　1次キャッシュメモリは，2次キャッシュメモリよりも容量が大きい。
　　イ　2次キャッシュメモリは，メインメモリよりも読み書き速度が遅い。
　　ウ　CPUがデータを読み出すとき，まず1次キャッシュメモリにアクセスし，データが無い場合は2次キャッシュメモリにアクセスする。
　　エ　処理に必要な全てのデータは，プログラム開始時に1次又は2次キャッシュメモリ上に存在しなければならない。

⑯ 次の①～④のうち，電源供給が途絶えると記憶内容が消える揮発性のメモリだけを全て挙げたものはどれか。　　　　　　　　　　　　　　　　　　　　　　　　　　　　　　　　　　　　（R2　IP）

　　①　DRAM　　②　ROM　　③　SRAM　　④　SSD

　　ア　①，②　　　　イ　①，③　　　　ウ　②，④　　　　エ　③，④

⑰ DRAM，ROM，SRAM，フラッシュメモリのうち，電力供給が途絶えても内容が消えない不揮発性メモリはどれか。　　　　　　　　　　　　　　　　　　　　　　　　　　　　　　　　　（H25 春 IP）

　　ア　DRAM と SRAM
　　イ　DRAM とフラッシュメモリ
　　ウ　ROM と SRAM
　　エ　ROM とフラッシュメモリ

⑱ CD-R の記録層にデータを書き込むために用いるものはどれか。 (H26 秋 IP)

　　ア 音　　イ 磁気　　ウ 電気　　エ 光

⑲ 読出し専用の DVD はどれか。 (R5 IP)

　　ア DVD-R　　イ DVD-RAM　　ウ DVD-ROM　　エ DVD-RW

⑳ コンピュータの補助記憶装置である DVD 装置の説明として，適切なものはどれか。 (H25 春 IP)

　　ア 記録方式の性質上，CD-ROM を読むことはできない。
　　イ 小型化することが難しく，ノート型 PC には搭載できない。
　　ウ データの読出しにはレーザ光を，書込みには磁気を用いる。
　　エ 読取り専用のもの，繰返し書き込むことができるものなど，複数のタイプのメディアを利用できる。

㉑ 次の記憶媒体のうち，記録容量が最も大きいものはどれか。ここで，記憶媒体の直径は 12 cm とする。 (H28 秋 IP)

　　ア BD-R　　イ CD-R　　ウ DVD-R　　エ DVD-RAM

㉒ PC の補助記憶装置であるハードディスク装置の説明として，適切なものはどれか。 (H24 春 IP)

　　ア CD-ROM 装置に比べて読み書きの速度は遅い。
　　イ 主記憶装置としても利用される。
　　ウ データの保持に電力供給が必要である。
　　エ ランダムアクセスが可能である。

㉓ IoT 機器の記録装置としても用いられ，記録媒体が半導体でできており物理的な駆動機構をもたないので，HDD と比較して低消費電力で耐衝撃性も高いものはどれか。 (R4 IP)

　　ア DRM　　イ DVD　　ウ HDMI　　エ SSD

・・・◆ 入出力デバイスに関する問題・・・・・・・・・・・・・・・・・・・・・・・・・・・・・・・

㉔ コンピュータ内部において，CPU とメモリの間や CPU と入出力装置の間などで，データを受け渡す役割をするものはどれか。 (H26 春 IP)

    ア　バス　　イ　ハブ　　ウ　ポート　　エ　ルータ

㉕ デバイスドライバの説明として，適切なものはどれか。 (H30 春 IP)

  ア　PC に接続されている周辺機器を制御，操作するためのソフトウェア
  イ　PC の電源投入直後に起動され，OS が動作する前に，ハードディスクやキーボードなどに対する基本的な入出力ができるようにするソフトウェア
  ウ　動画を含むページを表示するために，Web ブラウザに組み込むソフトウェア
  エ　複数のファイルを一つのファイルにまとめたり，まとめたファイルを元に戻したりするソフトウェア

㉖ PC の周辺装置を利用可能にするためのデバイスドライバに関する記述のうち，適切なものはどれか。 (R1 秋 IP)

  ア　HDD を初期化して OS を再インストールした場合，OS とは別にインストールしていたデバイスドライバは再インストールする必要がある。
  イ　新しいアプリケーションソフトウェアをインストールした場合，そのソフトウェアが使用する全てのデバイスドライバを再インストールする必要がある。
  ウ　不要になったデバイスドライバであっても，一度インストールしたデバイスドライバを利用者が削除することはできない。
  エ　プリンタのデバイスドライバを一つだけインストールしていれば，メーカや機種を問わず全てのプリンタが使用できる。

㉗ プラグアンドプレイ機能によって行われるものとして，適切なものはどれか。 (H29 春 IP)

  ア　DVD ビデオ挿入時に行われる自動再生
  イ　新規に接続された周辺機器に対応するデバイスドライバの OS への組込み
  ウ　接続されている周辺機器の故障診断
  エ　ディスクドライブの定期的なウイルススキャン

㉘ ホットプラグの説明として，適切なものはどれか。 (H27 秋 IP)

  ア　PC の電源を入れたままで周辺機器の着脱が行える機能のこと
  イ　アプリケーションソフトの機能を強化するために，後から組み込むソフトウェアのこと
  ウ　周辺機器との接続ケーブルを介して，PC から周辺機器に電力を供給する仕組みのこと
  エ　特定のプログラムを実行して，処理に掛かる時間でシステムの性能を評価する手法のこと

㉙ USB に関する記述のうち，適切なものはどれか。 (H29 秋 IP)

  ア　PC と周辺機器の間のデータ転送速度は，幾つかのモードから PC 利用者自らが設定できる。
  イ　USB で接続する周辺機器への電力供給は，全て USB ケーブルを介して行う。
  ウ　周辺機器側のコネクタ形状には幾つかの種類がある。
  エ　パラレルインタフェースであり，複数の信号線でデータを送る。

㉚ PC と周辺機器などを無線で接続するインタフェースの規格はどれか。 (H23 秋 IP)

　ア　Bluetooth　　　イ　IEEE1394　　　ウ　PCI　　　エ　USB2.0

㉛ USB ケーブル経由で周辺装置に電力を供給する方式はどれか。 (H26 秋 IP)

　ア　スタンバイ　　　イ　セルフパワー
　ウ　バスパワー　　　エ　無停電電源

㉜ インタフェースの規格①〜④のうち，接続ケーブルなどによる物理的な接続を必要としない規格だけを全て挙げたものはどれか。 (H28 春 IP)

①　Bluetooth
②　IEEE1394
③　IrDA
④　USB3.0

　ア　①，②　　　イ　①，③　　　ウ　②，③　　　エ　③，④

㉝ 電車の定期券などとして利用される非接触型 IC カードに用いられている技術はどれか。 (H22 春 IP)

　ア　IrDA　　　イ　RFID　　　ウ　バーコード　　　エ　無線 LAN

㉞ HDMI の説明として，適切なものはどれか。 (H26 春 IP)

　ア　映像，音声及び制御信号を 1 本のケーブルで入出力する AV 機器向けのインタフェースである。
　イ　携帯電話間での情報交換などで使用される赤外線を用いたインタフェースである。
　ウ　外付けハードディスクなどをケーブルで接続するシリアルインタフェースである。
　エ　多少の遮蔽物があっても通信可能な，電波を利用した無線インタフェースである。

㉟ NFC に関する記述として，適切なものはどれか。 (H30 秋 IP)

　ア　10 cm 程度の近距離での通信を行うものであり，IC カードや IC タグのデータの読み書きに利用されている。
　イ　数十 m のエリアで通信を行うことができ，無線 LAN に利用されている。
　ウ　赤外線を利用して通信を行うものであり，携帯電話のデータ交換などに利用されている。
　エ　複数の人工衛星からの電波を受信することができ，カーナビの位置計測に利用されている。

㊱ NFC に準拠した無線通信方式を利用したものはどれか。 (H31 春 IP)

　ア　ETC 車載器との無線通信
　イ　エアコンのリモートコントロール
　ウ　カーナビの位置計測
　エ　交通系の IC 乗車券による改札

㊲ 次のうち，通信可能な最大距離が最も短いものはどれか。 (H28 秋 IP)

　ア　Bluetooth　　　イ　IrDA　　　ウ　NFC　　　エ　Wi-Fi

38 IoT 機器やスマートフォンなどの端末に搭載されている GPS 機能を利用して，この端末が自らの位置情報を得る仕組みとして，適切なものはどれか。 (R2　IP)

　ア　端末の位置情報の通知要求を電波に乗せて人工衛星に送信し，これに対する応答を受信することによって位置情報を得る。
　イ　端末の位置情報の通知要求を電波に乗せて地上の無線基地局に送信し，これに対する応答を受信することによって位置情報を得る。
　ウ　三つ以上の人工衛星が発信している電波を受信して，電波の発信時刻と受信時刻の差などから端末の位置情報を得る。
　エ　三つ以上の地上の無線基地局が発信している電波を受信して，電波の発信時刻と受信時刻の差などから端末の位置情報を得る。

39 IoT デバイスと IoT サーバで構成され，IoT デバイスが計測した外気温を IoT サーバへ送り，IoT サーバからの指示で窓を開閉するシステムがある。このシステムの IoT デバイスに搭載されて，窓を開閉する役割をもつものはどれか。 (R3　IP)

　ア　アクチュエータ　　　　　　　　イ　エッジコンピューティング
　ウ　キャリアアグリゲーション　　　エ　センサ

40 自動車などの移動体に搭載されたセンサや表示機器を通信システムや情報システムと連動させて，運転者へ様々な情報をリアルタイムに提供することを可能にするものはどれか。 (R4　IP)

　ア　アクチュエータ　　　イ　キャリアアグリゲーション
　ウ　スマートメータ　　　エ　テレマティクス

41 IoT 機器であるスマートメーターに関する記述として，適切なものはどれか。 (R5　IP)

　ア　カーナビゲーションシステムやゲームコントローラーに内蔵されて，速度がどれだけ変化したかを計測する。
　イ　住宅などに設置され，電気やガスなどの使用量を自動的に計測し，携帯電話回線などを利用して供給事業者にそのデータを送信する。
　ウ　スマートフォンやモバイル PC などのモバイル情報端末に保存しているデータを，ネットワークを介して遠隔地から消去する。
　エ　歩数を数えるとともに，GPS 機能などによって，歩行経路を把握したり，歩行速度や道のアップダウンを検知して消費エネルギーを計算したりする。

42 PC と周辺機器の接続に関する次の記述中の a，b に入れる字句の適切な組合せはどれか。
PC に新しい周辺機器を接続して使うためには　　a　　が必要になるが，　　b　　機能に対応している周辺機器は，接続すると自動的に　　a　　がインストールされて使えるようになる。 (H28 秋 IP)

	a	b
ア	デバイスドライバ	プラグアンドプレイ
イ	デバイスドライバ	プラグイン
ウ	マルウェア	プラグアンドプレイ
エ	マルウェア	プラグイン

・・・◆ コンピュータ・入出力装置に関する問題・・・・・・・・・・・・・・・・・・・・・・・・・

43 CPU，主記憶，HDD などのコンピュータを構成する要素を 1 枚の基板上に実装し，複数枚の基板をラック内部に搭載するなどの形態がある，省スペース化を実現しているサーバを何と呼ぶか。　　　（R3　IP）

 ア　DNS サーバ　　　イ　FTP サーバ
 ウ　Web サーバ　　　エ　ブレードサーバ

44 IoT デバイスへの電力供給でも用いられ，周りの環境から光や熱（温度差）などの微小なエネルギーを集めて，電力に変換する技術はどれか。　　　（R2 秋 IP）

 ア　PLC　　　　　　　　　　　　　イ　PoE
 ウ　エネルギーハーベスティング　　　エ　スマートグリッド

45 感光ドラム上に印刷イメージを作り，粉末インク（トナー）を付着させて紙に転写，定着させる方式のプリンタはどれか。　　　（H28 春 IP）

 ア　インクジェットプリンタ　　　イ　インパクトプリンタ
 ウ　熱転写プリンタ　　　　　　　エ　レーザプリンタ

46 インクジェットプリンタの印字方式を説明したものはどれか。　　　（R4　IP）

 ア　インクの微細な粒子を用紙に直接吹き付けて印字する。
 イ　インクリボンを印字用のワイヤなどで用紙に打ち付けて印字する。
 ウ　熱で溶けるインクを印字ヘッドで加熱して用紙に印字する。
 エ　レーザ光によって感光体にトナーを付着させて用紙に印字する。

47 3D プリンタの特徴として，適切なものはどれか。　　　（H31 春 IP）

 ア　3D 効果がある画像を，平面に印刷する。
 イ　3 次元データを用いて，立体物を造形する。
 ウ　立体物の曲面などに，画像を印刷する。
 エ　レーザによって，空間に立体画像を表示する。

48 印刷時にカーボン紙やノンカーボン紙を使って同時に複写が取れるプリンタはどれか。　　　（H24 秋 IP）

 ア　インクジェットプリンタ　　　イ　インパクトプリンタ
 ウ　感熱式プリンタ　　　　　　　エ　レーザプリンタ

49 手書き文字を読み取り，文字コードに変換したいときに用いる装置はどれか。　　　（H27 秋 IP）

 ア　BD-R　　イ　CD-R　　ウ　OCR　　エ　OMR

50 PC などの仕様の表記として，SXGA や QVGA などが用いられるものはどれか。　　　（H30 秋 IP）

 ア　CPU のクロック周波数
 イ　HDD のディスクの直径
 ウ　ディスプレイの解像度
 エ　メモリの容量

51 アクティビティトラッカの説明として，適切なものはどれか。 (R 元秋 IP)

ア PC やタブレットなどのハードウェアの ROM に組み込まれたソフトウェア

イ 一定期間は無料で使用できるが，継続して使用する場合は，著作権者が金品などの対価を求めるソフトウェアの配布形態の一つ，又はそのソフトウェア

ウ ソーシャルメディアで提供される，友人や知人の活動状況や更新履歴を配信する機能

エ 歩数や運動時間，睡眠時間などを，搭載された各種センサによって計測するウェアラブル機器

52 PC のファンクションキーに関する記述として，適切なものはどれか。 (H30 春 IP)

ア アプリケーションや OS ごとに特定の機能を割り当てられたキー

イ 画面上にキーボードの形を表示し，入力処理をソフトウェアで実現したもの

ウ セキュリティに関する機能で，暗号化や復号を行うための変換キー

エ データベースに関する機能で，特定の行を一意に識別するための情報

53 停電や落雷などによる電源の電圧の異常を感知したときに，それをコンピュータに知らせると同時に電力の供給を一定期間継続して，システムを安全に終了させたい。このとき，コンピュータと電源との間に設置する機器として，適切なものはどれか。 (H29 秋 IP)

ア DMZ　　　イ GPU　　　ウ UPS　　　エ VPN

54 スキャナやプリンタの性能の一つである解像度を表す単位はどれか。 (H24 春 IP)

ア bps　　　イ dpi　　　ウ fps　　　エ Hz

55 タッチパネルに関する記述として，適切なものはどれか。 (H25 春 IP)

ア 画面上の位置を指示するためのペン型又はマウス型の装置と，位置を検出するための平板状の装置を使用して操作を行う。

イ 電子式や静電式などの方式があり，指などで画面に直接触れることで，コンピュータの操作を行う。

ウ 表面のタッチセンサを用いて指の動きを認識し，ホイールと呼ばれる円盤に似た部品を回すようにして操作を行う。

エ 平板状の入力装置を指でなぞることで，画面上のマウスポインタなどの操作を行う。

56 タッチパネルの複数のポイントに同時に触れて操作する入力方式はどれか。 (H29 春 IP)

ア タッチタイプ　　　イ ダブルクリック

ウ マルチタスク　　　エ マルチタッチ

57 ブレードサーバに関する説明として，適切なものはどれか。 (H29 秋 IP)

ア CPU やメモリを搭載したボード型のコンピュータを，専用の筐（きょう）体に複数収納して使う。

イ オフィスソフトやメールソフトなどをインターネット上の Web サービスとして利用できるようにする。

ウ 家電や車などの機器に組み込んで使う。

エ タッチパネル付きの液晶ディスプレイによる手書き入力機能をもつ。

1—2　ソフトウェア

♣**OS の機能**
・ユーザ ID 管理
・アクセス権管理
・ユーザ管理
・ファイル管理
・入出力管理
・資源管理

♣**タスク**
　コンピュータが処理する仕事の単位。

♣**ソフトウェアの分類**

♣**プログラムの起動順序**
　PC の起動時に動作するプログラムは，次の順に実行される。
① BIOS
② OS
③アプリケーション

♣**汎用言語プロセッサ**
　プログラム言語を機械語に変換するプログラム。次のような流れで実行される。
・**ソースコード**
　人間が分かる言語で書かれたプログラム
・**目的プログラム**
　機械語に変換したプログラム
・**ロードモジュール**
　実行可能なプログラム

◆ **OS の機能**

　OS とは，コンピュータを動作させる基本ソフトウェアのことである。OS の機能はコンピュータを効率よく，使いやすい環境を提供するためにある。

8　次の説明文に適した用語を解答群から記号で選べ。

☐ (1) 産業機器や家電製品，医療機器などに内蔵されるマイクロコンピュータを制御するための OS。

☐ (2) スマートフォン，PDA などの携帯端末用の汎用 OS。

☐ (3) ユーザが利用しやすいようにグラフィックを多用し視覚的な操作をマウスなどのポインティングデバイスによって行うことができるインタフェース。

☐ (4) OS から見たプログラムの実行単位のこと。

☐ (5) CPU の処理時間を非常に短い単位に分割し，複数のアプリケーションソフトに順番に割り当てることによって複数の処理を同時に行う機能。

☐ (6) 1 つのアプリケーションソフトのタスクを複数の処理に分けて並行処理する機能。

☐ (7) ハードディスクをメインメモリの代用として利用する機能。実際のメモリ容量以上のメモリ領域を確保することができる。

☐ (8) コンピュータを長期に渡り利用した際に，磁気ディスクへデータの書き込みと削除が繰り返され，データの記憶場所が点在化する現象。

☐ (9) コンピュータのシステムツールなどを利用してディスクの点在化した記憶領域を整理すること。

☐ (10) コンピュータの利用者を識別するために与えられた，ユーザ ID やパスワードなどの個人情報のこと。

☐ (11) パスワード，ユーザ設定などの個人情報を保存する特別なフォルダ。

☐ (12) メモリ容量が不足したときに，一時的にハードディスクに退避させ，必要に応じてメモリに書き戻す動作のこと。

☐ (13) パソコンに接続されているハードディスクや CD-ROM などの周辺装置を制御し，これらの機器に対する基本的な入出力機能を OS やアプリケーションソフトに提供するソフトウェアのこと。

☐ (14) パソコンに接続した周辺装置を制御し，利用できるようにするためのソフトウェアのこと。

☐ (15) アプリケーションソフトに追加機能を提供するためのプログラムのこと。

解答群

ア	フラグメンテーション	イ アカウント	ウ プロセス
エ	デバイスドライバ	オ プロファイル	カ BIOS
キ	スワッピング	ク マルチタスク	ケ 仮想記憶
コ	組み込み OS	サ プラグイン	シ GUI
ス	マルチスレッド	セ スマートデバイス OS	
ソ	デフラグメンテーション		

9 次の説明文に適した用語を解答群から記号で選べ。

☐ (1) マイクロソフト社が開発した OS。AT 互換機の OS として広く利用
されているマルチタスク OS。

☐ (2) アップル社が開発した Macintosh 用 OS。GUI 環境およびマルチタ
スク機能を持っている。

☐ (3) AT&T 社のベル研究所で開発された OS。ハードウェアに依存しな
い C 言語によって記述されており、移植性が高くソースコードが
比較的コンパクトであるのが特徴。マルチユーザ・マルチタスク機
能を持つ。

☐ (4) UNIX 互換の OS。フリーソフトウェアとして公開され、多くの開
発者によって改良が重ねられた。ネットワーク機能やセキュリティ
に優れており、企業のインターネットサーバとしても採用されてい
る。

☐ (5) 応用アプリケーションを使用せずに、オンライン環境でブラウザ上
のソフトウェアを使用して処理することを前提とする、Google 社が
開発した OS。

☐ (6) スマートフォンなどの携帯端末用に Google 社が開発した OS。

☐ (7) アップル社が開発した OS。PC 用の OS である OSX をベースに、
「iPhone」「iPad」などのアップル製品にのみに搭載されている。

解答群

ア Android	イ Chrome OS	ウ iOS
エ UNIX	オ Linux	カ Windows
キ Mac OS		

♣GUI（Graphical User Interface）

♣BIOS（Basic Input Output System）

♣スマートデバイスの OS
・Android（アンドロイド）
・iOS（アイオーエス）

♣PC の OS
Windows
UNIX
Linux
Mac OS
Chrome OS など

◆ ファイル管理

複数の人間がファイルを共用する場合，利用権の設定や定期的なバックアップが必要になる。こうした管理をファイル管理という。

10 次の説明文に適した用語を解答群から記号で選べ。

☐ (1) ツリー型ディレクトリ構造の最上層にあるディレクトリのこと。

☐ (2) ディレクトリの中に作成したディレクトリのこと。

☐ (3) ユーザが現在作業を行っているディレクトリのこと。

☐ (4) ファイルやフォルダの所在を示す文字列の表記法の一つ。装置内の最上位階層から目的のファイルまでのすべての道筋を記述する方式。

☐ (5) 現在使用している位置から，目的のファイルやフォルダまでの道筋を記述する方式。

☐ (6) データを長期的に保存する際に，データを圧縮してデータ容量を下げること。データを再利用する際には，解凍して復元して利用する。

☐ (7) 更新の有無に関わらず，すべてのデータを複製しなおすこと。全体を複製することから時間と容量に負荷がかかる。

☐ (8) フルバックアップからの変更・追加分をバックアップしていくこと。

☐ (9) 前回のバックアップデータからの変更・追加分をバックアップしていくこと。

☐ (10) 特定の機能は持っているが，単体では使用できず他のプログラムと組み合わせて用いられる。

♣バックアップの考え方
　取得方法（定期的な取得）
　取得手順（バックアップの手順）
　世代管理（更新日時の記録）
　ハード管理（デバイスの選択）

```
解答群
 ア　アーカイブ          イ　差分バックアップ
 ウ　絶対パス            エ　ルートディレクトリ
 オ　サブディレクトリ      カ　相対パス
 キ　増分バックアップ      ク　コンポーネントソフトウェア
 ケ　フルバックアップ      コ　カレントディレクトリ
```

11 次の問題に答えなさい。

☐ (1) 図の階層型ファイルシステムにおいて，カレントディレクトリがA2であるとき，ファイルC1を指す相対パス名はどれか。パス名の表現において，".."は親ディレクトリを表し，"/"は，パス名の先頭にある場合はルートディレクトリを，中間にある場合はディレクトリ名またはファイル名の区切りを表す。また，図中の　　　はディレクトリを表すものとする。

　ア　A1/B1/C1
　イ　../A1/B1/C1
　ウ　/../B1/C1
　エ　A1/../B1/C1

♣ワイルドカード
　任意の文字や特別な働きを持つ文字。"%"は任意の文字列を，"_"は任意の1文字を表す。

♣ファイル拡張子
　ファイル形式を判別する文字列。

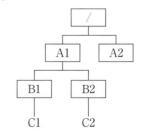

◆ ソフトウェアパッケージ

　パソコンで利用されるアプリケーションソフトウェアの多くは，パッケージソフトとして市販されている。

12　次の説明文に適した用語を解答群から記号で選べ。

□ (1) アプリケーションソフトの中でも，ファイル圧縮やコンピュータウイルス駆除，メモリ管理など，OS や他のアプリケーションソフトの持つ機能を補い，性能や操作性を向上させるためのソフト。

□ (2) 文字や図形，静止画像，動画像，音声など複数の素材を組み合わせて編集しコンテンツを作成するためのソフト。

□ (3) 利用が無償でソースコードが公開され，誰もがコードの改変と再配布可能といった特徴を持つソフトウェア。

□ (4) 利用が無償であるソフトウェア。著作権は断りのない限り制作者にある。

□ (5) 試用期間や基本部分は無償だが，期間の延長や追加機能は有料となるソフトウェア。

□ (6) 著作権が放棄されているソフトウェア。利用が無償，コードの改変可能，再配布可能の性質を持つ。

```
解答群
　ア　フリーソフト　　　　　　イ　パブリックドメインソフトウェア
　ウ　シェアウェア　　　　　　エ　ユーティリティソフト
　オ　オーサリングソフト　　　カ　オープンソースソフトウェア
```

♣ **オフィスツール**
　ソフトウェアパッケージの種類
・ワープロソフト
　文書の作成編集・図の作成挿入
・表計算ソフト
　セル参照・絶対相対セル・計算
・プレゼンテーションソフト
　スライドの作成・動画の挿入
・Web ブラウザ
　HTML　URL　MIME　SSL
・データベースソフト
　データ検索・射影・選択・結合

♣ **ソフトウェアライセンス**
　ソフトウェア使用許諾権。

♣ **サイトライセンス**
　特定使用場所(学校・企業)に利用するライセンス。

♣ **マニュアル**
　取り扱い説明書。

♣ **フリーウェア**
　著作権は作者が保有。使用は無料だが，複製・改変・再配布は不可。

♣ **オープンソースソフトウェア**
　例）OpenOffice. org

・・・・・・・・・・・・ 練・習・問・題 ・・・・・・・・

・・・◆ オペレーティングシステムに関する問題 ・・・・・・・・・・・・・・・・・・・・

58 OS に関する記述のうち，適切なものはどれか。 (H25 秋 IP)

ア 1 台の PC に複数の OS をインストールしておき，起動時に OS を選択できる。
イ OS は PC を起動させるためのアプリケーションプログラムであり，PC の起動後は，OS は機能を停止する。
ウ OS はグラフィカルなインタフェースをもつ必要があり，全ての操作は，そのインタフェースで行う。
エ OS は，ハードディスクドライブだけから起動することになっている。

59 PC の OS に関する記述のうち，適切なものはどれか。 (H26 春 IP)

ア 1 台の PC にインストールして起動することのできる OS は 1 種類だけである。
イ 64 ビット CPU に対応する PC 用 OS は開発されていない。
ウ OS のバージョンアップに伴い，旧バージョンの OS 環境で動作していた全てのアプリケーションソフトは動作しなくなる。
エ PC の OS には，ハードディスク以外の CD-ROM や USB メモリなどの外部記憶装置を利用して起動できるものもある。

60 利用者が PC の電源を入れてから，その PC が使える状態になるまでを四つの段階に分けたとき，最初に実行される段階はどれか。 (H28 春 IP)

ア BIOS の読込み
イ OS の読込み
ウ ウイルス対策ソフトなどの常駐アプリケーションソフトの読込み
エ デバイスドライバの読込み

61 マルチスレッドの説明として，適切なものはどれか。 (H30 秋 IP)

ア CPU に複数のコア（演算回路）を搭載していること
イ ハードディスクなどの外部記憶装置を利用して，主記憶よりも大きな容量の記憶空間を実現すること
ウ 一つのアプリケーションプログラムを複数の処理単位に分けて，それらを並列に処理すること
エ 一つのデータを分割して，複数のハードディスクに並列に書き込むこと

62 マルチタスクの説明として，適切なものはどれか。 (H24 春 IP)

ア CPU に演算回路などから構成されるプロセッサコアを複数個実装する方式
イ ネットワークを介して接続された複数のコンピュータを連携させて，高性能なシステムを実現する方式
ウ 一つの命令で，複数のデータに対して同じ処理を行わせる方式
エ 複数のプロセスに CPU の処理時間を順番に割り当てて，プロセスが同時に実行されているように見せる方式

63 OSの機能の一つである仮想記憶方式の目的はどれか。 (H21 秋 IP)

　ア　OSが使用している主記憶の領域などに，アプリケーションプログラムがアクセスすることを防止する。

　イ　主記憶の情報をハードディスクに書き出してから電力供給を停止することで，作業休止中の電力消費を少なくする。

　ウ　主記憶の容量よりも大きなメモリを必要とするプログラムも実行できるようにする。

　エ　主記憶よりもアクセスが高速なメモリを介在させることによって，CPUの処理を高速化する。

64 一つのアプリケーションプログラムの中で，並列処理が可能な部分を複数の処理単位に分け，それらを並行して処理することで，マルチコアCPUを使用したコンピュータの処理能力の有効活用を図る方式はどれか。 (H27 春 IP)

　ア　マルチウィンドウ　　　イ　マルチキャスト
　ウ　マルチスレッド　　　　エ　マルチブート

65 並列処理の説明として，適切なものはどれか。 (H28 秋 IP)

　ア　一連の処理を同時に実行できる処理単位に分け，複数のCPUで実行すること

　イ　関連する複数の処理を一つの処理単位にまとめて実行すること

　ウ　ビジネスロジックやデータベース処理はサーバ側で行い，ユーザインタフェース処理はクライアント側で行うこと

　エ　一つのCPUの処理時間を短い単位に分割し，複数のアプリケーションソフトに順番に割り当てて実行すること

66 Webサイトからファイルをダウンロードしながら，その間に表計算ソフトでデータ処理を行うというように，1台のPCで，複数のアプリケーションプログラムを少しずつ互い違いに並行して実行するOSの機能を何と呼ぶか。 (H29 春 IP)

　ア　仮想現実　　　　　　　イ　デュアルコア
　ウ　デュアルシステム　　　エ　マルチタスク

67 ファイルを4冊まで置くことができる机で，A～Fの6冊のファイルを使って仕事をする。机上に5冊目のファイルを置きたいときは，机上の4冊のファイルのうち，最後に参照してから最も時間が経過しているファイルを引き出しにしまうことにする。ファイルをA，B，C，D，E，C，B，D，F，Bの順で机上に置いて参照するとき，最後に引き出しにしまうファイルはどれか。 (H28 春 IP)

　ア　A　　　イ　B　　　ウ　D　　　エ　E

68 仮想記憶を利用したコンピュータで，主記憶と補助記憶の間で内容の入替えが頻繁に行われていることが原因で処理性能が低下していることが分かった。この処理性能が低下している原因を除去する対策として，最も適切なものはどれか。ここで，このコンピュータの補助記憶装置は 1 台だけである。

(R2　IP)

ア　演算能力の高い CPU と交換する。
イ　仮想記憶の容量を増やす。
ウ　主記憶装置の容量を増やす。
エ　補助記憶装置を大きな容量の装置に交換する。

69 プリンタへの出力処理において，ハードディスクに全ての出力データを一時的に書き込み，プリンタの処理速度に合わせて少しずつ出力処理をさせることで，CPU をシステム全体で効率的に利用する機能はどれか。

(H27 春 IP)

ア　アドオン　　　イ　スプール
ウ　デフラグ　　　エ　プラグアンドプレイ

70 1 台の CPU と 1 台の出力装置で構成されているシステムで，表の三つのジョブを処理する。三つのジョブはシステムの動作開始時点ではいずれも処理可能状態になっている。CPU と出力装置のそれぞれにおいて，ジョブ 1，ジョブ 2，ジョブ 3 の順に処理する。CPU と出力装置は独立して動作するが，出力処理はそれぞれのジョブの CPU 処理が終了してから実施可能になる。ジョブ 3 の出力が完了するのは，ジョブ 1 の処理開始時点から何秒後か。

(H25 春 IP)

	CPU 時間	出力時間
ジョブ 1	35 秒	10 秒
ジョブ 2	20 秒	20 秒
ジョブ 3	5 秒	25 秒

ア　30　　　イ　45　　　ウ　100　　　エ　115

71 OS が，ジョブを到着順に，前のジョブが終わってから次のジョブを処理する場合について考える。ジョブの到着時刻を処理時間が表のとおりであるとき，ジョブ 4 は，到着してからその処理が終了するまでに何秒を要するか。ここで四つのジョブ以外の処理に要する時間は無視できるものとする。表の到着時刻は，ジョブ 1 が到着した時刻を開始時刻とする。

(H22 春 IP)

	到着時刻	処理時間
ジョブ 1	0 秒後	3 秒
ジョブ 2	4 秒後	4 秒
ジョブ 3	5 秒後	3 秒
ジョブ 4	7 秒後	5 秒

ア　5　　　イ　8　　　ウ　9　　　エ　12

・・・◆ ファイルシステムに関する問題・・・・・・・・・・・・・・・・・・・・・・・・・

72 PCのファイルシステムの役割として，適切なものはどれか。　　　　　　　　　　（H22 秋 IP）

ア　アプリケーションプログラムが，ハードディスクやDVDなど記憶媒体の違いを意識しなくてもファイルにアクセスできるように，統一したインタフェースを提供する。

イ　アプリケーションプログラムがファイルシステムを開始し，アクセス終了待ち状態になったとき，他のアプリケーションプログラムにCPUを割り当てる。

ウ　アプリケーションプログラムが，ファイルにアクセスするときにファイル名や入出力データの文字コード種別の違いを意識しなくても処理できるように，ファイルの文字コードを自動変換する機能をもつことになっている。

エ　アプリケーションプログラムがファイルにアクセスするに先立って，当該ファイルがコンピュータウィルスに感染していないかを確認する。

73 ファイルシステムに関する次の記述中のa～cに入れる字句の適切な組合せはどれか。　　（H23 特 IP）

PCでファイルやディレクトリを階層的に管理するとき，最上位の階層に当たるディレクトリを　　a　　ディレクトリ，現時点で利用者が操作を行っているディレクトリを　　b　　ディレクトリという。　　b　　ディレクトリを基点としてファイルやディレクトリの所在場所を示す表記を　　c　　パスという。

	a	b	c
ア	カレント	ルート	絶対
イ	カレント	ルート	相対
ウ	ルート	カレント	絶対
エ	ルート	カレント	相対

74 階層型ディレクトリ構造のファイルシステムに関する用語と説明a～dの組合せとして，適切なものはどれか。　　　　　　　　　　（H23 秋 IP）

a　階層の最上位にあるディレクトリを意味する。

b　階層の最上位のディレクトリを基点として，目的のファイルやディレクトリまで，全ての経路をディレクトリ構造に従って示す。

c　現在作業を行っているディレクトリを意味する。

d　現在作業を行っているディレクトリを基点として，目的のファイルやディレクトリまで，全ての経路をディレクトリ構造に従って示す。

	カレントディレクトリ	絶対パス	ルートディレクトリ
ア	a	b	c
イ	a	d	c
ウ	c	b	a
エ	c	d	a

75 図に示すような階層構造をもつファイルシステムにおいて，*印のディレクトリ（カレントディレクトリ）から "..¥..¥DIRB¥Fn.txt" で指定したときに参照されるファイルはどれか。ここで，図中の
 ☐☐☐☐☐☐☐ ディレクトリ名を表し，ファイルの指定方法は次のとおりである。　　　　　　　　（H28 秋 IP）

〔指定方法〕
(1)：ファイルは "ディレクトリ名¥…¥ディレクトリ名¥ファイル名" のように，経路上のディレクトリを順に "¥" で区切って並べた後に "¥" とファイル名を指定する。
(2)：カレントディレクトリは "." で表す。
(3)：1階層上のディレクトリは ".." で表す。
(4)：始まりが "¥" のときは，左端のルートディレクトリが省略されているものとする。

ア　①の Fn.txt　　　イ　②の Fn.txt
ウ　③の Fn.txt　　　エ　④の Fn.txt

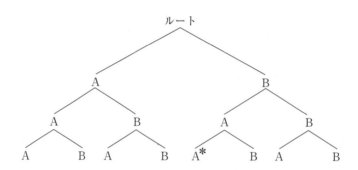

76 図に示す階層構造において，カレントディレクトリが*印のディレクトリであるとき，相対パス指定で ..¥..¥B¥B によって指定したディレクトリと同じディレクトリを絶対パス指定したものはどれか。

（H26 春 IP）

```
                        ルート
              ┌───────────┴───────────┐
              A                       B
        ┌─────┴─────┐           ┌─────┴─────┐
        A           B           A           B
      ┌─┴─┐       ┌─┴─┐       ┌─┴─┐       ┌─┴─┐
      A   B       A   B       A*  B       A   B
```

〔ディレクトリ及びファイルの指定方法〕
(1)：ファイルは，"ディレクトリ名¥ディレクトリ名¥ファイル名" のように，経路上のディレクトリを順に "¥" で区切って並べた後に "¥" とファイル名を指定する。
(2)：カレントディレクトリは "." で表す。
(3)：1階層上のディレクトリは ".." で表す。
(4)：始まりが "¥" のときは，左端にルートディレクトリが省略されているものとする。
(5)：始まりが "¥"，"."，".." のいずれでもないときは，左端にカレントディレクトリ配下であることを示す ".¥" が省略されているものとする。

ア　¥A¥B¥B　　　イ　¥B　　　ウ　¥B¥B　　　エ　¥B¥B¥B

77 ディレクトリ又はファイルがノードに対応する木構造で表現できるファイルシステムがある。ルートディレクトリを根として図のように表現したとき，中間ノードである節及び末端ノードである葉に対応するものの組合せとして，最も適切なものはどれか。ここで，空のディレクトリを許すものとする。

(R4　IP)

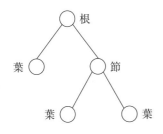

	節	葉
ア	ディレクトリ	ディレクトリ又はファイル
イ	ディレクトリ	ファイル
ウ	ファイル	ディレクトリ又はファイル
エ	ファイル	ディレクトリ

78 多くのファイルの保存や保管のために，複数のファイルを一つにまとめることを何と呼ぶか。(R3 春 IP)

　ア　アーカイブ　　　　イ　関係データベース
　ウ　ストライピング　　エ　スワッピング

79 ファイルのあるレコードが変更されたときに，変更された内容を特定する方法として，適切なものはどれか。

(H27 秋 IP)

　ア　ファイルのサイズ及び更新日時を記録しておく。
　イ　ファイルの複製をとっておき，後で照合する。
　ウ　レコードの件数をファイル内に記録しておく。
　エ　レコードをキー項目で昇順に並べておく。

80 PC のハードディスクにデータの追加や削除を繰り返していると，データが連続した領域に保存されなくなることがある。改善策を講じない場合，どのような現象が起こり得るか。(H23 特 IP)

　ア　ウイルスが検出されなくなる。
　イ　データが正しく書き込めなくなる。
　ウ　データが正しく読み取れなくなる。
　エ　保存したデータの読取りが遅くなる。

81 毎週日曜日の業務終了後にフルバックアップファイルを取得し，月曜日～土曜日の業務終了後には増分バックアップファイルを取得しているシステムがある。水曜日の業務中に故障が発生したので，バックアップファイルを使って火曜日の業務終了時点の状態にデータを復元することにした。データ復元に必要なバックアップファイルを全て挙げたものはどれか。ここで，増分バックアップファイルとは，前回のバックアップファイル(フルバックアップファイル又は増分バックアップファイル)の取得以降に変更されたデータだけのバックアップファイルを意味する。

(H28 春 IP)

　ア　日曜日のフルバックアップファイル，月曜日と火曜日の増分バックアップファル
　イ　日曜日のフルバックアップファイル，火曜日の増分バックアップファイル
　ウ　月曜日と火曜日の増分バックアップファイル
　エ　火曜日の増分バックアップファイル

⑧2 月曜日から金曜日までの業務で，ハードディスクに格納された複数のファイルを使用する。ハードディスクの障害に対応するために，毎日の業務終了後，別のハードディスクにバックアップを取得する。バックアップ取得の条件を次のとおりとした場合，月曜日から金曜日までのバックアップ取得に要する時間の合計は何分か。 (H29 秋 IP)

〔バックアップ取得の条件〕

　(1)：業務に使用するファイルは 6,000 個であり，ファイル 1 個のサイズは 3M バイトである。

　(2)：1 日の業務で更新されるファイルは 1,000 個であり，更新によってファイルのサイズは変化しない。

　(3)：ファイルを別のハードディスクに複写する速度は 10M バイト/秒であり，バックアップ作業はファイル 1 個ずつ，中断することなく連続して行う。

　(4)：月曜日から木曜日までは，その日に更新されたファイルだけのバックアップを取得する。金曜日にはファイルの更新の有無にかかわらず，全てのファイルのバックアップを取得する。

　　ア　25　　　イ　35　　　ウ　50　　　エ　150

・・・◆ オフィスツールに関する問題 ・・・・・・・・・・・・・・・・・・・・・・・・

⑧3 文書作成ソフトがもつ機能である禁則処理が行われた例はどれか。 (R4 IP)

　　ア　改行後の先頭文字が，指定した文字数分だけ右へ移動した。

　　イ　行頭に置こうとした句読点や閉じ括弧が，前の行の行末に移動した。

　　ウ　行頭の英字が，小文字から大文字に変換された。

　　エ　文字列の文字が，指定した幅の中に等間隔に配置された。

⑧4 ワープロソフト，プレゼンテーションソフトで作成した文書や Web ページに貼り付けて，表現力を向上させる画像データのことを何と呼ぶか。 (H26 春 IP)

　　ア　CSS　　　イ　キャプチャ　　　ウ　クリップアート　　　エ　テンプレート

⑧5 マルチメディアを扱うオーサリングソフトの説明として，適切なものはどれか。 (H21 秋 IP)

　　ア　文字や図形，静止画像，動画像，音声など複数の素材を組み合わせて編集し，コンテンツを作成する。

　　イ　文字や図形，静止画像，動画像，音声などの情報検索をネットワークで簡単に行う。

　　ウ　文字や図形，静止画像，動画像，音声などのファイルの種類や機能を示すために小さな図柄で画面に表示する。

　　エ　文字や図形，静止画像，動画像，音声などを公開するときに著作権の登録をする。

⑧6 業務アプリケーションソフトウェアを独自に開発せず，ソフトウェアパッケージを導入する目的として，最も適切なものはどれか。 (H21 春 IP)

　　ア　開発環境の充実

　　イ　開発コストの削減

　　ウ　開発手法の習熟

　　エ　開発担当者のスキルの向上

87 表計算ソフトを用いて，二つの科目X, Yの点数を評価して合否を判定する。それぞれの点数はワークシートのセルA2，B2に入力する。合格判定条件(1)又は(2)に該当するときはセルC2に"合格"，それ以外のときは"不合格"を表示する。セルC2に入力する式はどれか。　　　　(R5　IP)

〔合格判定条件〕
(1)：科目Xと科目Yの合計が120点以上である。
(2)：科目X又は科目Yのうち，少なくとも一つが100点である。

	A	B	C
1	科目X	科目Y	合否
2	50	80	合格

ア　IF(論理積((A2+B2)≧120, A2=100, B2=100), '合格', '不合格')
イ　IF(論理積((A2+B2)≧120, A2=100, B2=100), '不合格', '合格')
ウ　IF(論理和((A2+B2)≧120, A2=100, B2=100), '合格', '不合格')
エ　IF(論理和((A2+B2)≧120, A2=100, B2=100), '不合格', '合格')

88 表計算ソフトを用いて，ワークシートに示す各商品の月別売上額データを用いた計算を行う。セルE2に式"条件付個数(B2：D2, >15000)"を入力した後，セルE3とE4に複写したとき，セルE4に表示される値はどれか。　　　　(R2　IP)

	A	B	C	D	E
1	商品名	1月売上額	2月売上額	3月売上額	条件付個数
2	商品A	10,000	15,000	20,000	
3	商品B	5,000	10,000	5,000	
4	商品C	10,000	20,000	30,000	

ア　0　　イ　1　　ウ　2　　エ　3

89 ある商品の月別の販売数を基に売上に関する計算を行う。セルB1に商品の単価が，セルB3〜B7に各月の商品の販売数が入力されている。セルC3に計算式"B$1＊合計(B$3：B3)/個数(B$3：B3)"を入力して，セルC4〜C7に複写したとき，セルC5に表示される値は幾らか。　　　　(R元秋IP)

	A	B	C
1	単価	1,000	
2	月	販売数	計算結果
3	4月	10	
4	5月	8	
5	6月	0	
6	7月	4	
7	8月	5	

ア　6　　イ　6,000　　ウ　9,000　　エ　18,000

90 セル B2〜C8 に学生の成績が科目ごとに入力されている。セル D2 に計算式 "IF(B2≧50, '合格', IF(C2≧50, '合格', '不合格'))" を入力し，それをセル D3〜D8 に複写した。セル D2〜D8 において '合格' と表示されたセルの数は幾つか。 (H28 秋 IP)

	A	B	C	D
1	氏名	数学	英語	評価
2	山田太郎	50	80	
3	鈴木花子	45	30	
4	佐藤次郎	35	85	
5	田中梅子	55	70	
6	山本克也	60	45	
7	伊藤幸子	30	45	
8	小林潤也	70	35	

　ア　2　　　イ　3　　　ウ　4　　　エ　5

91 セル D2 と E2 に設定した 2 種類の税率で，商品 A と商品 B の税込み価格を計算する。セル D4 に入力する正しい計算式は \$B4＊(1.0＋D\$2)であるが，誤って \$B4＊(1.0＋\$D\$2)と入力した。セル D4 に入力した計算式を，セル D5，E4 及び E5 に複写したとき，セル E5 に表示される数値はどれか。 (H30 秋 IP)

	A	B	C	D	E
1				税率 1	税率 2
2			税率	0.05	0.1
3	商品名	税抜き価格		税込み価格 1	税込み価格 2
4	商品 A	500			
5	商品 B	600			

　ア　525　　　イ　550　　　ウ　630　　　エ　660

92 支店ごとの月別の売上データを評価する。各月の各支店の"評価"欄に，該当支店の売上額がA〜C支店の該当月の売上額の平均値を下回る場合に文字"×"を，平均値以上であれば文字"○"を表示したい。セルC3に入力する式として，適切なものはどれか。ここで，セルC3に入力した式は，セルD3，セルE3，セルC5〜E5，セルC7〜E7に複写して利用するものとする。

(H30春 IP)

単位　百万円

	A	B	C	D	E
1	月	項目	A支店	B支店	C支店
2	7月	売上額	1,500	1,000	3,000
3		評価			
4	8月	売上額	1,200	1,000	1,000
5		評価			
6	9月	売上額	1,700	1,500	1,300
7		評価			

ア　IF($C2＜平均(C2：E2)，'○'，'×')

イ　IF($C2＜平均(C2：E2)，'×'，'○')

ウ　IF(C2＜平均($C2：$E2)，'○'，'×')

エ　IF(C2＜平均($C2：$E2)，'×'，'○')

93 表計算ソフトを用いて社員コード中のチェックディジットを検算する。社員コードは3けたの整数値で，最下位の1けたをチェックディジットとして利用しており，上位2けたの各けたの数を加算した値の1の位と同じ値が設定されている。セルB2に社員コードからチェックディジットを算出する計算式を入力し，セルB2をセルB3〜5に複写するとき，セルB2に入力する計算式のうち，適切なものはどれか。

(H22秋 IP)

	A	B
1	社員コード	チェックディジット
2	370	
3	549	
4	538	
5	763	

ア　10－整数部(A2/100)＋剰余(整数部(A2/10)，10)

イ　剰余(10－整数部(A2/100)＋整数部(A2/10)，10)

ウ　剰余(整数部(A2/100)＋剰余(整数部(A2/10)，10),10)

エ　整数部((整数部(A2/100)＋整数部(A2/10))/10)

94 表計算ソフトを用いて，天気に応じた売行きを予測する。表は，予測する日の天気(晴れ，曇り，雨)の確率，商品ごとの天気別の売上予測額を記入したワークシートである。セル E4 に商品 A の当日の売上予測額を計算する式を入力し，それをセル E5〜E6 に複写して使う。このとき，セル E4 に入力する適切な式はどれか。ここで，各商品の当日の売上予測額は，天気の確率と天気別の売上予測額の積を求めた後，合算した値とする。

(H29 春 IP)

	A	B	C	D	E
1	天気	晴れ	曇り	雨	
2	天気の確率	0.5	0.3	0.2	
3	商品名	晴れの日の売上予測額	曇りの日の売上予測額	雨の日の売上予測額	当日の売上予測額
4	商品 A	300,000	100,000	80,000	
5	商品 B	250,000	280,000	300,000	
6	商品 C	100,000	250,000	350,000	

ア　B2＊B4＋C2＊C4＋D2＊D4

イ　B$2＊B4＋C$2＊C4＋D$2＊D4

ウ　$B2＊B$4＋$C2＊C$4＋$D2＊D$4

エ　B2＊B4＋C2＊C4＋D2＊D4

95 表計算ソフトを用いて，買い物金額に応じたポイント数を計算する。買い物金額が 1,000 円以下では買い物金額の 1％，買い物金額が 1,000 円を超え 3,000 円以下では買い物金額の 2％，買い物金額が 3,000 円を超える場合は買い物金額の 3％ のポイントを付与する。ワークシートのセル A2 に買い物金額が入力されるとき，ポイント数が表示されるセル B2 に入る数式はどれか。ここで，ポイント数の小数点以下は切捨てとする。

(H28 春 IP)

	A	B
1	買い物金額	ポイント数
2	3,350	100

ア　IF(A2≧3000, 整数部(A2＊3/100),
　　　　　　　　IF(A2≧1000, 整数部(A2/100), 整数部(A2＊2/100)))

イ　IF(A2＞3000, 整数部(A2＊3/100),
　　　　　　　　IF(A2＞1000, 整数部(A2/100), 整数部(A2＊2/100)))

ウ　IF(A2≦1000, 整数部(A2/100),
　　　　　　　　IF(A2≦3000, 整数部(A2＊2/100), 整数部(A2＊3/100)))

エ　IF(A2＜1000, 整数部(A2/100),
　　　　　　　　IF(A2＜3000, 整数部(A2＊2/100), 整数部(A2＊3/100)))

96 表のセル A1〜C2 に値が入力されている。表の値を CSV 形式で出力した結果はどれか。ここで，レコード間の区切りは改行コード "CR" を使用するものとする。

(H23 特別 IP)

	A	B	C
1	月	1 月	2 月
2	売上高	500	600

ア　月，1 月，2 月 CR 売上高，500，600 CR

イ　月，売上高 CR 1 月，500 CR 2 月，600 CR

ウ　月/1 月/2 月 CR 売上高/500/600 CR

エ　月/売上高 CR 1 月/50 CR 2 月/600 CR

```
・・・◆ オープンソフトウェアに関する問題・・・・・・・・・・・・・・・・・・・・・・・・・・・・・・・・・・・・
```

97 OSS(Open Source Software)に関する記述 a～c のうち，適切なものだけを全て挙げたものはどれか。 （R5 IP）

a. ソースコードに手を加えて再配布することができる。
b. ソースコードの入手は無償だが，有償の保守サポートを受けなければならない。
c. 著作権が放棄されており，無断で利用することができる。

　　ア　a　　　イ　a, c　　　ウ　b　　　エ　c

98 OSS(Open Source Software)に関する記述として，適切なものはどれか。 （R2 IP）

　　ア　製品によっては，企業の社員が業務として開発に参加している。
　　イ　ソースコードだけが公開されており，実行形式での配布は禁じられている。
　　ウ　どの製品も，ISO で定められたオープンソースライセンスによって同じ条件で提供されている。
　　エ　ビジネス用途での利用は禁じられている。

99 OSS(Open Source Software)に関する記述のうち，適切なものはどれか。 （H29 秋 IP）

　　ア　高度な品質が必要とされる，医療分野などの業務での利用は禁じられている。
　　イ　様々なライセンス形態があり，利用する際には示されたライセンスに従う必要がある。
　　ウ　ソースコードがインターネット上に公開されてさえいれば，再頒布が禁止されていたとしても OSS といえる。
　　エ　有償で販売してはならない。

100 OSS(Open Source Software)に関する記述 a～c のうち，適切なものだけを全て挙げたものはどれか。 （H26 春 IP）

a. ソースコードではなくコンパイル済のバイナリ形式だけでソフトウェアを入手できる方法が用意されていればよい。
b. 配布に当たって，利用分野又は使用者(個人やグループ)を制限することができる。
c. 例として，OS の Linux や関係データベース管理システムの PostgreSQL が挙げられる。

　　ア　a　　　イ　a, b　　　ウ　b, c　　　エ　c

101 スマートフォンやタブレットなどの携帯端末に用いられている，OSS(Open Source Software)である OS はどれか。 （R4 IP）

　　ア　Android　　　イ　iOS　　　ウ　Safari　　　エ　Windows

102 OSS(Open Source Software)である DBMS はどれか。 （H31 春 IP）

　　ア　Android　　　イ　Firefox　　　ウ　MySQL　　　エ　Thunderbird

103 OSS(Open Source Software)である Web ブラウザはどれか。 （H30 春 IP）

　　ア　Apache　　　イ　Firefox　　　ウ　Linux　　　エ　Thunderbird

104 OSS(Open Source Software)であるメールソフトはどれか。 （H27 春 IP）

　　ア　Android　　　イ　Firefox　　　ウ　MySQL　　　エ　Thunderbird

105 次のソフトウェアの組合せのうち，OSS(Open Source Software)だけの組合せはどれか。

(H28 春 IP)

　ア　Internet Explorer，Linux，PostgreSQL
　イ　Internet Explorer，PostgreSQL，Windows
　ウ　Firefox，Linux，Thunderbird
　エ　Firefox，Thunderbird，Windows

106 ソフトウェア①〜④のうち，スマートフォンやタブレットなどの携帯端末に使用される OSS(Open Source Software)の OS だけを全て挙げたものはどれか。

(H30 秋 IP)

① Android
② iOS
③ Thunderbird
④ Windows Phone

　ア　①　　　イ　①，②，③　　　ウ　②，④　　　エ　③，④

107 OSS(Open Source Software)を利用することのメリットはどれか。

(H29 秋 IP)

　ア　開発元から導入時に技術サポートを無償で受けられる。
　イ　ソースコードが公開されていないので，ウイルスに感染しにくい。
　ウ　ソフトウェアの不具合による損害の補償が受けられる。
　エ　ライセンス条件に従えば，利用者の環境に合わせてソースコードを改変できる。

108 OSS(Open Source Software)を利用した自社の社内システムの開発に関する行為として，適切でないものはどれか。

(H29 春 IP)

　ア　自社で OSS を導入した際のノウハウを生かし，他社の OSS 導入作業のサポートを有償で提供した。
　イ　自社で改造した OSS を，元の OSS のライセンス条件に同業他社での利用禁止を追加して OSS として公開した。
　ウ　自社で収集した OSS を DVD に複写して他社向けに販売した。
　エ　利用した OSS では期待する性能が得られなかったので，OSS を独自に改造して性能を改善した。

2 章 コンピュータはどうして動くのか

2—1　コンピュータの考え方

◆ 2進数の基礎

コンピュータを学ぶ上でとても重要な2進数の概念を理解し，各種演算の方法を理解しよう。

1 次の問題に答えなさい。

□ (1) 10進数の20を2進数にするといくつか。

□ (2) 2進数の11010を10進数にするといくつか。

解法 〈10進数を2進数に変換する方法〉

10進数を2進数に変換するには，

① もとの10進数を商が0になるまで繰り返し2で割る。

② 最後の余りを答えの左端にし，順に余りを右に並べる（最初の余りが右端になる）。

```
        商      余り
20 ÷ 2 = 10 ··· 0
10 ÷ 2 =  5 ··· 0
 5 ÷ 2 =  2 ··· 1
 2 ÷ 2 =  1 ··· 0
 1 ÷ 2 =  0 ··· 1
            答え：1 0 1 0 0
```

解法 〈2進数を10進数に変換する方法〉

2進数を10進数に変換するには，

① 各けたの2進数の重みを掛け算する。

※ 重みとは1の位を 2^0，2の位を 2^1 のことである。

② 掛け算した値の和を求める。

2^4	2^3	2^2	2^1	2^0
16	8	4	2	1 ←重み
×	×	×	×	×
1	1	0	1	0
↓	↓	↓	↓	↓
16	8	0	2	0 →(合計する)→ 26

□ (3) 2進数の 1001＋1101 はいくつか。

□ (4) 2進数の 1101－1010 はいくつか。

解法 〈2進数の加算〉

10進数での加算と同様だが，答えが2になると，次のけたへ繰り上がる点を注意する。

```
 1     1    ←繰り上がり
   1 0 0 1
 + 1 1 0 1
 1 0 1 1 0
```

解法 〈2進数の引き算〉

上位のけたから借りる場合，2であることに注意。

```
            2   ←上位から借り
   1 1 0 1
 − 1 0 1 0
   0 0 1 1
```

□ (5) 2進数を左へ3ビットシフトすると，もとの値の何倍になるか。

解法 〈シフト演算〉

シフト演算とは，各桁の数値を左右にずらす(シフトする)ことである。

10進数では1けた左にシフトするたびに10倍，右にシフトするたびに1/10倍になる。

また，2進数では，1けた左にシフトするたびに2倍，右にシフトするたびに1/2倍になる。

したがって，2進数を3ビット(けた)左にシフトするので2×2×2＝8倍となる。

◆ 2進数と8進数・16進数

2進数と相性のよい16進数や8進数を理解し，相互に変換できるようにしよう。

【8進数・16進数と2進数の関係】

8進数	3けたの2進数	16進数	4けたの2進数
0	000	0	0000
1	001	1	0001
2	010	2	0010
3	011	3	0011
4	100	4	0100
5	101	5	0101
6	110	6	0110
7	111	7	0111
		8	1000
		9	1001
		10(A)	1010
		11(B)	1011
		12(C)	1100
		13(D)	1101
		14(E)	1110
		15(F)	1111

2 次の問題に答えなさい。

□ (1) 2進数の 101100110 を8進数にするといくつか。

□ (2) 8進数の 62 を2進数にするといくつか。

> **解法** 〈2進数を8進数に，8進数を2進数に変換する方法〉
>
> 0から7の8種類の数字で1けたを表すものを8進数といい，8進数は3けたの2進数と対応している。
>
> 2進数を8進数に変換するには，
>
> ① 2進数を3けたごとに区切る。
>
> ② 区切った2進数をそれぞれ10進数にする。
>
> | 101 | 100 | 110 | …① |
> |---|---|---|---|
> | 5 | 4 | 6 | …② |
>
> 答え：546
>
> 8進数を2進数に変換するには，8進数の各けたを3けたの2進数に変換する。
>
> | 6 | 2 |
> |---|---|
> | 110 | 010 |
>
> 答え：110010

□ (3) 2進数の 11010011 を16進数にするといくつか。

□ (4) 16進数の B3 を2進数にするといくつか。

※ 4進数は2進数の2けたと対応する。

> **解法** 〈2進数を16進数に，16進数を2進数に変換する方法〉
>
> 0から15の16種類の数字で1けたを表すものを16進数といい，16進数は4けたの2進数と対応している。なお，10から15は，AからFに置き換えて表現する。
>
> 2進数を16進数に変換するには，
>
> ① 2進数を4けたごとに区切る。
>
> ② 区切った2進数をそれぞれ10進数にする。なお10以上のときにはAからFに置き換える。
>
> | 1101 | 0011 | …① |
> |---|---|---|
> | 13(D) | 3 | …② |
>
> 答え：D3
>
> 16進数を2進数に変換するには，16進数の各けたを4けたの2進数に変換する。
>
> | B(Bは11) | 3 |
> |---|---|
> | 1011 | 0011 |
>
> 答え：10110011

◆ 2進数での各種表現

コンピュータ内部では，数値・文字などをすべて2進数で表現する。それぞれの代表的な表現方法を理解しよう。

3 次の問題に答えなさい。

□ (1) 8色の色を2進数で表現するには何ビット必要か。

> **解法** 〈2進数での表現範囲〉
>
> 2進数の1けた（1ビット）は，0と1の2種類がある。例えば0を黒，1を白とすれば1ビットで2色を表現することができる。また，2ビットでは00, 01, 10, 11の4色を表現できる。同様に3ビットでは8色，4ビットでは16色とビット数が一つ増えるごとに表現できる範囲（種類）は2倍になる。これを公式にすると以下のようになる。
>
> $$\text{Nビットの表現数} \ = \ 2^N \text{通り}$$
>
> したがって8色を表現するには，2^3 となり，3ビット必要となる。

□ (2) それぞれの文字コードの説明として，ふさわしいものを解答群から選べ。

    ① ASCIIコード   ② EUCコード   ③ JISコード   ④ Unicode

> 解答群
> ア 日本工業規格で定められた文字コードで，漢字を含まない8ビットのコードと，漢字を含んだ16ビットのコードがある。
> イ アメリカ規格協会が定めた7ビットの文字コード。
> ウ 拡張UNIXコードと呼ばれアルファベットしか扱えなかったUNIX上で日本語などの8ビット以上必要な言語の対応ができるようにした文字コード。
> エ 世界で使われるすべての文字を共通の文字コードとして利用できるように考えられた文字コードで，現在では国際標準化機構の文字コードの規格となっている。

4 次の問題に答えなさい。

□ (1) 次の単位を左から大きい順に並べよ。

    GB   KB   MB   TB   PB

    PB ＞ TB ＞ （ ① ） ＞ （ ② ） ＞ （ ③ ）

> **解法** 〈容量の単位〉
> 1ビット（b）は2進数の1けた。
> 1バイト（B）は8ビット（b）。
> 1キロバイト（KB）＝ 1,024バイト（B）
> 1メガバイト（MB）＝ 1,024キロバイト（KB）
> 1ギガバイト（GB）＝ 1,024メガバイト（MB）
> 1テラバイト（TB）＝ 1,024ギガバイト（GB）
> 1ペタバイト（PB）＝ 1,024テラバイト（TB）
>
> 1,024は 2^{10} である。なお，計算を容易にするために1,000とすることもある。

【演習問題の解答】 ◆2進数の基礎◆ **1** (1) 10100 (2) 26 (3) 10110 (4) 0011 または 11 (5) 8倍
◆2進数と8進数・16進数◆ **2** (1) 546 (2) 110010 (3) D3 (4) 10110011

□ (2) 次の単位を左から小さい順に並べよ。

ns   ps   ms μs

ps ＜ （ ① ） ＜ （ ② ） ＜ （ ③ ）

解法 〈時間の単位〉

1ミリ秒（ms）＝ $\frac{1}{1,000}$ 秒（s）

1マイクロ秒（μs）＝ $\frac{1}{1,000}$ ミリ秒（ms）

1ナノ秒（ns）＝ $\frac{1}{1,000}$ マイクロ秒（μs）

1ピコ秒（ps）＝ $\frac{1}{1,000}$ ナノ秒（ns）

なお，時間の単位以外にも長さや重さ，大きさでも使用される。

◆ **論理演算**

論理演算（AND，OR，NOT）について理解しよう。

5 次の問題に答えなさい。

□ (1) 次の真理値表に対応する論理演算子を解答群から選べ。

①

入力1	入力2	演算結果
0	0	0
1	0	0
0	1	0
1	1	1

②

入力1	入力2	演算結果
0	0	0
1	0	1
0	1	1
1	1	1

③

入力	演算結果
1	0
0	1

解答群

ア　論理積（AND）　　イ　論理和（OR）　　ウ　否定（NOT）

解法 〈論理演算〉

AND，OR，NOTの真理値表とベン図を覚えよう。

ア：論理積（AND）　すべての入力が1のときのみ1を出力する。日本語で表すと，"なお，かつ"になる。

イ：論理和（OR）　　入力に一つでも1があるとき1を出力する。日本語で表すと，"または"になる。

ウ：否定（NOT）　　入力と反対の値を出力する。日本語で表すと，"でない"になる。

ア　論理積（AND）　　　　　イ　論理和（OR）　　　　　ウ　否定（NOT）

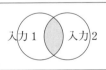

□ (2) 101・110の演算結果はいくつか。ただし，・は論理積（AND）を意味する。

解法　複数けたの論理演算は以下のように縦に並べて，それぞれのけたを独立して論理演算を行う。

```
      1 0 1
AND   1 1 0
      1 0 0
```
したがって，答えは100となる。

□ (3) A＝1，B＝0，C＝1のとき，A⊕B・Cの演算結果はいくつか。ただし，⊕は論理和（OR），・は論理積（AND）を意味する。

解法　〈論理演算時の優先順位〉

ANDとORでは，ANDが優先される。また算術演算と同様（　　）も使用可能である。（　　）は，AND，ORよりも優先順が高い。

したがって，以下のように計算される。

① B AND C を計算する。B＝0，C＝1なので，　0 AND 1＝0

② A OR ①の答えを計算する。A＝1，①の答え＝0なので，　1 OR 0＝1となる。

◆ **確率**

確率の問題は様々なパターンが想定される。ここでは2題のみ紹介するが，問題をこなして苦手意識をなくそう。

6 次の問題に答えなさい。

□ (1) サイコロを2回振ったときに，2回とも1の目が出る確率は分数でいくつか。

□ (2) 当たりくじ3本と外れくじ7本が入っているとき，2回連続で当たりくじを引く確率は分数でいくつか。

解法　〈確率〉

(1)① サイコロの目は1から6の6個あるので，1回目に1の目が出る確率は $\dfrac{1}{6}$ である。

② 2回目も1の目が出る確率は $\dfrac{1}{6}$ である。

③ したがって2回連続で1の目が出る確率は，$\dfrac{1}{6} \times \dfrac{1}{6} = \dfrac{1}{36}$ となる。

(2)① 1回目は当たりくじ3本と外れくじ7本の計10本あるので，当たりくじが出る確率は $\dfrac{3}{10}$ である。

② 1回目に当たりくじを引いたので，残りは9本中2本になる。つまり2回目の確率は $\dfrac{2}{9}$ である。

③ したがって2回連続で当たりくじを引く確率は，$\dfrac{3}{10} \times \dfrac{2}{9} = \dfrac{6}{90}$ である。約分をすると $\dfrac{1}{15}$ となる。

◆ **統計の概要**

統計に関する基礎的な用語とその意味を理解しよう。

7 次の9つのデータをもとに，各問題に答えなさい。

データ：	8	6	5	6	2	4	3	5	6

値	回数
0	0
1	0
2	1
3	1
4	1
5	2
6	3
7	0
8	1
9	0

□ (1) 平均値を求めよ。

□ (2) メジアンを求めよ。

□ (3) モードを求めよ。

□ (4) 分散を求めよ（小数第1位未満四捨五入）。

□ (5) データをもとに右のような表を作成した。これを何というか。解答群から選べ。

□ (6) (5)の表をもとに以下のようなグラフを作成した。このグラフを何というか。解答群から選べ。

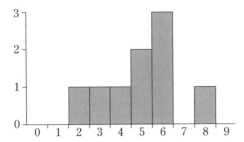

□ (7) (6)のようなグラフで，富士山のような形になることを何というか。解答群から選べ。

解答群
ア　ヒストグラム　　イ　正規分布　　ウ　度数分布表

解法　〈メジアン〉

　中央値を意味する。データを昇順に並べたときに中央にある値である。なお，データ数が偶数のときは中央に位置する2つの値の平均値となる。

　(2)では，データを昇順に整列すると，2・3・4・5・⑤・6・6・6・8で，中央の値は5になる。

〈モード〉

　最頻値を意味する。度数分布をとったときに最もデータ数の多い値。6が3回と最も多いので，モードは6である。(6)のヒストグラムを見ると一目瞭然である。

〈分散〉

　平均値からのばらつきを示す。値が小さいほど，平均値付近に集中してデータが存在していることを意味する。反対に値が大きいほど，平均に関係なく各データがばらついていることを意味する。

　分散は以下のとおり計算する。

① 　平均値を求める。→ 5
② 　平均と各データの差(偏差)を求める。
③ 　②のそれぞれの値を2乗する。

データ	8	6	5	6	2	4	3	5	6
②偏差	+3	+1	0	+1	−3	−1	−2	0	+1
③2乗	9	1	0	1	9	1	4	0	1

→合計：26
件数：9件

④ 　③の合計をデータ数で割ったものが分散となる。

　合計26，データ数9なので，26÷9≒2.9

〈度数分布〉

　データの値とその出現回数を集計する統計手法。データのばらつきや，最も多い値，平均との差などを容易に知ることができる。(5)のように集計結果を値(0～9，10～19のように区間とする場合もある)と回数で表にしたものを**度数分布表**といい，それを(6)のようにグラフ化したものを**ヒストグラム**という。ヒストグラムの形が右のグラフのように，平均値を頂点に左右対称に釣り鐘型になるものをとくに**正規分布**という。

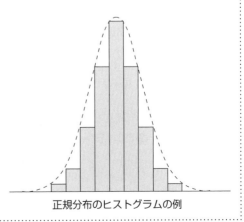

正規分布のヒストグラムの例

・・・・ 練・習・問・題 ・・・・

① 2進数の10010010は10進数でいくつか。

ア 73 イ 146 ウ 219 エ 292

② 10進数155を2進数で表したものはどれか。 (R2 IP)

ア 10011011 イ 10110011 ウ 11001101 エ 11011001

③ 8進数の55を16進数で表したものはどれか。 (H21 秋 IP)

ア 2D イ 2E ウ 4D エ 4E

④ 二つの2進数01011010と01101011を加算して得られる2進数はどれか。ここで，2進数は値が正の8ビットで表現するものとする。 (H29 春 IP)

ア 00110001 イ 01111011 ウ 10000100 エ 11000101

⑤ 10進数の2，5，10，21を，五つの升目の白黒で次のように表す。

2 □□□■□
5 □□■□■
10 □■□□■
21 ■□■□■

それぞれの升目が白のときは0，黒のときは升目の位置によってある決まった異なる正の値を意味する。この五つの升目の値を合計して10進数を表すものとすると，■■□□□が表す数値はどれか。 (H23 秋 IP)

ア 12 イ 20 ウ 24 エ 30

⑥ 2進数10110を3倍したものはどれか。 (H21 春 IP)

ア 111010 イ 111110 ウ 1000010 エ 10110000

⑦ 数値を2進数で表す8ビットのレジスタに，01001100が格納されている。右に2ビットシフトすると，もとの値の何倍になるか。

ア 2 イ 4 ウ $\frac{1}{2}$ エ $\frac{1}{4}$

⑧ もとの数を$\frac{1}{8}$にするためにシフト演算を使用する。次のどの操作を行うと良いか。ただし，あふれは起こらないものとする。

ア 左へ2ビットシフトする。 イ 右へ1ビットシフトする。
ウ 右へ3ビットシフトする。 エ 左へ3ビットシフトする。

⑨ 2進数10111100を右へ4ビットシフトした結果を，再び左へ4ビットシフトした結果得られる2進数はどれか。ここで，右へシフトしたときは左から0が入り，左へシフトしたときは，右から0が入る。

ア 00001100 イ 10100000 ウ 10110000 エ 10111000

【演習問題の解答】 ◆論理演算◆ **5** (3) 1 ◆確率◆ **6** (1) $\frac{1}{36}$ (2) $\frac{1}{15}$ ◆統計の概要◆ **7** (1) 5 (2) 5 (3) 6 (4) 2.9 (5) ウ (6) ア (7) イ

⑩ A〜Zの26種類の文字を表現する文字コードに最小限必要なビット数は幾つか。　（H30春IP）

　　ア　4　　イ　5　　ウ　6　　エ　7

⑪ 一つの点の色を8ビットで表すと，何色表現することができるか。

　　ア　128色　　イ　256色　　ウ　512色　　エ　1024色

⑫ 二つの入力と一つの出力をもつ論理回路で，二つの入力A，Bがともに1のときだけ，出力Xが1になるものはどれか。

　　ア　AND回路　　イ　NAND回路　　ウ　OR回路　　エ　XOR回路

⑬ 8ビットの2進データXと00001111について，ビットごとの論理積をとった結果はどれか。ここでデータの左方を上位，右方を下位とする。　（H30秋IP）

　　ア　下位4ビットが全て0になり，Xの上位4ビットがそのまま残る。
　　イ　下位4ビットが全て1になり，Xの上位4ビットがそのまま残る。
　　ウ　上位4ビットが全て0になり，Xの下位4ビットがそのまま残る。
　　エ　上位4ビットが全て1になり，Xの下位4ビットがそのまま残る。

⑭ 図1のように二つの正の数値A1，A2を読み取り，二つの数値B1，B2を出力するボックスがある。B1にはA2と同じ数値を出力し，B2にはA1をA2で割った余りを出力する。図2のようにこのボックスを2個つないだ場合，A1＝15，A2＝6のとき後方のボックスのB1に出力される数値は幾らか。　（H21春IP）

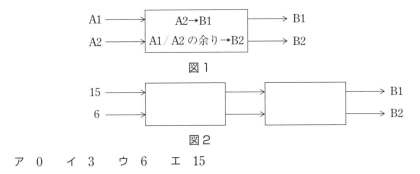

　　ア　0　　イ　3　　ウ　6　　エ　15

⑮ 北海道か東北についての情報を提供しているWebサイトを検索したい。どのような条件を指定して検索すればよいか。

　　ア　北海道　AND　東北　で検索する。　　　イ　北海道　NOT　東北　で検索する。
　　ウ　NOT（北海道　AND　東北）で検索する。　エ　北海道　OR　東北　で検索する。

⓰ "男性のうち，20歳未満の人と65歳以上の人"に関する情報を検索するための検索式として，適切なものはどれか。

(H25 秋 IP)

ア 男性 AND（20歳未満 AND 65歳以上）

イ 男性 AND（20歳未満 OR 65歳以上）

ウ 男性 OR（20歳未満 AND 65歳以上）

エ 男性 OR（20歳未満 OR 65歳以上）

⓱ A，B，Cの3領域のうち，"AかつBであり，Cではない"範囲を塗りつぶしたベン図はどれか。

(サンプル)

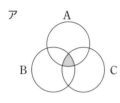

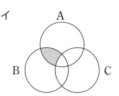

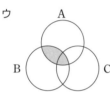

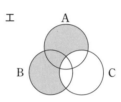

⓲ CPUのクロック周波数や通信速度などを表すときに用いられる国際単位系(SI)接頭語に関する記述のうち，適切なものはどれか。

(R5 IP)

ア Gの10の6乗倍は，Tである。

イ Mの10の3乗倍は，Gである。

ウ Mの10の6乗倍は，Gである。

エ Tの10の3乗倍は，Gである。

⓳ 500,000 バイトと等しい値はどれか。ただし，1 KB＝10^3 B，1 MB＝10^6 B とする。

ア 50 KB　　イ 5 MB　　ウ 0.5 MB　　エ 0.05 KB

⓴ 1ピコ秒に等しい値はどれか。

ア 1ナノ秒の1,000倍　　　イ 1マイクロ秒の100万分の1

ウ 2のマイナス12乗秒　　　エ 10のマイナス10乗秒

㉑ ANSI(American National Standards Institute：アメリカ規格協会)が定めた情報交換用の符号で，もとは7ビットであるが，先頭に0またはパリティのビットを付加して8ビットとして使われることの多い符号の名称はどれか。

ア ASCII　　イ BCD コード　　ウ EBCDIC　　エ ISO 646

㉒ 世界の主要な言語で使われている文字を一つの文字コード体系で取り扱うための規格はどれか。

(H25 春 IP)

  ア ASCII　　　　　　　イ EUC
  ウ SJIS(シフト JIS)　　エ Unicode

㉓ a, b, c, d, e, f の 6 文字すべてを任意の順で一列に並べたとき, a と b が両端になる場合は, 何通りか。

(H22 秋 IP)

  ア 24　　イ 30　　ウ 48　　エ 360

㉔ ある試験は筆記と実技の両方に合格した者を合格とする。100 名が試験を受け, 合格者が 50 名, 筆記の不合格者が 35 名, 実技の不合格者が 40 名であった。筆記と実技の両方が不合格であった受験者は何名か。

  ア 10 名　　イ 15 名　　ウ 25 名　　エ 75 名

㉕ 図 1 の A_1 地点から C_2 地点へ行くとき, 通過する地点が最も少なくてすむ最短経路は, 図 2 のように数えることによって 3 通りあることが分かる。A_1 地点から, C_2 地点を経由して, D_4 地点へ行く最短経路は何通りあるか。

(H22 秋 IP)

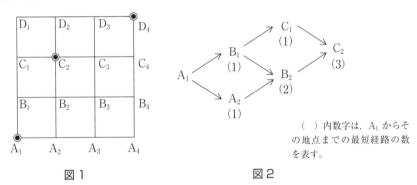

図 1　　　　　　　　　　図 2

  ア 6　　イ 9　　ウ 12　　エ 20

㉖ 次のデータの平均値と中央値の組合せはどれか。

(R4　IP)

〔データ〕

10, 20, 20, 20, 40, 50, 100, 440, 2000

	平均値	中央値
ア	20	40
イ	40	20
ウ	300	20
エ	300	40

㉗ 次のようなデータがある。分散はいくらか。

データ	3	2	7	7	6

  ア 2.1　　イ 2.3　　ウ 2.4　　エ 4.4

28 受験者 10,000 人の 4 教科の試験結果は表のとおりであり，いずれの教科の得点分布も正規分布に従っていたとする。ある受験者の 4 教科の得点が全て 71 点であったとき，この受験者が最も高い偏差値を得た教科はどれか。

(R5　IP)

単位　点

	平均点	標準偏差
国語	62	5
社会	55	9
数学	58	6
理科	60	7

ア　国語　　イ　社会　　ウ　数学　　エ　理科

29 次の統計手法の説明に当てはまるものはどれか。

［説明］

　データの存在する範囲をいくつかの区間に分け，各区間に入るデータの出現頻度で度数表を作成したものである。これによって，データ分布の形，データの中心位置，データのばらつきなどが把握できる。

ア　管理図　　イ　散布図　　ウ　ヒストグラム　　エ　パレート図

30 横軸を点数（0〜10 点）とし，縦軸を人数とする度数分布のグラフが，次の黒い棒グラフになった場合と，グレーの棒グラフになった場合を考える。二つの棒グラフを比較して言えることはどれか。

(H21 春 IP)

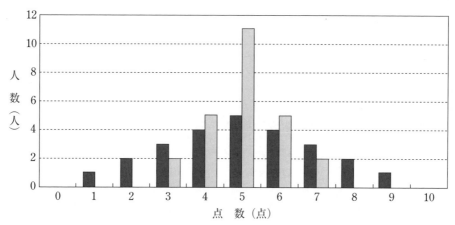

ア　分散はグレーの棒グラフが，黒の棒グラフより大きい。
イ　分散はグレーの棒グラフが，黒の棒グラフより小さい。
ウ　分散はグレーの棒グラフと，黒の棒グラフで等しい。
エ　分散はこのグラフだけで比較することはできない。

㉛ 推論に関する次の記述中のa, bに入れる字句の適切な組合せはどれか。 (R4 IP)

　　　 a 　は，個々の事例を基にして，事例に共通する規則を得る方法であり，得られた規則は
　　　 b 　。

	a	b
ア	演繹推論	成立しないことがある
イ	演繹推論	常に成立する
ウ	帰納推論	成立しないことがある
エ	帰納推論	常に成立する

2-2 アルゴリズムとプログラミング

♣1件のレコードには複数の項目
(フィールド)があることが多い。

♣添字をインデックスとも言う。

♣リスト構造補足
・単方向リスト
　次ポインタのみをもち，一方向に
しか探索できない。
・双方向リスト
　次ポインタと前ポインタをもち，
前にも後ろにも探索できる。
　リスト構造の応用で木構造と呼ば
れるデータ構造もある。

・先入先出法
　FIFO（First In First Out）
・後入先出法
　LIFO（Last In First Out）

♣アルゴリズム
　ある目的のための処理を行う手
順。

♣流れ図は流れ図記号を線でつな
ぎ，アルゴリズムを表現する。原則
として上から下，左から右へと処理
を行うが，原則と外れる場合には矢
印を用いて明示する。

◆ 代表的なデータ形式

　それぞれのデータ形式の特徴を理解しよう。

8 次の文に最も適切な語を解答群から選べ。
- □ (1) 1件分のデータ。
- □ (2) 複数のレコードをまとめたもの。
- □ (3) ほとんどのプログラミング言語で利用できる基本的なデータ構造で，同じ型のデータを連続的に並べ，添字により識別する。
- □ (4) 前後のデータの所在地をポインタにより連結するデータ構造で，データの削除や挿入が容易である。
- □ (5) 先に入力されたデータが先に出力される(先入先出法)データ構造。
- □ (6) 後に入力されたデータが先に出力される(後入先出法)データ構造。
- □ (7) スタックで，データを入力すること。
- □ (8) スタックで，データを出力すること。
- □ (9) キューに，3→5→8と順に入力した後，最初に出力される値はいくつか。
- □ (10) スタックに，3→5→8と順に入力した後，最初に出力される値はいくつか。

```
解答群
ア　キュー      イ　ファイル     ウ　リスト      エ　スタック
オ　POP         カ　配列         キ　PUSH        ク　レコード
ケ　3           コ　5           サ　8
```

◆ 流れ図によるアルゴリズムの表現

　アルゴリズムを表現するために利用する流れ図の意味と使い方を理解しよう。

9 次の処理を記述するために用いる流れ図記号を選べ。
- □ (1) 処理の開始や終了を表す。
- □ (2) 条件により処理を分岐する。
- □ (3) 計算を行う。
- □ (4) 繰り返しの終了。
- □ (5) 繰り返しの先頭。
- □ (6) 印刷する。
- □ (7) データの入出力。
- □ (8) 初期値を設定する。

ア　イ　ウ　エ
オ　カ　キ　ク

10 次の流れ図を(1)から(3)の値を入力して実行すると出力される値は
いくつか。

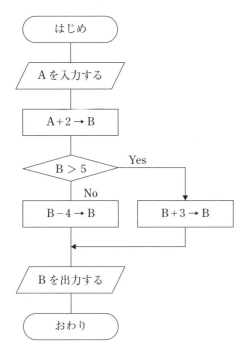

□ (1) A に 5 を入力したときに出力される値はいくつか。
□ (2) A に 2 を入力したときに出力される値はいくつか。
□ (3) A に 7 を入力したときに出力される値はいくつか。

11 次の流れ図は，データの合計を計算して出力するものである。(1)
から(3)を記号で答えよ。

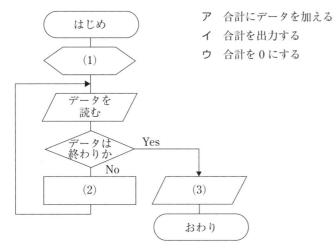

ア　合計にデータを加える
イ　合計を出力する
ウ　合計を 0 にする

♣ プログラム構造
□ (1) 順次構造

□ (2) 選択構造

□ (3) 繰り返し構造

♣ トレース
　10 のように，プログラムや流れ
図の処理を一つずつ手作業で追いな
がら，どのような処理を行っている
か確認する作業。
　論理的な誤りを見つけるための最
も基本的な方法。

♣ この流れ図を修正して，平均を求
めるにはどうすればよいか考えよ
う。

♣ 変数や配列の宣言
　データ型：変数名
　データ型：配列名

♣ 演算や代入
　変数名←式や値
　配列［要素番号］←式や値

♣ 四則演算で使用する演算子
　× ÷ ＋ － mod
　※ mod は余りを求める

♣ 前判定繰返し処理
　while（条件式）
　　処理
　endwhile

♣ 後判定繰返し処理
　do
　　処理
　while（条件式）

♣ 条件式で使う関係演算子
　≠ ≦ ≧ ＜ ＝ ＞
　and or

♣ 手続きや関数の宣言
　○手続名や関数名（引数）

♣ 手続きを呼び出す
　手続名（引数）

♣ 注釈の記述
　注釈とは疑似言語の中に書く説明文である。
　／＊注釈＊／
　／／注釈

◆ 疑似言語

疑似言語によりアルゴリズムを表現する方法を理解しよう。

12 次の処理を疑似言語で記述する。解答群から適切な記号で選べ。

☐ (1) 変数 kazu に 12 を代入する。

☐ (2) 変数 j に 1 を加える。

☐ (3) 変数 sw が 1 ならば晴れ，1 以外ならば雨と出力する。

　　　(3)①
　　　　　"晴れ"と出力する
　　　(3)②
　　　　　"雨"と出力する
　　　endif

☐ (4) 変数 k が 1→2→3→4 と値を変えながら 4 回処理を繰り返す。

　　　(4)
　　　　　　処理
　　　endfor

☐ (5) 配列 b の 2 番地に 0 を代入する。

解答群
　ア　if(sw＝1)　　　イ　j←j+1　　　ウ　b[2]←0
　エ　else　　　　　オ　kazu←12
　カ　for(k を 1 から 4 まで 1 ずつ増やす)

---

13 手続き keisan は，引数 num で指定された値を用いて計算を行い，計算結果を出力する。引数 num の値が 5 の時に出力される値を答えなさい。

○ keisan（整数型：num）

／＊変数宣言と初期化＊／
整数型：cnt←0
整数型：i←1
整数型：amari

／＊計算＊／
while(i が num 以下)
　amari←i mod 2
　if(amari＝0)
　　cnt←cnt+1
　endif
　i←i+1
endwhile

／＊計算結果の出力＊／
cnt を出力する

はじめ
0 → cnt
1 → i
ループ
i ≦ num の間
i ÷ 2 の余り → amari
amari = 0　No
Yes
cnt + 1 → cnt
i + 1 → i
ループ
cnt を出力する
おわり

◆ プログラミング言語

プログラミング言語の役割と各言語の特徴を理解しよう。

14 次の文に最も適切な語を解答群から選べ。

☐ (1) 1950 年代に開発された科学技術計算向けのプログラミング言語。数値計算に便利な機能が多数組み込まれており,数値計算のプログラムを簡単に書くことができる。

☐ (2) UNIX の開発のために作られたプログラミング言語。移植性や汎用性に優れていることから広く普及している。この言語をオブジェクト指向の言語に発展させたものに C^{++} がある。

☐ (3) 一度書けばどこでも動くと表現される汎用性の高さが特徴のプログラム言語。Java 仮想マシンで動作する中間コードに翻訳され,中間コードが動作する環境があれば,OS や機種に関係なく動作するアプリケーションを作成できるオブジェクト指向型言語。

☐ (4) Web ページを記述する言語である HTML の中に埋め込むスクリプト言語で,ブラウザ上で実行される。HTML では実現できない動きのある Web ページなどを作ることができる。

☐ (5) 文法がシンプルで読みやすく,統計処理をはじめ豊富なライブラリが利用できる。人工知能や深層学習などでの活用も盛んだが,幅広い分野で使われている。

☐ (6) 統計解析に特化したプログラミング言語で,データの解析からグラフへの出力を行うことに優れており,人工知能の領域でも注目されている。

解答群	ア Python	イ C	ウ Java
	エ Fortran	オ JavaScript	カ R

・ ・ ・ ・ ・ 練・習・問・題 ・ ・ ・ ・ ・

㉜ 複数のデータが格納されているスタックからのデータの取出し方として，適切なものはどれか。

(H30 秋 IP)

ア 格納された順序に関係なく指定された任意の場所のデータを取り出す。
イ 最後に格納されたデータを最初に取り出す。
ウ 最初に格納されたデータを最初に取り出す。
エ データがキーをもっており，キーの優先度でデータを取り出す。

㉝ 先入れ先出し(First-In First-Out，FIFO)処理を行うのに適したキューと呼ばれるデータ構造に対して "8"，"1"，"6"，"3" の順に値を格納してから，取出しを続けて2回行った。2回目の取出しで得られる値はどれか。

(H30 春 IP)

ア 1 イ 3 ウ 6 エ 8

㉞ 下から上へ品物を積み上げて，上にある品物から順に取り出す装置がある。この装置に対する操作は，次の二つに限られる。

(R元 秋 IP)

PUSH x：品物 x を1個積み上げる。
POP ：一番上の品物を1個取り出す。

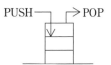

最初は何も積まれていない状態から開始して，a，b，c の順で三つの品物が到着する。一つの装置だけを使った場合，POP 操作で取り出される品物の順番としてあり得ないものはどれか。

ア a，b，c イ b，a，c ウ c，a，b エ c，b，a

㉟ あるキューに要素 "33"，要素 "27" 及び要素 "12" の三つがこの順序で格納されている。このキューに要素 "45" を追加した後に要素を二つ取り出す。2番目に取り出される要素はどれか。 (H23 春 IP)

ア 12 イ 27 ウ 33 エ 45

㊱ 五つの数値 3，2，4，1，5 をこの順序でスタックに入れた。このとき最初に取り出せる数値はどれか。

ア 1 イ 3 ウ 4 エ 5

37 数字が書かれた箱を図のように積み上げてある。表に示す操作を，操作 1，操作 2，操作 3，操作 4 の順に行った場合，操作 4 が終わったときの箱の状態はどれか。 （H21 秋 IP）

表

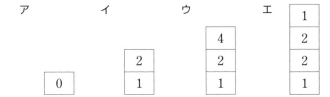

操作名	操作の内容
操作 1	箱を上から二つ取り出し，取り出した箱に書かれた値を加算した値を書いた箱を新たに一番上に積む。
操作 2	数字 3 を書いた箱を新たに一番上に積む。
操作 3	箱を上から三つ取り出し，取り出した箱に書かれた値の平均値を求める。その平均値を書いた箱を新たに一番上に積む。
操作 4	箱を上から二つ取り出し，取り出した箱に書かれた値の差の絶対値を求める。その絶対値を書いた箱を新たに一番上に積む。

図

```
4
3
2
2
1
```

```
ア        イ        ウ        エ    1
                             4    2
                   2    2    2
          0        1    1    1
```

38 図のような単方向リストがある。"ナリタ" がリストの先頭であり，そのポインタには次に続くデータのアドレスが入っている。また，"ミラノ" はリストの最後であり，そのポインタには 0 が入っている。

"ロンドン" を "パリ" に置き換える場合の適切な処理はどれか。

先頭データへのポインタ

```
120
```

アドレス	データ部分	ポインタ
100	ウィーン	160
120	ナリタ	180
140	パリ	999
160	ミラノ	0
180	ロンドン	100

ア　パリのポインタを 100 とし，ナリタのポインタを 140 とする。

イ　パリのポインタを 100 とし，ロンドンのポインタを 0 とする。

ウ　パリのポインタを 100 とし，ロンドンのポインタを 140 とする。

エ　パリのポインタを 180 とし，ナリタのポインタを 140 とする。

39 ある目的を達成するための処理手順をなんというか。

ア　プログラミング　　イ　アルゴリズム　　ウ　流れ図　　エ　ハッシュ関数

40 配列に格納されているデータを探索するときの，探索アルゴリズムに関する記述のうち，適切なものはどれか。　　(R5　IP)

ア　2分探索法は，探索対象となる配列の先頭の要素から順に探索する。

イ　線形探索法で探索するのに必要な計算量は，探索対象となる配列の要素数に比例する。

ウ　線形探索法を用いるためには，探索対象となる配列の要素は要素の値で昇順又は降順にソートされている必要がある。

エ　探索対象となる配列が同一であれば，探索に必要な計算量は探索する値によらず，2分探索法が線形探索法よりも少ない。

41 流れ図 X で示す処理では，変数 i の値が，1 → 3 → 7 → 13 と変化し，流れ図 Y で示す処理では，変数 i の値が，1 → 5 → 13 → 25 と変化した。図中の a，b に入れる字句の適切な組合せはどれか。　(R3　IP)

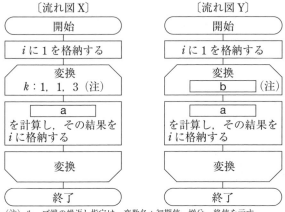

〔流れ図 X〕

```
開始
iに1を格納する
変換
k：1，1，3（注）
  a
を計算し，その結果を
iに格納する
変換
終了
```

〔流れ図 Y〕

```
開始
iに1を格納する
変換
  b   （注）
  a
を計算し，その結果を
iに格納する
変換
終了
```

（注）ループ端の繰返し指定は，変数名：初期値，増分，終値を示す。

	a	b
ア	$2i + k$	$k：1，3，7$
イ	$2i + k$	$k：2，2，6$
ウ	$i + 2k$	$k：1，3，7$
エ	$i + 2k$	$k：2，2，6$

42 1〜4の番号をもつ四つの状態がある。四つの状態は図のようにつながれており，時計回りや反時計回りに状態を遷移することができる。

```
        1
      /   \
     4      2
      \   /
        3
```

現在，状態 1 にいて，次の手順を 2 回実施した後はどの状態にいるか。

〔手順〕

今いる状態の番号を 11 倍し，それを 3 で割った余りによって次の処理を行う。

・余りが 0 の場合：時計回りに一つ次の状態に遷移する。

・余りが 1 の場合：反時計回りに一つ次の状態に遷移する。

・余りが 2 の場合：時計回りに二つ次の状態に遷移する。　　(H23 秋 IP)

ア　1　　イ　2　　ウ　3　　エ　4

43 二つの変数 x と y に対して，次の手続を(1)から順に実行する。処理が終了したとき，x の値は幾らになるか。

〔手続〕

   (1) x に 2 を代入し，y に 3 を代入する。

   (2) y の値から 1 を引いたものを y に代入する。

   (3) x の値と y の値を加えたものを x に代入する。

   (4) $y \neq 1$ なら手続(2)に戻り，$y = 1$ なら処理を終了する。   (H22 秋 IP)

  ア　4　　イ　5　　ウ　7　　エ　8

44 表に示す構成のデータを，流れ図の手順で処理する場合について考える。流れ図中の x，y，z をそれぞれデータ区分 A，B，C と適切に対応させれば，比較（"x か？"，"y か？"，"z か？"）の回数の合計は，最低何回で済むか。   (H27 秋 IP)

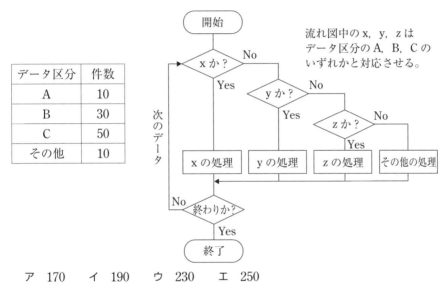

データ区分	件数
A	10
B	30
C	50
その他	10

流れ図中の x, y, z は
データ区分の A, B, C の
いずれかと対応させる。

  ア　170　　イ　190　　ウ　230　　エ　250

45 プログラムの処理手順を図式を用いて視覚的に表したものはどれか。   (H27 春 IP)

  ア　ガントチャート　　イ　データフローダイアグラム

  ウ　フローチャート　　エ　レーダチャート

46 Java 言語に関する記述として，適切なものはどれか。   (H22 秋 IP)

  ア　Web ページを記述するためのマークアップ言語である。

  イ　科学技術計算向けに開発された言語である。

  ウ　コンピュータの機種や OS に依存しないソフトウェアが開発できる，オブジェクト指向型の言語である。

  エ　事務処理計算向けに開発された言語である。

47 機械語に関する記述のうち，適切なものはどれか。   (H29 春 IP)

  ア　Fortran や C 言語で記述されたプログラムは，機械語に変換されてから実行される。

  イ　機械語は，高水準言語の一つである。

  ウ　機械語は，プログラムを 10 進数の数字列で表現する。

  エ　現在でもアプリケーションソフトの多くは，機械語を使ってプログラミングされている。

48 関数 calcMean は，要素数が 1 以上の配列 dataArray を引数として受け取り，要素の値の平均を戻り値として返す。プログラム中の a，b に入れる字句の適切な組合せはどれか。ここで，配列の要素番号は 1 から始まる。

(サンプル)

〔プログラム〕
○実数型：calcMean（実数型の配列：dataArray） /＊関数の宣言＊/
　実数型：sum，mean
　整数型：i
　sum ← 0
　for（i を 1 から dataArray の要素数 まで 1 ずつ増やす）
　　sum ←｜　　a　　｜
　endfor
　mean ← sum ÷｜　b　｜　　/＊実数として計算する＊/
　return mean

	a	b
ア	sum + dataArray[i]	dataArray の要素数
イ	sum + dataArray[i]	(dataArray の要素数 + 1)
ウ	sum × dataArray[i]	dataArray の要素数
エ	sum × dataArray[i]	(dataArray の要素数 + 1)

49 関数 calcX と関数 calcY は，引数 inData を用いて計算を行い，その結果を戻り値とする。関数 calcX を calcX(1) として呼び出すと，関数 calcX の変数 num の値が，1 → 3 → 7 → 13 と変化し，戻り値は 13 となった。関数 calcY を calcY(1) として呼び出すと，関数 calcY の変数 num の値が，1 → 5 → 13 → 25 と変化し，戻り値は 25 となった。プログラム中の a，b に入れる字句の適切な組合せはどれか。

(R4 IP)

〔プログラム 1〕
○整数型：calcX（整数型：inData）
　整数型：num，i
　num ← inData
　for（i を 1 から 3 まで 1 ずつ増やす）
　　num ←｜　a　｜
　endfor
　return num

〔プログラム 2〕
○整数型：calcY（整数型：inData）
　整数型：num，i
　num ← inData
　for（｜　b　｜）
　　num ←｜　a　｜
　endfor
　return num

	a	b
ア	2 × num + i	i を 1 から 7 まで 3 ずつ増やす
イ	2 × num + i	i を 2 から 6 まで 2 ずつ増やす
ウ	num + 2 × i	i を 1 から 7 まで 3 ずつ増やす
エ	num + 2 × i	i を 2 から 6 まで 2 ずつ増やす

50 関数 sigma は，正の整数を引数 max で受け取り，1 から max までの整数の総和を戻り値とする。プログラム中の a に入れる字句として，適切なものはどれか。　　　　　　　　　　　　　　（R5　IP）

〔プログラム〕
○整数型：sigma（整数型：max）
　　整数型：calcX ← 0
　　整数型：n
　　for（n を 1 から max まで 1 ずつ増やす）
　　　　┌─────────┐
　　　　│　　a　　│
　　　　└─────────┘
　　endfor
　　return calcX

　　ア　calcX ← calcX × n　　イ　calcX ← calcX + 1
　　ウ　calcX ← calcX + n　　エ　calcX ← n

51 手続 printArray は，配列 integerArray の要素を並べ替えて出力する。手続 printArray を呼び出したときの出力はどれか。ここで，配列の要素番号は 1 から始まる。　　　　　　　　　　（R5　IP）

〔プログラム〕
○ printArray（）
　　整数型：n, m
　　整数型の配列：integerArray ← {2, 4, 1, 3}
　　for（n を 1 から（integerArray の要素数 − 1）まで 1 ずつ増やす）
　　　　for（m を 1 から（integerArray の要素数 − n）まで 1 ずつ増やす）
　　　　　　if（integerArray[m] ＞ integerArray[m + 1]）
　　　　　　　　integerArray[m] と integerArray[m + 1] の値を入れ替える
　　　　　　endif
　　　　endfor
　　endfor
　　integerArray の全ての要素を先頭から順にコンマ区切りで出力する

　　ア　1, 2, 3, 4　　イ　1, 3, 2, 4　　ウ　3, 1, 4, 2　　エ　4, 3, 2, 1

3 章 PCを使うために必要な技術

3—1 マルチメディア

◆ マルチメディア

　マルチメディアとは，文字，画像(静止画・動画)，音声などの情報をディジタル化し，統合的に扱うことである。

♣ハイパテキスト
　文字情報を関連づけ(リンク)し，リンクをたどって他の関連情報にアクセスできる構造の表現形式。

1　次の説明文に最も適した用語を解答群から記号で選べ。

☐ (1) Web ページに掲載されている情報や内容のこと。

☐ (2) 文字・画像・音声などのオブジェクト間に関係づけをして，いろいろなアクセスを可能にした，ハイパテキストを拡張した概念。

☐ (3) インターネット上で，音声や動画などのコンテンツを，ダウンロードしながら再生する技術。

解答群
　ア　ハイパメディア　　　イ　ストリーミング
　ウ　Web コンテンツ

◆ ファイル形式

　PC で扱われるファイルの多くは，対応するアプリケーションソフトでしか開くことができないため，特定のアプリケーションに依存しない標準化されたファイル形式(ファイルフォーマット)が規格化されている。

♣PDF(Portable Document Format)
　米国のアドビシステムズ社のソフトウェア Acrobat のファイル形式。

♣CSV(Comma Separated Values)

♣GIF(Graphics Interchange Format)

♣JPEG(Joint Photographic Experts Group)

♣TIFF(Tagged Image File Format)

2　次の説明文に最も適した用語を解答群から記号で選べ。

☐ (1) 米国のアドビシステムズ社が提唱し開発した，文書をイメージ通りにディジタル配信するためのデータ形式。

☐ (2) 表計算ソフトやデータベースソフトでデータを移植するために，データをカンマ「，」や改行「↵」で区切って並べたデータ形式。

☐ (3) 8 ビットカラー(256 色)と色は少ないが，インターネットでよく使われている，ビットマップの静止画像を圧縮した形式。

☐ (4) ディジタルカメラなどに用いられる，カラー静止画を圧縮保存するファイル式。もとのデータに完全には戻すことができない非可逆圧縮方式を採用している。

☐ (5) タグという属性情報をもつビットマップ画像の形式。画素数や色数の違う画像を一つのファイルとして扱えるようにしたファイル形式。

☐ (6) 非可逆符号化方式を採用し，動画を圧縮保存するファイル形式。本来は，ISO の動画規格化グループの名称。

☐ (7) Windows で標準的に利用するために規格化された映像ファイルの形式。

☐ (8) Mac OS で標準的に利用するために規格化された映像ファイルの形式。

□ (9) MPEG-1 に含まれている音声圧縮の規格を使用した音声データの形式。インターネットで音楽を配信するときの標準圧縮形式で，高音質かつ圧縮率も高い。

□ (10) Windows で標準的に利用するために規格化された音声ファイルの形式。

□ (11) Mac OS で標準的に利用するために規格化された音声ファイルの形式。

□ (12) 音声データを保存するファイル形式。音声のアナログデータをサンプリング，数量化してディジタル信号に変換する。パルス符号変調方式とも呼ばれる。

□ (13) シンセサイザーなどの電子楽器と，PC などとの間で，演奏データをやりとりするために規格化されたファイル形式。音楽の再生に必要な情報を記録した楽譜のようなファイル。

解答群

ア JPEG	イ PDF	ウ AVI	エ GIF
オ AIFF	カ CSV	キ WAV	ク MPEG
ケ TIFF	コ SGML	サ MP3	シ Quick Time
ス PCM	セ MIDI		

◆ 情報の圧縮と伸張

音声や画像(静止画・動画)などのデータは，ディジタル化によって膨大なデータ量となる。そのため，データ保存やネットワーク負荷の軽減を目的に，種類に応じた方式で圧縮され，使用するときに伸張される。

3 次の説明文に最も適した用語を解答群から記号で選べ。

□ (1) データの規則性などに注目して，データ量を小さくすること。

□ (2) 圧縮してあるデータをもとに戻すこと。

□ (3) 圧縮したデータを伸張する際に，圧縮前の状態に正確に戻せるもの。

□ (4) 圧縮前と圧縮後のファイルサイズの差を比率で表現したもの。

□ (5) 圧縮したデータを伸張する際に，圧縮前の状態に正確には戻せないもの。

□ (6) 非可逆圧縮方式を採用した，静止画の圧縮方式の国際規格。24 ビットフルカラー(1,677 万色)であることや，圧縮率を任意に変更できることから，写真画像の保存などに利用される。

□ (7) 非可逆圧縮方式を採用した，動画の圧縮方式の国際規格。

□ (8) 可逆圧縮技術を採用した，Web ページの静止画像として無料で利用できるファイル形式。

□ (9) PKWare 社が開発したファイル圧縮ソフトで圧縮して保存したファイル形式。

□ (10) LHA(ファイル圧縮ソフト)で圧縮して保存したファイル形式。

♣AVI(Audio Video Interleave)

Windows の標準的映像ファイル形式で Media Player というソフトによって再生する。

♣Quick Time

Mac OS の標準的映像ファイル形式で Quick Time という同名のソフトによって再生する。

♣MP3(MPEG1 audio layer-3)

♣WAV(Waveform Audio Format)

この形式のファイルは，WAVE ファイルまたは WAVE サウンドファイルと呼ばれる。

♣AIFF(Audio Interchange File Format)

♣PCM(Pulse Code Modulation)

♣MIDI(Musical Instrument Digital Interface)

♣MPEG(Moving Picture Experts Group)

MPEG-1	ビデオ CD の利用を想定した規格
MPEG-2	ディジタルテレビや DVD の規格
MPEG-4	インターネットや 1 セグ放送の規格

解答群

ア	可逆圧縮	イ	LZH
ウ	JPEG	エ	圧縮率
オ	非可逆圧縮(不可逆圧縮)	カ	PNG
キ	ZIP	ク	MPEG
ケ	圧縮	コ	伸張(解凍)

◆ グラフィックス処理

　画面を見ながら操作する GUI(Graphical User Interface)環境下にある現在のパソコンにとって，パソコン内部でのグラフィックス処理は不可欠の技術である。

♣光の3原色(RGB)
① 赤(Red)
② 緑(Green)
③ 青(Blue)

♣色の3原色(CMY)
① シアン(Cyan)
② マゼンタ(Magenta)
③ イエロー(Yellow)

♣色の3要素(HBS)
① 色相(Hue)
② 明度(Brightness)
③ 彩度(Saturation)

4 次の説明文に最も適した用語を解答群から記号で選べ。
□ (1) 光の3原色。
□ (2) 色の3原色。
□ (3) 色合い，色味のこと。
□ (4) 色の明暗。
□ (5) 色の鮮やかさ。
□ (6) 画像の最小単位。画像上の点を指し，ドットや画素とも呼ばれる。
□ (7) 画像表示の精細さの尺度。
□ (8) 色の濃淡の変化，または濃淡変化の滑らかさのこと。
□ (9) 描かれた絵などをドット(点)の集まりで記録するグラフィックスソフト。拡大すると画像が粗くなる。
□ (10) 描かれた絵などの座標や方向をデータとして記録するグラフィックスソフト。

解答群

ア	ピクセル	イ	彩度
ウ	ドロー系ソフト	エ	CMY
オ	色相	カ	解像度
キ	RGB	ク	ペイント系ソフト
ケ	階調	コ	明度

◆ マルチメディア技術の応用

♣CG(Computer Graphics)

♣VR(Virtual Reality)

♣CAD(Computer Aided Design)

5 次の説明文に最も適した用語を解答群から記号で選べ。
□ (1) コンピュータを使用して画像や図形を描く技術。
□ (2) コンピュータで生成した物体や空間を，CG などを使用して実際の世界のように見聞きできる。
□ (3) コンピュータを利用した設計支援システム。
□ (4) 想定した結果が得られるかどうか試すためのソフトウェアやハードウェア。

【演習問題の解答】　◆マルチメディア◆　**1** (1) ウ　(2) ア　(3) イ　◆ファイル形式◆　**2** (1) イ　(2) カ　(3) エ　(4) ア　(5) ケ　(6) ク　(7) ウ　(8) シ　(9) サ　(10) キ　(11) オ　(12) ス　(13) セ

□(5) 標本化(サンプリング)と量子化という2つの処理を行い，アナログデータをディジタルデータに変換すること。
□(6) 現実の環境にコンピュータを用いて情報を付加する技術で，拡張現実という。

解答群
　ア　VR　　イ　CAD　　　ウ　シミュレータ
　エ　CG　　オ　AD 変換　カ　AR

◆ マークアップ言語

　マークアップ言語は，文章とともに，見出しやハイパーリンクなどの文章の構造や，文字の大きさなどの修飾情報に関する指定を記述する，コンピュータ言語である。マークアップ言語で記述された文書はテキストファイルになるため，閲覧だけでなく編集も可能である。

6　次の説明文に最も適した用語を解答群から記号で選べ。
□(1) マークアップ言語で書かれた文書に，あらかじめ定められた記述法で埋め込まれた付加情報。表示ソフトに対して，文書の構造や書式，修飾情報，他の文書へのリンクなどを指示できる。
□(2) 文字情報を関連づけ(リンク)し，リンクをたどって他の関連情報にアクセスできる構造の表現形式。
□(3) あらかじめ決められたタグを用いて Web ページを記述する言語。
□(4) HTML や XML の仕様のもとになった，電子文書の国際標準言語。
□(5) SGML をもとにインターネットで利用できるようにした Web コンテンツ記述言語。独自のタグを作って使用できる。

解答群
　ア　ブラウザ　　　　イ　タグ
　ウ　ハイパリンク　　エ　ハイパメディア
　オ　ハイパテキスト　カ　CSV
　キ　TIFF　　　　　ク　HTML
　ケ　SGML　　　　コ　MPEG
　サ　XML

♣AR(Augmented Reality)

♣HTML(Hyper Text Markup Language)

♣SGML(Standard Generalized Markup Language)

♣XML(eXtensible Markup Language)

・・・・**練・習・問・題**・・・・

① RGBの各色の階調を，それぞれ3桁の2進数で表す場合，混色によって表すことができる色は何通りか。 (R3 IP)

　　ア　8　　イ　24　　ウ　256　　エ　512

② ストリーミングを利用した動画配信の特徴に関する記述のうち，適切なものはどれか。 (H27春IP)

　　ア　サーバに配信データをあらかじめ保持していることが必須であり，イベントやスポーツなどを撮影しながらその映像を配信することはできない。
　　イ　受信データの部分的な欠落による画質の悪化を完全に排除することが可能である。
　　ウ　動画再生の開始に準備時間を必要としないので，瞬時に動画の視聴を開始できる。
　　エ　動画のデータが全てダウンロードされるのを待たず，一部を読み込んだ段階で再生が始まる。

③ 拡張子 "avi" が付くファイルが扱う対象として，最も適切なものはどれか。 (H28春IP)

　　ア　音声　　イ　静止画　　ウ　動画　　エ　文書

④ IoTデバイスで収集した情報をIoTサーバに送信するときに利用されるデータ形式に関する次の記述中のa，bに入れる字句の適切な組合せはどれか。 (R4 IP)

　　　 a 　形式は，コンマなどの区切り文字で，データの区切りを示すデータ形式であり， b 　形式は，マークアップ言語であり，データの論理構造を，タグを用いて記述できるデータ形式である。

	a	b
ア	CSV	JSON
イ	CSV	XML
ウ	RSS	JSON
エ	RSS	XML

⑤ 映像データや音声データの圧縮方式はどれか。 (H25春IP)

　　ア　BMP　　イ　GIF　　ウ　JPEG　　エ　MPEG

⑥ シンセサイザなどの電子楽器とPCを接続して演奏情報をやり取りするための規格はどれか。 (H24春IP)

　　ア　AVI　　イ　BMP　　ウ　MIDI　　エ　MP3

❼ 次の図は，音響データのサンプリング（標本化）の過程を示している。正しい順序はどれか。

①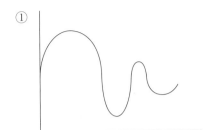

②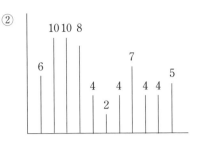

③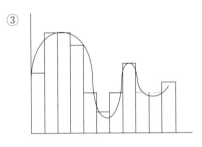

④

ア ④→②→③→① 　 イ ①→②→③→④
ウ ①→③→②→④ 　 エ ④→③→②→①

❽ 図を画素で表す手法を考える。図1の場合，3×3個の画素を左上から1行ずつ右方向へ1画素ずつ読み取り，黒ならB，白ならWと書くと "BWBBBBBWB"（9文字）となる。次に，BやWがn文字連続する場合を "Bn"，"Wn" と表す（nは2以上の整数）と，図1は "BWB5WB"（6文字）と表現でき，このときの圧縮率を6／9＝66.7％であると定義する。図2の5×5の図形について同じ手法で表現すると，圧縮率は何％か。

(H22 秋 IP)

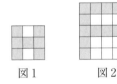
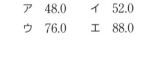

ア 48.0 　 イ 52.0
ウ 76.0 　 エ 88.0

図1　　　　　図2

❾ 拡張現実（AR）に関する記述として，適切なものはどれか。

(H28 春 IP)

ア 実際に搭載されているメモリの容量を超える記憶空間を作り出し，主記憶として使えるようにする技術

イ 実際の環境を捉えているカメラ映像などに，コンピュータが作り出す情報を重ね合わせて表示する技術

ウ 人間の音声をコンピュータで解析してディジタル化し，コンピュータへの命令や文字入力などに利用する技術

エ 人間の推論や学習，言語理解の能力など知的な作業を，コンピュータを用いて模倣するための科学や技術

❿ Webページの作成・編集において，Webサイト全体の色調やデザインに統一性をもたせたい場合，HTMLと組み合わせて利用すると効果的なものはどれか。　(H25 秋 IP)

　　ア　CSS（Cascading Style Sheets）　　　イ　SNS（Social Networking Service）
　　ウ　SQL（Structured Query Language）　　エ　XML（Extensible Markup Language）

⓫ アナログ音声信号をディジタル化する場合，元のアナログ信号の波形に，より近い波形を復元できる組合せはどれか。　(H21 春 IP)

	サンプリング周期	量子化の段階数
ア	長い	多い
イ	長い	少ない
ウ	短い	多い
エ	短い	少ない

⓬ マルチメディアのファイル形式であるMP3はどれか。　(H21 春 IP)

　　ア　G4ファクシミリ通信データのためのファイル圧縮形式
　　イ　音声データのためのファイル圧縮形式
　　ウ　カラー画像データのためのファイル圧縮形式
　　エ　ディジタル動画データのためのファイル圧縮形式

⓭ 文書の構造などに関する指定を記述する，"＜"と"＞"に囲まれるタグを，利用者が目的に応じて定義して使うことができる言語はどれか。　(H22 秋 IP)

　　ア　COBOL　　イ　HTML　　ウ　Java　　エ　XML

⓮ 建物や物体などの立体物に，コンピュータグラフィックスを用いた映像などを投影し，様々な視覚効果を出す技術を何と呼ぶか。　(R2　IP)

　　ア　ディジタルサイネージ　　　　イ　バーチャルリアリティ
　　ウ　プロジェクションマッピング　エ　ポリゴン

⓯ 大学のキャンパス案内のWebページ内に他のWebサービスが提供する地図情報を組み込んで表示するなど，公開されているWebページやWebサービスを組み合わせて一つの新しいコンテンツを作成する手法を何と呼ぶか。　(R4　IP)

　　ア　シングルサインオン　　イ　デジタルフォレンジックス
　　ウ　トークン　　　　　　　エ　マッシュアップ

3—2 データベース

◆ データベース

データベースとは，さまざまな情報（データ）を特定の目的やテーマに沿って整理・統合し，利用者が望む条件で素早く取り出すことができるようにしたデータの集まりである。

7 データベースの分類について解答群より記号で選べ。

□ (1) 行と列で構成された表形式でデータを管理するデータベースをSQLによって操作する管理システム。

□ (2) データの管理を表形式にこだわらず，さまざまな形式でデータを格納する。

□ (3) 個々の情報を識別するためのキーと，キーに対する情報（バリュー）を組としてデータを管理するデータベース。

□ (4) JSON形式やXML形式で書かれたデータをそのまま格納することのできるデータベース。

□ (5) 有向グラフによりデータとデータ間のつながりを管理するデータベース。ノード，リレーション，プロパティで構成されている。

```
解答群
  ア  NoSQL        イ  RDBMS
  ウ  キーバリューストア型データベース
  エ  グラフ指向データベース
  オ  ドキュメント指向データベース
```

♣ RDBMS（Relational DataBase Management System）

♣ NoSQL（Not only SQL）

♣ キーバリューストア型データベース：KVS（Key-Value Store）

♣ JSON（JavaScript Object Notation）
JavaScriptでのオブジェクトの表記法を応用した文字ベースのデータ形式。

◆ データベース管理システム

データベースを管理し，効率的に利用できるようにするソフトのことを，データベース管理システム（DBMS）という。

8 DBMSの機能のうちデータ制御機能と呼ばれるものはどれか。

ア データベースを作るための機能で，例えば，商品コード，商品名，メーカ，…といった項目をもつ表であることをＰＣに登録する機能。

イ 蓄積したデータベースから必要な情報を取り出す機能。

ウ データの利用範囲をユーザによって制限してセキュリティを高めたり，データが壊れたとき速やかに復旧できるようバックアップしたり，複数のユーザがネットワークから同時にデータを利用しようとしたときに問題なく使えるよう排他制御したりする機能。

エ 表の項目を変更して再編成したり，データを取り出す時間を短縮するためにデータの編成方法を変更したりする機能。

♣ DBMS（DataBase Management System）
現在普及しているDBMSは，リレーショナルデータベースを管理するソフトである。

♣ E-R図

　データベース設計の出発点として，業務の中で現れる実体（エンティティ）とそれらの関連（リレーションシップ）を分析するためのツール。E-R図で表現されたものをE-Rモデルという。

♣ アトリビュート（attribute）

　属性のこと。データベースではフィールドの各項目を，E-Rモデルではエンティティに付属する項目を指す。

♣ 主キー

　テーブル内のデータ（レコード）を一意に識別することが可能な項目。主キーには必ず値が入っていなければならず，しかもその値が重複してはならない。例えば，「部署表」では「部署ID」が，「社員表」では「社員ID」が主キーである。

♣ 外部キー

　他のテーブルの主キーを参照している項目。例えば，「社員表」の「部署ID」は，「部署表」の主キーである「部署ID」を参照しているので外部キーである。

◆ **データベース設計**

9 次のE-R図で◇が示す概念はどれか。

- ア　エンティティ（entity：実体）
- イ　リレーションシップ（relationship：関連）
- ウ　アトリビュート（attribute：属性）

10 次のデータベースの①～④が示すものを解答群から記号で選べ。

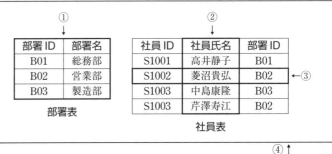

部署ID	部署名
B01	総務部
B02	営業部
B03	製造部

部署表

社員ID	社員氏名	部署ID
S1001	高井静子	B01
S1002	菱沼貴弘	B02
S1003	中島康隆	B03
S1003	芹澤寿江	B02

社員表

解答群
- ア　レコード（行）　　イ　フィールド（項目，列，属性）
- ウ　テーブル（表）　　エ　ファイル

◆ **データの正規化**

　データベース管理システム（DBMS）で利用するデータベースにおいて，データの重複やデータを更新したときに異常が起きないようにするために，テーブル（表）の構造を整理する作業を正規化という。

11 次の正規化されていないテーブル（表）に関して，誤っている記述はどれか。

顧客名	住所	電話	注文番号	商品名	単価	数量	注文受付
高井静子	越‥	049‥	1	商品A	700	3	芹澤
高井静子	越‥	049‥	3	商品C	500	1	深沢
菱沼貴弘	川‥	090‥	2	商品A	700	2	深沢
中島康隆	狭‥	042‥	4	商品B	600	5	芹澤

- ア　顧客情報を，受注の都度入力しなおす必要がある。
- イ　商品ごとの集計処理が複雑になる。
- ウ　顧客が住所などを変更した際に，データの修正漏れが発生しにくい。
- エ　重複したデータがいくつもでき，データの矛盾が発生しやすい。

◆ データ操作

12 次のデータ操作に関する答えを解答群から記号で選べ。

☐ (1) 次の表1から表2を得る操作はどれか。

表1

商品番号	商品名	顧客番号
PC1031	パソコン	1001
PR2401	プリンタ	1001
TV407W	テレビ	1005

表2

商品名	顧客番号
パソコン	1001
プリンタ	1001
テレビ	1005

☐ (2) 次の表1から表2を得る操作はどれか。

表1

商品番号	商品名	顧客番号
PC1031	パソコン	1001
PR2401	プリンタ	1001
TV407W	テレビ	1005

表2

商品番号	商品名	顧客番号
PC1031	パソコン	1001
PR2401	プリンタ	1001

☐ (3) 次の表1から表2を得る操作はどれか。

表1

顧客番号	顧客名	顧客住所
1001	高井静子	埼玉県‥
1005	中島康隆	東京都‥

表2

顧客番号	顧客名	顧客住所
1001	高井静子	長野県‥
1005	中島康隆	東京都‥

☐ (4) 次の表1と表2から表3を得る操作はどれか。

表1

商品番号	商品名	顧客番号
PC1031	パソコン	1001
PR2401	プリンタ	1001
TV407W	テレビ	1005

表2

顧客番号	顧客名	顧客住所
1001	高井静子	埼玉県‥
1005	中島康隆	東京都‥

表3

商品番号	商品名	顧客番号	顧客名	顧客住所
PC1031	パソコン	1001	高井静子	埼玉県‥
PR2401	プリンタ	1001	高井静子	埼玉県‥
TV407W	テレビ	1005	中島康隆	東京都‥

♣**射影**(projection)
　一つの表から条件にあう列だけを取り出した仮想表を作る処理。

♣**選択**(selection)
　一つの表から条件にあう行だけを取り出した仮想表を作る処理。

♣**結合**(join)
　複数の表から，同じ値をもつ列の一致により，複数の表を結合した仮想表を作る処理。

♣**挿入**(insert)
　新たなデータ(行)を追加する処理。

♣**更新**(update)
　データをより新しいものに書き換えること。

□ (5) 次の表 1 から表 2 を得る操作はどれか。

表 1

顧客番号	顧客名	顧客住所
1001	高井静子	埼玉県‥
1005	中島康隆	東京都‥

表 2

顧客番号	顧客名	顧客住所
1001	高井静子	埼玉県‥
1003	岩間孝浩	鳥取県‥
1005	中島康隆	東京都‥

解答群
　ア　選択　　イ　射影　　ウ　結合　　エ　挿入　　オ　更新

◆ **データベース管理システムの機能**

DBMS は，複数ユーザからのデータの更新や参照に備えて，排他制御機能やリカバリ機能などによってデータを正しく保っている。

13　DBMS の機能に関する次の問いの答えを解答群から記号で選べ。

□ (1) 排他制御機能に関する記述として，正しいものはどれか。

□ (2) リカバリ機能に関する記述として，正しいものはどれか。

解答群
　ア　複数の利用者から同時に書き込みを伴う処理要求がきた場合に，一方の処理が終了するまでもう一方の処理を待たせ，データの矛盾が起こらないようにする機能。
　イ　許可されたユーザ以外は，データの削除や読み出し，書き換えなどができないようにする機能。
　ウ　データベースに障害が発生した場合に，自動的にデータベースを復旧する機能。
　エ　蓄積したデータベースから必要な情報を取り出す機能。

♣データベースは，複数の利用者による情報共有を前提としているものが多い。そのため，DBMS はデータ保全をはかるためのいろいろな機能をもっている。

・　・　・　練・習・問・題　・　・　・

⑯ NoSQL の一種である，グラフ指向 DB の特徴として，適切なものはどれか。　　　　(R3 春 AP)

ア　データ項目の値として階層構造のデータをドキュメントとしてもつことができる。また，ドキュメントに対しインデックスを作成することもできる。

イ　ノード，リレーション，プロパティで構成され，ノード間をリレーションでつないで構造化する。ノード及びリレーションはプロパティをもつことができる。

ウ　一つのキーに対して一つの値をとる形をしている。値の型は定義されていないので，様々な型の値を格納することができる。

エ　一つのキーに対して複数の列をとる形をしている。関係データベースとは異なり，列の型は固定されていない。

⑰ ビッグデータの処理で使われるキーバリューストアの説明として，適切なものはどれか。　(H31 春 FE)

ア　"ノード"，"リレーションシップ"，"プロパティ"の 3 要素によってノード間の関係性を表現する。

イ　1 件分のデータを"ドキュメント"と呼び，個々のドキュメントのデータ構造は自由であって，データを追加する都度変えることができる。

ウ　集合論に基づいて，行と列から成る 2 次元の表で表現する。

エ　任意の保存したいデータと，そのデータを一意に識別できる値を組みとして保存する。

⑱ データベース管理システムを利用する目的はどれか。　　　　(H23 秋 IP)

ア　OS がなくてもデータを利用可能にする。

イ　ディスク障害に備えたバックアップを不要にする。

ウ　ネットワークで送受信するデータを暗号化する。

エ　複数の利用者がデータの一貫性を確保しながら情報を共有する。

⑲ 関係データベースの設計に関する説明において，a～c に入れる字句の適切な組合せはどれか。

(H27 秋 IP)

対象とする業務を分析して，そこで使われるデータを洗い出し，実体や　a　から成る　b　を作成する。作成した　b　をもとに，　c　を設計する。

	a	b	c
ア	インスタンス	E-R図	関数
イ	インスタンス	フローチャート	テーブル
ウ	関連	E-R図	テーブル
エ	関連	フローチャート	関数

⑳ 関係データベースを構築するための作業を，a〜cに分けて行うとき，作業の順序として適切なものはどれか。 (H27秋IP)

a 業務で使用するデータ項目の洗い出し
b 表の生成
c レコードの挿入

ア a → b → c   イ a → c → b
ウ b → a → c   エ b → c → a

㉑ 複数の利用者が同時にデータベースを利用する場合に，1人の利用者がデータ更新中に，同一のデータを別の利用者が参照しようとした。このとき，データの整合性を保障するためのデータベース管理システムでの制御として，適切なものはどれか。 (H21秋IP)

ア 更新処理を中断して参照させる。
イ 更新中の最新のデータを参照させる。
ウ 更新中の利用者の処理が終了してから参照させる。
エ 更新を破棄して更新前のデータを参照させる。

㉒ 条件①〜④を全て満たすとき，出版社と著者と本の関係を示すE-R図はどれか。ここで，E-R図の表記法は次のとおりとする。 (R3 IP)

〔表記法〕
| a | ⟶ | b | aとbが，1対多の関係であることを表す。

〔条件〕
① 出版社は，複数の著者と契約している。
② 著者は，一つの出版社とだけ契約している。
③ 著者は，複数の本を書いている。
④ 1冊の本は，1人の著者が書いている。

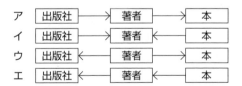

㉓ データを行と列から成る表形式で表すデータベースのモデルはどれか。 (R4 IP)

ア オブジェクトモデル   イ 階層モデル
ウ 関係モデル   エ ネットワークモデル

㉔ 情報処理に関する用語a〜dのうち，関係データベースの関係演算だけを全て挙げたものはどれか。 (H29春IP)

a 結合   b 射影   c 順次   d 選択

ア a, b   イ a, b, c   ウ a, b, d   エ a, d

㉕ 関係データベースで管理している "従業員" 表から，氏名の列だけを取り出す操作を何というか。

(R4　IP)

従業員

従業員番号	氏名	所属コード
H001	試験花子	G02
H002	情報太郎	G01
H003	高度次郎	G03
H004	午前桜子	G03
H005	午後三郎	G02

ア　結合　　イ　射影　　ウ　選択　　エ　和

㉖ 社員数が 50 人で，部署が 10 ある会社が，関係データベースで社員や部署の情報を管理している。"社員" 表と "部署" 表の関係を示した E-R 図はどれか。ここで，1 人の社員が複数部署に所属することはない。下線のうち実線は主キーを，破線は外部キーを表す。E-R 図の表記は次のとおりとする。　(H23 秋 IP)

〔表記法〕

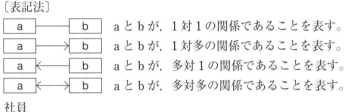

社員

社員コード	社員名	部署コード

部署

部署コード	部署名

㉗ 関係データベースの主キーの設定に関する記述として，適切なものだけを全て挙げたものはどれか。

(R5　IP)

a　値が他のレコードと重複するものは主キーとして使用できない。
b　インデックスとの重複設定はできない。
c　主キーの値は数値でなければならない。
d　複数のフィールドを使って主キーを構成できる。

ア　a，c　　イ　a，d　　ウ　b，c　　エ　b，d

㉘ 条件①～⑤によって，関係データベースで管理する"従業員"表と"部門"表を作成した。"従業員"表の主キーとして，最も適切なものはどれか。 (R4　IP)

〔条件〕
① 各従業員は重複のない従業員番号を一つもつ。
② 同姓同名の従業員がいてもよい。
③ 各部門は重複のない部門コードを一つもつ。
④ 一つの部門には複数名の従業員が所属する。
⑤ 1人の従業員が所属する部門は一つだけである。

従業員

従業員番号	従業員名	部門コード	生年月日	住所

部門

部門コード	部門名	所在地

ア "従業員番号"　　　イ "従業員番号" と "部門コード"
ウ "従業員名"　　　　エ "部門コード"

㉙ 関係データベースを使い"社員"表と"部署"表を作成して社員情報を管理する。"社員"表と"部署"表に，必要に応じて設定する主キーと外部キーの適切な組合せはどれか。ここで，社員は必ず"部署"表に存在する部署に所属するものとし，社員データの追加や更新をするときには，参照制約を利用して整合性を確保するものとする。 (H25春IP)

社員

社員コード	社員名	入社年	生年月日	部署コード

部署

部署コード	部署名

	主キー	外部キー
ア	"社員"表の社員コード，"部署"表の部署コード	なし
イ	"社員"表の社員コード，"部署"表の部署コード	"社員"表の部署コード
ウ	"部署"表の部署コード	"社員"表の社員コード，"社員"表の部署コード
エ	"社員"表の部署コード	"社員"表の社員コード，"部署"表の部署コード

㉚ 関係データベースを構築するに当たり，データの正規化を行う目的はどれか。 (H22秋IP)

ア データにチェックサムを付与してデータベースの異常を検出する。
イ データの冗長性を排除して保守性を高める。
ウ データの文字コードを統一してほかのデータベースと連携しやすくする。
エ データを暗号化してセキュリティを確保する。

㉛ データベースのトランザクション処理に関する次の記述中のa, bに入れる字句の適切な組合せはどれか。

（H23 春 IP）

複数のユーザが同時に同じデータを更新しようとしたとき，データの整合性を保つために，そのデータへのアクセスを一時的に制限する仕組みを　　a　　という。これを実現する一つの方法は，データを更新する前に，そのデータに　　b　　をかけ，処理が終了するまでほかのユーザからのアクセスを制限することである。

	a	b
ア	経路制御	デッドロック
イ	経路制御	ロック
ウ	排他制御	デッドロック
エ	排他制御	ロック

㉜ トランザクション処理におけるコミットの説明として，適切なものはどれか。

（R5　IP）

　ア　あるトランザクションが共有データを更新しようとしたとき，そのデータに対する他のトランザクションからの更新を禁止すること
　イ　トランザクションが正常に処理されたときに，データベースへの更新を確定させること
　ウ　何らかの理由で，トランザクションが正常に処理されなかったときに，データベースをトランザクション開始前の状態にすること
　エ　複数の表を，互いに関係付ける列をキーとして，一つの表にすること

㉝ 金融システムの口座振替では，振替元の口座からの出金処理と振替先の口座への入金処理について，両方の処理が実行されるか，両方とも実行されないかのどちらかであることを保証することによってデータベースの整合性を保っている。データベースに対するこのような一連の処理をトランザクションとして扱い，矛盾なく処理が完了したときに，データベースの更新内容を確定することを何というか。

（R3　IP）

　ア　コミット　　　　　　イ　スキーマ
　ウ　ロールフォワード　　エ　ロック

❸❹ ある会社の社員の情報処理技術者試験の受験状況の一部を次に示す。この表を関係データベースで管理するために，二つの表に分割する方法として，適切なものはどれか。ここで，この会社には同姓同名の社員がいるものとする。
(H29春IP)

社員ID	社員名	生年月日	試験種別	試験日	合否
0001	佐藤　花子	1985/4/29	ITパスポート	2013/4/21	合
0002	鈴木　一郎	1990/11/3	基本情報技術者	2013/4/21	否
0003	高橋　二郎	1992/2/11	ITパスポート	2013/4/21	否
0001	佐藤　花子	1985/4/29	基本情報技術者	2013/10/20	合
0003	高橋　二郎	1992/2/11	ITパスポート	2013/10/20	合

ア

社員ID	社員名	生年月日

社員ID	試験種別	試験日	合否

イ

社員ID	社員名	生年月日

社員名	試験種別	試験日	合否

ウ

社員ID	社員名	生年月日	試験日

社員ID	社員名	試験種別	合否

エ

社員ID	生年月日	試験日

社員ID	社員名	試験種別	合否

❸❺ データベースの処理に関する次の記述中のa，bに入れる字句の適切な組合せはどれか。　(H29秋IP)

データベースに対する処理の一貫性を保証するために，関連する一連の処理を一つの単位にまとめて処理することを　a　といい，　a　が正常に終了しなかった場合に備えて　b　にデータの更新履歴を取っている。

	a	b
ア	正規化	バックアップファイル
イ	正規化	ログファイル
ウ	トランザクション処理	バックアップファイル
エ	トランザクション処理	ログファイル

36 関係データベースで管理された"社員"表から選択した結果が，"高橋二郎"を含む3名だけになる条件の組合せはどれか。 (H23春IP)

社員

社員番号	社員名	部署名	勤務地	勤続年数
A0001	佐藤一郎	経理部	東京	5
A0002	鈴木春子	経理部	東京	3
A0003	高橋二郎	経理部	大阪	20
A0004	田中秋子	営業部	名古屋	5
A0005	伊藤三郎	営業部	東京	7
A0006	渡辺四郎	営業部	東京	35
A0007	山本夏子	人事部	東京	10
A0008	中村冬子	営業部	大阪	5

〔条件〕
①勤務地 = '東京'
②部署名 = '営業部'
③勤続年数 > 10

ア　① and ② and ③　　イ　(① and ②) or ③
ウ　① or (② and ③)　　エ　① or ② or ③

37 関係データベースで管理している"入館履歴"表と"建物"表から，建物名が'東館'を条件に抽出した結果を日付の降順でソートしたとき，2番目のレコードの社員番号はどれか。 (H27秋IP)

入館履歴

社員番号	建物コード	日付
S0001	B001	10/12
S0001	B002	10/30
S0002	B002	10/10
S0003	B002	10/12
S0003	B003	10/29
S0004	B001	10/01
S0004	B002	10/20
S0005	B001	10/05

建物

建物コード	建物名
B001	中央館
B002	東館
B003	西館

ア　S0001　　イ　S0002　　ウ　S0003　　エ　S0004

38 関係データベースの構築を次のa～cの工程で行うとき，実行順序として適切なものはどれか。 (H26春IP)

a　管理するデータ項目の洗い出し
b　対象業務の分析
c　表の作成

ア　a → b → c
イ　b → a → c
ウ　b → c → a
エ　c → a → b

3—3　コンピュータシステム

◆ コンピュータシステムの処理形態

それぞれの処理形態の特徴を理解しよう。

14　次の説明文は集中処理と分散処理の特徴のどちらを表したものか。
集中処理に当てはまるものはＡ，分散処理に当てはまるものはＢで答えなさい。

☐ (1) すべての処理を１台のコンピュータで行う。

☐ (2) 複数のコンピュータがネットワークを通じて処理を分担する。

☐ (3) セキュリティや運用面での管理がしやすい。

☐ (4) １台のコンピュータが故障してもシステムがダウンすることは少ない。

☐ (5) 機能の拡張がしやすい，システムが複雑化することが多い。

☐ (6) クライアントサーバシステムが該当する。

15　次の説明文に適した用語を解答群から記号で選べ。

☐ (1) メインのシステムと予備のシステムをもち，通常はメインのシステムを稼働させるが，障害発生時には予備のシステムに切り替えて処理を継続する。

☐ (2) 同一の処理を行うシステムを二重に準備し，常に同一の処理を同時に行い処理結果を照合する。どちらかに障害が発生した場合には正常のシステムのみで継続して処理を行う。

☐ (3) 予備のシステムをもたない単一のコンピュータシステム。障害発生時には最も弱い。

☐ (4) 一つの処理を複数のプロセッサで分担しながら処理を行う。

☐ (5) ネットワークに接続されたコンピュータが対等なシステム形態。必要に応じてサーバにもクライアントにもなる。

☐ (6) ネットワークに接続されたコンピュータに明確な上下関係(サーバとクライアント)をもたせたシステム形態。

☐ (7) クライアント側には最低限の機能しかもたせず，サーバ側でアプリケーションソフトやファイルなどをすべて管理するシステム。

☐ (8) データを一定期間まとめて処理を行う方式。一括処理ともいう。

☐ (9) １台のサーバを複数台のコンピュータであるかのように論理的に分割し，別の OS やアプリケーションを動作・運用させるシステム。

♣デュプレックスシステムの分類
・コールドスタンバイ
　予備のシステムはメインのシステムに障害が発生してからシステムを起動し，処理を引き継ぐ。
・ホットスタンバイ
　メインの処理プログラムを常に起動しておき，障害が発生したときには速やかに切り替えられるように準備をしておく。

解答群

ア　クライアントサーバシステム	イ　ピアツーピア
ウ　シンクライアント	エ　デュプレックスシステム
オ　シンプレックスシステム	カ　バッチ処理
キ　マルチプロセッサシステム	ク　デュアルシステム
ケ　仮想化システム	

◆ コンピュータシステムの評価指標

　システムの評価指標には，信頼性に関するものと処理能力に関するものがあることを理解し，実際に評価ができるようになろう。

16　次の説明文に適した用語を解答群から記号で選べ。

☐ (1) 一定時間にコンピュータが行う仕事の量。

☐ (2) システムに処理要求を依頼してから，完全な出力結果が得られるまでの時間。

☐ (3) システムに処理を依頼してから出力が開始されるまでの時間。

☐ (4) 通常使用しているソフトウェアを用いて，処理時間を測定することで処理性能を評価する。

☐ (5) パソコン内の各部品が，動作のタイミングをとるための信号が1秒間に何回発せられるかの単位。

> 解答群
> 　ア　クロック周波数　　　イ　スループット
> 　ウ　レスポンスタイム　　エ　ターンアラウンドタイム
> 　オ　ベンチマーク

♣レスポンスタイム
　応答時間ともいう。

17　次の稼働率に関する問題に答えなさい。なお，(1)から(3)は空欄に当てはまる語を解答群から記号で選びなさい。また，(4)以降は記述しなさい。

☐ (1) システムが正常に稼働している割合を，（　　　）という。100％に近いほどシステムが安定していることを示す。

☐ (2) システムが故障し，修理にかかる平均時間を，（　　　）という。この時間は短いほど修理しやすいといえる。

☐ (3) システムが正常に動作している平均時間を（　　　）という。

> 解答群
> 　ア　稼働率　　　　　　　　イ　平均故障間隔（MTBF）
> 　ウ　平均修復時間（MTTR）

☐ (4) 次の式は，稼働率を求める式である。空欄の①と②を埋めて完成させなさい。ただし，空欄には平均故障間隔か平均修復時間が入る。

$$稼働率 = \frac{（　①　）}{（　①　）+（　②　）}$$

☐ (5) 次の条件のとき，稼働率は何％か。

　　　平均故障間隔：80時間　　　平均修復時間：20時間

☐ (6) 次のような直列のシステムのときの稼働率は何％か。

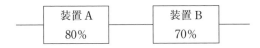

(5)　(4)の式を用いる。
$$\frac{\text{MTBF 80 時間}}{\text{MTBF 80 時間} + \text{MTTR 20 時間}} = 80\%$$
(6)　直列のシステムとはすべての装置が正常に動作しているときのみシステムが正常に動作する。
　直列のシステムの稼働率は以下の式で求める。
　装置Aの稼働率×装置Bの稼働率
したがって，80％×70％＝56％

(7) 並列のシステムとは，どちらかが正常に動作すればシステムが正常に動作する。つまり，予備の装置があるシステムである。

並列のシステムの稼働率は以下の式で求める。

1－(1－装置Aの稼働率)
　　　×(1－装置Bの稼働率)

したがって，
1－(1－80％)×(1－70％)＝94％

(8) まずは装置Aと装置Bで稼働率の計算を行う。同様に装置Cと装置Dで稼働率の計算を行うと以下の図のように直列のシステムとなる。

直列のシステムなので互いに掛け合わせ，94％×94％＝88.36％となる。

♣フェールソフト
障害の発生した機器を切り離して処理を継続すること。

□(7) 次のような並列のシステムのときの稼働率は何％か。

□(8) 次のような並列のシステムのときの稼働率は何％か。

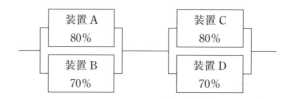

◆ コンピュータシステムの信頼性に対する考え方

障害に対してどのような考え方で取り組むかの違いを理解しよう。似た単語が多く，覚えづらいので何度も復習して確実に理解しよう。

18 次の説明文に適した用語を解答群から記号で選べ。

□(1) 障害が発生したときに，被害を最小限にとどめようとする設計思想。

□(2) システムに障害が発生しても正常に処理を継続するシステム。構成機器の多重化などで実現する。

□(3) 人間はミスをするものという前提に立ち，誤った操作を行っても危険が生じないように安全対策を施すこと。

```
解答群
　ア　フールプルーフ　　　　　　　　　　イ　フェールセーフ
　ウ　フォールトトレラントシステム
```

◆ コンピュータシステムに対する費用

コンピュータシステムを構築し，運用していくにはどのような費用が必要かを理解しよう。

19 次の説明文に適した用語を解答群から記号で選べ。

□(1) 電気代や保守点検サービスにかかる費用，消耗品の補充調達に支払う費用など，定期的・継続的に必要となる費用。

□(2) システムを新規に導入・構築する際に必要となる費用。

□(3) システムの導入から，その後の維持管理にかかる費用までの総額。

```
解答群
　ア　初期コスト(イニシャルコスト)　　　イ　TCO(トータルコスト)
　ウ　運用コスト(ランニングコスト)
```

39 スーパコンピュータ上で稼働させるシステムの代表的な例として，適切なものはどれか。 (H27 春 IP)

ア　企業間の連携に必要な SCM システム
イ　大規模な科学技術計算を必要とする地球規模の気象変化予測システム
ウ　高い信頼性が要求されるバンキングシステム
エ　高いリアルタイム性が要求される自動車のエンジン制御システム

40 PC をネットワークに接続せずに単独で利用する形態を何と呼ぶか。 (H27 春 IP)

ア　シンクライアント　　イ　シングルプロセッサ
ウ　スタンドアロン　　　エ　ピアツーピア

41 1 台の物理的なコンピュータ上で，複数の仮想サーバを同時に動作させることによって得られる効果に関する記述 a～c のうち，適切なものだけを全て挙げたものはどれか。 (R4 IP)

a　仮想サーバ上で，それぞれ異なるバージョンの OS を動作させることができ，物理的なコンピュータのリソースを有効活用できる。
b　仮想サーバの数だけ，物理的なコンピュータを増やしたときと同じ処理能力を得られる。
c　物理的なコンピュータがもつ HDD の容量と同じ容量のデータを，全ての仮想サーバで同時に記録できる。

ア　a　　イ　a, c　　ウ　b　　エ　c

42 通常使用される主系と，その主系の故障に備えて待機しつつ他の処理を実行している従系の二つから構成されるコンピュータシステムはどれか。 (H29 秋 IP)

ア　クライアントサーバシステム　　イ　デュアルシステム
ウ　デュプレックスシステム　　　　エ　ピアツーピアシステム

43 ネットワークに接続した複数のコンピュータで並列処理を行うことによって，仮想的に高い処理能力をもつコンピュータとして利用する方式はどれか。 (R3 IP)

ア　ウェアラブルコンピューティング　　イ　グリッドコンピューティング
ウ　モバイルコンピューティング　　　　エ　ユビキタスコンピューティング

44 2 系統の装置から成るシステム構成方式 a〜c に関して，片方の系に故障が発生したときのサービス停止時間が短い順に左から並べたものはどれか。 (H27 春 IP)

a　デュアルシステム

b　デュプレックスシステム（コールドスタンバイ方式）

c　デュプレックスシステム（ホットスタンバイ方式）

ア　a の片系装置故障，c の現用系装置故障，b の現用系装置故障

イ　b の現用系装置故障，a の片系装置故障，c の現用系装置故障

ウ　c の現用系装置故障，a の片系装置故障，b の現用系装置故障

エ　c の現用系装置故障，b の現用系装置故障，a の片系装置故障

45 デュアルシステムに関する記述として，適切なものはどれか。 (H21 秋 IP)

ア　1 台のコンピュータに複数のマイクロプロセッサを搭載し，並列処理ができるシステムのことである。

イ　2 系統のコンピュータが，互いの処理結果を照合しながら同一処理を行うシステムのことである。

ウ　障害時に，予備のコンピュータに切り替えて処理を継続するシステムのことである。

エ　複数のコンピュータを直列に接続して，機能を分担するシステムのことである。

46 Web サービスなどにおいて，信頼性を高め，かつ，利用者からの多量のアクセスを処理するために，複数のコンピュータを連携させて全体として一つのコンピュータであるかのように動作させる技法はどれか。 (R5　IP)

ア　クラスタリング　　イ　スプーリング

ウ　バッファリング　　エ　ミラーリング

47 複数のコンピュータを LAN やインターネットなどのネットワークで結び，あたかも一つの高性能コンピュータのように利用できるようにする方式を何と呼ぶか。 (H23 春 IP)

ア　CAD　　　　　　　　　　イ　IDE

ウ　グリッドコンピューティング　　エ　シンクライアント

48 サーバの仮想化に関する記述として，適切なものはどれか。 (H23 秋 IP)

ア　現実感を伴った仮想的な世界をコンピュータで作り出す技術

イ　手元のコンピュータからネットワークで接続された他のコンピュータの GUI を操作する技術

ウ　一つのコンピュータ上で，仮想的に複数のコンピュータを実現させる技術

エ　補助記憶装置の一部を利用して，主記憶装置の容量よりも大きなメモリ領域を仮想的に利用できる技術

㊾ ピアツーピア型のLANシステムの特徴を，正しく記述しているものはどれか。

ア　各コンピュータ間で，ディスクの共有はできるが，プリンタの共有はできない。
イ　拡張性と信頼性に優れているので，大規模LANシステムに向いている。
ウ　高トラフィックのトランザクション処理システムの構築に適している。
エ　すべてのコンピュータが，対等の立場で接続されている。

㊿ 従来のサーバが個別に備える電源装置や外部インタフェースなどをサーバ間で共有し，高密度化，省スペース化を実現したサーバシステムはどれか。 (H21春IP)

ア　タワー型サーバ　　イ　デスクトップ型サーバ
ウ　ブレード型サーバ　エ　ラックマウント型サーバ

(51) シンクライアントの特徴として，適切なものはどれか。 (H22秋IP)

ア　端末内にデータが残らないので，情報漏えい対策として注目されている。
イ　データが複数のディスクに分散配置されるので，可用性が高い。
ウ　ネットワーク上で，複数のサービスを利用する際に，最初に1回だけ認証を受ければすべてのサービスを利用できるので，利便性が高い。
エ　パスワードに加えて指紋や虹彩（こう）による認証を行うので機密性が高い。

(52) システムの性能を評価する指標と方法に関する次の記述中のa～cに入れる字句の適切な組合せはどれか。 (H22秋IP)

利用者が処理依頼を行ってから結果の出力が終了するまでの時間を［ a ］タイム，単位時間当たりに処理される仕事の量を［ b ］という。また，システムの使用目的に合致した標準的なプログラムを実行してシステムの性能を評価する方法を［ c ］という。

	a	b	c
ア	スループット	ターンアラウンド	シミュレーション
イ	スループット	ターンアラウンド	ベンチマークテスト
ウ	ターンアラウンド	スループット	シミュレーション
エ	ターンアラウンド	スループット	ベンチマークテスト

(53) コンピュータシステムが単位時間当たりに処理できるジョブやトランザクションなどの処理件数のことであり，コンピュータの処理能力を表すものはどれか。 (H21秋IP)

ア　アクセスタイム　　イ　スループット
ウ　タイムスタンプ　　エ　レスポンスタイム

54 システム評価の方法であるベンチマークテストに関する記述として，最も適切なものはどれか。

（H23 春 IP）

ア システムの可用性を，システムが正常に稼働している割合で評価する。
イ システムの処理能力を，標準的なプログラムやデータを用いて評価する。
ウ システムの信頼性を，障害が回復してシステムが復旧してから，次の障害が発生してシステムが停止するまでの平均時間で評価する。
エ システムの保守性を，システムが故障で停止してから復旧するまでの平均時間で評価する。

55 あるシステムにおいて，MTBF と MTTR がどちらも 1.5 倍になったとき，稼働率はどうなるか。

（H23 春 IP）

ア $\frac{2}{3}$倍になる。　イ 1.5倍になる。　ウ 2倍になる。　エ 変わらない。

56 正常に動作しているシステムを定期的に止めて，消耗部品の交換や故障しやすい部分の点検などを行うことを予防保守と呼ぶ。予防保守を行うことで期待できる効果はどれか。

ア 正常に動作しているシステムを止めることにより MTTR が長くなるために，稼働率が高くなる。
イ 予防保守を行うことで，システムが故障する機会が減り，MTBF を長くすることができるために，稼働率が高くなる。
ウ 正常に動作しているシステムを止めることでMTBFが長くなるために，稼働率が低くなる。
エ 予防保守を行うことで，保守要員の配置を増やすことができ，TCO を高くすることができる。

57 あるコンピュータシステムを1,200時間稼働させたとき，正常稼働と故障修理の状況は表のとおりであった。このシステムの平均修復時間は何時間か。

（H23 秋 IP）

経過時間	状態
0〜250	正常稼働
250〜265	故障修理
265〜580	正常稼働
580〜600	故障修理
600〜990	正常稼働
990〜1,000	故障修理
1,000〜1,200	正常稼働

ア 10
イ 15
ウ 20
エ 45

58 あるシステムは5,000時間の運用において，故障回数は20回，合計故障時間は2,000時間であった。おおよその MTBF，MTTR，稼働率の組合せのうち，適切なものはどれか。

（H21 春 IP）

	MTBF（時間）	MTTR（時間）	稼働率（%）
ア	100	150	40
イ	100	150	60
ウ	150	100	40
エ	150	100	60

59 システムの信頼度を把握する指標として，次の稼働率が利用される。

$$稼働率 = \frac{全運転時間 - 故障時間}{全運転時間}$$

全運転時間が10時間，故障時間が3分のとき，稼働率はいくらになるか。

ア 0.3　　イ 0.7　　ウ 0.93　　エ 0.995

60 2台の処理装置からなるシステムがある。両方の処理装置が正常に稼働しないとシステムは稼働しない。処理装置の稼働率がいずれも0.90であるときのシステムの稼働率は幾らか。ここで，0.90の稼働率とは，不定期に発生する故障の発生によって運転時間の10%は停止し，残りの90%は正常に稼働することを表す。2台の処理装置の故障には因果関係はないものとする。　　　　　　　　（H21 春 IP）

ア 0.81　　イ 0.90　　ウ 0.95　　エ 0.99

61 三つの装置 A，B，C の稼働率はそれぞれ 0.90，0.95，0.95 である。これらを組合せた図のシステムのうち，最も稼働率が高いものはどれか。ここで，並列に接続されている部分はどちらかの装置が稼働していればよく，直列に接続されている部分はすべての装置が稼働していなければならない。

（H22 秋 IP）

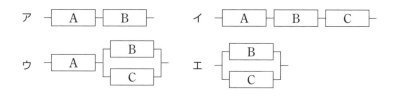

62 図1のように稼働率0.9の装置Aを2台並列に接続し，稼働率0.8の装置Bをその後に直列に接続したシステムがある。このシステムを図2のように装置Aを1台にした場合，システムの稼働率は図1に比べて幾ら低下するか。ここで，図1の装置Aはどちらか一方が稼働していれば正常稼働とみなす。
なお，稼働率は小数第3位を四捨五入した値とする。　　　　　　（H25 秋 IP）

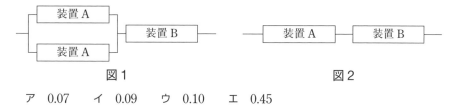

図1　　　　　　　　　　　　　　　図2

ア 0.07　　イ 0.09　　ウ 0.10　　エ 0.45

63 同じ装置が複数接続されているシステム構成のうち，システムが停止する可能性の最も低いものはどれか。ここで，□は装置を表し，並列に接続されている場合はいずれか一つの装置が動作していればよく，直列に接続されている場合はすべての装置が動作していなければならない。　　　　　　(H23 春 IP)

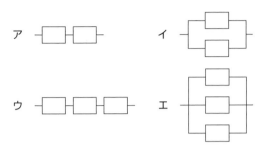

64 フールプルーフの考え方として，適切なものはどれか。　　　　　　(H21 秋 IP)

　ア　故障などでシステムに障害が発生した際に，被害を最小限にとどめるようにシステムを安全な状態にする。

　イ　システム障害は必ず発生するという思想の下，故障の影響を最低限に抑えるために，機器の多重化などの仕組みを作る。

　ウ　システムに故障が発生する確率を限りなくゼロに近づけていく。

　エ　人間がシステムの操作を誤ってもシステムの安全性と信頼性を保持する。

65 システムや機器の信頼性に関する記述のうち，適切なものはどれか。　　　　　　(H27 春 IP)

　ア　機器などに故障が発生した際に，被害を最小限にとどめるように，システムを安全な状態に制御することをフールプルーフという。

　イ　高品質・高信頼性の部品や素子を使用することで，機器などの故障が発生する確率を下げていくことをフェールセーフという。

　ウ　故障などでシステムに障害が発生した際に，システムの処理を続行できるようにすることをフォールトトレランスという。

　エ　人間がシステムの操作を誤らないように，又は，誤っても故障や障害が発生しないように設計段階で対策しておくことをフェールソフトという。

66 フェールセーフの説明として，適切なものはどれか。　　　　　　(H21 春 IP)

　ア　故障や操作ミスが発生しても，安全が保てるようにしておく。

　イ　障害が発生した際に，正常な部分だけを動作させ，全体に支障をきたさないようにする。

　ウ　組織内のコンピュータネットワークに外部から侵入されるのを防ぐ。

　エ　特定の条件に合致するデータだけをシステムに受け入れる。

67 コンピュータシステムに関する費用 a～c のうち，TCO に含まれるものだけを全て挙げたものはどれか。　　　　　　(H27 秋 IP)

a　運用に関わる消耗品費
b　システム導入に関わる初期費用
c　利用者教育に関わる費用

　ア　a, b　　イ　a, b, c　　ウ　a, c　　エ　b, c

68 システムの経済性の評価において，TCO の概念が重要視されるようになった理由として，最も適切なものはどれか。　　　　　　　　　　　　　　　　　　　　　　　　　　　　(R3　IP)

　　ア　システムの総コストにおいて，運用費に比べて初期費用の割合が増大した。
　　イ　システムの総コストにおいて，初期費用に比べて運用費の割合が増大した。
　　ウ　システムの総コストにおいて，初期費用に占めるソフトウェア費用の割合が増大した。
　　エ　システムの総コストにおいて，初期費用に占めるハードウェア費用の割合が増大した。

69 図は，リスクシミュレーションを基に，あるプロジェクトの見積りコストに対して最終的にその額に収まる確率を示したものである。現在，プロジェクトの予算として 4,000 万円を用意している。実際のコストが見積りコストを上回ってしまう確率を 20% まで引き下げるためには，予備として，あとおよそ何万円用意することが妥当か。　　　　　　　　　　　　　　　　　　　　　　(H21 秋 IP)

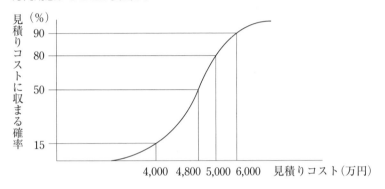

　　ア　1,000　　　イ　2,000　　　ウ　4,800　　　エ　9,000

3—4　ネットワーク

◆ ネットワークで使用する機器

ネットワークで用いる機器の名称と役割を理解しよう。

20　次の説明文に適した用語を解答群から記号で選べ。

- □ (1) パソコンやプリンタなどを LAN に接続するためのインタフェースとなる装置。1 台ごとに固有の MAC アドレスが割り振られている。
- □ (2) 各端末から出ている LAN ケーブルを一つにまとめる集線装置。各端末はこれを介して相互に通信する。
- □ (3) 通信ケーブルの伝送距離を延長するために，伝送路の途中でデータの信号波形を整形・増幅する装置。
- □ (4) ハブの一種で，データ送信先の MAC アドレスが接続されているポートにのみデータを送信する。
- □ (5) 異なるネットワークどうしを接続する際に用いる。IP アドレスにより，どの経路へデータを通すかを判断する経路選択機能を備える。
- □ (6) 移動体通信の第 4 世代の回線規格。理論値で最大 100 Mbps 以上の速度で通信が可能。
- □ (7) 携帯電話の通信回線を利用して，PC やタブレットなどをインターネットに接続する機能。
- □ (8) 移動体通信の回線規格で，LTE に代わるデータ通信技術。高速化により 4K や 8K 動画も視聴可能。遅延が大変小さくロボットの遠隔操作などもできる。日本では 2020 年にサービスが開始された。
- □ (9) 物理的な一つの LAN を仮想的に複数の LAN に分けたり，物理的に独立している LAN を仮想的に一つの LAN に見せる技術。仮想 LAN とも呼ばれる。
- □ (10) 無線 LAN の規格の一つで，機器どうしが直接接続する規格。従来の無線 LAN では無線 LAN ルータなどを経由して機器が接続されるが，この規格では無線 LAN ルータが不要となる。
- □ (11) 網の目のようにネットワーク機器がつながり合う通信形態で，通信経路のどこかで障害が発生しても迂回して正常に通信ができるなど信頼性が高いなどの特徴がある。
- □ (12) 近距離無線通信技術の Bluetooth の拡張規格で，消費電力がとても小さくビーコンが発信する電波としても利用される。
- □ (13) 通信速度は遅いが省電力で長距離通信ができる通信技術。広い範囲に設置されたセンサーからの情報送信などに利用する。
- □ (14) 無線 LAN の規格である IEEE802.11 を採用し，他社の機器とも相互接続が保証されていることを示す名称。
- □ (15) 無線 LAN を識別するための文字列。
- □ (16) 無線 LAN の暗号化方式の一種。
- □ (17) 無線 LAN の機器の暗号化設定を簡単に行うための規格。

♣ ハブ(Hub)の接続口が足らない場合には，ハブどうしを接続することができる。これを**カスケード接続**という。ただし，接続の段数は制限されることが多い。

♣ OSI 基本参照モデルと LAN 間接続装置

7 層　アプリケーション層
　　　　└───ゲートウェイ
6 層　プレゼンテーション層
5 層　セッション層
4 層　トランスポート層
3 層　ネットワーク層　←ルータ
2 層　データリンク層
　　　　└───スイッチングハブ
1 層　物理層　　　　←リピータ

♣ TCP/IP 階層モデルと OSI 基本参照モデル

4 層　アプリケーション層
　　　OSI 基本参照モデルの 5〜7 層
3 層　トランスポート層
　　　OSI 基本参照モデルの 4 層
2 層　インターネット層
　　　OSI 基本参照モデルの 3 層
1 層　ネットワークインタフェース層
　　　OSI 基本参照モデルの 1〜2 層

解答群

ア	Wi-Fi	イ	リピータ
ウ	スイッチングハブ	エ	ハブ
オ	ネットワークインタフェースカード(NIC)		
カ	ルータ	キ	5 G
ク	VLAN	ケ	テザリング
コ	メッシュ Wi-Fi	サ	LPWA
シ	Wi-Fi Direct	ス	LTE(4 G)
セ	BLE	ソ	WPA
タ	ESSID	チ	WPS

◆ **プロトコル**

　ネットワークでは，様々なプロトコルに従って端末どうしが通信を行っている。それぞれのプロトコルの役割と名称を理解しよう。

21　次のプロトコルを説明したものを，解答群から記号で選べ。
☐ (1) TCP／IP　　☐ (2) HTTP　　☐ (3) HTTPS
☐ (4) SMTP　　☐ (5) POP　　☐ (6) FTP
☐ (7) DHCP　　☐ (8) TELNET　　☐ (9) NTP

解答群

ア　電子メールの送信。
イ　他の端末を遠隔操作。
ウ　インターネットの標準プロトコル。
エ　他の端末へのデータ送受信。
オ　HTTP にデータ暗号化機能を追加。
カ　Web サーバとブラウザ間の Web コンテンツの送受信。
キ　コンピュータの内部時計を正しく合わせる。
ク　メールサーバに届いているメールを受信。
ケ　IP アドレスを自動的に割り振る。

◆ **ネットワーク上のアドレス**

　ネットワーク上の端末には，端末を識別するためのアドレスが何種類かある。それぞれの違いを理解しよう。

22　次の説明文に適した用語を解答群から記号で選べ。
☐ (1) ネットワークに接続されたパソコンや通信機器に１台ずつ割り振られた固有の番号。同一のネットワーク上で重複することは許されない。
☐ (2) インターネット上に存在するコンピュータやネットワークにつけられる識別子。
☐ (3) IP アドレスとドメイン名を相互に変換する仕組み。
☐ (4) Web ページのアドレス。

♣プロトコル(通信規約)
　ネットワークにより端末どうしが通信を行うために必要な約束事。

TCP/IP(Transmission Control Protocol／Internet Protocol)
HTTP(HyperText Transfer Protocol)
HTTPS(HyperText Transfer Protocol over Secure Socket Layer)
SMTP(Simple Mail Transfer Protocol)
POP(Post Office Protocol)
FTP(File Transfer Protocol)
DHCP(Dynamic Host Configuration Protocol)
NTP(Network Time Protocol)

□ (5) 製造時に NIC に割り振られている 48 ビットの固有のアドレス。
□ (6) プライベート IP アドレスとグローバル IP アドレスを相互に変換する仕組み。
□ (7) IP アドレスから同一のネットワークであることを示すネットワークアドレスを求めるための数値。

> 解答群
> ア　DNS　　　イ　IP アドレス　　　ウ　MAC アドレス
> エ　NAT　　　オ　サブネットマスク　　カ　ドメイン名
> キ　URL

◆ 伝送速度の計算

通信の基準単位はビット（b）なので，バイト（B）からビットへの換算が確実にできるようにしよう。

23 次の問いに答えなさい。
□ (1) 伝送速度の単位である bps は（　①　）に何（　②　）のデータを送信することができるかを表している。①と②に当てはまるものを解答群から選び，記号で答えなさい。

> 解答群
> ア　1 分間　　イ　1 秒間　　ウ　ビット　　エ　バイト

□ (2) 次の条件で 1 件 3,000 バイトのデータを 100 件送信したい。通信速度が 100 Kbps のとき，送信にかかる時間は何秒か。
□ (3) (2) のデータを通信速度 100 Kbps，伝送効率 80％ で送信するのにかかる時間は何秒か。

◆ インターネットサービス

インターネット上で行われている各種サービスやインターネットへの接続サービス等を理解しよう。

24 次の説明文に適した用語を解答群から記号で選べ。
□ (1) 同じ内容のメールを一斉に複数のアドレスに送信すること。
□ (2) もともと文字データしか扱えない電子メールで，画像やワープロデータなどを送信するための規格。
□ (3) インターネットに接続するサービスを提供する事業者。
□ (4) インターネットのデータ通信技術を用いて音声データを送受信する技術。
□ (5) 直接インターネットに接続していない端末の代わりにインターネットと接続しデータを提供するサーバ。代理サーバともいう。

> 解答群
> ア　同報メール　　　　イ　ISP　　　　ウ　VoIP
> エ　プロキシサーバ　　オ　MIME

♣ bps（bit per second）
　1 秒間に送信できるビット数を意味する単位。

(2)　以下の手順で計算を行う。
①　送信データの容量をビットにする。
1 件 3,000 バイト × 8 ビット × 100 件
＝ 2,400,000 ビット ＝ 2,400 K ビット
②　送信データの容量を伝送速度で割る。
2,400K ビット ÷ 100 Kbps ＝ 24 秒

(3)　伝送効率が加わる場合には，**伝送速度 × 伝送効率**で実質の伝送速度を求める。したがって，100 Kbps × 80％ ＝ 80 Kbps が実質の伝送速度として計算を行う。
①　(2) と同じ＝ 2,400 K ビット
②　2,400 K ビット ÷ 80 Kbps ＝ 30 秒

♣同報メールの内訳
　同じ内容のメールを一斉送信する同報メールでは，受信者が他に誰に送っているか，そのメールアドレスがわかるか否かで，以下の二つに分かれる。
・Cc（カーボンコピー）
　同時に送られた人のメールアドレスが見える。
・Bcc（ブラインドカーボンコピー）
　同時に送られた人のメールアドレスはわからない。

【演習問題の解答】 ◆ネットワークで使用する機器◆ 20 (1) オ (2) エ (3) イ (4) ウ (5) カ (6) ス (7) ケ (8) キ (9) ク (10) シ (11) コ (12) セ (13) サ (14) ア (15) タ (16) ソ (17) チ **◆プロトコル◆ 21** (1) ウ (2) カ (3) オ (4) ア (5) ク (6) エ (7) ケ (8) イ (9) キ

70 IP ネットワークにおけるルータに関する記述のうち，適切なものはどれか。 (H21 春 IP)

ア　IP アドレスとドメイン名を対応付ける。
イ　IP アドレスを利用してパケット転送の経路を選択する。
ウ　アナログ信号とディジタル信号を相互に変換する。
エ　ほかのコンピュータから要求を受けて，処理の実行やデータの提供を行う。

71 IoT デバイス，IoT ゲートウェイ及び IoT サーバで構成された，温度・湿度管理システムがある。IoT デバイスとその近傍に設置された IoT ゲートウェイとの間を接続するのに使用する，低消費電力の無線通信の仕様として，適切なものはどれか。 (R3 IP)

ア　BLE　　イ　HEMS　　ウ　NUI　　エ　PLC

72 IoT エリアネットワークの通信などに利用される BLE は，Bluetooth4.0 で追加された仕様である。BLE に関する記述のうち，適切なものはどれか。 (R4 IP)

ア　Wi-Fi のアクセスポイントとも通信ができるようになった。
イ　一般的なボタン電池で，半年から数年間の連続動作が可能なほどに低消費電力である。
ウ　従来の規格である Bluetooth 3.0 以前と互換性がある。
エ　デバイスとの通信には，赤外線も使用できる。

73 IoT 機器からのデータ収集などを行う際の通信に用いられる，数十 km までの範囲で無線通信が可能な広域性と省電力性を備えるものはどれか。 (R3 IP)

ア　BLE　　イ　LPWA　　ウ　MDM　　エ　MVNO

74 IoT エリアネットワークでも用いられ，電気を供給する電力線に高周波の通信用信号を乗せて伝送させることによって，電力線を伝送路としても使用する技術はどれか。 (R5 IP)

ア　PLC　　　　　　　　　　　イ　PoE
ウ　エネルギーハーベスティング　エ　テザリング

75 IEEE 802.11 伝送規格を使用した異なるメーカの無線 LAN 製品同士で相互接続性が保証されていることを示すブランド名はどれか。 (H30 春 IP)

ア　MVNO　　イ　NFC　　ウ　Wi-Fi　　エ　WPA2

76 FTTH の説明として，適切なものはどれか。 (H29 春 IP)

ア　IEEE が策定した無線通信の規格に準拠し，相互接続性が保証されていることを示すブランド名
イ　アナログの電話線を用いて高速のディジタル通信を実現する技術
ウ　インターネットなどでファイルを転送するときに使用するプロトコル
エ　光ファイバを使った家庭向けの通信サービスの形態

77 あるネットワークに属する PC が，別のネットワークに属するサーバにデータを送信するとき，経路情報が必要である。PC が送信相手のサーバに対する特定の経路情報をもっていないときの送信先として，ある機器の IP アドレスを設定しておく。この機器の役割を何と呼ぶか。　　　(H27 春 IP)

　　ア　デフォルトゲートウェイ　　　イ　ネットワークインタフェースカード
　　ウ　ハブ　　　　　　　　　　　　エ　ファイアウォール

78 無線 LAN のセキュリティにおいて，アクセスポイントが接続要求を受け取ったときに，端末固有の情報を基にアクセス制御を行う仕組みはどれか。　　　(H25 秋 IP)

　　ア　ESSID　　イ　MAC アドレスフィルタリング
　　ウ　WEP　　エ　WPA

79 Wi-Fi のセキュリティ規格である WPA2 を用いて，PC を無線 LAN ルータと接続するときに設定する PSK の説明として，適切なものはどれか。　　　(R5　IP)

　　ア　アクセスポイントへの接続を認証するときに用いる符号(パスフレーズ)であり，この符号に基づいて，接続する PC ごとに通信の暗号化に用いる鍵が生成される。
　　イ　アクセスポイントへの接続を認証するときに用いる符号(パスフレーズ)であり，この符号に基づいて，接続する PC ごとにプライベート IP アドレスが割り当てられる。
　　ウ　接続するアクセスポイントを識別するために用いる名前であり，この名前に基づいて，接続する PC ごとに通信の暗号化に用いる鍵が生成される。
　　エ　接続するアクセスポイントを識別するために用いる名前であり，この名前に基づいて，接続する PC ごとにプライベート IP アドレスが割り当てられる。

80 最大 32 文字までの英数字が設定でき，複数のアクセスポイントを設置したネットワークに対しても使用できる，無線 LAN のネットワークを識別するものはどれか。　　　(H23 春 IP)

　　ア　ESSID　　イ　IP アドレス　　ウ　MAC アドレス　　エ　RFID

81 無線 LAN のセキュリティを向上させるための対策はどれか。　　　(H27 秋 IP)
　　ア　ESSID をステルス化する。
　　イ　アクセスポイントへの電源供給は LAN ケーブルを介して行う。
　　ウ　通信の暗号化方式を WPA2 から WEP に変更する。
　　エ　ローミングを行う。

82 テザリングの説明として，適切なものはどれか。　　　(H27 春 IP)
　　ア　自己複製し，ネットワークなどを経由して感染を拡大するウイルスの一種
　　イ　スマートフォンなどの通信端末をモバイルルータのように利用して，PC などをインターネットに接続する機能
　　ウ　電子データに対し，ハッシュ関数と公開鍵暗号を用いることで，改ざんを検知する方式
　　エ　ホームページの入力フィールドに SQL コマンドを意図的に入力することで，データベース内部の情報を不正に操作する攻撃

【演習問題の解答】　◆ネットワーク上のアドレス◆　**22** (1) イ　(2) カ　(3) ア　(4) キ　(5) ウ　(6) エ　(7) オ　　◆伝送速度の計算◆　**23** (1) ①イ　②ウ　(2) 24 秒　(3) 30 秒　　◆インターネットサービス◆　**24** (1) ア　(2) オ　(3) イ　(4) ウ　(5) エ

83 アドホックネットワークの説明として，適切なものはどれか。　(R4 IP)

　ア　アクセスポイントを経由せず，端末同士が相互に通信を行う無線ネットワーク
　イ　インターネット上に，セキュリティが保たれたプライベートな環境を実現するネットワーク
　ウ　サーバと，そのサーバを利用する複数台の PC をつなぐ有線ネットワーク
　エ　本店と支店など，遠く離れた拠点間を結ぶ広域ネットワーク

84 無線 LAN ルータにおいて，外部から持ち込まれた端末用に設けられた，"ゲストポート" や "ゲスト SSID" などと呼ばれる機能によって実現できることの説明として，適切なものはどれか。　(R4 IP)

　ア　端末から内部ネットワークには接続をさせず，インターネットにだけ接続する。
　イ　端末がマルウェアに感染していないかどうかを検査し，安全が確認された端末だけを接続する。
　ウ　端末と無線 LAN ルータのボタン操作だけで，端末から無線 LAN ルータへの接続設定ができる。
　エ　端末の SSID の設定欄を空欄にしておけば，SSID が分からなくても無線 LAN ルータに接続できる。

85 隣の部屋に他社が引っ越してきた頃から，自社の無線 LAN の通信速度が低下した。原因を調査して，自社の無線 LAN の設定を変更することで，元の通信速度に戻った。このときに変更した内容として，適切なものはどれか。ここで，自社の ESSID は，その引っ越してきた他社のものとは異なる文字列である。　(H27 春 IP)

　ア　暗号化のキー文字列を変更した。
　イ　暗号化の設定を WEP から WPA2 に変更した。
　ウ　ステルス機能を設定した。
　エ　無線チャネルを変更した。

86 無線 LAN において，端末とアクセスポイント間で伝送されているデータの盗聴を防止するために利用されるものはどれか。　(H27 春 IP)

　ア　ANY 接続拒否　　　　　　　イ　ESSID ステルス
　ウ　MAC アドレスフィルタリング　エ　WPA2

87 無線通信における LTE の説明として，適切なものはどれか。　(H30 春 IP)

　ア　アクセスポイントを介さずに，端末同士で直接通信する無線 LAN の通信方法
　イ　数メートルの範囲内で，PC や周辺機器などを接続する小規模なネットワーク
　ウ　第 3 世代携帯電話よりも高速なデータ通信が可能な，携帯電話の無線通信規格
　エ　電波の届きにくい家庭やオフィスに設置する，携帯電話の小型基地局システム

88 通信プロトコルに関する記述のうち，適切なものはどれか。　(H27 秋 IP)

　ア　アナログ通信で用いられる通信プロトコルはない。
　イ　国際機関が制定したものだけであり，メーカが独自に定めたものは通信プロトコルとは呼ばない。
　ウ　通信プロトコルは正常時の動作手順だけが定義されている。
　エ　メーカや OS が異なる機器同士でも，同じ通信プロトコルを使えば互いに通信することができる。

89 ネットワークを介したアプリケーション間の通信を実現するために，数多くのプロトコルが階層的に使用されている。次の記述中の a，b に入れるプロトコル名の適切な組合せはどれか。　(H22 秋 IP)

　インターネットで Web ページを閲覧する場合，ブラウザと Web サーバは，　a　というプロトコルを使用する。この　a　による通信は，その下層の　b　と，さらにその下層の IP というプロトコルを使用する。

	a	b
ア	FTP	Ethernet
イ	HTTP	TCP
ウ	SMTP	POP3
エ	WWW	HTML

90 ネットワーク上の端末間でのファイル送受信に用いるプロトコルはどれか。

　ア　TELNET　　イ　POP　　ウ　FTP　　エ　DHCP

91 FTP ソフトを使用して，他のサーバへデータを送信する動作はどれか。

　ア　ダウンロード　　イ　SMTP　　ウ　アップロード　　エ　MIME

92 LAN に接続された PC に対して，その IP アドレスを PC の起動時などに自動設定するために用いるプロトコルはどれか。　(H20 春 FE)

　ア　DHCP　　イ　DNS　　ウ　FTP　　エ　PPP

93 スマートフォンなどで，相互に同じアプリケーションを用いて，インターネットを介した音声通話を行うときに利用される技術はどれか。　(R5 IP)

　ア　MVNO　　イ　NFC　　ウ　NTP　　エ　VoIP

94 プロトコルに関する記述のうち，適切なものはどれか。　(H23 秋 IP)

　ア　HTML は，Web データを送受信するためのプロトコルである。
　イ　HTTP は，ネットワーク監視のためのプロトコルである。
　ウ　POP は，離れた場所にあるコンピュータを遠隔操作するためのプロトコルである。
　エ　SMTP は，電子メールを送信するためのプロトコルである。

95 職場の LAN に PC を接続する。ネットワーク設定情報に基づいて PC に IP アドレスを設定する方法のうち，適切なものはどれか。 (H23 春 IP)

〔ネットワーク設定情報〕
・ネットワークアドレス　　　　　192.168.1.0
・サブネットマスク　　　　　　　255.255.255.0
・デフォルトゲートウェイ　　　　192.168.1.1
・DNS サーバの IP アドレス　　　192.168.1.5
・PC は，DHCP サーバを使用すること

　　ア　IP アドレスとして，192.168.1.0 を設定する。
　　イ　IP アドレスとして，192.168.1.1 を設定する。
　　ウ　IP アドレスとして，現在使用されていない 192.168.1.150 を設定する。
　　エ　IP アドレスを自動的に取得する設定にする。

96 メールサーバから電子メールを受信するためのプロトコルの一つであり，次の特徴をもつものはどれか。 (R4 IP)

　①　メール情報を PC 内のメールボックスに取り込んで管理する必要がなく，メールサーバ上に複数のフォルダで構成されたメールボックスを作成してメール情報を管理できる。
　②　PC やスマートフォンなど使用する端末が違っても，同一のメールボックスのメール情報を参照，管理できる。

　　ア　IMAP　　イ　NTP　　ウ　SMTP　　エ　WPA

97 図のメールの送受信で利用されるプロトコルの組合せとして，適切なものはどれか。 (H21 秋 IP)

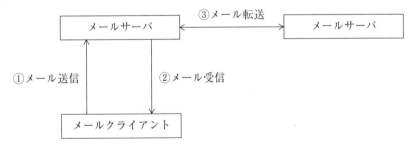

	①	②	③
ア	POP3	POP3	POP3
イ	POP3	SMTP	POP3
ウ	SMTP	POP3	SMTP
エ	SMTP	SMTP	SMTP

98 移動体通信サービスのインフラを他社から借りて，自社ブランドのスマートフォンや SIM カードによる移動体通信サービスを提供する事業者を何と呼ぶか。 (R3 IP)

　　ア　ISP　　イ　MNP　　ウ　MVNO　　エ　OSS

99 TCP/IP ネットワークで使用される NTP(Network Time Protocol)の役割として，適切なものはどれか。 (H23 春 IP)

　ア　動画や音声をリアルタイムに配信する。
　イ　ネットワークに接続されている機器間で時刻を同期させる。
　ウ　ファイルがある時刻以前に存在していたことを保証する証明書を発行する。
　エ　無線 LAN において，一定時間経過後に暗号鍵を自動的に変更する。

100 インターネットで行われているサービスの名称とそれに関連する説明の組み合わせとして，正しいものはどれか。

〔名称〕
a　FTP　　b　TELNET　　c　WWW
〔説明〕
1　コンピュータ間でのファイル転送
2　他のコンピュータへの遠隔ログイン
3　ハイパテキスト形式の情報提供

	a	b	c
ア	1	2	3
イ	1	3	2
ウ	2	1	3
エ	2	3	1

101 膨大な数の IoT デバイスをインターネットに接続するために大量の IP アドレスが必要となり，IP アドレスの長さが 128 ビットで構成されているインターネットプロトコルを使用することにした。このプロトコルはどれか。 (R4 IP)

　ア　IPv4　　イ　IPv5　　ウ　IPv6　　エ　IPv8

102 IP アドレスに関する記述のうち，適切なものはどれか。 (H21 秋 IP)

　ア　192.168.1.1 のように 4 バイト表記の IP アドレスの数は，地球上の人口(約 70 億)よりも多い。
　イ　IP アドレスは，各国の政府が管理している。
　ウ　IP アドレスは，国ごとに重複のないアドレスであればよい。
　エ　プライベート IP アドレスは，同一社内などのローカルなネットワーク内であれば自由に使ってよい。

103 インターネットのプロトコルで使用されるポート番号の説明として，適切なものはどれか。 (H21 秋 IP)

　ア　コンピュータやルータにおいて Ethernet に接続する物理ポートがもつ固有の値
　イ　スイッチングハブにおける物理的なポートの位置を示す値
　ウ　パケットの送受信においてコンピュータやネットワーク機器を識別する値
　エ　ファイル転送や電子メールなどのアプリケーションごとの情報の出入口を示す値

104 NAT(Network Address Translation)がもつ機能として，適切なものはどれか。 (H27 秋 IP)

　ア　IP アドレスをコンピュータの MAC アドレスに対応付ける。
　イ　IP アドレスをコンピュータのホスト名に変換する。
　ウ　コンピュータのホスト名を IP アドレスに変換する。
　エ　プライベート IP アドレスをグローバル IP アドレスに対応付ける。

105 インターネットで用いるドメイン名に関する記述のうち，適切なものはどれか。 (R3 IP)

 ア ドメイン名には，アルファベット，数字，ハイフンを使うことができるが，漢字，平仮名を使うことはできない。

 イ ドメイン名は，Web サーバを指定するときの URL で使用されるものであり，電子メールアドレスには使用できない。

 ウ ドメイン名は，個人で取得することはできず，企業や団体だけが取得できる。

 エ ドメイン名は，接続先を人が識別しやすい文字列で表したものであり，IP アドレスの代わりに用いる。

106 URL に関する説明として，適切なものはどれか。 (H22 秋 IP)

 ア Web ページとブラウザとの通信プロトコルである。

 イ Web ページの更新履歴を知らせるメッセージである。

 ウ Web ページのコンテンツ(本文)を記述するための文法である。

 エ Web ページの場所を示すための表記法である。

107 "http://example.co.jp/index.html" で示される URL のトップレベルドメイン(TLD)はどれか。

                              (H27 春 IP)

 ア http イ example ウ co エ jp

108 ネットワークのデータ伝送速度を表す単位はどれか。 (H23 秋 IP)

 ア bps イ fps ウ ppm エ rpm

109 100M ビット/秒の伝送速度の LAN を使用して，1G バイトのファイルを転送するのに必要な時間はおおよそ何秒か。ここで，1G バイト= 10^9 バイトとする。また，LAN の伝送効率は 20%とする。

                              (H21 秋 IP)

 ア 4 イ 50 ウ 400 エ 5,000

110 通信方式に関する記述のうち，適切なものはどれか。 (H27 秋 IP)

 ア 回線交換方式は，適宜，経路を選びながらデータを相手まで送り届ける動的な経路選択が可能である。

 イ パケット交換方式はディジタル信号だけを扱え，回線交換方式はアナログ信号だけを扱える。

 ウ パケット交換方式は複数の利用者が通信回線を共有できるので，通信回線を効率良く使用することができる。

 エ パケット交換方式は無線だけで利用でき，回線交換方式は有線だけで利用できる。

111 A さんは B さんにメールを送る際 "Cc" に C さんを指定，"Bcc" に D さんと E さんを指定した。このときの説明として，適切なものはどれか。 (サンプル)

 ア B さんは，A さんからのメールが D さんと E さんに送られているのはわかる。

 イ C さんは，A さんからのメールが D さんと E さんに送られているのはわかる。

 ウ D さんは，A さんからのメールが E さんに送られているのはわかる。

 エ E さんは，A さんからのメールが C さんに送られているのはわかる。

112 特定のメールアドレスに電子メールを送ると，そのアドレスに対応して登録済みの複数のメールアドレスに同じ内容のメールを配信する仕組みはどれか。　　　　　　　　　　　　　　　（H27 春 IP）

　　ア　Web メール　　　　　イ　チェーンメール
　　ウ　メーリングリスト　　　エ　リプライメール

113 スパムメールの説明として，適切なものはどれか。　　　　　　　　　　　　　　　　（H21 秋 IP）

　　ア　受信者の承諾なしに無差別に送付されるメールのこと
　　イ　特定の目的の下にあらかじめ登録した参加者全員に同じメールを配信すること
　　ウ　メールの受信者が複数の相手に同一内容のメールの送信や転送を行い，受信者が増加し続けるメールのこと
　　エ　メールや Web ページを用いてメッセージを書き込み，不特定多数の相手と情報交換ができるコンピュータを用いたメッセージ交換システムのこと

114 インターネット上のコンピュータでは，Web や電子メールなど様々なアプリケーションプログラムが動作し，それぞれに対応したアプリケーション層の通信プロトコルが使われている。これらの通信プロトコルの下位にあり，基本的な通信機能を実現するものとして共通に使われる通信プロトコルはどれか。

（R5　IP）

　　ア　FTP　　イ　POP　　ウ　SMTP　　エ　TCP/IP

115 電子メールを作成するときに指定する送信メッセージに用いられるテキスト形式と HTML 形式に関する記述のうち，適切なものはどれか。　　　　　　　　　　　　　　　　　　　（R4　IP）

　　ア　受信した電子メールを開いたときに，本文に記述されたスクリプトが実行される可能性があるのは，HTML 形式ではなく，テキスト形式である。
　　イ　電子メールにファイルを添付できるのは，テキスト形式ではなく，HTML 形式である。
　　ウ　電子メールの本文の任意の文字列にハイパリンクを設定できるのは，テキスト形式ではなく，HTML 形式である。
　　エ　電子メールの本文の文字に色や大きさなどの書式を設定できるのは，HTML 形式ではなく，テキスト形式である。

116 WAN の説明として，最も適切なものはどれか。　　　　　　　　　　　　　　　　　（H30 秋 IP）

　　ア　インターネットを利用した仮想的な私的ネットワークのこと
　　イ　国内の各地を結ぶネットワークではなく，国と国を結ぶネットワークのこと
　　ウ　通信事業者のネットワークサービスなどを利用して，本社と支店のような地理的に離れた地点間を結ぶネットワークのこと
　　エ　無線 LAN で使われる IEEE802.11 規格対応製品の普及を目指す業界団体によって，相互接続性が確認できた機器だけに与えられるブランド名のこと

117 SIM カードの説明として，適切なものはどれか。 (H30 秋 IP)

ア　インターネットバンキングなどのセキュリティ確保の目的で使用する，一度しか使えないパスワードを必要なときに生成するカード型装置

イ　携帯電話機などに差し込んで使用する，電話番号や契約者 ID などが記録された IC カード

ウ　ディジタル音楽プレーヤ，ディジタルカメラなどで使用される，コンテンツ保存用の大容量のメモリカード

エ　ディジタル放送受信機に同梱されていて，ディジタル放送のスクランブルを解除するために使用されるカード

118 ネットワークにおける輻輳（ふくそう）に関する記述として，適切なものはどれか。 (H29 春 IP)

ア　回線の接続が一瞬途切れ，通信データのパケットが消失すること

イ　経路情報が書き換えられ，通信データが誤った宛先に届くこと

ウ　通信が急増し，ネットワークの許容量を超え，つながりにくくなること

エ　一つのパケットを不特定多数のノードに対して同時に送信すること

119 IoT システムにおけるエッジコンピューティングに関する記述として，最も適切なものはどれか。 (R5 IP)

ア　IoT デバイスの増加による IoT サーバの負荷を軽減するために，IoT デバイスに近いところで可能な限りのデータ処理を行う。

イ　一定時間ごとに複数の取引をまとめたデータを作成し，そのデータに直前のデータのハッシュ値を埋め込むことによって，データを相互に関連付け，改ざんすることを困難にすることによって，データの信頼性を高める。

ウ　ネットワークの先にあるデータセンター上に集約されたコンピュータ資源を，ネットワークを介して遠隔地から利用する。

エ　明示的にプログラミングすることなく，入力されたデータからコンピュータが新たな知識やルールを獲得できるようにする。

120 VoIP の説明として，適切なものはどれか。 (H23 春 IP)

ア　インターネット上にあるアプリケーションやデータを，PC から利用する方式

イ　音声データをパケット化し，リアルタイムに送受信する技術

ウ　ネットワークで接続された拠点間の通信において，認証及び暗号化と復号によってセキュリティを確保する技術

エ　ネットワークに接続されたコンピュータのホスト名と IP アドレスを対応付けて管理するシステム

121 社外からインターネット経由で PC を職場のネットワークに接続するときなどに利用する VPN(Virtual Private Network)に関する記述のうち，最も適切なものはどれか。 (H23 秋 IP)

ア　インターネットとの接続回線を複数用意し，可用性を向上させる。

イ　送信タイミングを制御することによって，最大の遅延時間を保証する。

ウ　通信データを圧縮することによって，最小の通信帯域を保証する。

エ　認証と通信データの暗号化によって，セキュリティの高い通信を行う。

3—5 情報セキュリティ

◆ 情報資産への脅威と攻撃手法

情報資産はさまざまな要因から脅威にさらされている。どのような脅威や攻撃方法があるのか理解しよう。

25 次の説明文の空欄に適した用語を解答群から記号で選べ。

現在の企業には，顧客情報や営業情報，知的財産関連情報，人事情報等の様々な情報資産がある。これらの情報資産を安全に守る必要があるが，外部からの悪意ある攻撃だけではなく，内部の人間の過失や故意によるセキュリティ事故も多い。

例えば，USB メモリやノートパソコンなどの（　1　）による情報漏えいや，本来情報を閲覧する必要のない人間に対してアクセス許可を与えてしまうことによる（　2　）による情報漏えいなどは，適切な（　3　）権の設定や，データの（　4　）化などによりセキュリティ事故を軽減することができる。

また，情報漏えい以外にも情報資産を記憶しているメディアの（　5　）や，誤操作によるデータ消失の危険性もある。情報資産の重要性を認識し，様々なことを想定した情報セキュリティ対策が必要となることを理解する必要がある。

解答群
ア　アクセス　イ　暗号　ウ　破損　エ　紛失　オ　盗み見

---

26 次の説明文は，情報セキュリティの脅威のうち，人的脅威についてのものである。適した用語を解答群から記号で選べ。

☐ (1) 他人の ID やメールアドレスを不正に取得し，その人のふりをして機密情報を盗んだり，犯罪行為に及ぶこと。

☐ (2) システムへの不正アクセスにより，コンピュータを破壊したり，データを改ざんする行為。

☐ (3) 人間の心理的な隙やミスにつけ込み，個人が持つ秘密情報を入手する。

☐ (4) 組織の関係者が重要な情報を持ち出したり，データの漏えいや消去などの行為をすること。

☐ (5) 取引先や経営者を装ったメールで，金銭を騙し取る詐欺。

☐ (6) 通常の検索エンジンでは検索できないインターネット上の領域。匿名性が高いため，違法な取引や犯罪などに利用される。

解答群
ア　内部不正　　　　イ　なりすまし　　ウ　ダークウェブ
エ　クラッキング　　オ　ソーシャルエンジニアリング
カ　ビジネスメール詐欺（BEC）

---

27 次の説明文は，情報セキュリティの脅威のうち，技術的脅威についてのものである。適した用語を解答群から記号で選べ。

☐ (1) 不正ソフトウェアともいい，有害なソフトウェアの総称。

☐ (2) プログラムによって制御される自動化されたソフトウェア。Webサイトからの情報収集など，さまざまな用途に利用されるが，利用方法によっては有害となる。

☐ (3) 感染するとデータを暗号化し，元に戻すことと引き換えに身代金を要求するマルウェア。

☐ (4) メモリ上で実行するマルウェア。従来のウイルス対策ソフトでは検出が難しいため，対策が難しい。

☐ (5) コンピュータを遠隔操作できるようにするマルウェア。

☐ (6) Webサイトの改ざんと，Webサイトを閲覧だけで感染するウイルスを組み合わせ，さまざまな被害をもたらす。

☐ (7) キーボードからの入力内容を監視，記録するソフトウェア。

☐ (8) 正規のログインや認証を経ずに，システムやネットワークに不正にアクセスするための仕組み。

☐ (9) 不特定多数の宛先に送信される望ましくない電子メール。マルウェアなどを拡散させることにも使われる。

```
解答群
  ア  マルウェア        イ  ボット      ウ  キーロガー
  エ  ガンブラー        オ  RAT        カ  バックドア
  キ  ランサムウェア     ク  SPAM
  ケ  ファイルレスマルウェア
```

28 次の説明文は，脆弱性についてのものである。適した用語を解答群から記号で選べ。

☐ (1) ソフトウェアのバグなどにより生じたセキュリティ上の弱点。

☐ (2) パスワードの使い回しや不審なメールを開く，Webサイトへのアクセスなど，人間の行動に起因するセキュリティリスク。

☐ (3) 企業が把握していない情報端末やクラウドサービス。セキュリティ対策が不十分となり，情報漏えいや不正アクセスなどのリスクを高める。

```
解答群
  ア  人的脆弱性    イ  シャドーIT
  ウ  セキュリティホール
```

・コンピュータウイルス
　プログラムファイルに感染。

・マクロウイルス
　表計算やワープロなどのファイルに感染。

・ワーム
　メールの添付ファイルなどにより自己増殖。

・トロイの木馬
　正常なソフトウェアに見せかけた悪意のあるプログラム。

・スパイウェア
　知らぬ間に個人情報などを第三者へ送信。

♣ RAT（Remote Access Trojan）

♣代表的な物理的脅威
　災害，破壊，妨害行為

♣不正のトライアングル
　動機，機会，正当化の3つの要素が揃うと不正行為が起こるリスクが高まるとした理論。

・動機
　不正行為を起こす理由。

・機会
　不正行為を起こす環境。

・正当化
　不正行為を正当化する理由。

29 次の説明文は，攻撃手法についてのものである。適した用語を解答群から記号で選べ。

□ (a-1) 辞書に登録されている単語や名前，地名などを試行してパスワードを解読する。

□ (a-2) アルファベットや数字，記号の全ての組み合わせを試行してパスワードを解読する。総当たり攻撃ともいう。

□ (a-3) 攻撃者が事前に入手した ID とパスワードのリストを用いて不正アクセスする。

解答群
　ア　ブルートフォース攻撃　　イ　辞書攻撃
　ウ　パスワードリスト攻撃

□ (b-1) Web サイトの脆弱性を悪用して，攻撃者がユーザーのブラウザ上で任意のスクリプトを実行させ，個人情報の漏えいや不正な操作を行う攻撃。

□ (b-2) ログイン中の Web サイトに，被害者が意図しない処理を実行させる。

□ (b-3) 利用者が開いた Web ページの上に，透明なページを重ねて表示させることで，利用者が意図しないクリックを誘う。

□ (b-4) Web サイトに存在する脆弱性を悪用し，Web サイトを閲覧しただけで，利用者の知らぬ間にマルウェアをダウンロードさせる。

□ (b-5) 入力フォームや検索ボックスに不正な文字列を入力することで，アプリケーションが想定していない SQL 文を実行させ，データベースに不正な操作を行う。

□ (b-6) 入力フォームや検索ボックスに不正な文字列を入力することで，アプリケーションが想定していないディレクトリやファイルにアクセスする。

解答群
　ア　SQL インジェクション　　　イ　ドライブバイダウンロード
　ウ　ディレクトリトラバーサル　エ　クリックジャッキング
　オ　クロスサイトスクリプティング
　カ　クロスサイトリクエストフォージェリ

♣ MITM攻撃（Man In The Middle）

♣ MITB攻撃（Man In The Browser）

□ (c-1) 通信の途中に第3者が割り込み，通信内容の盗聴やデータの改ざんを行う。

□ (c-2) 攻撃者が被害者の端末にマルウェアを仕掛け，ブラウザの通信内容を盗み取る。

□ (c-3) 攻撃者が脆弱なメールサーバを不正利用し，メールを送受信する。

□ (c-4) 送信元の IP アドレスを偽装して通信することで，攻撃元を特定しにくくする。

□ (c-5) DNS サーバに偽の DNS 情報を書き込むことで，利用者を誤ったサイトに誘導する。

☐ (c-6) ログイン中の利用者のセッション ID を不正に取得し，本人になりすまして不正な操作を行う攻撃。

解答群
　　ア　MITB 攻撃　　　　　　　イ　中間者攻撃(MITM 攻撃)
　　ウ　第三者中継　　　　　　　エ　セッションハイジャック
　　オ　キャッシュポイズニング　カ　IP スプーフィング

☐ (d-1) 複数のコンピューターから大量のデータを送信し，標的のシステムやネットワークのサービスを停止させる攻撃。

☐ (d-2) 利用者のコンピューターやスマートフォンなどを乗っ取り，仮想通貨を入手するために必要な計算作業をさせる。

☐ (d-3) 特定の個人や組織を狙って行う巧妙な攻撃。

☐ (d-4) Web サイトやメールに記載された URL をクリックするだけで，一方的に契約成立とみなされ，料金を請求される詐欺。

☐ (d-5) ソフトウェアの脆弱性がまだ修正されていない状態で行われる攻撃。

☐ (d-6) 対話型 AI に対して，開発者が想定していない質問を入力することで，想定外の返答や機密情報を引き出す攻撃。

☐ (d-7) 機械学習モデルの誤認識を引き起こす，意図的に作成されたデータ。人間には認識できないような誤りのあるデータを加えて学習させることで，誤った結果を導かせる。

☐ (d-8) ネットワークに接続されているコンピュータのポートの開放状況を調べ，攻撃に利用できそうな脆弱性を探す。

解答群
　　ア　標的型攻撃　　　　イ　ゼロデイ攻撃
　　ウ　ポートスキャン　　エ　クリプトジャッキング
　　オ　DDoS 攻撃　　　　カ　ワンクリック詐欺
　　キ　敵対的サンプル　　ク　プロンプトインジェクション攻撃

◆ 情報セキュリティ管理

リスクマネジメントの必要性を理解し，その一環として情報セキュリティマネジメントと個人情報保護の目的や基本的な考え方を理解しよう。

30 次の説明文は，リスクマネジメントについてのものである。適した用語を解答群から記号で選べ。

☐ (1) 組織や個人が受けるリスクを特定し，そのリスクの大きさを評価する一連の手順。

☐ (2) リスクアセスメントの最初の手順で，組織や個人が被る潜在的なリスクを洗い出す。

☐ (3) リスクアセスメントの手順の中で，洗い出したリスクの発生可能性と影響度を把握する。

♣ DDoS 攻撃(Distributed Denial of Service)

♣ DoS 攻撃(Denial of Service)
　DoS 攻撃は単一のコンピュータから攻撃を行うため，DDoS 攻撃よりも規模が小さい。

♣代表的な標的型攻撃
・水飲み場型攻撃
　相手がよく利用する Web サイトを改ざんし，閲覧するとマルウェアに感染させる。
・やり取り型攻撃
　複数回のメールのやりとりで相手を信用させ，マルウェアを仕込んだ添付ファイルを実行させるように仕向ける。

□ (4) リスクアセスメントの手順の中で，リスクの発生可能性と影響度からリスクの大きさを判断する。

□ (5) リスク対応の中で，リスクの発生を防止する，または発生した場合の被害を小さくする。

□ (6) リスク対応の中で，リスク情報を関係者との間で共有し，リスクへの対応を円滑にする。

□ (7) リスク対応の中で，リスクを保険や委託などで別の組織や個人に負担させる。

□ (8) リスク対応の中で，リスクの発生可能性や影響度を複数の要素に分散させることで，損失を最小限に抑える。

□ (9) リスク対応の中で，何も対策を取らずに，リスクをそのままにしておく。

```
解答群
  ア　リスク移転　　イ　リスク評価　　ウ　リスク保有
  エ　リスク回避　　オ　リスク分析　　カ　リスク共有
  キ　リスク特定　　ク　リスク分散
  ケ　リスクアセスメント
```

31　次の説明文は，情報セキュリティ管理についてのものである。適した用語を解答群から記号で選べ。

□ (1) さまざまなリスクから情報資産や情報処理システムを守る考え方。ISO により国際的な標準が定められている。

□ (2) 組織の情報資産を守るための基本方針と具体的な対策を示すもの。情報セキュリティ方針ともいう。

□ (3) ISMS の一要素で，正当な権限を持つ者だけが利用できること。

□ (4) ISMS の一要素で，情報が正確であり最新の状態であること。

□ (5) ISMS の一要素で，利用したいときにいつでも利用できること。

□ (6) 情報が正当な発信元からのものであり，改ざんされていないこと。

□ (7) 誰が，いつ，どのような操作を行ったかを後で追跡できること。

□ (8) その人が行った操作を，後で否認されないようにすること。

□ (9) 常に操作は正常に終了し，異常な結果にならないこと。

□ (10) マルウェアへの感染や不正アクセス，情報漏洩など情報セキュリティに関する事故や攻撃のこと。

□ (11) 計画，実行，評価，改善を繰り返す活動。

```
解答群
  ア　機密性　　　　イ　可用性　　　ウ　ISMS
  エ　PDCA サイクル　オ　完全性　　　カ　真正性
  キ　信頼性　　　　ク　否認防止　　ケ　責任追跡性
  コ　情報セキュリティポリシー
  サ　情報セキュリティインシデント
```

♣ ISMS（Information Security Management System）

♣ ISMS の PDCA サイクル
・計画(Plan)　情報セキュリティポリシを策定。
・実行(Do)　情報セキュリティポリシによる情報セキュリティ対策を実施。
・評価(Check)　セキュリティポリシの運用状況の点検等。
・改善(Action)　情報セキュリティポリシやセキュリティ対策の見直し。

【演習問題の解答】　◆情報資産への脅威と攻撃手法◆　**29** (a-1) イ　(a-2) ア　(a-3) ウ　(b-1) オ　(b-2) カ　(b-3) エ　(b-4) イ　(b-5) ア　(b-6) ウ　(c-1) イ　(c-2) ア　(c-3) ウ　(c-4) カ　(c-5) オ　(c-6) エ　(d-1) オ　(d-2) エ　(d-3) ア　(d-4) カ　(d-5) イ　(d-6) ク　(d-7) キ　(d-8) ウ

32 次の説明文は，個人情報保護についてのものである。適した用語を解答群から記号で選べ。

☐ (1) 個人情報を取り扱う事業者が，個人情報の扱いが適切であることを，消費者にロゴマークを用いて示す制度。

☐ (2) 事業者が個人情報をどのように取り扱うかを公表する指針。個人情報保護指針ともいう。

☐ (3) 個人情報の漏洩や滅失，毀損を防止するために，必要な措置を講じること。

☐ (4) サイバー攻撃や情報漏洩などによる損害を補償する保険。

```
解答群
  ア  プライバシーポリシー      イ  サイバー保険
  ウ  安全管理措置            エ  プライバシーマーク制度
```

33 次の説明文は，情報セキュリティに関する組織や機関についてのものである。適した用語を解答群から記号で選べ。

☐ (1) 企業内に設置する情報セキュリティに関する戦略や対策，セキュリティに関するルールの見直し等の審議を行う全社横断的な組織。

☐ (2) インシデント発生時の対応を行う組織。社内外と連携し，脆弱性情報も収集する。

☐ (3) サイバー攻撃を 24 時間 365 日監視し，検知・分析・対策を行う組織。

☐ (4) 政府主導のサイバー情報共有プロジェクト。重要インフラのセキュリティ強化を図る。サイバー情報共有イニシアティブともいう。

☐ (5) サイバー攻撃を受けた組織の被害拡大防止を支援する組織。

☐ (6) 日本政府主導のサイバーセキュリティ人材育成・確保プロジェクト。

☐ (7) IPA が創設した中小企業が情報セキュリティ対策に取り組む意思を示す制度。

```
解答群
  ア  CSIRT      イ  J-CSIP      ウ  SOC      エ  J-CRAT
  オ  SECURITY ACTION          カ  サイバーレスキュー隊
  キ  情報セキュリティ委員会
```

♣**プライバシーマーク**

10123456(01)

♣**CSIRT**（Computer Security Incident Response Team）

♣ **SOC**（Security Operation Center）

♣ **IPA への各種届出制度**

　不正アクセスの被害の状況や対応等を届け出るコンピュータ不正アクセス届出制度，コンピュータウィルスの発見や感染状況を届け出るコンピュータウィルス届出制度，また，ソフトウェア等脆弱性関連情報に関する届出制度などがある。

♣**内部不正防止ガイドライン**

　IPA が公開している内部不正を防止するための考え方や運用方法のガイドライン。

◆ **情報セキュリティ対策と情報セキュリティ技術**

　情報セキュリティ対策の基本的な考え方と組織において必要な対策を理解しよう。

♣ WAF（Web Application Firewall）

♣ IDS（Intrusion Detection System）

♣ IPS（Intrusion Prevention System）

♣ DLP（Data Loss Prevention）

♣ SEIM（Security Information and Event Management）

♣ DMZ（DeMilitarized Zone）

34　次の説明文は，情報セキュリティ対策についてのものである。適した用語を解答群から記号で選べ。

☐ (a-1) 出先から自社のシステムにアクセスする場合，一度接続を切断し，会社側から折り返し電話を受ける仕組み。

☐ (a-2) ファイルを共有する場合のリスクを軽減するために，ファイルごとの操作に対して制限を加えること。

☐ (a-3) LAN とインターネットの境界に設置され，外部からの不正アクセスやデータの侵入を防ぐシステム。通信内容を監視し許可された通信のみ通過させる。

☐ (a-4) Web アプリケーションへの不正な攻撃を防ぐために開発された専用の防御ツール。

☐ (a-5) ネットワークやサーバの監視によって，不正侵入の兆候を検知し，管理者に通知するシステム。

☐ (a-6) 攻撃と思われる通信を自動的に遮断する機能を IDS に追加したシステム。

☐ (a-7) 機密情報の外部流出を防ぐための対策。データの種類や場所，送信先などを監視し，不正な持ち出しを検知・遮断する。

☐ (a-8) さまざまな機器から収集したログやイベントデータを一元的に管理し相関分析を行うことで，セキュリティ情報の収集・分析・対応を行う仕組み。

☐ (a-9) 外部から持ち込んだ PC を社内ネットワークに接続する前に，隔離されたネットワークでウイルス感染やセキュリティホールのチェックを行うネットワーク。

☐ (a-10) ファイアウォールによって外部ネットワークと内部ネットワークから隔離された区画。Web サーバやメールサーバなどの外部に公開するサーバを設置する。

解答群

ア	侵入検知システム（IDS）	イ	WAF
ウ	DLP	エ	ファイアウォール
オ	DMZ（非武装地帯）	カ	コールバック
キ	SIEM	ク	アクセス制御
ケ	検疫ネットワーク	コ	侵入防止システム（IPS）

【演習問題の解答】　◆情報セキュリティ管理◆　**30** (1) ケ　(2) キ　(3) オ　(4) イ　(5) エ　(6) カ　(7) ア　(8) ク　(9) ウ　**31** (1) ウ　(2) コ　(3) ア　(4) オ　(5) イ　(6) カ　(7) ケ　(8) ク　(9) キ　(10) サ　(11) エ　**32** (1) エ　(2) ア　(3) ウ　(4) イ　**33** (1) キ　(2) ア　(3) ウ　(4) イ　(5) カ　(6) エ　(7) オ

□ (b-1) ブラウザと Web サーバ間でのデータ通信を暗号化し，送受信させる仕組み。

□ (b-2) 通信を暗号化して，インターネットなどの公衆回線を専用回線のように使う技術。

□ (b-3) 業務で利用するタブレット端末やスマートフォンなどの情報機器の，セキュリティや運用を一元管理する仕組み。

□ (b-4) デジタルコンテンツに情報を埋め込むことで，著作権保護や情報セキュリティなどの目的に役立てる技術。

□ (b-5) コンピュータなどの電子機器に残された記録を収集・分析し，犯罪捜査や法的紛争の証拠とする技術。

□ (b-6) 外部からの侵入を想定して，自社システムのセキュリティをテストする。

□ (b-7) 複数のコンピュータに取引データを分散して記録する技術。改ざんが困難で信頼性が高く，仮想通貨などに利用される。

□ (b-8) 機器やソフトウェアなどが，外部から不正に解析や改変されることを防ぐ能力。

□ (b-9) コンピュータの起動時に，信頼できるソフトウェアのみを実行できるようにする機能。

□ (b-10) 暗号化や認証用の鍵を保管するセキュリティチップ。独立した場所で鍵を保管することで，改ざんされたソフトウェアの実行を防ぐ。

□ (b-11) クレジットカード会員の情報を保護することを目的に定められた，クレジットカード業界の情報セキュリティ基準。

□ (b-12) 帰宅時や外出時には，机の上を整理整頓し，書類や記憶媒体などを置かないこと。

□ (b-13) 席を離れる際にコンピュータの画面をロックし，情報の漏えいを防止する。

解答群
ア TPM　　イ MDM　　ウ VPN
エ 耐タンパ性　　オ PCI DSS　　カ SSL／TLS
キ 電子透かし　　ク クリアデスク
ケ ブロックチェーン　　コ セキュアブート
サ クリアスクリーン　　シ ペネトレーションテスト
ス デジタルフォレンジックス

♣SSL／TLS(Secure Sockets Layer／Transport Layer Security)
　TLS は SSL の後継であり，現在では一般的に使用されている。SSL の名称が広く知られているため，SSL/TLS と表記されることもある。

♣ VPN(Virtual Private Network)

♣MDM(Mobile Device Management)

♣ TPM(Trusted Platform Module)

♣PCI DSS(Payment Card Industry Data Security Standard)

♣インターネット利用環境におけるセキュリティ対策
・URL フィルタリング
　指定された URL へのアクセスを許可または拒否する。
・コンテンツフィルタリング
　Web サイトやメールなどのコンテンツを監視し，不適切な内容を遮断する。
・MAC アドレスフィルタリング
　ネットワークに接続できるデバイスを，そのデバイスの MAC アドレスで制限する。
・ペアレンタルコントロール
　子どものインターネット利用を保護者側で制限する。

♣平文

　暗号化されていない文書やデータ。盗聴の危険がある。

♣暗号化と復号

　平文を第三者が読めないように変換することを暗号化といい，暗号化されたデータを平文に戻すことを復号という。

♣署名鍵と検証鍵

　デジタル署名で使用する一対の鍵。送信者は署名鍵でハッシュ値を暗号化する。受信者は検証鍵で復号して改ざんを検知する。

♣認証に用いられる要素
・知識要素
　本人が知っている情報を用いる。パスワードやPINコード，秘密の質問など。
・所持要素
　本人が持っている物を用いる。ICカードや，スマートフォンなど。
・生体要素
　本人の身体的特徴を用いる。静脈パターン，虹彩，声紋，顔，網膜など。

35　次の説明文は，暗号技術についてのものである。適した用語を解答群から記号で選べ。

□(1) 送り手と受け手の両方が同じ鍵を共有して暗号化・復号する方式。通信相手ごとに鍵を用意する必要があり，不特定多数とのやりとりには向かない。

□(2) 公開鍵で暗号化し，それと対となる秘密鍵で復号する方式。不特定多数との通信に向いているが処理速度が遅い。

□(3) 共通鍵暗号方式でデータの暗号化と復号を行い，公開鍵暗号方式で共通鍵の受け渡しを行う方式。

□(4) 入力されたデータを一定の長さの値に変換する関数。データ改ざんの検出やデジタル署名などに利用されている。

□(5) 公開鍵暗号方式とハッシュ関数を用いて，データの改ざんや送信者のなりすましを防止する技術。電子文書の送受信などに利用される。

□(6) ある時刻にその電子データが存在していたことと，その時刻以降，文書が改ざんされていないことを証明する技術。

解答群
　ア　時刻認証　　　　　　　イ　デジタル署名
　ウ　共通鍵暗号方式　　　　エ　ハッシュ関数
　オ　ハイブリッド暗号方式　カ　公開鍵暗号方式

36　次の説明文は，認証についてのものである。適した用語を解答群から記号で選べ。

□(1) システムの利用を許されているかを確認して管理すること。

□(2) 一定時間ごとに生成されるパスワードで，1度使用すると無効になる。

□(3) 知識要素，生体要素，所持要素など，複数の認証要素を組み合わせて行う認証方式。

□(4) 登録したスマートフォンに送信された確認コードを入力して，ログインする仕組み。

□(5) 1つのIDとパスワードで，複数のシステムやクラウドサービスなどにログインできる仕組み。

□(6) 指紋や顔などの身体的特徴を用いて本人を確認する認証方式。バイオメトリクス認証ともいう。

□(7) 生体認証の精度の指標で，本人であっても本人でないと判断される確率。値が低いほど精度が高い。

□(8) 生体認証の精度の指標で，他人なのに本人と判断される確率。値が低いほど精度が高い。

解答群
　ア　他人受入率　　イ　多要素認証　　ウ　生体認証
　エ　認証　　　　　オ　SMS認証　　　カ　シングルサインオン
　キ　ワンタイムパスワード　　　　　　ク　本人拒否率

【演習問題の解答】　◆情報セキュリティ対策と情報セキュリティ技術◆　**34** (a-1) カ　(a-2) ク　(a-3) エ　(a-4) イ　(a-5) ア
(a-6) コ　(a-7) ウ　(a-8) キ　(a-9) ケ　(a-10) オ　(b-1) カ　(b-2) ウ　(b-3) イ　(b-4) キ　(b-5) ス　(b-6) シ　(b-7)
ケ　(b-8) エ　(b-9) コ　(b-10) ア　(b-11) オ　(b-12) ク　(b-13) サ

37 次の説明文は，公開鍵基盤についてのものである。適した用語を解答群から記号で選べ。

□ (1) 公開鍵暗号方式や電子署名方式で用いる公開鍵と，その公開鍵の持ち主の対応関係を保証するための仕組み。インターネット上での安全な通信や，電子署名の利用など，さまざまな場面で利用されている。

□ (2) 公開鍵暗号方式や電子署名方式で用いる公開鍵と，その所有者を保証する電子的な証明書。

□ (3) 認証局の正当性を証明する証明書。インターネット上の安全な通信の基盤であるため，OS やブラウザなどに予めインストールされていることが多い。

□ (4) ウェブサイトの運営者や組織の正当性を証明し，ウェブブラウザとウェブサーバ間の通信を暗号化するための電子証明書。認証局によって発行される。

□ (5) ユーザーの信用性を証明する電子証明書。企業内ネットワークやVPN へのアクセス制御，電子メールのセキュリティ強化などに用いられる。認証局から発行され端末にインストールして使用する。

□ (6) 電子証明書を発行する信頼できる第三者機関。電子証明書は，ユーザーや Web サイトの身元を証明するため，証明書の発行にあたり，申請者の身元や情報を審査する。

□ (7) 認証局が取り消した証明書のリスト。クライアントや Web ブラウザは，このリストを参照して失効した証明書を検知する。

> **解答群**
> ア　認証局(CA)　　　イ　サーバ証明書　　　ウ　ルート証明書
> エ　証明書失効リスト(CRL)　　　オ　クライアント証明書
> カ　公開鍵基盤(PKI)　　　キ　デジタル証明書

38 次の説明文は，アプリケーションソフトウェアや IoT システムのセキュリティについてのものである。適した用語を解答群から記号で選べ。

□ (1) システム開発の企画設計の段階から必要なセキュリティ対策を組み込むという考え方。

□ (2) システム開発の企画設計の段階からプライバシー保護を組み込むことを意識した考え方。

□ (3) IoT 機器やシステム，サービスの提供にあたってのセキュリティ対策に関する指針。

□ (4) 一般消費者が IoT 機器を安全に利用するために，知っておくべきセキュリティ対策に関する指針。

> **解答群**
> ア　プライバシーバイデザイン
> イ　コンシューマ向け IoT セキュリティガイド
> ウ　IoT セキュリティガイドライン
> エ　セキュリティバイデザイン

♣ PKI（Public Key Infrastructure）

♣ CA（Certification Authority）

♣ CRL（Certificate Revocation List）

・・・・・ 練・習・問・題 ・・・・・

122 インターネットにおいてドメイン名と IP アドレスの対応付けを行うサービスを提供しているサーバに保管されている管理情報を書き換えることによって，利用者を偽のサイトへ誘導する攻撃はどれか。

(R3 IP)

ア DDoS 攻撃 　　　　　 イ DNS キャッシュポイズニング
ウ SQL インジェクション 　 エ フィッシング

123 クロスサイトスクリプティングに関する記述として，適切なものはどれか。 (H27 春 IP)

ア Web サイトの運営者が意図しないスクリプトを含むデータであっても，利用者のブラウザに送ってしまう脆弱性を利用する。
イ Web ページの入力項目に OS の操作コマンドを埋め込んで Web サーバに送信し，サーバを不正に操作する。
ウ 複数の Web サイトに対して，ログイン ID とパスワードを同じものに設定するという利用者の習性を悪用する。
エ 利用者に有用なソフトウェアと見せかけて，悪意のあるソフトウェアをインストールさせ，利用者のコンピュータに侵入する。

124 Web サイトなどに不正なソフトウェアを潜ませておき，PC やスマートフォンなどの Web ブラウザからこのサイトにアクセスしたとき，利用者が気付かないうちに Web ブラウザなどの脆弱性を突いてマルウェアを送り込む攻撃はどれか。 (R5 IP)

ア DDoS 攻撃 　　　　　　 イ SQL インジェクション
ウ ドライブバイダウンロード 　 エ フィッシング攻撃

125 ランサムウェアの説明として，適切なものはどれか。 (H25 春 IP)

ア ウイルスなどを検知して，コンピュータを脅威から守り，安全性を高めるソフトウェアの総称
イ 感染すると勝手にファイルやデータの暗号化などを行って，正常にデータにアクセスできないようにし，元に戻すための代金を利用者に要求するソフトウェア
ウ キーボード入力や画面出力といった入出力機能や，ディスクやメモリの管理などコンピュータシステム全体を管理するソフトウェア
エ ローマ字から平仮名や片仮名へ変換したり，仮名から漢字へ変換するなどコンピュータでの利用者の文字入力を補助するソフトウェア

126 サーバに対する DoS 攻撃のねらいはどれか。 (H21 春 IP)

ア サーバ管理者の権限を奪取する。 　 イ サービスを妨害する。
ウ データを改ざんする。 　　　　　　 エ データを盗む。

127 情報セキュリティの脅威であるキーロガーの説明として，適切なものはどれか。 (H23 春 IP)

ア　PC 利用者の背後からキーボード入力とディスプレイを見ることで情報を盗み出す。

イ　キーボード入力を記録する仕組みを利用者の PC で動作させ，この記録を入手する。

ウ　パスワードとして利用されそうな単語を網羅した辞書データを用いて，パスワードを解析する。

エ　無線 LAN の電波を検知できる PC を持って街中を移動し，不正に利用が可能なアクセスポイントを見つけ出す。

128 インターネットなどのネットワークを介して，自分自身の複製を電子メールに添付して勝手に送信したり，ネットワーク上のほかのコンピュータに自分自身をコピーしたりして，自己増殖するプログラムはどれか。 (H21 秋 IP)

ア　クッキー　　　イ　スパイウェア
ウ　トロイの木馬　エ　ワーム

129 マクロウイルスに関する記述として，適切なものはどれか。 (H21 春 IP)

ア　PC の画面上に広告を表示させる。

イ　ネットワークで接続されたコンピュータ間を，自己複製しながら移動する。

ウ　ネットワークを介して，他人の PC を自由に操ったり，パスワードなど重要な情報を盗んだりする。

エ　ワープロソフトや表計算ソフトのデータファイルに感染する。

130 コンピュータウイルス対策に関する記述のうち，適切なものはどれか。 (サンプル)

ア　PC が正常に作動している間は，ウイルスチェックは必要ない。

イ　ウイルス対策ソフトウェアのウイルス定義ファイルは，最新のものに更新する。

ウ　プログラムにディジタル署名が付いていれば，ウイルスチェックは必要ない。

エ　友人からもらったソフトウェアについては，ウイルスチェックは必要ない。

131 暗号資産（仮想通貨）を入手するためのマイニングと呼ばれる作業を，他人のコンピュータを使って気付かれないように行うことを何と呼ぶか。 (R2 IP)

ア　クリプトジャッキング　　イ　ソーシャルエンジニアリング
ウ　バッファオーバフロー　　エ　フィッシング

132 電子メールを介したウイルスの被害に遭わないために注意すべきこととして，適切なものだけをすべて挙げたものはどれか。 (H23 春 IP)

a　信用できる人からの電子メールであっても，添付ファイルのウイルスチェックを行う。

b　添付ファイルの種類が音声や画像などの非実行ファイルであっても，ウイルスチェックを行う。

c　不審な電子メールは，メールソフトのプレビュー機能で内容の安全性を確認してから閲覧する。

ア　a, b　　イ　a, b, c　　ウ　a, c　　エ　b, c

133 スパイウェアが目的としている動作の説明として，最も適切なものはどれか。 (H27 春 IP)

    ア　OS やソフトウェアの動作を不安定にする。

    イ　ファイルシステム上から勝手にファイルを削除する。

    ウ　ブラウザをハイジャックして特定の動作を強制する。

    エ　利用者に気付かれないように個人情報などを収集する。

134 ソーシャルエンジニアリングに該当する行為の例はどれか。 (R4　IP)

    ア　あらゆる文字の組合せを総当たりで機械的に入力することによって，パスワードを見つけ出す。

    イ　肩越しに盗み見して入手したパスワードを利用し，他人になりすましてシステムを不正利用する。

    ウ　標的のサーバに大量のリクエストを送りつけて過負荷状態にすることによって，サービスの提供を妨げる。

    エ　プログラムで確保している記憶領域よりも長いデータを入力することによってバッファをあふれさせ，不正にプログラムを実行させる。

135 ソーシャルエンジニアリングによる被害に結びつきやすい状況はどれか。 (H27 春 IP)

    ア　運用担当者のセキュリティ意識が低い。

    イ　サーバ室の天井の防水対策が行われていない。

    ウ　サーバへのアクセス制御が行われていない。

    エ　通信経路が暗号化されていない。

136 クッキー(cookie)に関する記述 a〜c のうち，適切なものだけをすべて挙げたものはどれか。 (H22 秋 IP)

a　Web サイトを前回閲覧した際に入力した ID やパスワードなどは，別の PC を使用して閲覧する場合でもクッキーで引き継がれるので再入力が要らない。

b　インターネットカフェなどで一時的に PC を借用して Web サイトを閲覧したときは，閲覧が終わったらクッキーを消去すべきである。

c　クッキーに個人情報が保存されている場合，クロスサイトスクリプティングなどで，その個人情報が盗まれることがある。

    ア　a, b　　　イ　a, b, c　　　ウ　a, c　　　エ　b, c

137 不正アクセスを行う手段の一つである IP スプーフィングの説明として，適切なものはどれか。 (H27 秋 IP)

    ア　金融機関や有名企業などを装い，電子メールなどを使って利用者を偽のサイトへ誘導し，個人情報などを取得すること

    イ　侵入を受けたサーバに設けられた，不正侵入を行うための通信経路のこと

    ウ　偽の送信元 IP アドレスをもったパケットを送ること

    エ　本人に気付かれないように，利用者の操作や個人情報などを収集すること

138 攻撃対象とは別の Web サイトから盗み出すなどによって，不正に取得した大量の認証情報を流用し，標的とする Web サイトに不正に侵入を試みるものはどれか。 (R4　IP)

　　ア　DoS 攻撃　　　　　　　イ　SQL インジェクション
　　ウ　パスワードリスト攻撃　エ　フィッシング

139 情報セキュリティポリシを，基本方針，対策基準，実施手順の三つの文書で構成したとき，これらに関する説明のうち，適切なものはどれか。 (R4　IP)

　　ア　基本方針は，対策基準や実施手順を定めるためのトップマネジメントの意思を示したものである。
　　イ　実施手順は，基本方針と対策基準を定めるために実施した作業の手順を記録したものである。
　　ウ　対策基準は，ISMS に準拠した情報セキュリティポリシを策定するための文書の基準を示したものである。
　　エ　対策基準は，情報セキュリティ事故が発生した後の対策を実施手順よりも詳しく記述したものである。

140 ISMS における情報セキュリティ方針に関する記述として，適切なものはどれか。 (R5　IP)

　　ア　企業が導入するセキュリティ製品を対象として作成され，セキュリティの設定値を定めたもの
　　イ　個人情報を取り扱う部門を対象として，個人情報取扱い手順を規定したもの
　　ウ　自社と取引先企業との間で授受する情報資産の範囲と具体的な保護方法について，両社間で合意したもの
　　エ　情報セキュリティに対する組織の意図を示し，方向付けしたもの

141 社内の情報セキュリティ教育に関する記述のうち，適切なものはどれか。 (H27 春 IP)

　　ア　再教育は，情報システムを入れ替えたときだけ実施する。
　　イ　新入社員へは，業務に慣れた後に実施する。
　　ウ　対象は，情報資産にアクセスする社員だけにする。
　　エ　内容は，社員の担当業務，役割及び責任に応じて変更する。

142 情報セキュリティにおける物理的及び環境的セキュリティ管理策であるクリアデスクを職場で実施する例として，適切なものはどれか。 (R5　IP)

　　ア　従業員に固定された机がなく，空いている机で業務を行う。
　　イ　情報を記録した書類などを机の上に放置したまま離席しない。
　　ウ　机の上の LAN ケーブルを撤去して，暗号化された無線 LAN を使用する。
　　エ　離席時は，PC をパスワードロックする。

143 サーバルームへの共連れによる不正入室を防ぐ物理的セキュリティ対策の例として，適切なものはどれか。 (R3　IP)

　　ア　サークル型のセキュリティゲートを設置する。
　　イ　サーバの入ったラックを施錠する。
　　ウ　サーバルーム内にいる間は入室証を着用するルールとする。
　　エ　サーバルームの入り口に入退室管理簿を置いて記録させる。

144 サーバ室など，セキュリティで保護された区画への入退室管理において，一人の認証で他者も一緒に入室する共連れの防止対策として，利用されるものはどれか。 (R4 IP)

 ア　アンチパスバック　　　　イ　コールバック
 ウ　シングルサインオン　　　エ　バックドア

145 情報セキュリティに関して発生したインシデントのうち，可用性が損なわれる直接の原因となったものはどれか。 (H23 春 IP)

 ア　PC がウイルスに感染し，知らないうちに PC 内の情報が流出した。
 イ　空調の故障で温度が上がり，サーバが停止した。
 ウ　サーバに不正侵入されて個人情報が盗まれた。
 エ　ファイルの中の取引データの金額を誤って更新した。

146 情報セキュリティにおける "完全性" が損なわれる行為はどれか。 (H22 秋 IP)

 ア　DoS 攻撃　　　　　　　　　　　イ　Web ページの改ざん
 ウ　サーバの各ポートへの順次アクセス　　エ　ネットワークを流れるデータの盗聴

147 情報セキュリティに関する用語である可用性，完全性，機密性及び脆弱性のうち，ISMS が組織の情報資産に対して維持管理すべき特性としているものだけを全て挙げたものはどれか。 (H27 春 IP)

 ア　可用性，完全性　　　イ　可用性，完全性，機密性
 ウ　完全性，機密性　　　エ　完全性，機密性，脆弱性

148 情報の "機密性" や "完全性" を維持するために職場で実施される情報セキュリティの活動 a～d のうち，適切なものだけをすべて挙げたものはどれか。 (H22 秋 IP)

 a　PC は，始業時から終業時までロックせず常に操作可能な状態にしておく。
 b　重要な情報が含まれる資料や CD-R などの電子記録媒体は，利用時以外は施錠した棚に保管する。
 c　ファクシミリで送受信した資料は，トレイに放置せずにすぐに取り去る。
 d　ホワイトボードへの書込みは，使用後直ちに消す。

　ア　a, b　　イ　a, b, d　　ウ　b, d　　エ　b, c, d

149 情報セキュリティにおける機密性，完全性及び可用性と，①～③のインシデントによって損なわれたものとの組合せとして，適切なものはどれか。 (R4 IP)

 ①　DDoS 攻撃によって，Web サイトがダウンした。
 ②　キーボードの打ち間違いによって，不正確なデータが入力された。
 ③　PC がマルウェアに感染したことによって，個人情報が漏えいした。

	①	②	③
ア	可用性	完全性	機密性
イ	可用性	機密性	完全性
ウ	完全性	可用性	機密性
エ	完全性	機密性	可用性

⑮⓪ セキュリティ事故の例のうち，原因が物理的脅威に分類されるものはどれか。 (H21 秋 IP)

  ア 大雨によってサーバ室に水が入り，機器が停止する。
  イ 外部から公開サーバに大量のデータを送られて，公開サーバが停止する。
  ウ 攻撃者がネットワークを介して社内のサーバに侵入し，ファイルを破壊する。
  エ 社員がコンピュータを誤操作し，データが破壊される。

⑮① 社内に設置された無線 LAN ネットワークに接続している業務用の PC で，インターネット上のある Web サイトを閲覧した直後，Web ブラウザが突然終了したり，見知らぬファイルが作成されたりするなど，マルウェアに感染した可能性が考えられる事象が発生した。この PC の利用者が最初に取るべき行動として適切なものはどれか。 (R4 IP)

  ア Web ブラウザを再インストールする。
  イ マルウェア対策ソフトのマルウェア定義ファイルを最新にする。
  ウ 無線 LAN との通信を切断し，PC をネットワークから隔離する。
  エ 無線通信の暗号化方式を変更する。

⑮② ランサムウェアによる損害を受けてしまった場合を想定して，その損害を軽減するための対策例として，適切なものはどれか。 (R4 IP)

  ア PC 内の重要なファイルは，PC から取外し可能な外部記憶装置に定期的にバックアップしておく。
  イ Web サービスごとに，使用する ID やパスワードを異なるものにしておく。
  ウ マルウェア対策ソフトを用いて PC 内の全ファイルの検査をしておく。
  エ 無線 LAN を使用するときには，WPA2 を用いて通信内容を暗号化しておく。

⑮③ 情報セキュリティの対策を，技術的セキュリティ対策，人的セキュリティ対策及び物理的セキュリティ対策の三つに分類するとき，物理的セキュリティ対策に該当するものはどれか。 (H27 秋 IP)

  ア 従業員と守秘義務契約を結ぶ。
  イ 電子メール送信時にディジタル署名を付与する。
  ウ ノート PC を保管するときに施錠管理する。
  エ パスワードの変更を定期的に促す。

⑮④ 組織の活動に関する記述 a～d のうち，ISMS の特徴として，適切なものだけを全て挙げたものはどれか。 (H27 春 IP)

a 一過性の活動でなく改善と活動を継続する。
b 現場が主導するボトムアップ活動である。
c 導入及び活動は経営層を頂点とした組織的な取組みである。
d 目標と期限を定めて活動し，目標達成によって終了する。

  ア a, b　　イ a, c　　ウ b, d　　エ c, d

⑮⑤ 情報セキュリティマネジメントシステム(ISMS)の PDCA(計画・実行・点検・処置)において，処置フェーズで実施するものはどれか。 (H22 秋 IP)

  ア ISMS の維持及び改善　　　イ ISMS の確立
  ウ ISMS の監視及びレビュー　　エ ISMS の導入及び運用

156 情報セキュリティマネジメントシステム(ISMS)では，"PDCA"のアプローチを採用している。D の段階で行うものはどれか。 (H23 春 IP)

　ア　ISMS の運用に対する監査を定期的に行う。
　イ　ISMS の基本方針を定義する。
　ウ　従業者に対して，ISMS 運用に関する教育と訓練を実施する。
　エ　リスクを評価して，対策が必要なリスクとその管理策を決める。

157 ISMS におけるセキュリティリスクへの対応には，リスク移転，リスク回避，リスク受容及びリスク低減がある。リスク回避に該当する事例はどれか。 (H27 春 IP)

　ア　セキュリティ対策を行って，問題発生の可能性を下げた。
　イ　問題発生時の損害に備えて，保険に入った。
　ウ　リスクが小さいことを確認し，問題発生時は損害を負担することにした。
　エ　リスクの大きいサービスから撤退した。

158 情報セキュリティのリスクマネジメントにおけるリスク対応を，リスク回避，リスク共有，リスク低減及びリスク保有の四つに分類するとき，情報漏えい発生時の損害に備えてサイバー保険に入ることはどれに分類されるか。 (R4　IP)

　ア　リスク回避　　イ　リスク共有　　ウ　リスク低減　　エ　リスク保有

159 MDM(Mobile Device Management)の説明として，適切なものはどれか。 (H30 秋 IP)

　ア　業務に使用するモバイル端末で扱う業務上のデータや文書ファイルなどを統合的に管理すること
　イ　従業員が所有する私物のモバイル端末を，会社の許可を得た上で持ち込み，業務で活用すること
　ウ　犯罪捜査や法的紛争などにおいて，モバイル端末内の削除された通話履歴やファイルなどを復旧させ，証拠として保全すること
　エ　モバイル端末の状況の監視，リモートロックや遠隔データ削除ができるエージェントソフトの導入などによって，企業システムの管理者による適切な端末管理を実現すること

160 ネットワーク環境で利用される IDS の役割として，適切なものはどれか。 (R5　IP)

　ア　IP アドレスとドメイン名を相互に変換する。
　イ　ネットワーク上の複数のコンピュータの時刻を同期させる。
　ウ　ネットワークなどに対する不正アクセスやその予兆を検知し，管理者に通知する。
　エ　メールサーバに届いた電子メールを，メールクライアントに送る。

161 IoT 機器におけるソフトウェアの改ざん対策にも用いられ，OS やファームウェアなどの起動時に，それらのデジタル署名を検証し，正当であるとみなされた場合にだけそのソフトウェアを実行する技術はどれか。 (R5 IP)

　ア　GPU　　　　　　　　イ　RAID
　ウ　セキュアブート　　　エ　リブート

162 HDD を廃棄するときに，HDD からの情報漏えい防止策として，適切なものだけを全て挙げたものはどれか。 (R5 IP)

a　データ消去用ソフトウェアを利用し，ランダムなデータを HDD の全ての領域に複数回書き込む。
b　ドリルやメディアシュレッダーなどを用いて HDD を物理的に破壊する。
c　ファイルを消去した後，HDD の論理フォーマットを行う。

　ア　a, b　　イ　a, b, c　　ウ　a, c　　エ　b, c

163 ワンタイムパスワードを用いることによって防げることはどれか。 (H27 春 IP)

　ア　通信経路上におけるパスワードの盗聴
　イ　不正侵入された場合の機密ファイルの改ざん
　ウ　不正プログラムによるウイルス感染
　エ　漏えいしたパスワードによる不正侵入

164 IoT デバイスに関わるリスク対策のうち，IoT デバイスが盗まれた場合の耐タンパ性を高めることができるものはどれか。 (R3 IP)

　ア　IoT デバイスと IoT サーバ間の通信を暗号化する。
　イ　IoT デバイス内のデータを，暗号鍵を内蔵するセキュリティチップを使って暗号化する。
　ウ　IoT デバイスに最新のセキュリティパッチを速やかに適用する。
　エ　IoT デバイスへのログインパスワードを初期値から変更する。

165 インターネットからの不正アクセスを防ぐことを目的として，インターネットと内部ネットワークの間に設置する仕組みはどれか。 (H21 春 IP)

　ア　DNS サーバ　イ　WAN　ウ　ファイアウォール　エ　ルータ

166 a～d のうち，ファイアウォールの設置によって実現できる事項として，適切なものだけを全て挙げたものはどれか。 (R4 IP)

  a 外部に公開する Web サーバやメールサーバを設置するための DMZ の構築
  b 外部のネットワークから組織内部のネットワークへの不正アクセスの防止
  c サーバルームの入り口に設置することによるアクセスを承認された人だけの入室
  d 不特定多数のクライアントからの大量の要求を複数のサーバに自動的に振り分けることによるサーバ負荷の分散

  ア a, b　　イ a, b, d　　ウ b, c　　エ c, d

167 ファイアウォールを設置することで，インターネットからもイントラネットからもアクセス可能だが，イントラネットへのアクセスを禁止しているネットワーク上の領域はどれか。 (H21 秋 IP)

  ア DHCP　　イ DMZ　　ウ DNS　　エ DoS

168 企業のネットワークにおける DMZ の設置目的として，最も適切なものはどれか。 (H23 春 IP)

  ア Web サーバやメールサーバなど，社外に公開したいサーバを，社内のネットワークから隔離する。
  イ グローバル IP アドレスをプライベート IP アドレスに変換する。
  ウ 通信経路上にあるウイルスを除去する。
  エ 通信経路を暗号化して，仮想的に専用回線で接続されている状態を作り出す。

169 サイバーキルチェーンの説明として，適切なものはどれか。 (R4 IP)

  ア 情報システムへの攻撃段階を，偵察，攻撃，目的の実行などの複数のフェーズに分けてモデル化したもの
  イ ハブやスイッチなどの複数のネットワーク機器を数珠つなぎに接続していく接続方式
  ウ ブロックと呼ばれる幾つかの取引記録をまとめた単位を，一つ前のブロックの内容を示すハッシュ値を設定して，鎖のようにつなぐ分散管理台帳技術
  エ 本文中に他者への転送を促す文言が記述された迷惑な電子メールが，不特定多数を対象に，ネットワーク上で次々と転送されること

170 情報セキュリティにおける認証要素は3種類に分類できる。認証要素の3種類として，適切なものはどれか。 (R5 IP)

  ア 個人情報，所持情報，生体情報　　イ 個人情報，所持情報，知識情報
  ウ 個人情報，生体情報，知識情報　　エ 所持情報，生体情報，知識情報

171 バイオメトリクス認証に関する記述として，適切なものはどれか。 (H31 春 IP)

  ア 指紋や静脈を使用した認証は，ショルダーハックなどののぞき見行為によって容易に認証情報が漏えいする。
  イ 装置が大型なので，携帯電話やスマートフォンには搭載できない。
  ウ 筆跡やキーストロークなどの本人の行動的特徴を利用したものも含まれる。
  エ 他人を本人と誤って認証してしまうリスクがない。

172 バイオメトリクス認証における認証精度に関する次の記述中のa，bに入れる字句の適切な組合せはどれか。 (R3　IP)

　　バイオメトリクス認証において，誤って本人を拒否する確率を本人拒否率といい，誤って他人を受け入れる確率を他人受入率という。また，認証の装置又はアルゴリズムが生体情報を認識できない割合を未対応率という。

　　認証精度の設定において，　a　が低くなるように設定すると利便性が高まり，　b　が低くなるように設定すると安全性が高まる。

	a	b
ア	他人受入率	本人拒否率
イ	他人受入率	未対応率
ウ	本人拒否率	他人受入率
エ	未対応率	本人拒否率

173 ある認証システムでは虹彩認証とパスワード認証を併用しており，認証手順は次のとおりである。この認証システムの特徴として，適切なものはどれか。 (H27 春 IP)

〔認証手順〕
① 虹彩認証に成功するとログインできる。
② 虹彩認証に3回失敗するとパスワードの入力を求める。
③ 正しいパスワードを入力することでログインできる。
④ パスワード認証に3回失敗するとアカウントがロックアウトされる。

　ア　虹彩認証と併用しているので，パスワードの定期的な変更を行わなくても安全である。
　イ　体調の変化などによって虹彩認証が失敗しても，パスワードを入力することでログインができるので，利便性が高い。
　ウ　本人固有の生体情報も認証に使用するので，パスワード認証だけに比べて認証の強度が高い。
　エ　万が一，虹彩認証で他人を本人と識別してしまっても，パスワード認証によってチェックすることができるので，認証の強度が高い。

174 A社では，従業員の利用者IDとパスワードを用いて社内システムの利用者認証を行っている。セキュリティを強化するために，このシステムに新たな認証機能を一つ追加することにした。認証機能a〜cのうち，このシステムに追加することによって，二要素認証になる機能だけを全て挙げたものはどれか。 (R4　IP)

a　A社の従業員証として本人に支給しているICカードを読み取る認証
b　あらかじめシステムに登録しておいた本人しか知らない秘密の質問に対する答えを入力させる認証
c　あらかじめシステムに登録しておいた本人の顔の特徴と，認証時にカメラで読み取った顔の特徴を照合する認証

　ア　a　　イ　a，b，c　　ウ　a，c　　エ　b，c

175 所属するグループ及び個人の属性情報によって，人事ファイルへのアクセスをコントロールするシステムがある。人事部グループの属性情報と，そこに所属する4人の個人の属性情報が次の条件の場合，人事ファイルを参照又は更新可能な人数の組合せはどれか。 (H21春IP)

〔条件〕
(1) 属性情報は3ビットで表される。
(2) 各ビットは，左から順に参照，更新，追加・削除に対応し，1が許可，0が禁止を意味する。
(3) グループの属性情報は，個人の属性情報が登録されていない場合にだけ適用される。
(4) グループと個人の属性情報は次のとおりとする。

　　　人事部グループ：110
　　　Aさん：100　　　Bさん：110　　　Cさん：001　　　Dさん：未登録

	参照可能な人数	更新可能な人数
ア	2	1
イ	2	2
ウ	3	1
エ	3	2

176 小文字の英字からなる文字列の暗号化を考える。次表で英字を文字番号に変換し，変換後の文字番号について1文字目分には1を，2文字目分には2を，…，n文字目分にはnを加える。それぞれの数を26で割った余りを新たに文字番号とみなし，表から対応する英字に変換する。

　　例　fax → 6, 1, 24 → 6+1, 1+2, 24+3 → 7, 3, 27 → 7, 3, 1 → gca
この手続で暗号化した結果が"tmb"であるとき，元の文字列はどれか。 (H21秋IP)

文字番号	1	2	3	4	5	6	7	8	9	10	11	12	13
英字	a	b	c	d	e	f	g	h	i	j	k	l	m
文字番号	14	15	16	17	18	19	20	21	22	23	24	25	26
英字	n	o	p	q	r	s	t	u	v	w	x	y	z

　ア she　　イ shy　　ウ ski　　エ sky

177 暗号化通信で使用される共通鍵暗号方式に関する記述のうち，適切なものはどれか。 (H23春IP)

　ア　暗号化に用いる鍵を第三者に公開しても，第三者は暗号文を復号できない。
　イ　公開鍵暗号方式よりも，暗号化処理と復号処理に掛かる計算量は少ない。
　ウ　通信経路で改ざんされた暗号文を復号処理で訂正し，元のデータを復元する機能をもつ。
　エ　複数の相手ごとに通信内容を秘密にしたい場合でも，暗号化に用いる鍵は一つである。

178 暗号化に関する記述のうち，適切なものはどれか。 (H21春IP)

　ア　暗号文を平文に戻すことをリセットという。
　イ　共通鍵暗号方式では，暗号文と共通鍵を同時に送信する。
　ウ　公開鍵暗号方式では，暗号化のための鍵と平文に戻すための鍵が異なる。
　エ　電子署名には，共通鍵暗号方式が使われる。

179 データの送信側は受信者の公開鍵で暗号化し，受信側は自身の秘密鍵で復号することによって実現できる対策はどれか。 (H21 秋 IP)

- ア　送信者のなりすまし防止
- イ　通信経路上でのデータの盗聴防止
- ウ　通信経路上での伝送エラーの発生防止
- エ　伝送経路上で改ざんされた部分のデータ復元

180 暗号化又は復号で使用する鍵 a～c のうち，第三者に漏れないように管理すべき鍵だけをすべて挙げたものはどれか。 (H23 秋 IP)

a　共通鍵暗号方式の共通鍵
b　公開鍵暗号方式の公開鍵
c　公開鍵暗号方式の秘密鍵

- ア　a, b, c　　イ　a, c　　ウ　b, c　　エ　c

181 ディジタル署名に関する記述のうち，適切なものはどれか。 (H21 春 IP)

- ア　署名付き文書の公開鍵を秘匿できる。
- イ　データの改ざんが検知できる。
- ウ　データの盗聴が防止できる。
- エ　文書に署名する自分の秘密鍵を圧縮して通信できる。

182 データ通信における暗号化技術に関する記述のうち，適切なものはどれか。 (H22 秋 IP)

- ア　公開鍵暗号を使用してデータを暗号化する通信では，暗号化するための鍵を，どのように安全に配送するか工夫する必要がある。
- イ　データを暗号化して通信することによって，データの破壊や改ざんを防ぐことができる。
- ウ　電子商取引などで使用されるディジタル署名には，公開鍵暗号の技術が使われている。
- エ　不特定多数とのデータ通信においては，公開鍵暗号よりも共通鍵暗号が適している。

183 公開鍵基盤(PKI)において認証局(CA)が果たす役割はどれか。 (H21 秋 IP)

- ア　SSL を利用した暗号化通信で，利用する認証プログラムを提供する。
- イ　Web サーバに不正な仕組みがないことを示す証明書を発行する。
- ウ　公開鍵が被認証者のものであることを示す証明書を発行する。
- エ　被認証者のディジタル署名を安全に送付する。

184 電子商取引において，取引当事者から独立している第三者機関である認証局が発行するものはどれか。 (H22 秋 IP)

- ア　取引当事者の公開鍵に対するディジタル証明書
- イ　取引当事者のディジタル署名
- ウ　取引当事者のパスワード
- エ　取引当事者の秘密鍵に対するディジタル証明書

(185) 電子メールを暗号化して送受信するために使用される技術はどれか。 (H18春AD)

 ア BASE64 イ GZIP ウ PNG エ S/MIME

(186) オンラインショッピングサイトに接続したとき，ブラウザにSSL鍵マークが表示された。さらに，サーバ証明書が，目的のオンラインショッピングサイトの運営者のものであることを確認した。このとき，次のa～cのうち，判断できるもの(○)と判断できないもの(×)の適切な組合せはどれか。 (H22秋IP)

 a アクセスしているショッピングサイト運営者の財務状況は安定している。
 b アクセスしているショッピングサイトは偽のサイトではない。
 c 利用者が入力した個人情報，注文情報を途中経路で盗み見られることはない。

	a	b	c
ア	○	○	○
イ	×	○	○
ウ	×	○	×
エ	×	×	○

(187) SSLの機能に関する記述のうち，最も適切なものはどれか。 (H23春IP)

 ア Webサイトの利用者認証のためのワンタイムパスワードを生成する。
 イ WebブラウザとWebサーバ間の通信を暗号化する。
 ウ 許可されていないWebサイトへの通信を防止(フィルタリング)する。
 エ ネットワークを介して感染するウイルスを検知する。

(188) PCのブラウザでURLが"https://"で始まるサイトを閲覧したときの通信の暗号化に関する記述のうち，適切なものはどれか。 (H27春IP)

 ア PCからWebサーバへの通信だけが暗号化される。
 イ WebサーバからPCへの通信だけが暗号化される。
 ウ WebサーバとPC間の双方向の通信が暗号化される。
 エ どちらの方向の通信が暗号化されるのかは，Webサーバの設定による。

(189) 情報セキュリティにおけるPCI DSSの説明として，適切なものはどれか。 (R4 IP)

 ア クレジットカード情報を取り扱う事業者に求められるセキュリティ基準
 イ コンピュータなどに内蔵されるセキュリティ関連の処理を行う半導体チップ
 ウ コンピュータやネットワークのセキュリティ事故に対応する組織
 エ サーバやネットワークの通信を監視し，不正なアクセスを検知して攻撃を防ぐシステム

190 ハイブリッド暗号方式を用いてメッセージを送信したい。メッセージと復号用の鍵の暗号化手順を表した図において，メッセージの暗号化に使用する鍵を(1)とし，(1)の暗号化に使用する鍵を(2)としたとき，図の a，b に入れる字句の適切な組合せはどれか。

(R5 IP)

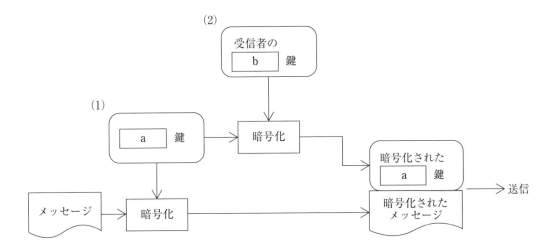

	a	b
ア	共通	公開
イ	共通	秘密
ウ	公開	共通
エ	公開	秘密

4章 システム開発とマネジメント

4―1 システム開発

♣システム開発のプロセス

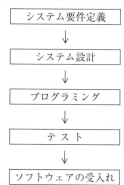

```
システム要件定義
     ↓
 システム設計
     ↓
 プログラミング
     ↓
   テスト
     ↓
ソフトウェアの受入れ
```

♣要件定義

定義内容は次のように分類される。

・機能要件

定義される要件のうち，機能に関するもの。システムやソフトウェアで扱うデータの種類や構造，処理内容，ユーザインタフェース，帳票などの出力の形式などが含まれる。

・非機能要件

機能要件以外の要件のこと。「品質要件」「技術要件」「運用・操作要件」「移行要件」「付帯作業」などが項目となる。

◆ ソフトウェア開発のプロセス

システム開発は，要件定義，システム設計，プログラミングといったプロセスで作業を進めていく。

1 次の説明文に最も適した答えを解答群から記号で選べ。

☐ (1) システムやソフトウェア開発に際して顧客が望んでいる機能や仕様などの概略をまとめたもの。

☐ (2) 各サブシステムで作成する必要のある個々のプログラムを明確にし，各プログラムが実現する機能と入出力データについて設計する。

☐ (3) 詳細化した機能に沿ってシステムを複数のシステム（サブシステム）に分割し，サブシステム間のデータのやり取りの仕方（インタフェース）の設計や，システムの入出力処理に関わる入力画面や帳票などを設計する。

☐ (4) 実行状態のプログラムに対して，正しい動作をするかどうかを確認する作業。

☐ (5) プログラムをモジュールに分割し，どのように結合するかを設計する。

☐ (6) ソフトウェア開発の工程の一つで，見過ごされた誤りを検出・修正するためにソースコードの体系的な検査を行うこと。

☐ (7) 開発されたソフトウェアを導入計画に従い，利用者を支援しながらソフトウェアを実際の環境に導入するプロセス。

☐ (8) 運用開始後のソフトウェアに対して変更や機能改善，プログラムの欠陥（バグ）への対応作業などを実施するプロセス。

解答群
ア 要件定義	イ コードレビュー	ウ 外部設計
エ プログラム設計	オ 内部設計	カ テスト
キ ソフトウェア保守	ク ソフトウェア導入	

2 ソフトウェアの品質を評価する基準としての品質特性に関する記述に最も適した答えを解答群から記号で選べ。

□ (1) 目的を達成するために使用する時間が短いか。

□ (2) 別の環境に移植しやすいか。

□ (3) 使いやすく，操作がわかりやすいか。

□ (4) 要件定義から求められる必要な機能を持っているか。

□ (5) 保守（改訂）作業がしやすいか。

□ (6) 機能が正常動作し，障害が起こりにくいか。

解答群

　ア　機能性　　イ　信頼性　　ウ　使用性

　エ　効率性　　オ　保守性　　カ　移植性

---

3 次のテスト行程に関する記述に最も適した答えを解答群から記号で選べ。

□ (1) プログラムの最小単位で行うテスト。

□ (2) モジュールを結合して行うテスト。

□ (3) 内部構造に踏み込まず，処理の結果だけを見るテスト。

□ (4) 内部ロジック等の処理も含め，処理手順も見るテスト。

□ (5) すべてのモジュールを総合して行うテスト。

□ (6) ユーザが実際に運用する環境で行うテスト。

□ (7) プログラム上の誤りを取り除く作業。

□ (8) システムに変更作業を実施したことで，いままで正常に機能していた処理に不具合や影響が出ていないかを検証するテスト。

□ (9) システム開発を発注したユーザが，要求した機能や性能を満たしているかを検証する最終段階のテスト。

解答群

　ア　コードレビュー　　イ　コンパイラ　　ウ　デバッグ

　エ　運用テスト　　　　オ　結合テスト　　カ　単体テスト

　キ　システムテスト　　ク　回帰テスト　　ケ　受入れテスト

　コ　ブラックボックステスト　　サ　ホワイトボックステスト

♣**ソフトウェア品質特性**

　ISO/IEC 9126（JIS X 0129）において 21 の副特性で定められている。

機能性（Functionality）

　合目的性，正確性，相互運用性，標準適合性，セキュリティ

信頼性（Reliability）

　成熟性，障害許容性，回復性

使用性（Usability）

　理解性，習得性，運用性

効率性（Efficiency）

　時間効率性，資源効率性

保守性（Maintainability）

　解析性，変更性，安定性，試験性

移植性（Portability）

　環境適用性，設置性，規格適合性，置換性

♣**開発規模の見積り方法**

・類推見積法

　過去に設計したシステムのデータを基に，システムの相違点を調べ，同じ部分は過去のデータを使い，その他は規模と工数を見積る方法。

・**プログラムステップ法**

　プログラムのソースコードの行数を基に，規模を見積る手法。

・**相対見積**

　過去に実施した工程を基に工数やコストを積み上げ，規模を見積る手法。

♣**ファンクションポイント法の例**

（FP：Function Point）

機能	処理数	重み係数
外部入力	6	4
外部出力	6	5
論理内部処理	11	10
外部インタフェース	4	6
外部問合せ	9	4

　複雑さの度合いによって重みの係数を付けて計算する。

　$6*4+6*5+11*10+4*6+9*4=24+30+110+24+36=224$

♣オブジェクト指向(カプセル化)

機能1 処理 データ	機能2 処理 データ

♣ウォータフォールモデル
（Water fall model）

要件定義
↓
外部設計
↓
内部設計
↓
プログラミング設計
↓
プログラミング
↓
テスト
↓
運　用
↓
保　守

♣プロトタイピングモデル
（Prototyping model）

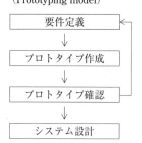

要件定義
↓
プロトタイプ作成
↓
プロトタイプ確認
↓
システム設計

♣スパイラルモデル（Spiral model）

要件定義

設計 → プログラミング → テスト

設計 → プログラミング → テスト

♣RAD（Rapid Application Development）

♣CMMI（Capability Maturity Model Integration）

♣UML（Unified Modeling Language）

4 次の説明文に最も適した答えを解答群から記号で選べ。

□(1) データ構造に注目し，入力されたデータをどのように加工して，出力するかを考えて進められる手法。

□(2) 扱うデータと処理の手続き(メソッド)を一体化(カプセル化)して基本単位を作成し，開発を進める手法。開発効率や信頼性，メンテナンスの向上が図られ，再利用性が高くなる。

□(3) 処理を中心に考え，入力されたデータをどのように加工して，出力するかを考えて進められる。

□(4) 大規模なシステムの設計に用いられ，手順に従って進められる手法。

□(5) ソフトウェアの企画から設計・開発・運用・保守・廃棄までのライフサイクルをモデル化し，作業範囲や内容を明確にする目的で作られた手法。

□(6) 初期の段階において，試作品のイメージを繰り返し作成，評価し，次第に完成品に近づけてゆく手法。

□(7) 機能範囲を限定したシステムを，ユーザの確認をとりながら順次作成する。

□(8) 既存の製品を分解し，解析することによって，その製品の構造を解明して技術を獲得する手法。

□(9) 「すばやい」という意味。開発プロジェクトを短期間に区切り，「要件定義」〜「運用」までの工程を行い，一部分の機能を完成させ段階的にシステムを開発する開発モデル。

□(10) プログラミングの半自動化や，開発ツールを使い，短期間に目的プログラムを作成することを重視した開発モデル。

□(11) 組織におけるプロセス改善をガイドするモデル。プロジェクト管理，プロセス管理，エンジニアリング，支援に関するプロセスについて，5つのレベルを設定し，組織の状況に合わせて適用内容を徐々に高度化できるようにもなっている。

□(12) クラス図やオブジェクト図など，13の図を用いて抽象化したシステムモデルを図式化する。

□(13) 複数のWeb上のサービス(Webアプリケーション)を組み合わせて一つのサービスを構築する手法。

□(14) 開発担当者と運用担当者が緊密に協力連携して開発を進める仕組み。

□(15) ある国の企業が別の国の企業に，自社のシステム開発やアプリケーション開発を委託すること。

解答群

ア UML　イ RAD　ウ CMMI　エ SLCP

オ プロトタイプモデル　　カ ウォータフォールモデル

キ リバースエンジニアリング　ク データ中心アプローチ

ケ プロセス中心アプローチ　コ スパイラルモデル

サ オブジェクト指向　　シ アジャイル

ス オフショア　セ マッシュアップ　ソ DevOps

---

5 開発工程に関する次の説明文に最も適した答えを選べ。

☐ (1) 新しいシステムに求められる条件を，年間の稼働日が365日，1日の稼働時間が24時間とした。この条件を決定する開発工程はどれか。

　ア　システム化計画　　　イ　要件定義
　ウ　システム化構想　　　エ　プログラミング

☐ (2) 企業の情報戦略に基づいて，システム化計画を策定するときに決定しなければならないものはどれか。

　ア　開発要件　　　　　　イ　開発計画のスケジュール
　ウ　ハードウェアの調達　エ　インタフェースのレイアウト

☐ (3) ソフトウェア詳細設計の次に行う，システム開発の作業はどれか。

　ア　プログラミング　　　イ　ソフトウェア結合テスト
　ウ　システム方式設計　　エ　システム要件定義

☐ (4) テストを次の順序で行う場合，システムテストの目的として，最も適切なものはどれか。

　　　　単体テスト → 結合テスト → システムテスト → 運用テスト

　ア　開発者が，システム全体の機能と性能を検証する。
　イ　プログラム間のインタフェースに問題がないことを確認する。
　ウ　プログラムの内部構造に着目し，プログラムが正しく動作していることを確認する。
　エ　利用者が，本番環境のシステムを使って，業務が実施できることを検証する。

☐ (5) 開発プロセスに関する説明で正しいものはどれか。

　ア　システム要件定義では，システム要件をハードウェア，ソフトウェア，手作業で行うかを決定する。
　イ　システム方式設計では，システムの具体的な利用方法，システムの機能や能力，システムテストの項目などを決定する。
　ウ　ソフトウェア要件定義では，ソフトウェアの処理手順，データベースシステムの機能を決定する。
　エ　ソフトウェア方式設計では，アルゴリズムなどのプログラミングの設計，テスト項目などを決定する。

☐ (6) 開発プロセスにおいてシステム方式設計に含める作業として，適切なものはどれか。

　ア　ハードウェアやネットワーク構成の決定
　イ　ソフトウェアコンポーネントの決定
　ウ　ヒューマンインタフェースの決定
　エ　システムの機能と処理能力の決定

☐ (7) ソフトウェア適格性確認テストにおいて，単体のテストケースに該当するものはどれか。

　ア　テストデータは，システムの利用者が作成する。
　イ　前後のプログラムを結合して，単体の処理機能をテストする。
　ウ　アルゴリズムの条件を網羅したデータを用いてテストする。
　エ　システム要件で定義された仕様によって定義する。

♣SLCP（Software Life Cycle Process）共通フレーム
♣DevOps（Development and Operations）
♣リバースエンジニアリング（Reverse engineering）
♣マッシュアップ

・主ライフサイクルプロセスの例

┌─────────────┐
│ ①企画プロセス │
└─────────────┘
1. システム化構想
2. システム化計画
　　　　↓
┌─────────────┐
│ ②要件定義プロセス │
└─────────────┘
1. 要件定義の定義と確認作業
2. 利害関係者との確認作業
　　　　↓
┌─────────────┐
│ ③開発プロセス │
└─────────────┘
1. システム要件定義
2. システム方式設計
3. ソフトウェア要件定義
4. ソフトウェア方式設計
　 ソフトウェア詳細設計
5. ソフトウェア構築
　 プログラミング
6. ソフトウェア結合テスト
　 ソフトウェア適格性確認テスト
7. システム結合テスト
　 システム適格性確認テスト
8. システム・ソフトウェア導入
　　　　↓
┌─────────────┐
│ ④保守プロセス │
└─────────────┘
1. 変更要求の受付
2. 変更内容の評価
3. 変更の指示
4. 変更の反映
　　　　↓
┌─────────────┐
│ ⑤運用プロセス │
└─────────────┘
1. システムの評価
2. 投資対効果の測定
3. システム廃棄計画
4. 新旧システムの平行運用
5. 利用者の教育

6　アジャイル(Agile)ソフトウェア開発に関する説明文に最も適した答えを解答群から記号で選べ。

□(1) アジャイル開発では，「開発途中に仕様や設計の変更があることは当たり前」という前提に立ち，ソフトウェアの厳密な仕様を決めずに，仕様と要求だけを決める作業のこと。

□(2) 小さな単位に分けられた開発を「計画」→「設計」→「実装」→「テスト」を繰り返しながら開発を進める作業。各段階は開発期間は1週間～2週間ごとに繰り返しながら，細かく開発を進めていく。

□(3) アジャイル開発の代表的な手法の一つで，開発チームは，①素早いフィードバック，②シンプルさの採用，③インクリメンタルな変更，④変化を取り込む勇気，⑤質の高い作業(コミュニケーション)の5つの価値を共有することを大切にし，初期の計画よりも技術面を重視して，プログラマー中心の開発を進めること。

□(4) 一人がコードを書いているときには，もう一人はコードのレビューや全体の設計などを考えてサポートすること。

□(5) プログラムの機能は変えずに，無駄な処理を省いて処理の流れを分かりやすくしてソースコードを見やすくすること。

□(6) アジャイル開発を進めるためのフレームワークのこと。メンバー間でのコミュニケーションを重視しながら，自分たちで計画を立案し，イテレーションごとに開発の進行に問題がないか確認すること。

□(7) アジャイル開発の代表的な手法の一つで，実際に動作するソフトウェアを適切な間隔で繰り返し提供する手法のこと。顧客にとっての機能価値(feature)という観点で開発が進められているのが特徴で，実際に動作する機能を開発するために，事前にビジネスモデリングを実施し，ユーザ側のビジネスを明確にする。

□(8) コードを書く上で「これが後で必要になりそう」で書いてはいけないという法則。あくまで，必要なものは必要になったときに書けばよいという考えで進める。

□(9) 実装する予定の機能を記したストーリーカードを機能ごとに作成し，このカードを基にクライアントと話し合い，優先的に実装する機能を決定する方法。

□(10) エクストリームプログラミングにおけるテストの段階を自動化する考え方。

解答群

ア　ペア・プログラミング	イ　リファクタリング
ウ　リリース計画	エ　ストーリーの作成
オ　イテレーション	カ　スクラム
キ　エクストリームプログラミング	ク　YAGNI
ケ　ユーザ機能駆動開発	コ　XPテスト

♣エクストリームプログラミング
　(XP：Extreme Programming)

♣インクリメンタル
　繰り返しの中で機能を追加していくこと。

♣ユーザ機能駆動開発(FDD：Feature Driven Development)

♣YAGNI(You Aren't Going to Need It)

【演習問題の解答】　◆ソフトウェア開発のプロセス◆　**4** (1)ク　(2)サ　(3)ケ　(4)カ　(5)エ　(6)オ　(7)コ　(8)キ　(9)シ　(10)イ　(11)ウ　(12)ア　(13)セ　(14)ソ　(15)ス　**5** (1)イ　(2)イ　(3)ア　(4)ア　(5)エ　(6)エ　(7)ウ

◆ インタフェース設計

7 次の説明文に最も適した答えを解答群から記号で選べ。

□(1) 人間の視線の自然な動きに対応した配置や，囲み配置などの見やすい環境を整えるときに配慮するもの。

□(2) 人間の動作の自然な動きに対応して，連続する動作を軽減する機能など操作環境を整えるときに配慮するもの。

□(3) 機能を配置するときに短い表現や覚えやすい配置，階層構造を整えるときに配慮するもの。

□(4) 操作のガイダンスや操作方法の検索をしやすくする機能。

□(5) 人間が本来持っている認知特性が，環境に適応しないために，誘発されるエラーのこと。

□(6) 使用頻度の高い操作の場合，マウスとキーボードの両方の操作環境を提供する。

□(7) 文字のサイズや色，背景色や画像の設置など，文書の見栄えを定義する際に使用する雛形のこと。

□(8) ユーザの利用状況などの情報を元に Web サイトを設計し，スマートフォンでもストレスなく利用できるデザインにすること。

□(9) 高齢者や心身の機能に制約のある人を含め，利用するすべての人が Web で提供されている情報を取得し，サービスや機能を利用できること。

□(10) 身振り手振りの動作によって入力操作できるヒューマンインタフェースのこと。

□(11) ユーザが声でコンピュータや端末をコントロールできるインタフェース。

□(12) 主にブログの機能の一つで，別のブログへリンクを張った際に，リンク先の相手に対してリンクを張ったことを通知する仕組みのこと。

□(13) Webサイトのソフトウェアなどの操作性や使いやすさを示す表現。

解答群
ア モバイルファースト　イ スタイルシート
ウ 感性特性　エ 人間記憶量
オ ジェスチャーインタフェース
カ ヘルプ機能　キ ショートカットキー
ク Web アクセシビリティ　ケ トラックバック
コ VUI　サ ヒューマンエラー
シ ユーザビリティ　ス 動作特性

♣アクセシビリティ
　アクセスのしやすさを示す言葉。製品やサービスの利用しやすさという意味でも使われる。

♣ VUI（Voice User Interface）

♣ピクトグラム（pictogram）

非常口
EXIT

♣情報デザインの原則
　近接，整列，反復，対比
♣UXデザイン（User Experience）

♣ユニバーサルデザインの7原則
①どんな人でも公平に使える
　（公平性）
②使う上で自由度が高い
　（自由度）
③使い方が簡単で，すぐに分かる
　（単純性）
④必要な情報がすぐに分かる
　（明確性）
⑤うっかりミスが危険につながらな
　い（安全性）
⑥弱い力でも使え身体への負担がか
　からない（負担軽減）
⑦利用するための十分な大きさと空
　間を確保する（空間性）

◆ 情報デザイン

　　情報デザインとは，情報を可視化し構造化し構成要素の関係を分かりやすく整理できることで，情報を分かりやすく伝える人間中心の設計の考え方をいう。

8 次の説明文に適した用語を解答群から記号で選べ。

□(1) 国籍・文化・言語・年齢・性別の違い，障害・能力の差を問わない利用環境に配慮する。

□(2) ゴミ箱の投入口の形状をカン用は円筒形にするなど，人間の身の回りにあり，行動を誘引する役割を持たせたデザイン。

□(3) ユーザーの欲求を満たすシナリオを3つの階層に分けて，抽象的なイメージを具体的な思考へと変化させる方法。

□(4) 仮想のユーザ像。名前や年齢，職業など仮想のユーザ像を作り，抽象的なイメージを具体的な思考へと変化させ，システム開発の設計に役立てる。

□(5) 雰囲気の良いレストランで食事がしたいなど，価値観を抽象的な表現でシナリオ化したもの。

□(6) スマートフォンでレストランの口コミを検索するなど，仮想の世界でとった行動をシナリオ化したもの。

□(7) アプリでレストランの会員登録している様子をイメージしてシナリオ化したもの。

□(8) ユーザ体験と訳され，ユーザが製品やサービスを利用したときに抱く感覚や感情をデザインすること。

□(9) 複雑な情報やデータをひと目で理解できるように，グラフやイラストでデザインする技法。

□(10) 一般に「絵文字」などと呼ばれ，ある情報や注意を示すための視覚記号の一つ。

□(11) 画面設計において関連する要素は近づけて配置するデザイン。

□(12) 画面設計において要素にルールを設けて配置するデザイン。

□(13) 画面設計において同じ要素は一定の規則で配置するデザイン。

□(14) 画面設計において情報要素の優先度に応じて強弱をつけるデザイン。

解答群
　ア　アクティビティシナリオ　　イ　ペルソナ
　ウ　インタラクションシナリオ　エ　バリューシナリオ
　オ　ユニバーサルデザイン　　　カ　シグニファイヤ
　キ　構造化シナリオ法　　　　　ク　ピクトグラム
　ケ　インフォグラフィックス　　コ　UXデザイン
　サ　反復　　シ　対比　　ス　近接　　セ　整列

・ ・ ・ 練・習・問・題 ・ ・ ・

❶ 実環境と同様のハードウェア，ソフトウェアを準備し，端末からの問合せのレスポンスタイムが目標値に収まることを検証した。このテストはどれか。 (H25 春 IP)

　　ア　システムテスト　　　　イ　ソフトウェア結合テスト
　　ウ　単体テスト　　　　　　エ　ホワイトボックステスト

❷ システムテストで実施する作業の説明として，適切なものはどれか。 (H25 秋 IP)

　　ア　検出されたバグを修正したときには，バグを検出したテストケースだけをやり直す。
　　イ　正常な値を入力したときのテストを優先し，範囲外の値の入力や必須項目が未入力のときのテストは省略する。
　　ウ　設計書の仕様に基づくだけでなく，プログラムのコードを理解し，不具合を修正しながらテストする。
　　エ　ソフトウエアの機能的なテストだけでなく，性能などの非機能要件もテストする。

❸ システム開発のテストを，単体テスト，結合テスト，システムテスト，運用テストの順に行う場合，システムテストの内容として，適切なものはどれか。 (H28 春 IP)

　　ア　個々のプログラムに誤りがないことを検証する。
　　イ　性能要件を満たしていることを開発者が検証する。
　　ウ　プログラム間のインタフェースに誤りがないことを検証する。
　　エ　利用者が実際に運用することで，業務の運用が要件どおり実施できることを検証する。

❹ システム開発において，システム要件定義の結果を受けてシステム化を進めるに当たり，最初に行うべき作業はどれか。 (H23 秋 IP)

　　ア　開発すべきシステムへの移行計画の策定
　　イ　システムが全体として要求された仕様のとおりに動作するかを検証するためのシステムテスト計画の策定
　　ウ　ハードウェアとソフトウェアで分担すべき機能の明確化
　　エ　プログラミングを行えるレベルでのソフトウェアの詳細設計

❺ システム開発のプロセスには，システム要件定義，システム方式設計，システム結合テスト，ソフトウェア受入れなどがある。システム要件定義で実施する作業はどれか。 (H29 秋 IP)

　　ア　開発の委託者が実際の運用と同様の条件でソフトウェアを使用し，正常に稼働することを確認する。
　　イ　システムテストの計画を作成し，テスト環境の準備を行う。
　　ウ　システムに要求される機能，性能を明確にする。
　　エ　プログラム作成と，評価基準に従いテスト結果のレビューを行う。

❻ システム要件定義の段階で，検討したシステム要件の技術的な実現性を確認するために有効な作業として，適切なものはどれか。 (H27 春 IP)

　　ア　業務モデルの作成　　　　イ　ファンクションポイントの算出
　　ウ　プロトタイピングの実施　エ　利用者の要求事項の収集

❼ システム開発のプロセスには，ソフトウェア要件定義，ソフトウェア方式設計，ソフトウェア結合テスト，ソフトウェア導入，ソフトウェア受入れなどがある。システム開発の関係者を開発者側と利用者側に分けたとき，ソフトウェア受入れで実施する作業はどれか。 (H28 春 IP)

　ア　開発が完了したソフトウェアを，開発者側が本番環境に配置する。
　イ　開発者側が利用者側にヒアリングを行って，ソフトウェアに要求される機能，性能を明確にする。
　ウ　ソフトウェアが要件を満たしていて，利用できる水準であることを，利用者側が確認する。
　エ　ソフトウェア要件定義書が利用者側のニーズを満たしていることを確認するために，開発者側がレビューを行う。

❽ ソフトウェアの受入れ検収以降，一定期間内に発見された欠陥に対して，開発側が無償で修正を行ったり損害賠償責任を負ったりすることを何と呼ぶか。 (H25 春 IP)

　ア　契約不適合責任　　　　　　イ　システム監査
　ウ　サービスレベル契約(SLA)　エ　予防保守

❾ 自社で使用する情報システムの開発を外部へ委託した。受入れテストに関する記述のうち，適切なものはどれか。 (H27 春 IP)

　ア　委託先が行うシステムテストで不具合が報告されない場合，受入れテストを実施せずに合格とする。
　イ　委託先に受入れテストの計画と実施を依頼しなければならない。
　ウ　委託先の支援を受けるなどし，自社が受入れテストを実施する。
　エ　自社で受入れテストを実施し，委託先がテスト結果の合否を判定する。

❿ 納入されたソフトウェアの一連のテストの中で，開発を発注した利用者が主体となって実施するテストはどれか。 (R2　IP)

　ア　受入れテスト　　　イ　結合テスト　　　ウ　システムテスト　　　エ　単体テスト

⓫ システム開発を，システム要件定義，システム方式設計，ソフトウェア要件定義，ソフトウェア方式設計，ソフトウェア詳細設計の順で実施するとき，ソフトウェア詳細設計で初めて決定する項目として，適切なものはどれか。 (H25 秋 IP)

　ア　コーディングを行う単位となる個々のプログラムの仕様
　イ　ソフトウェアに必要な機能と応答時間
　ウ　対象ソフトウェアの最上位レベルの構造
　エ　複数のソフトウェア間のインタフェースに関する仕様

⓬ ソフトウェア，データベースなどを契約で指定されたとおりに初期設定し，実行環境を整備する作業はどれか。 (H25 秋 IP)

　ア　ソフトウェア受入れ　　　イ　ソフトウェア結合
　ウ　ソフトウェア導入　　　　エ　ソフトウェア保守

⓭ ソフトウェア導入作業に関する記述 a〜d のうち，適切なものだけを全て挙げたものはどれか。

（R5 IP）

a　新規開発の場合，導入計画書の作成はせず，期日までに速やかに導入する。

b　ソフトウェア導入作業を実施した後，速やかに導入計画書と導入報告書を作成し，合意を得る必要がある。

c　ソフトウェアを自社開発した場合，影響範囲が社内になるので導入計画書の作成後に導入し，導入計画書の合意は導入後に行う。

d　本番稼働中のソフトウェアに機能追加する場合，機能追加したソフトウェアの導入計画書を作成し，合意を得てソフトウェア導入作業を実施する。

　　ア　a, c　　　イ　b, c, d　　　ウ　b, d　　　エ　d

⓮ ソフトウェアの品質特性には，信頼性，使用性，効率性，保守性などがある。ソフトウェアの信頼性について記述したものはどれか。

（H23 特 IP）

　　ア　想定外のデータを入力しても異常な動作が起きないようにする。

　　イ　だれにでも使いやすい画面インタフェースにする。

　　ウ　入力後 3 秒以内に検索結果が得られるようにする。

　　エ　パラメタを指定するだけで画面や帳票の変更ができるようにする。

⓯ ソフトウェア保守に該当するものはどれか。

（H30 秋 IP）

　　ア　システムテストで測定したレスポンスタイムが要件を満たさないので，ソフトウェアのチューニングを実施した。

　　イ　ソフトウェア受入れテストの結果，不具合があったので，発注者が開発者にプログラム修正を依頼した。

　　ウ　プログラムの単体テストで機能不足を発見したので，プログラムに機能を追加した。

　　エ　本番システムで稼働しているソフトウェアに不具合が報告されたので，プログラムを修正した。

⓰ ソフトウェア保守に関する記述のうち，適切なものはどれか。

（R4 IP）

　　ア　本番環境で運用中のシステムに対して，ソフトウェアの潜在不良を発見し，障害が発生する前に修正を行うことはソフトウェア保守には含まれない。

　　イ　本番環境で運用中のシステムに対して，ソフトウェアの不具合を修正することがソフトウェア保守であり，仕様変更に伴う修正はソフトウェア保守には含まれない。

　　ウ　本番環境で運用中のシステムに対して，法律改正に伴うソフトウェア修正もソフトウェア保守に含まれる。

　　エ　本番環境で運用中のシステムに対する修正だけでなく，納入前のシステム開発期間中に実施した不具合の修正もソフトウェア保守に含まれる。

17 システム開発の見積方法として，類推法，積算法，ファンクションポイント法などがある。ファンクションポイント法の説明として，適切なものはどれか。　　　　　　　　　　　　　　　（H29春IP）

　ア　WBSによって洗い出した作業項目ごとに見積もった工数を基に，システム全体の工数を見積もる方法

　イ　システムで処理される入力画面や出力帳票，使用ファイル数などを基に，機能の数を測ることでシステムの規模を見積もる方法

　ウ　システムのプログラムステップを見積もった後，1人月の標準開発ステップから全体の開発工数を見積もる方法

　エ　従来開発した類似システムをベースに相違点を洗い出して，システム開発工数を見積もる方法

18 ブラックボックステストに関する記述として，適切なものはどれか。　　　　　　　　　（R4 IP）

　ア　プログラムの全ての分岐についてテストする。

　イ　プログラムの全ての命令についてテストする。

　ウ　プログラムの内部構造に基づいてテストする。

　エ　プログラムの入力と出力に着目してテストする。

19 プログラムの単体テストに関する記述のうち，適切なものはどれか。　　　　　　　　（H22春IP）

　ア　作成したプログラムごとのテストは行わず，複数のプログラムを組み合わせ，一括してテストする。

　イ　テスト仕様は，システム要件を定義する際に作成する。

　ウ　テストデータは，システムの利用者が作成する。

　エ　ロジックの網羅性も含めてテストをする。

20 ソフトウェア開発プロジェクトにおけるプログラムの品質の指標として，適切なものはどれか。

　　（H29春IP）

　ア　計画時の予算　　　　イ　投資対効果

　ウ　納期　　　　　　　　エ　バグ摘出数

21 ホワイトボックステストのテストケース作成に関する記述のうち，適切なものはどれか。　　（H25春IP）

　ア　入力条件が数値である項目に対して，文字データを設定してテストケースを作成する。

　イ　入力データと出力データを関係グラフで表現し，その有効な組合せをテストケースとして作成する。

　ウ　人の体重を入力するテストで，上限値を300 kg，下限値を500 gと設定してテストケースを作成する。

　エ　プログラムの全ての分岐経路を少なくとも1回実行するようにテストケースを作成する

㉒ システムの開発プロセスで用いられる技法であるユースケースの特徴を説明したものとして，最も適切なものはどれか。 (H29 春 IP)

　　ア　システムで，使われるデータを定義することから開始し，それに基づいてシステムの機能を設計する。

　　イ　データとそのデータに対する操作を一つのまとまりとして管理し，そのまとまりを組み合わせてソフトウェアを開発する。

　　ウ　モデリング言語の一つで，オブジェクトの構造や振る舞いを記述する複数種類の表記法を使い分けて記述する。

　　エ　ユーザがシステムを使うときのシナリオに基づいて，ユーザとシステムのやり取りを記述する。

㉓ システム要件定義で明確にするもののうち，性能に関する要件はどれか。 (R3 IP)

　　ア　業務要件を実現するシステムの機能

　　イ　システムの稼働率

　　ウ　照会機能の応答時間

　　エ　障害の復旧時間

㉔ システム開発プロセスを，要件定義，外部設計，内部設計の順番で実施するとき，内部設計で行う作業として，適切なものはどれか。 (H24 秋 IP)

　　ア　画面応答時間の目標値を定める。

　　イ　システムをサブシステムに分割する。

　　ウ　データベースに格納するレコードの長さや属性を決定する。

　　エ　入出力画面や帳票のレイアウトを設計する。

㉕ システム開発を，システム要件定義，外部設計，内部設計，プログラミングの順で進めるとき，画面のレイアウトや帳票の様式を定義する工程として，最も適切なものはどれか。 (H25 春 IP)

　　ア　システム要件定義　　　イ　外部設計

　　ウ　内部設計　　　　　　　エ　プログラミング

㉖ システム開発プロジェクトの工程を，システム要件定義，システム設計，プログラミング，テストの順に進めるとき，a〜d のうち，品質の管理を実施する必要がある工程として，適切なものだけを全て挙げたものはどれか。 (H28 春 IP)

a　システム要件定義

b　システム設計

c　プログラミング

d　テスト

　　ア　a, b, c, d　　　イ　b, c, d　　　ウ　c, d　　　エ　d

㉗ システムの利用者と開発者の間で，システムの設計書の記載内容が利用者の要求を満たしていることを確認するために実施するものはどれか。 (H31 春 IP)

　　ア　共同レビュー　　　　イ　結合テスト

　　ウ　シミュレーション　　エ　進捗会議

㉘ ウォータフォールモデルで開発を行うプロジェクトにおいて，システム要件定義の不具合を後続の工程で発見した。不具合を発見した工程のうち，不具合の修正や修正に伴う手戻りが最も少なく済む工程はどれか。 (H27 秋 IP)

ア　システム設計　　イ　プログラミング
ウ　テスト　　　　　エ　ソフトウェア受入れ

㉙ 会計システムの開発を受託した会社が，顧客と打合せを行って，必要な決算書の種類や，会計データの確定から決算書類の出力までの処理時間の目標値を明確にした。この作業を実施するのに適切な工程はどれか。 (R 元秋 IP)

ア　システムテスト　　　　　イ　システム要件定義
ウ　ソフトウェア詳細設計　　エ　ソフトウェア方式設計

㉚ 情報システムの要件は，業務要件を実現するための機能を記述した機能要件と，性能や保守のしやすさなどについて記述した非機能要件に分類することができる。機能要件に該当するものはどれか。 (H28 春 IP)

ア　システムが取り扱う入出力データの種類
イ　システム障害発生時の許容復旧時間
ウ　システムの移行手順
エ　目標とするシステムの品質と開発コスト

・・・◆ 開発プロセス・手法に関する問題 ・・・・・・・・・・・・・・・・・・・・・・・・・・・・・

㉛ システムの開発側と運用側がお互いに連携し合い，運用や本番移行を自動化する仕組みなどを積極的に取り入れ，新機能をリリースしてサービスの改善を行う取組を表す用語として，最も適切なものはどれか。 (R4　IP)

ア　DevOps　　　　　　　　イ　RAD
ウ　オブジェクト指向開発　　エ　テスト駆動開発

㉜ ソフトウェア開発における DevOps に関する記述として，最も適切なものはどれか。 (R5　IP)

ア　運用側で利用する画面のイメージを明確にするために，開発側が要件定義段階でプロトタイプを作成する。
イ　開発側が，設計・開発・テストの工程を順に実施して，システムに必要な全ての機能及び品質を揃えてから運用側に引き渡す。
ウ　開発側と運用側が密接に連携し，自動化ツールなどを取り入れることによって，仕様変更要求などに対して迅速かつ柔軟に対応する。
エ　一つのプログラムを 2 人の開発者が共同で開発することによって，生産性と信頼性を向上させる。

㉝ システム開発組織におけるプロセスの成熟度を 5 段階のレベルで定義したモデルはどれか。 (H24 春 IP)

ア　CMMI　　　イ　ISMS　　　ウ　ISO 14001　　　エ　JIS Q 15001

㉞ ソフトウェア開発とその取引の適正化に向けて，それらのベースとなる作業項目を一つ一つ定義し，標準化したものはどれか。 (H22 春 IP)

 ア SLCP
 イ WBS
 ウ オブジェクト指向
 エ データ中心アプローチ

㉟ XP(エクストリームプログラミング)の説明として，最も適切なものはどれか。 (R4 IP)

 ア テストプログラムを先に作成し，そのテストに合格するようにコードを記述する開発手法のことである。
 イ 一つのプログラムを2人のプログラマが，1台のコンピュータに向かって共同で開発する方法のことである。
 ウ プログラムの振る舞いを変えずに，プログラムの内部構造を改善することである。
 エ 要求の変化に対応した高品質のソフトウェアを短いサイクルでリリースする，アジャイル開発のアプローチの一つである。

㊱ 安価な労働力を大量に得られることを狙いに，システム開発を海外の事業者や海外の子会社に委託する開発形態として，最も適切なものはどれか。 (H31 春 IP)

 ア ウォータフォール開発
 イ オフショア開発
 ウ プロトタイプ開発
 エ ラピッドアプリケーション開発

㊲ アジャイル開発において，短い間隔による開発工程の反復や，その開発サイクルを表す用語として，最も適切なものはどれか。 (R 元秋 IP)

 ア イテレーション
 イ スクラム
 ウ プロトタイピング
 エ ペアプログラミング

㊳ アジャイル開発の特徴として，適切なものはどれか。 (H31 春 IP)

 ア 大規模なプロジェクトチームによる開発に適している。
 イ 設計ドキュメントを重視し，詳細なドキュメントを作成する。
 ウ 顧客との関係では，協調よりも契約交渉を重視している。
 エ ウォータフォール開発と比較して，要求の変更に柔軟に対応できる。

㊴ アジャイル開発を実施している事例として，最も適切なものはどれか。 (R3 IP)

 ア AIシステムの予測精度を検証するために，開発に着手する前にトライアルを行い，有効なアルゴリズムを選択する。
 イ IoTの様々な技術を幅広く採用したいので，技術を保有するベンダに開発を委託する。
 ウ IoTを採用した大規模システムの開発を，上流から下流までの各工程における完了の承認を行いながら順番に進める。
 エ 分析システムの開発において，分析の精度の向上を図るために，固定された短期間のサイクルを繰り返しながら分析プログラムの機能を順次追加する。

㊵ ソフトウェア開発モデルの一つであるウォータフォールモデルの記述として，適切なものはどれか。

（H27 春 IP）

ア　オブジェクト指向開発において，設計とプログラミングを何度か行き来し，トライアンドエラーで改良していく手法である。

イ　サブシステムごとに開発プロセスを繰り返し，利用者の要求に対応しながら改良していく手法である。

ウ　システム開発の工程を段階的に分割し，前工程の成果物に基づいて後工程の作業を順次進めていく手法である。

エ　システム開発の早い段階で試作品を作成し，利用者の意見を取り入れながら要求や仕様を確定する手法である。

㊶ 次の a〜d のうち，オブジェクト指向の基本概念として適切なものだけを全て挙げたものはどれか。

（H24 秋 IP）

a　クラス
b　継承
c　データの正規化
d　ホワイトボックステスト

　　ア　a，b　　　イ　a，c　　　ウ　b，c　　　エ　c，d

㊷ アジャイル開発の方法論であるスクラムに関する記述として，適切なものはどれか。　　（R 元秋 IP）

ア　ソフトウェア開発組織及びプロジェクトのプロセスを改善するために，その組織の成熟度レベルを段階的に定義したものである。

イ　ソフトウェア開発とその取引において，取得者と供給者が，作業内容の共通の物差しとするために定義したものである。

ウ　複雑で変化の激しい問題に対応するためのシステム開発のフレームワークであり，反復的かつ漸進的な手法として定義したものである。

エ　プロジェクトマネジメントの知識を体系化したものであり，複数の知識エリアから定義されているものである。

㊸ システムを上流工程から下流工程まで順番に進めるとき，システムの利用者によるテストの段階で大幅な手戻りが生じることがある。それを防ぐために，早い段階で試作ソフトウェアを作成して利用者の要求事項を明確にする方法はどれか。　　（H22 秋 IP）

　　ア　オブジェクト指向　　　　　イ　スパイラルモデル
　　ウ　データ中心アプローチ　　　エ　プロトタイピング

㊹ ユーザの要求を定義する場合に作成するプロトタイプはどれか。　　（H28 春 IP）

ア　基幹システムで生成されたデータをユーザ自身が抽出・加工するためのソフトウェア
イ　ユーザがシステムに要求する業務の流れを記述した図
ウ　ユーザとシステムのやり取りを記述した図
エ　ユーザの要求を理解するために作成する簡易なソフトウェア

㊺ リバースエンジニアリングで実施する作業として，最も適切なものはどれか。　　　　（R2　IP）

　ア　開発中のソフトウェアに対する変更要求などに柔軟に対応するために，短い期間の開発を繰り返す。

　イ　試作品のソフトウェアを作成して，利用者による評価をフィードバックして開発する。

　ウ　ソフトウェア開発において，上流から下流までを順番に実施する。

　エ　プログラムを解析することで，ソフトウェアの仕様を調査して設計情報を抽出する。

㊻ 自社開発して長年使用しているソフトウェアがあるが，ドキュメントが不十分で保守性が良くない。保守のためのドキュメントを作成するために，既存のソフトウェアのプログラムを解析した。この手法を何というか。　　　　（H30 秋 IP）

　ア　ウォータフォールモデル　　　　イ　スパイラルモデル

　ウ　プロトタイピング　　　　　　　エ　リバースエンジニアリング

㊼ リファクタリングの説明として，適切なものはどれか。　　　　（R5　IP）

　ア　ソフトウェアが提供する機能仕様を変えずに，内部構造を改善すること

　イ　ソフトウェアの動作などを解析して，その仕様を明らかにすること

　ウ　ソフトウェアの不具合を修正し，仕様どおりに動くようにすること

　エ　利用者の要望などを基に，ソフトウェアに新しい機能を加える修正をすること

㊽ 共通フレームの定義に含まれているものとして，適切なものはどれか。　　　　（R 元秋 IP）

　ア　各工程で作成する成果物の文書化に関する詳細な規定

　イ　システムの開発や保守の各工程の作業項目

　ウ　システムを構成するソフトウェアの信頼性レベルや保守性レベルなどの尺度の規定

　エ　システムを構成するハードウェアの開発に関する詳細な作業項目

㊾ システム開発における共通フレームの目的として，適切なものはどれか。　　　　（H25 春 IP）

　ア　コンピュータシステムの運用・管理業務に関して体系化されたガイドラインを提供する。

　イ　事業者間などで用語やその意味する内容が異なっていることを想定し，相互の理解を助けるための共通の物差しを提供する。

　ウ　システム開発時に管理・技術の両面で組織における情報セキュリティを確保するための対策を提供する。

　エ　プロジェクト管理において必要な知識を体系化して提供する。

㊿ 共通フレーム（Software Life Cycle Process）で定義されている内容として，最も適切なものはどれか。　　　　（H28 秋 IP）

　ア　ソフトウェア開発とその取引の適正化に向けて，基本となる作業項目を定義し標準化したもの

　イ　ソフトウェア開発の規模，工数，コストに関する見積手法

　ウ　ソフトウェア開発のプロジェクト管理において必要な知識体系

　エ　法律に基づいて制定された情報処理用語やソフトウェア製品の品質や評価項目

―――◆ 情報デザイン・インタフェース設計に関する問題 ――――――――――――――――――――

51 キーボード入力を補助する機能の一つであり,入力中の文字から過去の入力履歴を参照して,候補となる文字列の一覧を表示することで,文字入力の手間を軽減するものはどれか。　　　　(H29 秋 IP)

　　ア　インデント　　　　イ　オートコンプリート
　　ウ　オートフィルタ　　エ　ハイパリンク

52 オンラインヘルプに関する記述として,適切なものはどれか。　　　　(H24 秋 IP)

　　ア　1 台の PC だけでは処理に長時間掛かるような大量の仕事を,ネットワークに接続された多数の PC に分散して並列に処理させることによって,高速な処理を実現すること。
　　イ　PC 本体,周辺機器にトラブルが発生したとき,利用者が対応方法などを問い合わせるサポート窓口のこと。
　　ウ　アプリケーションソフトの操作が複雑であっても,質問に答えていく対話形式によって簡単に操作が行えるようにする機能のこと。
　　エ　ハードウェア,ソフトウェアの操作についての説明などを,印刷物としてではなく,PC の画面で検索,ハイパリンクなどを利用して閲覧できる機能やサービスのこと。

53 PC の操作画面で使用されているプルダウンメニューに関する記述として,適切なものはどれか。　　　　(H25 春 IP)

　　ア　エラーメッセージを表示したり,少量のデータを入力するために用いる。
　　イ　画面に表示されている複数の選択項目から,必要なものを全て選ぶ。
　　ウ　キーボード入力の際,過去の入力履歴を基に次の入力内容を予想し表示する。
　　エ　タイトル部分をクリックすることで選択項目の一覧が表示され,その中から一つ選ぶ。

54 ブログにおけるトラックバックの説明として,適切なものはどれか。　　　　(R 元秋 IP)

　　ア　一般利用者が,気になるニュースへのリンクやコメントなどを投稿するサービス
　　イ　ネットワーク上にブックマークを登録することによって,利用価値の高い Web サイト情報を他の利用者と共有するサービス
　　ウ　ブログに貼り付けたボタンをクリックすることで,SNS などのソーシャルメディア上でリンクなどの情報を共有する機能
　　エ　別の利用者のブログ記事へのリンクを張ると,リンクが張られた相手に対してその旨を通知する仕組み

55 Web サイトを構築する際にスタイルシートを用いる理由として,適切なものはどれか。　　(H31 春 IP)

　　ア　Web サーバと Web ブラウザ間で安全にデータをやり取りできるようになる。
　　イ　Web サイトの更新情報を利用者に知らせることができるようになる。
　　ウ　Web サイトの利用者を識別できるようになる。
　　エ　複数の Web ページの見た目を統一することが容易にできるようになる。

56 文化, 言語, 年齢及び性別の違いや, 障害の有無や能力の違いなどにかかわらず, できる限り多くの人が快適に利用できることを目指した設計を何というか。 (H27 秋 IP)

　ア　バリアフリーデザイン　　　イ　フェールセーフ
　ウ　フールプルーフ　　　　　　エ　ユニバーサルデザイン

57 Web ページの見栄えをデザインするためのものはどれか。 (H24 春 IP)

　ア　cookie　　　イ　CSS　　　ウ　CUI　　　エ　SSL

58 Web アクセシビリティの説明として, 適切なものはどれか。 (H23 秋 IP)

　ア　Web サイトを活用したマーケティング手法である。
　イ　Web ページのデザインを統一して管理することを目的とした仕組みである。
　ウ　年齢や身体的条件にかかわらず, 誰もが Web を利用して, 情報を受発信できる度合いである。
　エ　利用者が Web ページに入力した情報に基づいて, Web サーバがプログラムを起動して動的に表示内容を生成する仕組みである。

4—2 IT にかかわるマネジメント

◆ プロジェクトマネジメントの基礎

プロジェクトを成功させるための管理手法を理解しよう。

9 次の文に最も適切な語を解答群から記号で選べ。

☐ (1) システム開発を目標通りに成功させるために，人材・資金・設備・物資・スケジュールなどをバランスよく調整し，全体の進捗状況を管理する手法。

☐ (2) プロジェクトの中心となり，システム開発が予定通りに進むように管理する立場の人。

☐ (3) プロジェクト内で実際の開発作業に携わる人。

☐ (4) 利害関係者。システム開発ではシステムを受注した会社の担当者などが該当する。

☐ (5) アメリカのプロジェクトマネジメント協会(PMI)がとりまとめたプロジェクトマネジメントに関する知識体系で事実上の国際標準となっているもの。5のプロセス群と，10の知識エリアから構成され，ガイドラインとして利用されている。

☐ (6) プロジェクトマネジメントのマネジメント項目の一つで，プロジェクトの範囲(どのような機能(成果物)を盛り込むか，またそのために必要な作業(タスク))を定義し，WBS を作成する。また，プロジェクト期間中，スコープをつねに見直し，最新の情報に保つものはどれか。

☐ (7) 作業分解図ともいう。プロジェクトマネジメントで計画立案の際に用いられる。プロジェクト全体を細かい作業に分割した構成図。

☐ (8) 各作業の日程計画や全体の所要時間を算出することができ，クリティカルパスを明らかにすることができる右のような図はなにか。

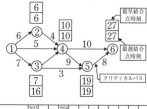

☐ (9) プロジェクト管理や生産管理などで用いられる作業計画や実績を横棒グラフで示した右のような工程管理図は何か。

☐ (10) プロジェクトを管理する上で，遵守したい日程や節目となる日時を意味する。作業の開始日や終了日のようにスケジュール上区切りとなる特定の日時がこれにあたり，進捗管理に利用する。

☐ (11) プロジェクト結成時にプロジェクトメンバが最低限共有したい情報を文書化したもの。

解答群
ア　プロジェクトマネジメント　　イ　プロジェクトマネージャ
ウ　WBS　　　　　　　　　　　　エ　アローダイヤグラム
オ　ステークホルダ　　　　　　　カ　ガントチャート
キ　スコープマネジメント　　　　ク　プロジェクトメンバ
ケ　PMBOK　　　　　　　　　　　コ　プロジェクト憲章
サ　マイルストーン

♣プロジェクトマネジメントのプロセスグループとサブジェクトグループの関係

		プロセスグループ				
		立ち上げ	計画	実行	コントロール	終結
サブジェクトグループ	統合	・プロジェクト憲章の作成	・プロジェクト計画の作成	・プロジェクト作業の指揮	・プロジェクト作業のコントロール ・変更のコントロール	・プロジェクトフェーズまたはプロジェクトの終結 ・学んだ教訓の収集
	ステークホルダ	・ステークホルダの特定		・ステークホルダの管理		
	スコープ		・スコープの定義 ・WBSの作成 ・アクティビティの定義		・スコープのコントロール	
	資源	・プロジェクトチームの結成	・資源の見積り ・プロジェクト組織の決定	・プロジェクトチームの育成	・資源のコントロール ・プロジェクトチームの管理	
	タイム		・アクティビティの順序付け ・アクティビティ期間の見積り		・スケジュールのコントロール	
	コスト		・コストの見積り ・予算の編成		・コストのコントロール	
	リスク		・リスクの特定 ・リスクの評価	・リスクへの対応	・リスクのコントロール	
	品質		・品質の計画	・品質保証の実施	・品質コントロールの実施	
	調達		・調達の計画	・サプライヤの選定	・調達の管理	
	コミュニケーション		・コミュニケーションの計画	・情報の配布	・コミュニケーションの管理	

10 次のアローダイヤグラムにおいて，結合点④の最早結合点時刻，最遅結合点時刻を求めよ。また，クリティカルパスを答えよ。

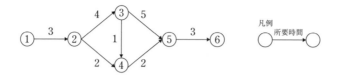

解法 〈最早結合点時刻の求め方〉

最早結合点時刻とは，作業が予定通りに進行した場合に，次作業を開始できる最速の時刻である。

i 左端の結合点①から始める。最早結合点時刻は0。結合点①−②間の所要時間は3なので，結合点②は $0+3=3$。

ii 結合点②−③間の所要時間は4，結合点③は $3+4=7$。

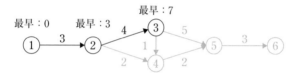

iii 結合点④は，以下の両方をクリアしないと開始できないので，遅い方をとる。
結合点②−④：$3+2=5$，結合点③−④：$7+1=8$ したがって8。

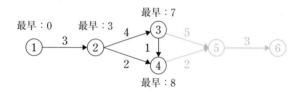

iv 結合点⑤は，結合点③−⑤間：$7+5=12$，結合点④−⑤間：$8+2=10$ の遅い方をとって12。

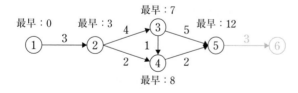

v 結合点⑥は，$12+3=15$ となる。
このプロジェクトは15（時間）で完成予定。

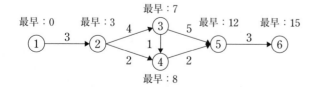

解法 〈最遅結合点時刻の求め方〉

　最遅結合点時刻を求めるには，いつから始めれば次の行程の最遅結合点時刻に間に合うかを考えていくことになる。

i　右端の結合点⑥からスタートする。⑥の最遅結合点時刻は最早結合点時刻と同じ 15 にする。

ii　結合点⑤は，⑥-⑤間が 3 なので 15−3＝12。

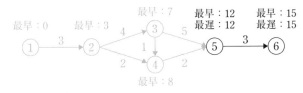

iii　結合点④は，⑤-④間が 2 なので，12−2＝10。

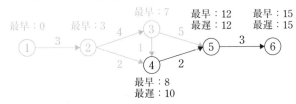

iv　結合点③は，以下の 2 つの最遅時刻に間に合わせて早い方をとる。結合点⑤-③間：12−5＝7，結合点
　　④-③間：10−1＝9 で 7 となる。

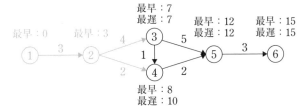

v　結合点②は，③-②間：7−4＝3，④-②間：10−2＝8 なので 3。

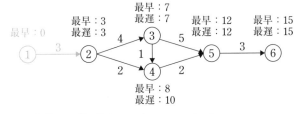

vi　結合点①は，②-①間が 3 なので 3−3＝0。

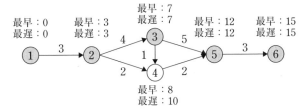

解法 〈クリティカルパスを求める〉

　最早時刻と最遅時刻が同じ結合点をつなぎ合わせたものがクリティカルパスである。上記の図では，①→②→③→⑤→⑥となる。クリティカルパスは少しでも遅れると計画通りに終了しない経路を意味している。

♣ **ITIL（Information Technology Infrastructure Library）の7冊の書籍**
・サービスサポート
・サービスデリバリ
・セキュリティ管理
・ビジネス展望
・ICT情報基盤管理
・アプリケーション管理
・サービス管理の導入計画立案
　その中でサービスサポートとサービスデリバリが中核をなしている。

JIS Q 20000
ISO/IEC 20000に対応するJIS規格

◆ ITサービスマネジメントの基礎

ITサービスマネジメントの意義，目的，考え方を理解しよう。

11 次の文に最も適切な語を解答群から記号で選べ。

□(1) IT部門の業務をITサービスとしてとらえ，体系化することでIT運用の効率化を図り，サービスの品質を高めようとする運用管理の方法。

□(2) イギリス政府が，ITへの投資に対して期待した効果が得られなかったことから，ITサービス運用の成功事例を収集してまとめた7冊のガイドブック。

□(3) ITILの中核となる内容の一つで，日常的なシステム運用に関するプロセスについて書かれている。一つの機能と五つのプロセスからなる書籍。

□(4) ITILの中核となる内容の一つで，中長期にわたるITサービスの計画と改善に着目し，高品質なITサービスを計画・提供するために要求される五つのプロセスについて記載されている書籍。

□(5) ITILをもとに制定されたITサービスマネジメントに関する国際標準規格。

□(6) ITサービス事業者が利用者に対して提供するサービスの品質を明確にして保証する契約。保証したサービスを実現できない場合には料金の減額などの規定を明記する。

□(7) ITサービス事業者と結んだサービスが実現できているかを，監視して報告書にまとめ，それをもとにITサービス事業者と協議・改善を繰り返すことでサービスレベルの維持や品質向上を図る仕組みまたは方法。

```
解答群
　ア　SLA(サービスレベル合意書)　　イ　サービスデリバリ
　ウ　ITIL　　　　　　　　　　　　エ　ISO/IEC 20000
　オ　SLM(サービスレベル管理)　　　カ　サービスサポート
　キ　ITサービスマネジメント
```

♣ **サービスサポートの五つのプロセスと一つの機能**
・プロセス
　インシデント管理(障害管理)
　問題管理
　構成管理
　変更管理
　リリース管理
・機能
　ヘルプデスク

12 次の文は，サービスサポートの五つのプロセスと一つの機能についての説明である。該当するものを解答群から記号で選べ。

□(1) サービスの品質を阻害する事柄に対して速やかに対処し，影響を最小限に抑え，迅速にサービスの復旧をはかる。

□(2) 障害原因の追及と対策および再発防止策の策定を目的とする。

□(3) コンピュータシステムを構成するハードウェアやソフトウェアなどのIT資産を管理する。

□(4) コンピュータシステムの変更の必要性が生じたとき，その変更を迅速かつ確実に行うための活動。

□(5) システムの変更作業を実施し，実際の運用を始めるときの諸活動。リリースのための計画や訓練や，必要な機器の準備等を行う。

□ (6) ユーザからの問い合わせを受け付ける窓口。問い合わせを一元管理
し，問い合わせ内容への迅速な対応，内容の記録，関連部署への連
絡などを行う。

解答群

ア　構成管理　イ　インシデント管理　　　ウ　リリース管理
エ　問題管理　オ　サービスデスク(ヘルプデスク)　カ　変更管理

◆ ファシリティマネジメント

　企業がシステム環境を最善の状態に保つための考え方として，ファシリ
ティマネジメントがあることを理解しよう。

13　次の文に最も適切な語を解答群から記号で選べ。
□ (1) 企業の事業活動において使用する施設や機器，それらを利用する
人々の環境を最適化するための経営管理活動。
□ (2) 電池や発電機を内蔵し，停電時にもしばらくの間コンピュータに電
源を供給する装置。
□ (3) パソコンなどが盗難に遭わないよう，机や柱などとパソコンを結び
つける防犯グッズ。

解答群

ア　セキュリティワイヤ　　　　イ　無停電電源装置(UPS)
ウ　ファシリティマネジメント

◆ システム監査

　企業における監査業務について，目的と主な種類を理解しよう。また情
報システムを対象に実施するシステム監査についての意義，目的，基本的
な流れを理解しよう。

14　次の文に最も適切な語を解答群から記号で選べ。
□ (1) 企業活動の中での会計記録と行為に対して独立性のある外部の監
査人が調査を行い，適切なものであるかを評価する。
□ (2) 会計を除く企業活動に対して，業務遂行が効率的，合理的，合法的
であるかを社内の監査部門などによって評価する。
□ (3) 企業の情報システムに対して，情報セキュリティに関するリスクの
洗い出しと評価を行い，適切な体制で運用され改善活動が行われて
いるかを評価する。実施者は内部，外部どちらでもよい。
□ (4) 企業の情報システムと情報システムに関わる規格，開発，運用，保
守等の業務を対象に行われ，リスクの分析と評価，それに基づいて
適切に整備・運用されているかを評価する。実施者は内部，外部ど
ちらでもよい。
□ (5) 経済産業省より出された，情報システムの信頼性，安全性及び効率
性の向上を図り，情報化社会の健全化に資するため，システム監査
に当たって必要な事項を網羅したもの。

□ (6) 情報システムに関する専門の知識と能力を有し、職業倫理をもった人物でシステム監査に対する権限と責任を持った人。

解答群

ア　情報セキュリティ監査　　イ　システム監査　　ウ　業務監査
エ　システム監査基準　　オ　会計監査　　カ　システム監査人

15　システム監査は次の (1) から (6) の順に実施される。それぞれの段階で行われる内容を解答群から記号で選べ。

□ (1) システム監査計画　　□ (2) 予備調査
□ (3) 本調査　　□ (4) 評価・結果
□ (5) 報告　　□ (6) フォローアップ(改善指導)

解答群

ア　本調査以降を効率的に実施するために、監査対象の概要を把握し、本調査の方針や計画内容の見直しを行う。

イ　システム監査技法を利用して、監査目的に合った証拠(監査証拠)の入手と評価を行う。

ウ　監査の目的、対象範囲、スケジュールなどの計画を立案し、関係部署へ連絡する。

エ　提示した改善案が行われ、効果が上がっているかを確認し、問題があれば指導を行う。

オ　システム監査報告書を経営者および監査を行った部署の責任者へ報告し、問題点については改善策を提示する。

カ　本調査の結果を元に、対象業務の実態が監査目的に照らして妥当であるかを判断し、システム監査報告書を作成する。報告書の作成は意見が偏らないように監査を受けた部門との協議も行う。

◆ 内部統制

　企業の健全な運営を実現するために、内部統制や IT ガバナンスがあることを知り、その目的と考え方を理解しよう。

16　次の文に最も適切な語を解答群から記号で選べ。

□ (1) 企業が経営・活動を行う上で、法令や各種規則などのルール、さらには社会的規範などを守ること。

□ (2) 企業内部で、違法行為や不正だけでなく、うっかりミスをも含めてコンプライアンスを徹底するための仕組み。

□ (3) 企業が競争優位性の構築を目的として IT 戦略の策定及び実行をコントロールし、あるべき方向へと導く組織能力。

□ (4) 企業において情報化戦略を立案し実行する責任者。

解答群

ア　内部統制　　　　　　イ　CIO
ウ　コンプライアンス　　エ　IT ガバナンス

---

59 プロジェクト立上げ時に，プロジェクトの活動を総合的に管理及び調整するために，プロジェクト憲章を定める。プロジェクト憲章に盛り込むべき内容として，適切なものはどれか。　　　　(H21 秋 IP)

　　ア　スケジュール　　イ　体制　　ウ　品質マネジメント計画　　エ　プロジェクトの目的

60 プロジェクトを管理する上で，プロジェクトマネージャが考慮すべき制約条件の組合せとして，適切なものはどれか。　　　　(H21 秋 IP)

　　ア　対象範囲，納期，予算　　　　　イ　対象範囲，納期，リスク
　　ウ　対象範囲，予算，リスク　　　　エ　納期，予算，リスク

61 プロジェクトを立ち上げるときに，最初に行うことはどれか。　　　　(H21 春 IP)

　　ア　進捗管理　　　　　　　　　　　イ　スケジュール立案
　　ウ　プロジェクト目標の明確化　　　エ　予算立案

62 利用部門からの要望を受けて，開発部門でシステム開発のプロジェクトを立ち上げた。プロジェクトマネージャの役割として，最も適切なものはどれか。　　　　(H22 秋 IP)

　　ア　システムの要件を提示する。
　　イ　プロジェクトの進捗を把握し，問題が起こらないように適切な処置を施す。
　　ウ　プロジェクトの提案書を作成する。
　　エ　プロジェクトを実施するための資金を調達する。

63 プロジェクトメンバの間で，プロジェクトに関する決定事項を明確に伝えるために行う活動として，最も適切なものはどれか。　　　　(H22 秋 IP)

　　ア　議事録作成のルールを決める。
　　イ　作業タスクの洗い出しを十分に行う。
　　ウ　進捗を定量的に管理する。
　　エ　成果物のレビューを実施する。

64 システム開発のプロジェクトマネジメントに関する記述 a～d のうち，スコープのマネジメントの失敗事例だけを全て挙げたものはどれか。　　　　(R5　IP)

　a　開発に必要な人件費を過少に見積もったので，予算を超過した。
　b　開発の作業に必要な期間を短く設定したので，予定期間で開発を完了させることができなかった。
　c　作成する機能の範囲をあらかじめ決めずにプロジェクトを開始したので，開発期間を超過した。
　d　プロジェクトで実施すべき作業が幾つか計画から欠落していたので，システムを完成できなかった。

　　ア　a, b　　イ　b, c　　ウ　b, d　　エ　c, d

65 A社がB社にシステム開発を発注し，システム開発プロジェクトを開始した。プロジェクトの関係者①〜④のうち，プロジェクトのステークホルダとなるものだけを全て挙げたものはどれか。 (R4 IP)

① A社の経営者
② A社の利用部門
③ B社のプロジェクトマネージャ
④ B社を技術支援する協力会社

ア ①，②，④ イ ①，②，③，④ ウ ②，③，④ エ ②，④

66 PMBOKについて説明したものはどれか。 (H27春IP)

ア システム開発を行う組織がプロセス改善を行うためのガイドラインとなるものである。
イ 組織全体のプロジェクトマネジメントの能力と品質を向上し，個々のプロジェクトを支援することを目的に設置される専門部署である。
ウ ソフトウェアエンジニアリングに関する理論や方法論，ノウハウ，そのほかの各種知識を体系化したものである。
エ プロジェクトマネジメントの知識を体系化したものである。

67 プロジェクトマネジメントの知識エリアには，プロジェクト人的資源マネジメント，プロジェクトスコープマネジメント，プロジェクトタイムマネジメント，プロジェクト品質マネジメントなどがある。プロジェクト品質マネジメントで行う作業はどれか。 (H29秋IP)

ア プロジェクト成果物に関する詳細な記載内容の記述
イ プロジェクト成果物を事前に定めた手順に従って作成しているかどうかのレビューの実施
ウ プロジェクト成果物を作成するための各メンバの役割と責任の定義
エ プロジェクト成果物を作成するためのスケジュールの作成及び進捗の管理

68 プロジェクトマネジメントにおいてWBSを作成する目的として，最も適切なものはどれか。 (H23春IP)

ア 進捗管理の作業効率を向上する。
イ 成果物とそれを作成するための作業を明確にする。
ウ 品質検証のための基準を明確にする。
エ プロジェクトの目的を周知する。

69 プロジェクトで作成するWBSに関する記述のうち，適切なものはどれか。 (R4 IP)

ア WBSではプロジェクトで実施すべき作業内容と成果物を定義するので，作業工数を見積もるときの根拠として使用できる。
イ WBSには，プロジェクトのスコープ外の作業も検討して含める。
ウ 全てのプロジェクトにおいて，WBSは成果物と作業内容を同じ階層まで詳細化する。
エ プロジェクトの担当者がスコープ内の類似作業を実施する場合，WBSにはそれらの作業を記載しなくてよい。

70 プロジェクト計画書に記述するものはどれか。 （サンプル）

　ア　画面レイアウト　　イ　業務フロー
　ウ　スケジュール　　　エ　プログラム構造

71 プロジェクト管理においてマイルストーンに分類されるものはどれか。 （H21 春 IP）

　ア　結合テスト工程　　　イ　コーディング作業
　ウ　設計レビュー開始日　エ　保守作業

72 システム開発プロジェクトにおけるクリティカルパスに関する記述のうち，適切なものはどれか。
（H23 春 IP）

　ア　開発の遅延を回復するために要員を追加する場合，クリティカルパス上の作業に影響を与
　　えないように，クリティカルパス上にない作業に対して優先的に追加する。
　イ　クリティカルパス上の作業が 3 日前倒しで完了すると，プロジェクトの完了も必ず 3 日前
　　倒しとなる。
　ウ　クリティカルパス上の作業が遅延すると，プロジェクトの完了も遅延する。
　エ　プロジェクトにおいてクリティカルパスは一つだけ存在する。

73 図のアローダイアグラムにおいて，作業 B が 2 日遅れて完了した。そこで，予定どおりの期間で全ての
作業を完了させるために，作業 D に要員を追加することにした。作業 D に当初 20 名が割り当てられてい
るとき，作業 D に追加する要員は最少で何名必要か。ここで，要員の作業効率は一律である。 （R4　IP）

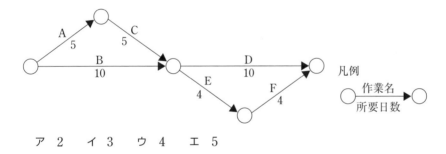

　ア　2　　イ　3　　ウ　4　　エ　5

74 図のアローダイヤグラムにおいて，作業 B が 3 日遅れて完了した。全体の遅れを 1 日にするためには，
どの作業を何日短縮すればよいか。 （H23 春 IP）

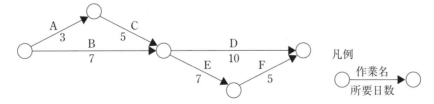

　ア　作業 C を 1 日短縮する。　　　イ　作業 D を 1 日短縮する。
　ウ　作業 E を 1 日短縮する。　　　エ　どの作業も短縮する必要はない。

⑦⑤ 開発期間 10 か月，開発の人件費予算 1,000 万円のプロジェクトがある。5 か月経過した時点で，人件費の実績は 600 万円であり，成果物は全体の 40％が完成していた。このままの生産性で完成まで開発を続けると，人件費の予算超過はいくらになるか。 (R3 IP)

　　ア　100 万円　　イ　200 万円　　ウ　250 万円　　エ　500 万円

⑦⑥ 120 k ステップのソフトウェアを開発した。開発の各工程における生産性の実績が表のとおりであるとき，開発全体の工数は何人月か。ここで，生産性は 1 人月当たりの k ステップとする。 (R4 IP)

単位　k ステップ/人月

工程	生産性
設計	6.0
製造	4.0

　　ア　10　　イ　12　　ウ　24　　エ　50

⑦⑦ あるプロジェクトの関係者 6 人が，それぞれ 1 対 1 で情報の伝達を行う必要があるとき，情報の伝達を行うために必要な経路の数は少なくとも幾つになるか。 (H21 秋 IP)

　　ア　6　　イ　9　　ウ　15　　エ　30

⑦⑧ システム開発プロジェクトの品質マネジメントには，成果物の品質要求事項や品質標準を定め，それらを達成するための方法を明確にする品質計画プロセスがある。品質計画プロセスの考え方として，適切なものはどれか。 (H27 春 IP)

　　ア　過去のシステム開発プロジェクトの成果物に全く同じものが無ければ，過去の品質標準は参考にならない。
　　イ　全てのプロジェクトでスケジュールを最優先すべきなので，目標とする品質を達成させるためのレビューやテストの期間は短くしてよい。
　　ウ　全てのプロジェクトで品質を最優先し，成果物の品質を高めるためには予算に制約を設定すべきではない。
　　エ　目標とする品質を達成させるための活動によってもたらされる，手直しの減少や生産性の向上，ステークホルダの満足度の向上などの効果と，必要なコストを比較検討する。

⑦⑨ プロジェクトマネジメントの知識エリアには，プロジェクトコストマネジメント，プロジェクト人的資源マネジメント，プロジェクトタイムマネジメント，プロジェクト調達マネジメントなどがある。あるシステム開発プロジェクトにおいて，テスト用の機器を購入するときのプロジェクト調達マネジメントの活動として，適切なものはどれか。 (H27 秋 IP)

　　ア　購入する機器を用いたテストを機器の納入後に開始するように，スケジュールを作成する。
　　イ　購入する機器を用いてテストを行う担当者に対して，機器操作のトレーニングを行う。
　　ウ　テスト用の機器の購入費用をプロジェクトの予算に計上し，総費用の予実績を管理する。
　　エ　テスト用の機器の仕様を複数の購入先候補に提示し，回答内容を評価して適切な購入先を決定する。

80 システム開発プロジェクトにおいて，プログラム作成の生産性を向上させるための施策として，新しく参加したメンバに対し，開発ツールの利用スキル向上のトレーニングを計画した。この施策の効果を評価する指標として，最も適切なものはどれか。 (H25 秋 IP)

ア　トレーニングの参加者の延べ人数
イ　トレーニングの実施回数
ウ　メンバ1人当たりの1日のプログラム作成量
エ　メンバ各自がトレーニングに参加した合計時間

81 A社のIT部門では，ヘルプデスクのサービス可用性の向上を図るために，対応時間を24時間に拡大することを検討している。ヘルプデスク業務をA社から受託しているB社は，これを実現するためにチャットボットをB社に導入して活用することによって，深夜時間帯は自動応答で対応する旨を提案したところ，A社は24時間対応が可能であるのでこれに合意した。この合意に用いる文書として，最も適切なものはどれか。 (R5 IP)

ア　BCP　　　イ　NDA　　　ウ　SLA　　　エ　SLM

82 ITサービスマネジメントにおけるSLAに関する次の記述において，a，bに当てはまる語句の組合せとして，適切なものはどれか。 (R4 IP)

SLAは，　a　と　b　との間で交わされる合意文書である。　a　が期待するサービスの目標値を定量化して合意した上でSLAに明記し，　b　はこれを測定・評価した上でサービスの品質を改善していく。

	a	b
ア	経営者	システム監査人
イ	顧客	サービスの供給者
ウ	システム開発の発注者	システム開発の受託者
エ	データの分析者	データの提供者

83 SLAに含めることが適切な項目はどれか。 (H21 秋 IP)

ア　サーバの性能　　　　　イ　サービス提供時間帯
ウ　システムの運用コスト　エ　新規サービスの追加手順

84 ITサービスをはじめとした各種のサービスにおいて，サービス提供者と委託者があらかじめサービスのレベルを明示的に合意し，それを達成するために「モニタリング」「レポーティング」「レビュー（チェック）」「改善」を繰り返し，サービスレベルの維持あるいは継続的な品質向上を図るマネジメント活動はどれか。

ア　サービスレベル管理（SLM）　　　イ　サービスレベルアグリーメント（SLA）
ウ　ファシリティマネジメント（FM）　エ　マネジメントサービスプロバイダ（MSP）

85 ITIL の説明として，適切なものはどれか。 (H23 秋 IP)

- ア IT サービスの運用管理を効率的に行うためのソフトウェアパッケージ
- イ IT サービスを運用管理するための方法を体系的にまとめたベストプラクティス集
- ウ ソフトウェア開発とその取引の適正化のために作業項目を定義したフレームワーク
- エ ソフトウェア開発を効率よく行うための開発モデル

86 サービスデスクがシステムの利用者から障害の連絡を受けた際の対応として，インシデント管理の観点から適切なものはどれか。 (H21 秋 IP)

- ア 再発防止を目的とした根本的解決を，復旧に優先して実施する。
- イ システム利用者の業務の継続を優先し，既知の回避策があれば，まずそれを伝える。
- ウ 障害対処の進捗状況の報告は，連絡を受けた先だけに対して行う。
- エ 障害の程度や内容を判断し，適切な連絡先を紹介する。

87 顧客からの電話による問合せに対応しているサービスデスクが，次のようなオペレータ支援システムを導入した。このシステム導入で期待できる効果 a〜c のうち，適切なものだけを全て挙げたものはどれか。 (R4 IP)

　顧客とオペレータの会話をシステムが認識し，瞬時に知識データベースと照合，次に確認すべき事項や最適な回答の候補をオペレータのディスプレイに表示する。

- a 経験の浅いオペレータでも最適な回答候補を基に顧客対応することができるので，オペレータによる対応のばらつきを抑えることができる。
- b 顧客の用件を自動的に把握して回答するので，電話による問合せに 24 時間対応することができる。
- c 対応に必要な情報をオペレータが探す必要がなくなるので，個々の顧客対応時間を短縮することができる。

　　ア a, b　　イ a, b, c　　ウ a, c　　エ b, c

88 サービスデスクの業務改善に関する記述のうち，最も適切なものはどれか。 (R5 IP)

- ア サービスデスクが受け付けた問合せの内容や回答，費やした時間などを記録して分析を行う。
- イ 障害の問合せに対して一時的な回避策は提示せず，根本原因及び解決策の検討に注力する体制を組む。
- ウ 利用者が問合せを速やかに実施できるように，問合せ窓口は問合せの種別ごとにできるだけ細かく分ける。
- エ 利用者に対して公平性を保つように，問合せ内容の重要度にかかわらず受付順に回答を実施するように徹底する。

89 IT サービスマネジメントにおけるインシデント管理の目的として，適切なものはどれか。　　　(R4　IP)

ア　インシデントの原因を分析し，根本的な原因を解決することによって，インシデントの再発を防止する。

イ　サービスに対する全ての変更を一元的に管理することによって，変更に伴う障害発生などのリスクを低減する。

ウ　サービスを構成する全ての機器やソフトウェアに関する情報を最新，正確に維持管理する。

エ　インシデントによって中断しているサービスを可能な限り迅速に回復する。

90 サービスサポートにおける構成管理の役割はどれか。　　　(H21 秋 IP)

ア　あらかじめ定義された IT 資産の情報を管理する。

イ　インシデントの発生から解決までを管理する。

ウ　サービスサポートの要員を管理する。

エ　変更が承認されたシステムに関する変更を実際に行い，記録する。

91 IT サービスマネジメントのプロセスには，インシデント管理，問題管理，リリース管理などの活動がある。問題管理の活動はどれか。　　　(H22 秋 IP)

ア　電子メールが送信できないと各部署から連絡があった。サービスを再開するためバックアップシステムを立ち上げた。

イ　電子メールが送信できないと問合せがあった。利用者に PC の設定を確認してもらったところ，電子メールアドレスが誤っていたので修正してもらった。

ウ　メールシステムがサーバのハードウェア障害でダウンした。故障したハードウェア部品の交換と確認テストを実施した。

エ　メールシステムがダウンした。原因を究明するために情報システム部門の担当者とシステムを構築したベンダの技術者を招集し，情報収集を開始した。

92 IT サービスマネジメントにおける IT サービス継続性管理とは，災害などの発生時にビジネスへの悪影響を最小限にするための活動である。IT サービス継続性管理において PDCA サイクルの A(Act) に該当するものはどれか。　　　(H27 春 IP)

ア　IT サービスを継続するための復旧方法などを定めた復旧計画書を策定する。

イ　災害の発生を想定して，要員に対する定期的な教育や訓練を実施する。

ウ　復旧計画の内容についてレビューやテストを実施して検証する。

エ　レビューやテストの実施結果に基づいて，必要であれば復旧計画書を見直す。

93 a～d のうち，ファシリティマネジメントに関する実施事項として，適切なものだけを全て挙げたものはどれか。　　　(R4　IP)

a　コンピュータを設置した建物への入退館の管理

b　社内の PC へのマルウェア対策ソフトの導入と更新管理

c　情報システムを構成するソフトウェアのライセンス管理

d　停電時のデータ消失防止のための無停電電源装置の設置

　ア　a, c　　イ　a, d　　ウ　b, d　　エ　c, d

94 システム環境整備に関する次の記述中のa，bに入れる字句の適切な組合せはどれか。　　（R5　IP）

　　企業などがシステム環境である建物や設備などの資源を最善の状態に保つ考え方として
　　　a　　がある。その考え方を踏まえたシステム環境整備の施策として，突発的な停電が発生し
たときにサーバに一定時間電力を供給する機器である　　b　　の配備などがある。

	a	b
ア	サービスレベルマネジメント	IPS
イ	サービスレベルマネジメント	UPS
ウ	ファシリティマネジメント	IPS
エ	ファシリティマネジメント	UPS

95 セキュリティワイヤの用途として，適切なものはどれか。　　（H22秋IP）

　　ア　火災が発生した場合に重要な機器が焼失しないようにする。
　　イ　事務室に設置されているノート型PCの盗難を防止する。
　　ウ　社外で使用するノート型PCの画面の盗み見を防止する。
　　エ　停電が発生した場合でもシステムに代替電力を供給する。

96 テレワークを推進しているある会社では，サテライトオフィスを構築している。サテライトオフィスで
使用するネットワーク機器やPCを対象に，落雷による過電流を防止するための対策を検討した。有効
な対策として，最も適切なものはどれか。　　（R4　IP）

　　ア　グリーンITに対応した機器の設置
　　イ　サージ防護に対応した機器の設置
　　ウ　無線LANルータの設置
　　エ　無停電電源装置の設置

97 ITサービスマネジメントにおけるリリース管理の説明として，適切なものはどれか。　　（H23春IP）

　　ア　インシデントが発生した根本原因を突き止め，問題の再発を防ぐ。
　　イ　インシデント発生時に，迅速に通常のサービス運用を回復する。
　　ウ　組織で使用しているIT資産を正確に把握し，不適切な使用をさせない。
　　エ　変更管理で承認された変更を稼働環境に適用する。

98 ソフトウェアベンダから提供されたセキュリティパッチの内容を確認し，自社システムに適用する場合
の影響を評価した。この作業はシステムの運用管理業務のうちどれに該当するか。　　（H22秋IP）

　　ア　インシデント管理　　イ　構成管理
　　ウ　変更管理　　　　　　エ　リリース管理

99 システム開発プロジェクトにおけるリスク管理として，適切なものはどれか。　　(H21 春 IP)

  ア　リスク管理は，要件定義が完了した時点から実施する。
  イ　リスク管理を行う範囲には，スキル不足など個人に依存するものは含まない。
  ウ　リスクに対しては発生の予防と，発生による被害を最小限にする対策を行う。
  エ　リスクの発生は予防措置を徹底することで防止でき，その場合は事後対策が不要になる。

100 a〜dのうち，システム監査人が，合理的な評価・結論を得るために予備調査や本調査のときに利用する調査手順に関する記述として，適切なものだけを全て挙げたものはどれか。　　(R4 IP)

  a　EA(Enterprise Architecture)の活用
  b　コンピュータを利用した監査技法の活用
  c　資料や文書の閲覧
  d　ヒアリング

  ア　a，b，c　　イ　a，b，d　　ウ　a，c，d　　エ　b，c，d

101 システム監査の手順を実施順に並べたものはどれか。　　(サンプル)

  ア　計画，調査，報告　　　　　　イ　原因調査，修正，テスト
  ウ　設計，プログラミング，テスト　　エ　要件定義，提案依頼，提案評価

102 システム監査人の行動規範に関して，次の記述中のa，bに入れる字句の適切な組合せはどれか。　　(R5 IP)

  システム監査人は，監査対象となる組織と同一の指揮命令系統に属していないなど， a 上の独立性が確保されている必要がある。また，システム監査人は b 立場で公正な判断を行うという精神的な態度が求められる。

	a	b
ア	外観	客観的な
イ	経営	被監査側の
ウ	契約	経営者側の
エ	取引	良心的な

103 システム監査における評価に関する記述のうち，適切なものはどれか。　　(H27 春 IP)

  ア　監査証拠がない部分は，推測によって評価する。
  イ　監査証拠に基づいて評価しなければならない。
  ウ　システム利用部門の意向に従い評価する。
  エ　被監査部門の意向に従い評価する。

104 内部統制において，不正防止を目的とした職務分掌に関する事例として，最も適切なものはどれか。

（R5　IP）

　　ア　申請者は自身の申請を承認できないようにする。
　　イ　申請部署と承認部署の役員を兼務させる。
　　ウ　一つの業務を複数の担当者が手分けして行う。
　　エ　一つの業務を複数の部署で分散して行う。

105 社員の不正を抑止するための内部統制に当たるものはどれか。

（サンプル）

　　ア　企業の情報セキュリティ方針をインターネットで公表する。
　　イ　作業の実施者と承認者を分ける。
　　ウ　地域活性化に貢献するために，市町村の催しなどの後援企業となる。
　　エ　発覚した不祥事によって企業イメージが悪化することを避けるために，マスコミ対策をとる。

106 内部統制に関する記述として，適切なものはどれか。

（H21 秋 IP）

　　ア　内部監査人は，経営者による内部統制の整備や運用に対して監督責任をもつ。
　　イ　内部統制に関するリスクは，発生頻度でなく発生した場合の財務情報への影響度で評価する。
　　ウ　内部統制の評価法として，業務実施部門がチェックリストで自らの業務がルールどおりに行われているかを評価する独立的モニタリングがある。
　　エ　内部統制は，経営者が組織目的の達成について合理的な保証を得るためのマネジメントプロセスである。

107 内部統制の説明として，適切なものはどれか。

（H23 春 IP）

　　ア　業務の有効性及び効率性，財務報告の信頼性，法令遵守，資産の保全を達成するために，企業内のすべての者によって遂行されるプロセスのこと
　　イ　経営をゆだねられている経営者などが，金融機関などから資金を調達して親会社の株主から株式を買い取り，経営権を取得すること
　　ウ　仕事と仕事から離れた個人の生活の両方について，どちらかが犠牲になることなく，それぞれをバランスよく充実させていこうという考え方のこと
　　エ　組織活動の目的を達成するための組織体の取組みであり，業務とシステムをともに最適化することを目指す手法のこと

108 内部統制が有効に機能していることを継続的に評価するプロセスはどれか。

（H22 秋 IP）

　　ア　暗号化対策　　　　　イ　災害復旧対策
　　ウ　ベンチマーキング　　エ　モニタリング

109 企業全体の活動に統合できるような情報システムを構築し，その企業の経営目的の達成に役立てるような戦略的な IT 活用方法を検討，投資を行うことを何というか。

　　ア　内部統制　　　　　イ　IT ガバナンス
　　ウ　コンプライアンス　エ　CIO

110 IT ガバナンスに関する記述として，最も適切なものはどれか。 (R4 IP)

ア IT サービスマネジメントに関して，広く利用されているベストプラクティスを集めたもの

イ システム及びソフトウェア開発とその取引の適正化に向けて，それらのベースとなる作業項目の一つ一つを定義して標準化したもの

ウ 経営陣が組織の価値を高めるために実践する行動であり，情報システム戦略の策定及び実現に必要な組織能力のこと

エ プロジェクトの要求事項を満足させるために，知識，スキル，ツール，技法をプロジェクト活用に適用すること

5章 企業と法務

5—1 企業活動

◆ 企業活動と経営資源

　経営管理とは，経営目標を実現するために，人事・資産・財務・情報を管理する活動をいう。

1 次の経営管理に関する説明に適した用語を解答群から記号で選べ。

☐（1）企業の使命や存在意義を社会に表したもの。

☐（2）利益追及だけでなく，企業の社会的責任を果たすこと。

☐（3）企業の存続を脅かす事態の発生に備え，継続計画の策定，実施のための定期的な教育・訓練などを行うこと。

☐（4）企業が投資者や債権者などの利害関係者に対して，経営や財務の状況等，各種の情報を公開することを義務付ける情報開示制度のこと。

☐（5）省電力化，地球環境への負荷を低減する IT 関連機器や IT システムや取り組みの総称。

☐（6）持続可能な社会を目指して，2030 年までに国際社会として達成すべき 17 の目標のこと。2015 年国連サミットで採択された。貧困や飢餓問題から，働きがいや経済成長，気候変動など，21 世紀の世界が抱える課題を包括的に挙げ解決に向けての指針を示している。

☐（7）企業名や企業のすべての製品・サービス全体に認知された企業ブランドのこと。

☐（8）リスク分析により明確化されたリスクが許容できるかどうかを決定するプロセス。コストパフォーマンスも含めて検討する。

☐（9）人間の経済活動によって排出される負荷物を限りなくゼロにすることを目的に，効率的な資源活用を図りながら，持続可能な活動を展開する理念と方法のこと。

☐（10）企業が経営をするうえで，従業員・消費者・クライアント・株主・金融機関など直接的または間接的に影響を受ける利害関係者のこと。

☐（11）予期せぬ災害が発生した場合に備えて，事業の継続と早期の復旧を目的にした企業の行動計画。

☐（12）新規事業の企画開発のような明確な工程のない課題において意思決定を行うときに，観察・仮説の構築・意思決定・実行のステップで実践する手法。

☐（13）企業を評価する際に，企業の財務状況の他に，環境問題への対応や社会的な課題への取り組みなど，企業の社会的責任を積極的に果たしているかどうかを基準にした投資行動のこと。ESG 投資なども含めた活動をいう。

解答群

ア BCM	イ OODA	ウ SDGs	エ SRI
オ グリーン IT		カ BCP	
キ ディスクロージャー		ク コーポレートブランド	
ケ ステークホルダ		コ ゼロエミッション	
サ リスクアセスメント		シ CSR	ス 企業理念

2 次の経営組織に関する説明に適した用語を解答群から記号で選べ。

□(1) 職能別・事業別・プロジェクト別など，異なる組織構造をミックスしてそれぞれの特色を残した組織。

□(2) 製品別・地域別など，企業をいくつかの独立したグループに分割し各グループにおいて，独立採算性をおいた組織。

□(3) 製造部門・財務部門別など，業務の内容によって分割した組織。

□(4) 経営層・管理部門・各種職能部門別に分割し，命令系統を上から下へ統括した組織。

□(5) 特定の目的のために，臨時的に必要な人材を集めて編成された組織。

□(6) 事業部の一部を子会社化し，より機動性と独立性を高めた組織。

□(7) 社内の組織を独立採算のグループに分け，相互作用的に活動して全体を構成する組織形態。

□(8) 複数の企業，部門，個人が共通の目的のもと，組織の枠組みを越えて横断的に協働する組織形態。

解答群
ア　アメーバ組織	イ　マトリックス組織	ウ　階層型組織
エ　カンパニ制	オ　ネットワーク組織	カ　事業部制組織
キ　職能別組織	ク　プロジェクト組織	

◆ ヒューマンリソースマネジメント

　企業にとって，組織で働く労働者の能力をどのように育成するかが大きな課題である。ヒューマンリソースは「人的資源の獲得・動機付け・教育・定着」を目標に進められる。

3 次の説明に適した用語を解答群から記号で選べ。

□(1) 企業にとって必要とされる社員が，できるだけ長く組織にとどまり能力を発揮できるようにするため，職務内容の明確化，雇用の保障，高賃金，福利厚生など，働く環境を整えること。

□(2) 全体を統括するマネジメントと違った立場で，自らが規範となって行動し，部下の信頼を得ることで組織を活性化する能力をいう。

□(3)「動機」「意欲」「やる気」などの意味で使用され，意欲を持って仕事に関われるように，労働環境や研修制度を整えるなどの働きかけが効果を生む。

□(4) 組織や仕事に対する絆，愛着心，思い入れなどを意味する。仕事に対して自ら積極的に取り組む「活力」，自身の知識や技術，経験や業績などによる強い思い入れ「熱意」，前向きに集中して仕事に取り組む状態「没頭」の3つを定義し，企業の活性化を進める。

□(5) 情報通信技術を活用した，場所や時間にとらわれない柔軟な働き方。

□(6) 労働法で定められた労働時間の規制の適用を緩和し，本人の了解のもと休日・深夜の割増賃金を適用せずに，成果に対する報酬支払とする制度。

□(7) 企業の本社・本拠地から離れた場所に設置されたオフィスで仕事をするスタイル。

□(8) オフィスや自宅，施設に依存することなく，カフェやコワーキングスペース，移動中の電車内などどこでも自由に仕事をするスタイル。

（マトリックス組織）

製造部門	財務部門

地域別事業部	製品別事業部

（事業部制組織）

経営層

地域別事業部	製品別事業部

（階層型組織）

経営層

管理部門

製造部門	財務部門

♣最高意志決定機関
　株主総会

♣日本の執行役員制度
　代表取締役社長
　（最高経営責任者）
　取締役会
　（最高執行機関）

♣タレントマネジメント
　個人の才能を育成・維持することで持続的な発展を目指す管理手法。

解答群
- ア　ワークエンゲージメント　イ　サテライトワーク
- ウ　リーダーシップ　　　　　エ　モチベーション
- オ　テレワーク　カ　リテンション　キ　モバイルワーク
- ク　ホワイトカラーエグゼンプション

♣ e ラーニング（e-Learning）

♣ 適応学習（Adaptive Learning）

♣ HR Tech（Human Resources Technology）

♣ 目標管理制度（Management By Objectives）

♣ CDP（Career Development Program/Plan）

♣ OJT（On the Job Training）

4 次の説明に適した用語を解答群から記号で選べ。
- □（1）インターネットを利用した学習形態のこと。ネットワークに接続さえすれば自分の自由な時間に受講でき，それぞれの進度に合わせた教材を学習できるメリットがある。
- □（2）個々の社員の理解度や進度に合わせ，学習の内容やレベルを最適化して提供する学習方法のこと。社員個々の学習の進捗状況をログとして記録し，理解度などを分析して最適な学習内容を提示する。
- □（3）クラウドや人工知能（AI），ビッグデータ解析などを利用して，採用・育成・評価・配置など人事業務の効率化と質の向上を目的としたサービスのこと。給与計算などの労務処理の効率化など多岐にわたって利用されている。
- □（4）個人またはグループごとに目標を設定し，その目標達成度を評価する人事評価制度のこと。個人やグループの主体的な管理の確立を目的としている。
- □（5）個人の適性，希望等を考慮しながら，研修や配属を検討し，長期的に人材を育成していくプログラム。
- □（6）仕事と私生活の調和を見直し，仕事での成果と私生活の充実を実現する活動。育児や家庭生活に限らず，仕事以外にボランティアやNPO活動，生涯学習など多様な価値観を持つ社員の生活を支援すること。
- □（7）実際の労働環境で働きながら教育を行うこと。人材育成において大きな成果が得られる。
- □（8）日常の業務を離れた職場外での教育訓練のこと。研修会や講習会等，現場の状況に左右されず効果的な成果が期待できる。
- □（9）優秀な人材を選出し，特別に育成するためのツール。
- □（10）対話を通じて個人が持つ才能や能力を最大限に発揮できるように支援するための組織開発の手法。
- □（11）特定の領域における知識やスキル，豊富な成功体験や多彩な人脈を持ち，自発的・自律的な成長を促す助言を行う人。
- □（12）ストレスを最小にして，同僚との共創的な活動を向上させること。
- □（13）多様な人材に注目し，その活用により共創性の高い組織を実現し，企業価値を向上させる経営戦略。

解答群
- ア　目標管理制度（MBO）　イ　OFF-JT　ウ　CDP
- エ　ダイバシティ・マネジメント　オ　タレントマネジメント
- カ　e ラーニング　キ　アダプティブ・ラーニング
- ク　ワークライフバランス　ケ　メンタルヘルス
- コ　HRテック　サ　OJT　シ　メンター　ス　コーチング

◆ 社会における IT 利活用の動向

センサ技術の進歩により，さまざまなデバイスから情報を収集する技術（IoT）が開発され，膨大なデータの蓄積（BD）が可能になった。こうした大量のデータを容易に分析できるテクノロジー（AI）を活用することで企業活動及び社会生活における IT サービスを提供するソフトウェアの開発が進められている。

5 次の説明に最も適した語を解答群から記号で選べ。

- □ (1) 製造ビジネスの世界では第4次産業革命が話題になっている。製造業におけるオートメーション化およびデータ化・コンピュータ化を目指す技術的コンセプトにつけられた名称のこと。

- □ (2) IoT ですべての物や情報が人とつながり，さまざまな知識や情報が共有されることで，今までにない新たな価値が生まれると期待される社会。必要な情報が必要なときに必要な場所に提供され，さまざまな課題解決に対応できる社会が実現できるとされている。

- □ (3) 現実世界にある多様なデータを集積・分析することで生み出された知識や価値を，現実の社会問題の解決や産業の活性化に生かそうとする概念。データを可視化することで未来を予測することも可能にするといわれている。

- □ (4) 企業がデータとディジタル技術を活用して，顧客や社会のニーズをもとに，製品やサービス，業務そのものや，組織，プロセス，企業文化・風土を変革し，競争上の優位性を確立するしくみのこと。クラウド，ビッグデータ，モビリティ，ソーシャルを利用して，ネットとリアルの両面で，顧客に新しい価値を創出して，競争上の優位性を確立することを目的としている。

- □ (5) 各地域が持つ社会的な課題を，最先端のテクノロジーによって解決しようという構想のこと。IoT/BD/AI を活用したスマートシティが進められるなか未来都市の実現を目指して内閣府によって取りまとめられた。

- □ (6) 国，自治体，独立行政法人，民間事業者などが管理するデータを活用することで新しいビジネスの創出や，データに基づく行政，医療，介護，教育などの効率化を目的とした法律。
    - ・行政機関での申請，届出手続きを原則オンラインで実施
    - ・多様な分野で横断的に官民データを活用できる基盤の整備

- □ (7) ディジタル社会の形成に関して，基本理念や施策策定の基本方針，国・自治体・事業者の責務，デジタル庁の設置，重点計画の作成について定めた法律。

```
解答群
  ア　スーパーシティ法        イ　Society 5.0
  ウ　官民データ活用推進基本法   エ　インダストリー 4.0
  オ　データドリブンソサエティ   カ　ディジタル社会形成基本法
  キ　ディジタルトランスフォーメーション
```

♣ OR(Operations Research)
科学的問題解決手法

♣ IE（Industrial Engineering）
生産工学・経営工学

♣ その他の分析図

・Zチャート

「毎月の売上累計」「売上高累計」「各月の移動累計」から商品管理に役立てる。移動累計が右上がりであれば成長商品であることを示す。

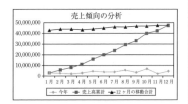

・回帰分析

データの因果関係を方程式で表した統計的手法。過去のデータをもとに将来の予測値を求める。

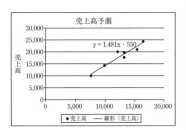

♣ 問題解決手法

・KJ法

(1) 情報収集
(2) カード作成
(3) グルーピング
(4) 見出し作り
(5) 図解
(6) 文書化

・ブレーンストーミング

(1) 批判禁止
(2) 質より量
(3) 自由奔放
(4) 便乗歓迎

◆ 業務分析と業務計画

　ORとは，問題を観察し事象を系統的に整理し，科学的にそのモデルを解析することで問題を解決する方法である。ORには，問題ごとに対応した各種のモデルがある。またIEとは生産行程の改善を図るための手法をいう。

6 次のグラフに当てはまる名称をA群より，説明をB群より記号で選べ。

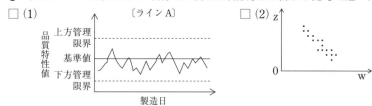

□(1)　〔ラインA〕

□(2)

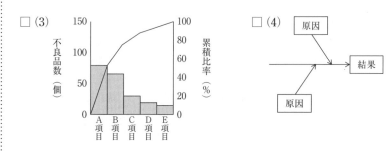

□(3)

□(4)

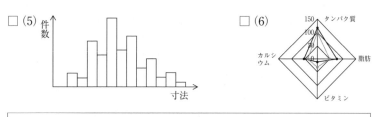

□(5)

□(6)

解答群

〈A群〉

　ア　パレート図　　イ　ヒストグラム　　ウ　レーダーチャート

　エ　散布図　　　　オ　管理図　　　　　カ　特性要因図

〈B群〉

　ア　データの範囲をいくつかの区間に分けて，各区間のデータ数（度数）を集計して，棒グラフに表す方法。

　イ　2種類のデータの一方を縦軸に他方を横軸にとり，データの相関関係を分析する方法。

　ウ　時系列に発生するデータのばらつきを折れ線グラフで表す方法。極端な変化が異常を表す。

　エ　データの構成要素に対する比率を表し，バランスを分析する。

　オ　魚の骨と呼ばれる。一つの問題に対して原因を作り出す要因を整理して分析する。

　カ　商品群をABCの3区分に分類して，売上に対する影響力の大きい商品群を発見する方法。

◆ データの種類

7 次の説明に最も適した語を解答群から記号で選べ。

☐ (1) データの最大値や最小値，四分位数（しぶんいすう）を示したグラフのことで，データの分布やばらつきを直感的かつ視覚的に表現できる図のこと。統計分析などで多く用いられる。

☐ (2) データの値を色の濃淡で表すことで視覚的に見分けられるようにしたもの。問題解決を図るための手法として用いられる。

☐ (3) 各項目値を「, （コンマ）」で区切って記述したデータ形式。各行が各レコードに対応しているため，異なるツールでのデータ共有で用いられることが多い。

☐ (4) グラフ中の過剰なデザインの総称で，3Dや，シャドー効果，太線のグリッド等のビジュアル要素を適切に用いない事により，本来伝えたい情報が正しく伝わりにくくなったり，情報が歪められて伝わったりする現象。

☐ (5) 調査・観測の対象となる集合全体を表す統計学上の概念。

☐ (6) 統計調査のために母集団から一部の調査対象者を取り出したもの。

☐ (7) 国内の人および世帯の実態を把握し，各行政施策や資料作成へ用いることを目的に全数調査により行う調査。

☐ (8) 対象となるものすべてを調査すること。

☐ (9) 標本調査の最も基本的な方法で，母集団から無作為で標本を抽出する方法。

☐ (10) 母集団を性別・年代・業種などの層に分け，その層ごとに無作為で標本を抽出する方法。

☐ (11) 無作為抽出を繰り返すことで，複数の段階に分けて標本抽出を行う方法。

☐ (12) WEBマーケティングにおける手法の一つであり，一つの商品に対して複数の広告やWebサイトを用意し，ランダムに表示することで，より閲覧数が多くなる広告を検証する方法。

☐ (13) シミュレーションの結果と実際の観測データと照合し，シミュレーションを改善して精度を高めていく作業のこと。

```
解答群
  ア  母集団          イ  国勢調査        ウ  箱ひげ図
  エ  全数調査        オ  CSV            カ  標本抽出
  キ  A/Bテスト       ク  層別抽出        ケ  データ同化
  コ  多段抽出        サ  単純無作為抽出
  シ  チャートジャンク  ス  ヒートマップ
```

♣相関と因果

　2つのデータ間で，一方が増えれば他方も増える（または減少する）という直線的な傾向がある場合，2つのデータ間に正の（負の）相関があるという。

　また，2つの事象のうち，片方が原因となって，もう片方が結果として生じるとき，これらの関係を因果関係という。

♣擬似相関

　異なる2つの要素に因果関係がないにも関わらず，あるように見えてしまう現象のこと。

♣ CSV（Comma Separeted Values）

♣四分位数（しぶんいすう）

　データを小さい順に並び替えたときに，データの数で4等分したときの区切り値のこと。
例 25%（第一四分位数）
　　50%（第二四分位数）
　　75%（第三四分位数）

下位中央　　↓　　上位中央
　　　　中央値

♣箱ひげ図

　←最大値
　←第三四分位
　←中央値
　←第一四分位
　←最小値

♣グルーピング

　データを類似したものどうしのグループに分ける作業のこと。近年では人工知能の教師なし学習により求める例が多い。

◆ データの利活用

8 次の説明に最も適した語を解答群から記号で選べ。

☐ (1) ERP や CRM などの業務システムに蓄積された膨大なデータの中から，分析・加工し，意思決定に活用する手法。

☐ (2) 企業にあるデータを整理・統合して，効果的な戦略的意思決定の支援をするシステム。

☐ (3) 企業内に蓄積された大量のデータから，統計学的手法により，今まで知られていなかったデータ，情報，知識を発掘する手法。

☐ (4) さまざまな種類や形式のデータを含む，非定形・非構造・時系列に生成されるデータをいう。

☐ (5) さまざまな形式で書かれた文章を，AI などを用いてデータ解析して，有用な情報を見つけ出す分析技術。

☐ (6) ICT を用いて，統計，データ分析などの手法によって，データから有用な情報を見つけ出す分析手法。

☐ (7) ビッグデータをさまざまな手法を用いて分析し，ビジネス上の課題の解決を支援する職業。

☐ (8) ある事象について記述された条件・選択肢をたどった場合に，どのような結果になるかをわかりやすく樹形図に表現したもの。

☐ (9) 製品の性能・機能について，現実に近付けたモデルをコンピュータ上で動かして評価する方法。

☐ (10) 事物や現象の本質的な形状や法則性を抽象化して，より単純化したもの。

☐ (11) 紙にアイディアを書き出し，書き出したアイディアを順番に回しながら，前の人のアイディアから新しいアイディアを生み出す手法。

☐ (12) 出された意見を関係性によってグループ化した図を作成し，問題の関連性を整理したり新たな発想を導き出す手法。KJ法ともいう。

☐ (13) さまざまなアイディアを幅広く集めるために行われる話し合いの手法。「自由なアイディア」「否定禁止」「質より量」「便乗歓迎」のルールで進められる。

解答群

ア モデル化	イ ビッグデータ	ウ BIツール
エ 親和図法	オ データサイエンス	
カ シミュレーション	キ テキストマイニング	
ク デシジョンツリー	ケ ブレーンストーミング	
コ データウェアハウス	サ データサイエンティスト	
シ データマイニング	ス ブレインライティング	

Side notes (left column):

♣ BI（Business Intelligence）
ERP：統合基幹業務システム
　人・物・金・情報を管理する。
CRM：顧客関係管理
　顧客との良好な関係性を築く。

♣ ビッグデータ（Big Data）

♣ データサイエンスのサイクル
①問題解決のための課題の設定
②調査方法の計画
③データ収集
④データの分析
⑤分析結果から知見を導出する

♣ デシジョンツリー

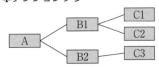

♣ モデル化
・確定モデル：規則的な結果が得られる現象
・確率モデル：不規則な結果が含まれる現象

◆ 財務諸表の種類と役割

企業の財政状態や経営成績を明らかにするものに財務諸表がある。

9　貸借対照表の空欄に当てはまる金額を記入しなさい。

貸借対照表			
（資産の部）		（負債の部）	
Ⅰ．流動資産　（　（1）　）		Ⅰ．流動負債　（　（3）　）	
1．現金	2,000	Ⅱ．固定負債	400
2．有価証券	1,300	負債合計	1,000
Ⅱ．固定資産		（純資産の部）	
1．有形資産		Ⅰ．株主資本	
建物	5,000	1．資本金	5,000
2．無形資産	1,000	2．資本剰余金	2,000
Ⅲ．繰延資産	3,000	3．利益剰余金　（　（4）　）	
資産合計　（　（2）　）		負債・純資産合計（　（5）　）	

10　損益計算書の空欄に当てはまる金額を記入しなさい。

損益計算書		
Ⅰ．売上高		6,000
Ⅱ．売上原価		
1．期首商品棚卸高	200	
2．当期商品仕入高	1,500	
合計	1,700	
3．期末商品棚卸高	300	（　（1）　）
売上総利益		（　（2）　）
Ⅲ．販売費及び一般管理費		1,100
営業利益 ……………………………		3,500
Ⅳ．営業外収益		400
Ⅴ．営業外費用		800
経常利益 ……………………………		3,100
Ⅵ．特別利益		200
Ⅶ．特別損失		300
税引前当期純利益		（　（3）　）
法人税等		800
当期純利益		（　（4）　）

11　期首商品棚卸高 20 百万円，当期商品仕入高 100 百万円，期末商品
棚卸高 30 百万円のとき，当期の売上原価は何百万円か。

　　　ア　50　　イ　70　　ウ　90　　エ　110

♣**計算式**

期首 B/S

資　産	負　債
	期首資本

期末 B/S

資　産	負　債
	期末資本

期末資本 − 期首資本 ＝ 当期純損益
（資本の増加が利益を示す）

♣**キャッシュフロー**：資金の流れを
意味し，収入から支出を引いた残
額資金のこと。企業財務の健全性
を示す指標。

♣**売上原価の計算**
売上原価 ＝ 期首商品棚卸高
　＋当期商品仕入高 − 期末商品棚卸高

♣**収益・費用の計算式**
売上総利益 ＝ 売上高 − 売上原価
営業利益 ＝ 売上総利益
　　　　　 − 販売費・一般管理費
経常利益 ＝ 営業利益 ＋ 営業外収益
　　　　　　　　　 − 営業外費用
税引前当期純利益 ＝ 経常利益 ＋
　　　　　 特別利益 − 特別損失

♣**財務分析の指標**
(1) 収益性を測る指標
　自己資本純利益率＝当期純利益÷自己資本×100
　（ROE）
　売上高経常利益率＝経常利益÷売上高×100
　売上高営業利益率＝営業利益÷売上高×100
(2) 資本の運用効率を測る指標
　総資本回転率＝売上高÷総資本×100
　棚卸資産回転率＝売上高÷棚卸高×100
(3) 短期的な支払い能力を測る指標
　流動比率＝流動資産÷流動負債×100
　当座比率＝当座資産÷流動負債×100
(4) 長期的な支払い能力を測る指標
　固定比率＝固定資産÷自己資本×100
(5) 資本の安定性を測る指標
　自己資本比率＝自己資本÷総資本×100

♣財務会計
　株主や債権者に報告するための会計。

♣管理会計
　経営の意思決定に利用するための会計。

♣売上高
　商品の総売上高。

♣変動費
　製品を売上げるごとにかかる費用。

♣固定費
　売上にかかわらずかかる費用。

♣総費用
　変動費と固定費の総額。

♣損益分岐点を求める式
　変動比率＝変動費÷売上高
　限界利益＝売上高－変動費
　限界利益率＝1－変動比率
　損益分岐点＝固定費÷限界利益率
$$= \cfrac{固定費}{1 - \cfrac{変動費}{売上高}}$$

♣目標売上高の計算
　目標売上高＝（固定費＋目標利益）
　　　　　　　　÷限界利益率

♣減価償却の計算（定額法）
$$減価償却費 = \frac{取得原価 - 残存価額}{耐用年数}$$

◆ 売上と利益の関係

　損益分岐点とは，利益と損失が同じ金額になる点をいい，目標売上高や利益の算出に用いる。

12 次の損益分岐点の図に当てはまる項目名を解答群から記号で選べ。

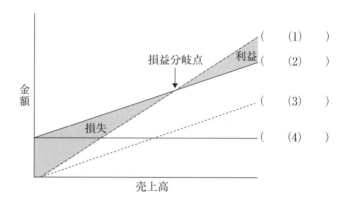

解答群
　ア　固定費　　イ　売上高　　ウ　変動費　　エ　総費用

13 損益計算資料から求められる損益分岐点売上高は何百万円か。

〔損益計算資料〕　　　　　単位：百万円

売上高	500
材料費（変動費）	200
外注費（変動費）	100
製造固定費	100
総利益	100
販売固定費	80
利益	20

　　ア　225　　イ　300　　ウ　450　　エ　480

14 売上高が 100 百万円のとき，変動費が 60 百万円，固定費が 30 百万円かかる。目標利益 18 百万円を達成するのに必要な売上高は何百万円か。
　　ア　80　　イ　108　　ウ　120　　エ　180

15 事業年度初日の平成 19 年 4 月 1 日に，事務所用のエアコンを 60 万円で購入した。平成 21 年 3 月 31 日現在の帳簿価額は何万円か。ここで，耐用年数は 6 年，減価償却は定額法によるものとし，残存価額は 10％とする。
　　ア　36　　イ　40　　ウ　42　　エ　51

【演習問題の解答】　◆データの利活用◆　**8**（1）ウ　（2）コ　（3）シ　（4）イ　（5）キ　（6）オ　（7）サ　（8）ク　（9）カ　（10）ア（11）ス　（12）エ　（13）ケ　　◆財務諸表の種類と役割◆　**9**（1）3,300　（2）12,300　（3）600　（4）4,300　（5）12,300　**10**（1）1,400　　（2）4,600　（3）3,000　（4）2,200　**11**　ウ

・・・◆ 経営・組織論に関する問題 ・・・・・・・・・・・・・・・・・・・・・・・・

❶ 企業の経営理念を策定する意義として，最も適切なものはどれか。 (R元秋 IP)

ア　企業の経営戦略を実現するための行動計画を具体的に示すことができる。
イ　企業の経営目標を実現するためのシナリオを明確にすることができる。
ウ　企業の存在理由や価値観を明確にすることができる。
エ　企業の到達したい将来像を示すことができる。

❷ 企業経営に携わる役職の一つである CFO が責任をもつ対象はどれか。 (H29秋 IP)

ア　技術　　　イ　財務　　　ウ　情報　　　エ　人事

❸ 企業の情報システム全体の最適化計画に関する承認責任者として，適切なものはどれか。 (H24秋 IP)

ア　CIO
イ　RFP 作成部門長
ウ　基幹システムが対象とする業務部門長
エ　システム開発プロジェクトマネージャ

❹ 株主総会の決議を必要とする事項だけを，全て挙げたものはどれか。 (H25春 IP)

a　監査役を選任する。
b　企業合併を決定する。
c　事業戦略を執行する。
d　取締役を選任する。

ア　a，b，d　　　イ　a，c　　　ウ　b　　　エ　c，d

❺ 2 人又はそれ以上の上司から指揮命令を受けるが，プロジェクトの目的管理と職能部門の職能的責任との調和を図る組織構造はどれか。 (H21秋 IP)

ア　事業部制組織　　　イ　社内ベンチャ組織
ウ　職能別組織　　　エ　マトリックス組織

❻ 規模が小さい企業，単一事業の企業，市場の変化が少なく安定した顧客を持つ企業などに最適な組織構造はどれか。 (H24春 IP)

ア　カンパニ制組織　　　イ　職能別組織
ウ　プロジェクト組織　　　エ　マトリックス組織

❼ 次の特徴をもつ組織形態として，適切なものはどれか。 (H28春 IP)

・組織の構成員が，お互い対等な関係にあり，自律性を有している。
・企業，部門の壁を乗り越えて編成されることもある。
ア　アウトソーシング　　　イ　タスクフォース
ウ　ネットワーク組織　　　エ　マトリックス組織

⑧ 図によって表される企業の組織形態はどれか。　　　　　　　　　　　　　　　（H24 秋 IP）

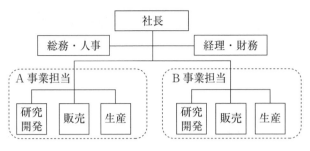

　　ア　事業部制組織　　　　　　イ　職能別組織
　　ウ　プロジェクト組織　　　　エ　マトリックス組織

⑨ 図によって表される企業の組織形態はどれか。　　　　　　　　　　　　　　　（H28 秋 IP）

　　ア　事業部制組織　　　　　イ　社内ベンチャ組織
　　ウ　職能別組織　　　　　　エ　マトリックス組織

⑩ コーポレートブランドを高める目的として，最も適切なものはどれか。　　　　（H31 春 IP）

　　ア　企業が有する独自のスキルや技術に基づいて，競合他社では提供が不可能な価値を顧客に
　　　　もたらすことである。
　　イ　企業名などから製品やサービスの品質イメージを連想させることで競争優位性をもたらす
　　　　ことである。
　　ウ　経営者や企業が社会に対して，企業の普遍的な価値観，企業活動の基本的な考え方を公表
　　　　して，ステークホルダの共感を得ることである。
　　エ　流通業者の主導権のもとで製造業者などと連携して開発し，生産される独自ブランドの商
　　　　品を低価格で販売することである。

⑪ 企業の活動のうち，コンプライアンスの推進活動に関係するものはどれか。　　（H29 春 IP）

　　ア　営業担当者が保有している営業ノウハウ，顧客情報及び商談情報を営業部門で共有し，営
　　　　業活動の生産性向上を図る仕組みを整備する。
　　イ　顧客情報や購買履歴を顧客と接する全ての部門で共有し，顧客満足度向上を図る仕組みを
　　　　整備する。
　　ウ　スケジュール，書類，伝言及び会議室予約状況を，部門やプロジェクトなどのグループで
　　　　共有し，コミュニケーションロスを防止する。
　　エ　法令遵守を目指した企業倫理に基づく行動規範や行動マニュアルを制定し，社員に浸透さ
　　　　せるための倫理教育を実施する。

⑫ 企業の経営状況を外部に公開することを何というか。　　　　　　　　　　　　（H22 春 IP）

　　ア　株式公開　　　　　　イ　企業格付け
　　ウ　コンプライアンス　　エ　ディスクロージャ

【演習問題の解答】　◆売上と利益の関係◆　**12** (1) イ　(2) エ　(3) ウ　(4) ア　　**13** ウ　**14** ウ　**15** ウ

⑬ 利益の追求だけでなく，社会に対する貢献や地球環境の保護などの社会課題を認識して取り組むという企業活動の基本となる考え方はどれか。 (H27 秋 IP)

　　ア　BCP　　　イ　CSR　　　ウ　M&A　　　エ　MBO

⑭ 大規模な自然災害を想定した BCP を作成する目的として，最も適切なものはどれか。 (H28 秋 IP)
　　ア　経営資源が縮減された状況における重要事業の継続
　　イ　建物や設備などの資産の保全
　　ウ　被災地における連絡手段の確保
　　エ　労働災害の原因となるリスクの発生確率とその影響の低減

⑮ 地震，洪水といった自然災害，テロ行為といった人為災害などによって企業の業務が停止した場合，顧客や取引先の業務にも重大な影響を与えることがある。こうした事象の発生を想定して，製造業の X 社は次の対策を採ることにした。対策 a と b に該当する用語の組合せはどれか。 (H27 秋 IP)

〔対策〕
a　異なる地域の工場が相互の生産ラインをバックアップするプロセスを準備する。
b　準備したプロセスへの切換えがスムーズに行えるように，定期的にプロセスの試験運用と見直しを行う。

	a	b
ア	BCP	BCM
イ	BCP	SCM
ウ	BPR	BCM
エ	BPR	SCM

⑯ グリーン IT の考え方に基づく取組みの事例として，適切なものはどれか。 (H26 秋 IP)
　　ア　LED の青色光による目の疲労を軽減するよう配慮したディスプレイを使用する。
　　イ　サーバ室の出入口にエアシャワー装置を設置する。
　　ウ　災害時に備えたバックアップシステムを構築する。
　　エ　資料の紙への印刷は制限して，PC のディスプレイによる閲覧に留めることを原則とする。

⑰ 企業の人事機能の向上や，働き方改革を実現することなどを目的として，人事評価や人材採用などの人事関連業務に，AI や IoT といった IT を活用する手法を表す用語として，最も適切なものはどれか。 (R3 IP)

　　ア　e-ラーニング　　　イ　FinTech
　　ウ　HRTech　　　　　エ　コンピテンシ

⑱ 社員育成方法のうち，Off-JT に分類されるものはどれか。 (H24 秋 IP)
　　ア　現場に権限を与えることによって自主性を生み出す。
　　イ　仕事を離れて実施される教育訓練を通じて，知識や技術を習得させる。
　　ウ　実際の仕事を通じて計画的に指導・育成し，必要な知識や技術を習得させる。
　　エ　質問や簡単なアドバイスを投げかけ，自ら目標に向かって行動を起こすように仕向ける。

⑲ 情報システム部員の技術スキル習得に関する施策のうち，OJT に該当するものはどれか。　　(H23 秋 IP)

　ア　参画しているプロジェクトにおいて，モデル化のスキルを習得するため，一部の業務プロセスのモデル化を担当した。

　イ　数年後のキャリアや将来像を描き，そのために必要となるスキルの洗い出しや習得のための計画を自主的に策定した。

　ウ　セキュリティに関するスキルを習得するため，専門性の高い社外のセミナーに参加した。

　エ　本年度の業務目標の一つとして，今後必要なスキルの習得を通信教育によって行うことを，上司と合意した。

⑳ 経営管理の仕組みの一つである PDCA の C によって把握できるものとして，最も適切なものはどれか。
(H23 特別 IP)

　ア　自社が目指す中長期のありたい姿

　イ　自社の技術ロードマップを構成する技術要素

　ウ　自社の経営計画の実行状況

　エ　自社の経営を取り巻く外部環境の分析結果

㉑ IT の活用によって，個人の学習履歴を蓄積，解析し，学習者一人一人の学習進行度や理解度に応じて最適なコンテンツを提供することによって，学習の効率と効果を高める仕組みとして，最も適切なものはどれか。
(R4　IP)

　ア　アダプティブラーニング　　　イ　タレントマネジメント

　ウ　ディープラーニング　　　　　エ　ナレッジマネジメント

㉒ 性別，年齢，国籍，経験などが個人ごとに異なるような多様性を示す言葉として，適切なものはどれか。
(H30 春 IP)

　ア　グラスシーリング

　イ　ダイバーシティ

　ウ　ホワイトカラーエグゼンプション

　エ　ワークライフバランス

㉓ X 社では，現在開発中である新商品 Y の発売が遅れる可能性と，遅れた場合における今後の業績に与える影響の大きさについて，分析と評価を行った。この取組みに該当するものとして，適切なものはどれか。
(H30 秋 IP)

　ア　ABC 分析　　　　　　　イ　SWOT 分析

　ウ　環境アセスメント　　　エ　リスクアセスメント

㉔ AI を開発するベンチャー企業の A 社が，資金調達を目的に，金融商品取引所に初めて上場することになった。このように，企業の未公開の株式を，新たに公開することを表す用語として，最も適切なものはどれか。
(R5　IP)

　ア　IPO　　　イ　LBO　　　ウ　TOB　　　エ　VC

㉕ 第4次産業革命に関する記述として，最も適切なものはどれか。 (R5 IP)

　ア　医療やインフラ，交通システムなどの生活における様々な領域で，インターネットやAIを活用して，サービスの自動化と質の向上を図る。

　イ　エレクトロニクスを活用した産業用ロボットを工場に導入することによって，生産の自動化と人件費の抑制を行う。

　ウ　工場においてベルトコンベアを利用した生産ラインを構築することによって，工業製品の大量生産を行う。

　エ　織機など，軽工業の機械の動力に蒸気エネルギーを利用することによって，人手による作業に比べて生産性を高める。

㉖ IoTやAIといったITを活用し，戦略的にビジネスモデルの刷新や新たな付加価値を生み出していくことなどを示す言葉として，最も適切なものはどれか。 (R5 IP)

　ア　デジタルサイネージ　　　　　　　イ　デジタルディバイド
　ウ　デジタルトランスフォーメーション　エ　デジタルネイティブ

◆ 業務分析・データ利活用に関する問題

㉗ AIの活用領域の一つである自然言語処理が利用されている事例として，適切なものだけを全て挙げたものはどれか。 (R5 IP)

　a　Webサイト上で，日本語の文章を入力すると即座に他言語に翻訳される。
　b　災害時にSNSに投稿された文字情報をリアルタイムで収集し，地名と災害情報などを解析して被災状況を把握する。
　c　スマートスピーカーを利用して，音声によって家電の操作や音楽の再生を行う。
　d　駐車場の出入口に設置したカメラでナンバープレートを撮影して，文字認識処理をし，精算済みの車両がゲートに近付くと自動で開く。

　ア　a, b, c　　　イ　a, b, d　　　ウ　a, c, d　　　エ　b, c, d

㉘ あるオンラインサービスでは，新たに作成したデザインと従来のデザインのWebサイトを実験的に並行稼働し，どちらのWebサイトの利用者がより有料サービスの申込みに至りやすいかを比較，検証した。このとき用いた手法として，最も適切なものはどれか。 (R4 IP)

　ア　A/Bテスト　　　イ　ABC分析
　ウ　クラスタ分析　　　エ　リグレッションテスト

㉙ ABC分析の事例として，適切なものはどれか。 (R3 IP)

　ア　顧客の消費行動を，時代，年齢，世代の三つの観点から分析する。
　イ　自社の商品を，売上高の高い順に三つのグループに分類して分析する。
　ウ　マーケティング環境を，顧客，競合，自社の三つの観点から分析する。
　エ　リピート顧客を，最新購買日，購買頻度，購買金額の三つの観点から分析する。

㉚ 製造業のA社では，製品の組立てに必要な部品を購買している。A社では，自社の収入金額全体に占める割合が大きい部品を，重点的に在庫管理を行う対象として選びたい。このとき利用する図表として，適切なものはどれか。 (H23特別 IP)

　ア　ガントチャート　　　イ　管理図
　ウ　特性要因図　　　　　エ　パレート図

㉛ 同一難易度の複数のプログラムから成るソフトウェアのテスト工程での品質管理において，各プログラムの単位ステップ数当たりのバグ数をグラフ化し，上限・下限の限界線を超えるものを異常なプログラムとして検出したい。作成する図として，最も適切なものはどれか。 (R3 IP)

　　ア　管理図　　　イ　特性要因図　　　ウ　パレート図　　　エ　レーダチャート

㉜ ブレーンストーミングの進め方のうち，適切なものはどれか。 (H30 春 IP)

　　ア　自由奔放なアイディアは控え，実現可能なアイディアの提出を求める。
　　イ　他のメンバの案に便乗した改善案が出ても，とがめずに進める。
　　ウ　メンバから出される意見の中で，テーマに適したものを選択しながら進める。
　　エ　量よりも質の高いアイディアを追求するために，アイディアの批判を奨励する。

㉝ ソフトウェアの設計品質には設計者のスキルや設計方法，設計ツールなどが関係する。品質に影響を与える事項の関係を整理する場合に用いる，魚の骨の形に似た図形の名称として，適切なものはどれか。 (H26 春 IP)

　　ア　アローダイアグラム　　　イ　特性要因図
　　ウ　パレート図　　　　　　　エ　マトリックス図

㉞ クラスの学生の 8 科目の成績をそれぞれ 5 段階で評価した。クラスの平均点と学生の成績の比較や，科目間の成績のバランスを評価するために用いるグラフとして，最も適切なものはどれか。 (H25 秋 IP)

　　ア　円グラフ　　　　　イ　散布図
　　ウ　パレート図　　　エ　レーダチャート

㉟ ファミリーレストランチェーン A では，店舗の運営戦略を検討するために，店舗ごとの座席数，客単価及び売上高の三つの要素の関係を分析することにした。各店舗の三つの要素を，一つの図表で全店舗分可視化するときに用いる図表として，最も適切なものはどれか。 (R5 IP)

　　ア　ガントチャート　　　イ　バブルチャート
　　ウ　マインドマップ　　　エ　ロードマップ

㊱ "POS システムの構築" によって，達成が可能となる経営目標はどれか。 (H28 秋 IP)

　　ア　営業員の業務生産性向上と営業部門の組織力強化
　　イ　構成部品及び仕掛品の在庫量削減
　　ウ　調達から製造・配送・販売に至る一連のプロセスの最適化
　　エ　店舗ごとの品ぞろえの改善と発注や在庫管理業務の効率化

㊲ 在庫回転率は資本の効率を分析する指標の一つであり，その数値が高いほど，商品の仕入れから実際の販売までの期間が短く，在庫管理が効率よく行われていることを示している。在庫回転率の算出式として，適切なものはどれか。 (H28 秋 IP)

　　ア　（期首在庫高＋期末在庫高）÷2　　　イ　売上高÷総資産
　　ウ　売上高÷平均在庫高　　　　　　　　エ　平均在庫高÷売上高

38 表は，技術者 A，B，C がそれぞれ製品 X，Y，Z を製造する場合の 1 日の生産額を示している。各技術者は 1 日に 1 製品しか担当できないとき，1 日の最大生産額は何万円か。ここで，どの製品も必ず生産するものとする。

(H29 秋 IP)

単位　万円／日

		技術者		
		A	B	C
製品	X	6	6	5
	Y	7	6	8
	Z	8	7	8

ア　20　　　イ　21　　　ウ　22　　　エ　23

39 製造業 A 社では，翌月の製造量を次の計算式で算出している。
・翌月の製造量＝翌月の販売見込量－当月末の在庫量＋20
・翌月の販売見込量が当月までの 3 か月の販売実績量の移動平均法によって算出されるとき，9 月の製造量は幾らか。

(H24 秋 IP)

	5 月	6 月	7 月	8 月
販売実績量	110	100	90	95
月末在庫量	10	10	35	25

ア　90　　　イ　92　　　ウ　95　　　エ　100

40 需要量が年間を通じて安定している場合において，定量発注方式に関する記述として，最も適切なものはどれか。

(R5　IP)

ア　最適な発注量は，発注費用と在庫維持費用の総額が最小となる場合である。

イ　発注回数の多寡で比較したとき，発注回数の多い方が商品を保管するスペースを広くする必要がある。

ウ　発注は毎週金曜日，毎月末など，決められた同じサイクルで行われる。

エ　毎回需要予測に基づき発注が行われる。

41 地点 X から出発して A，B，C の 3 地点の全てを経由して地点 Y まで行きたい。各地点間の経路と所要時間が図及び表のとおりであるとき，地点 X から地点 Y まで行く最短の時間は何分か。ここで，3 地点 A，B，C はどのような順番で経由してもよいものとする。

(H28 春 IP)

単位　分

		終　点			
		A	B	C	Y
始点	X	20	20	40	不可
	A	—	40	30	不可
	B	40	—	20	60
	C	30	20	—	60

ア　110　　　イ　130　　　ウ　140　　　エ　150

㊷ 倉庫 A, B にある在庫の全量を店舗 C, D に輸送する。倉庫 A, B の在庫量がそれぞれ 35 個, 15 個, 店舗 C, D の必要量がそれぞれ 20 個, 30 個であり, 各倉庫から各店舗への 1 個当たりの輸送費が表のとおりであるとき, 最小となる総輸送費は何万円か。
(H28 秋 IP)

単位　万円/個

	店舗 C	店舗 D
倉庫 A	4	2
倉庫 B	2	1

ア　85　　　イ　100　　　ウ　110　　　エ　125

<hr>

・・・◆ 会計・財務に関する問題 ・・・・・・・・・・・・・・・・・・・・・・・・・・・・・・・・・

㊸ 財務分析によって得られる指標とその値に関する記述 a〜c のうち, 適切なものだけを全て挙げたものはどれか。
(H29 秋 IP)

a　自己資本比率は, 数値が大きいほど財務の安全性が高いと考えられる。
b　総資産回転率は, 数値が大きいほど総資産の回転期間が長くなると考えられる。
c　流動比率は, 数値が小さいほど支払能力が高いと考えられる。

ア　a　　　イ　a, b　　　ウ　a, c　　　エ　b

㊹ 資本活用の効率性を示す指標はどれか。
(R5　IP)

ア　売上高営業利益率　　　イ　自己資本比率
ウ　総資本回転率　　　　　エ　損益分岐点比率

㊺ 自己資本利益率を次の式で算出するとき, a に入れる適切な字句はどれか。
(H24 春 IP)

自己資本利益率＝売上高利益率× ☐ a ☐

ア　自己資本回転率　　　イ　自己資本比率
ウ　損益分岐点比率　　　エ　流動比率

㊻ 導入を検討している機械の経済性評価を行う。取得費用が 1,000 万円で, 耐用年数は 10 年間である。導入によって, 毎年, 110 万円の利益を得られる。また, 保守費用として毎年取得費用の 1% が発生する。この機械への投下資本利益率, すなわち機械への投資に対する利益の割合は何 % か。
(H26 秋 IP)

なお, 投下資本利益率は, 次の式で算出するものとする。
投下資本利益率(%)＝利益÷投下資本×100

ア　90.0　　　イ　100.0　　　ウ　110.0　　　エ　120.0

㊼ 企業の収益性分析を行う指標の一つに, "利益÷資本"で求められる資本利益率がある。資本利益率は, 売上高利益率(利益÷売上高)と資本回転率(売上高÷資本)に分解して求め, それぞれの要素で分析することもできる。ここで, 資本利益率が 4% である企業の資本回転率が 2.0 回のとき, 売上高利益率は何 % か。
(H31 春 IP)

ア　0.08　　　イ　0.5　　　ウ　2.0　　　エ　8.0

48 貸借対照表を説明したものはどれか。 (H31 春 IP)

ア 一定期間におけるキャッシュフローの状況を活動区分別に表示したもの

イ 一定期間に発生した収益と費用によって会社の経営成績を表示したもの

ウ 会社の純資産の各項目の前期末残高，当期変動額，当期末残高を表示したもの

エ 決算日における会社の財務状態を資産・負債・純資産の区分で表示したもの

49 A社の子会社であるB社では，A社の製品も販売している。A社とB社の当期の売上高，売上原価，売上総利益が表のとおりであり，当期のA社の売上高におけるB社への販売分が2,000百万円である。このとき，連結損益計算書における当期仕入高は何百万円か。ここで，A社はB社からの仕入はないものとする。 (H28 春 IP)

A社損益計算書	単位 百万円
売上高	20,000
売上原価	12,000
期首棚卸高	1,000
当期仕入高	13,000
期末棚卸高	2,000
売上総利益	8,000

B社損益計算書	単位 百万円
売上高	6,000
売上原価	3,000
期首棚卸高	1,000
当期仕入高	3,000
期末棚卸高	1,000
売上総利益	3,000

ア 11,000　　イ 12,000　　ウ 14,000　　エ 16,000

50 ROE(Return On Equity)を説明したものはどれか。 (H25 秋 IP)

ア 株主だけでなく，債権者も含めた資金提供者の立場から，企業が所有している資産全体の収益性を表す指標

イ 株主の立場から，企業が，どれだけ資本コストを上回る利益を生み出したかを表す指標

ウ 現在の株価が，前期実績又は今期予想の1株当たり利益の何倍かを表す指標

エ 自己資本に対して，どれだけの利益を生み出したかを表す指標

51 次の計算式で算出される財務指標はどれか。 (H30 秋 IP)

$$\frac{当期純利益}{自己資本} \times 100$$

ア ROA　　イ ROE　　ウ 自己資本比率　　エ 当座比率

52 ビジネス戦略上の重要成功要因として"販売の機会損失の低減"が設定されたとき，この重要成功要因の達成度を評価するのに最も適切な指標はどれか。 (H25 秋 IP)

ア 売上債権回転期間　　イ 売上高利益率

ウ 欠品率　　エ 新規顧客獲得数

53 キャッシュフロー計算書において，キャッシュフローの減少要因となるものはどれか。 (H28 秋 IP)

ア 売掛金の増加　　イ 減価償却費の増加

ウ 在庫の減少　　エ 短期借入金の増加

54 経営状態に関する次の情報のうち，上場企業に有価証券報告書での開示が義務付けられている情報だけを全て挙げたものはどれか。 (H26 秋 IP)

   a　キャッシュフロー計算書
   b　市場シェア
   c　損益計算書
   d　貸借対照表

   ア　a, b, c　　　　イ　a, b, d　　　　ウ　a, c, d　　　　エ　b, c, d

55 A 社は，自社の通常の業務に利用するためにソフトウェアを購入し，資産計上した。このソフトウェアの減価償却方法として，最も適切なものはどれか。 (H24 春 IP)

   ア　A 社が毎年任意で選択した減価償却方法を用いて償却する。
   イ　初年度に購入金額の半額を定額法で償却し，2 年目以降に残りの半額を定率法を用いて償却する。
   ウ　定額法を用いて償却する。
   エ　定率法を用いて償却する。

56 ASP 利用方式と自社開発の自社センター利用方式(以下"自社方式"という)の採算性を比較する。次の条件のとき，ASP 利用方式の期待利益(効果額−費用)が自社方式よりも大きくなるのは，自社方式の初期投資額が何万円を超えたときか。ここで，比較期間は 5 年とする。 (R5　IP)

〔条件〕
・両方式とも，システム利用による効果額は 500 万円/年とする。
・ASP 利用方式の場合，初期費用は 0 円，利用料は 300 万円/年とする。
・自社方式の場合，初期投資額は定額法で減価償却計算を行い，5 年後の残存簿価は 0 円とする。また，運用費は 100 万円/年とする。
・金利やその他の費用は考慮しないものとする。

   ア　500　　　　イ　1,000　　　　ウ　1,500　　　　エ　2,000

57 取引先に対する売掛金の貸し倒れに備えて，他者よりも優先的に，取引先の財産の一部を売掛金に充当できるようにする行為はどれか。 (H24 秋 IP)

   ア　入金の追加　　　イ　請求書の発行　　　ウ　担保の設定　　　エ　利息の増額

58 企業が作成する計算書類などを監査する者はどれか。 (H25 秋 IP)

   ア　会計監査人　　　イ　システム監査人
   ウ　司法書士　　　　エ　税理士

❺❾ 前期と当期の損益計算書を比較したとき，前期から当期における変化の説明として，適切なものはどれ
か。 (H30 春 IP)

単位　百万円

科目	前期	当期
売上高	7,500	9,000
売上原価	6,000	7,000
販売費及び一般管理費	1,000	1,000
営業外収益	160	150
営業外費用	110	50
特別利益	10	0
特別損失	10	0
法人税，住民税及び事業税	250	500

　　ア　売上総利益が 1,500 百万円増となった。
　　イ　営業利益が 50% 増となった。
　　ウ　経常利益が 2 倍となった。
　　エ　当期純利益は増減しなかった。

❻⓪ 売上高，変動費，固定費，営業日数が表のようなレストランで，年間 400 万円以上の利益を上げるため
には，1 営業日当たり少なくとも何人の来店客が必要か。 (R 元秋 IP)

客 1 人当たり売上高	3,000 円
客 1 人当たり変動費	1,000 円
年間の固定費	2,000 万円
年間の営業日数	300 日

　　ア　14　　　イ　20　　　ウ　27　　　エ　40

❻❶ ある商品を 5,000 個販売したところ，売上が 5,000 万円，利益が 300 万円となった。商品 1 個当たり
の変動費が 7,000 円であるとき，固定費は何万円か。 (H29 春 IP)

　　ア　1,200　　　イ　1,500　　　ウ　3,500　　　エ　4,000

❻❷ 販売価格 1,000 円の商品の利益計画において，10,000 個売った場合は 1,000 千円，12,000 個販売し
た場合は 1,800 千円の利益が見込めるとき，この商品の 1 個当たりの変動費は何円か。 (H29 秋 IP)

　　ア　400　　　イ　600　　　ウ　850　　　エ　900

❻❸ ある商品を表の条件で販売したとき，損益分岐点売上高は何円か。 (H30 秋 IP)

販売価格	300 円/個
変動費	100 円/個
固定費	100,000 円

　　ア　150,000　　　イ　200,000　　　ウ　250,000　　　エ　300,000

5—2　法務

◆ 知的財産権

　知的財産権とは，人間の創作活動において生み出された成果について，創作者の権利を保護するものである。大きく産業財産権と著作権に分けられる。

16　次の産業財産権について，説明文に適した法律名を解答群から記号で選べ。

☐ (1) 物品のデザインなどを不当な利用から保護する権利。
☐ (2) 会社のトレードマークや商品のマークなどを保護する権利。
☐ (3) 高度な技術の発明等を保護する権利。
☐ (4) 物品の一部の改良等，小規模の発明を保護する権利。

> 解答群
> 　ア　特許権　　イ　意匠権　　ウ　実用新案権　　エ　商標権

17　次の法律が保護される期間を解答群から記号で選べ。

☐ (1) 特許権　　　　　☐ (2) 実用新案権　　　　☐ (3) 意匠権
☐ (4) 商標権　　　　　☐ (5) 著作権

> 解答群
> 　ア　登録から10年　　イ　登録から25年　　ウ　死後50年
> 　エ　出願から10年　　オ　出願から20年　　カ　死後70年

18　次の説明に最も適した語を解答群から記号で選べ。

☐ (1) コンピュータ技術と組み合わされたビジネス方法やコンピュータシステムなど，新しい技術に与えられる権利。
☐ (2) ロゴや文字などが商標であることを指して，「商品商標マーク」などと呼ばれ商標法の保護の対象となる。
☐ (3) 「役務商標」と呼ばれ，自分の提供するサービスについて使う商標を指し，サービスの品質を表示する役割もあり商標法の保護の対象となる。
☐ (4) それが付けられたロゴなどが，登録された商標であることを意味して「登録商標マーク」などと呼ばれる。
☐ (5) 不正手段によって営業上の利益を侵害しようとする相手に，差し止めや損害賠償を請求することで公正な競争を保護するための法律。
☐ (6) IDやパスワードなどで管理されている会員などに限定して提供され，一定のデータを蓄積することで価値を持つデータ。

> 解答群
> 　ア　不正競争防止法　　イ　トレードマーク　　ウ　サービスマーク
> 　エ　ビジネスモデル特許　オ　限定提供データ　カ　Rマーク

♣著作権の種類
・**複製権**：著作物を複製する権利。
・**公表権**：著作物を公表する際に，どのように公表するかを決める権利。
・**氏名表示権**：実名・ペンネームなどを公表する権利。
・**同一性保持権**：著作物の内容を無断で変更されない権利。

♣パブリシティ権
　氏名・肖像から生じる経済的利益ないし価値を排他的に支配する権利のこと。

◆ ソフトウェアライセンス

コンピュータのソフトウェアについて，ソフトウェア利用者が遵守すべきライセンスにはさまざまな形態がある。

19 次の説明に最も適した語を解答群から記号で選べ。

☐ (1) コピーや変更，改変やその配布に関しても制限がなく，どのような使用も認められているソフトウェア。

☐ (2) 一定の期間，無償で利用でき，試用期間後に継続して利用する場合は，所定のライセンス料を支払う仕組み。

☐ (3) 著作者が，著作権を放棄するなどして知的財産権が消滅している状態にあるソフトウェア。

☐ (4) 違法コピーソフトウェアの使用を防止する目的で，ソフトウェアの利用開始時にユーザ登録を行ってライセンスを有効化する手続き。

☐ (5) ソフトウェアの使用権を借り受けて，利用期間に応じた使用料を支払う仕組み。

☐ (6) 自分の特許実施権を許諾するかわりに，使用料を支払わずに相手の特許を利用することができる相互契約。

☐ (7) ソフトウェア利用の権利を特定のコンピュータ群または一定数のコンピュータまで認めるライセンス契約の形態。

☐ (8) 企業や学校など特定の組織内に限定して，複数のコンピュータにソフトの使用を認めるライセンス形態。組織内での利用であれば，ライセンス数に上限がない。

☐ (9) クライアントサーバシステムにおいて，サーバの提供するサービスにアクセスする権利を，ユーザに付与するライセンスのこと。サーバの機能を同時に利用したいクライアントの数だけ購入し，設定する必要があり，必要がないクライアントのアクセス権を他者に譲渡することもできる。

解答群
ア CAL イ アクティベーション ウ シェアウェア
エ パブリックドメインソフト オ サブスクリプション
カ ボリュームライセンス契約 キ フリーソフトウェア
ク サイトライセンス契約 ケ クロスライセンス

♣ CAL（Client Access License）

◆ セキュリティ関連法規

20 次の説明に最も適した語を解答群から記号で選べ。

☐ (1) 事前承諾した者のみにメールマガジンの配信等を行う仕組み。

☐ (2) 本人が反対の意思を示さない限り，メールの配信や情報の提供に同意したとみなす方式。

☐ (3) 国民一人ひとりに番号を割り振り，それを税・社会保障・災害対策などの行政手続きに活用しようとする制度。

☐ (4) 氏名やメールアドレス，画像・音声のほか IP アドレスなど，特定の個人が識別できる情報ついては，消費者だけでなく企業の従業員

なども保護の対象となる。

□ (5) プライバシー保護の為の権利でインターネット上に残る個人情報の削除を要求できる権利。

□ (6) どのような組織体においても情報システムの管理において共通して留意すべき基本的事項を体系化・一般化し，取りまとめたもの。

□ (7) 個人を識別することが可能な文字・番号，記号などの符号として政令で定められたもの。認証などに用いるため身体的な特徴をデータ化したものも該当する。

解答群

ア　マイナンバー法　　イ　オプトアウト　ウ　システム管理基準
エ　オプトイン　　　　オ　個人識別符号　カ　消去権
キ　一般データ保護規則

♣特定電子メール法
・受信拒否の連絡先アドレスの明示
・受信者の同意記録の保管

21 次の説明に最も適した語を解答群から記号で選べ。

□ (1) インターネットなどのネットワーク通信において，識別符号を不正に取得する行為とそれを助長する行為を禁止する法律。

□ (2) サイバー攻撃対策に関する基本理念，国や地方公共団体の責務，サイバーセキュリティ戦略の策定・施策の基本となる事項を定めた法律。

□ (3) 個人の権利や利益を保護する目的で，民間事業者が個人情報を取り扱う際に定められた法律。

□ (4) 本人の人種，信条，社会的身分，病歴，犯罪の経歴，犯罪により被害を被った事実その他本人に対する不当な差別，偏見その他の不利益が生じないようにその取扱いに特に配慮を要するものとして政令で定める記述等が含まれる個人情報。

□ (5) 特定の個人を識別することができないように個人情報を加工し，該当個人情報の加工前の状態へ戻せないようにした情報のこと。

□ (6) 営利を目的とする電子メールの送信の適正化等に関する法律。

□ (7) コンピュータ不正アクセスによる被害の予防，発見及び復旧並びに拡大及び再発防止について，企業等の組織および個人が実行すべき対策をとりまとめたもの。

□ (8) コンピュータウイルスに対しての予防，発見，駆除，復旧などの対策基準。

□ (9) 情報処理の高度化等に対処するため，コンピュータウイルスの作成，提供，供用，取得，保管行為が罰せられること。

解答群

ア　要配慮個人情報　　　　　　　イ　特定電子メール法
ウ　サイバーセキュリティ基本法　エ　匿名加工情報
オ　不正アクセス禁止法　　　　　カ　個人情報保護法
キ　不正指令電磁的記録に関する罪
ク　コンピュータ不正アクセス対策基準
ケ　コンピュータウィルス対策基準

◆ 労働関連・取引関連法規

「労働者派遣事業の適正な運営の確保および派遣労働者の就業条件の整備等に関する法律」は労働者保護の観点から制定された。

22 次の説明に最も適した語を解答群から記号で選べ。

☐ (1) 訪問販売, 通信販売および電話勧誘販売などで, 消費者等が受けることのある損害の防止を図ることを定めた法律。

☐ (2) 談合による価格競争の制限や, 不当に市場を独占する行為などを規制することで, 公正で自由な競争を促し, 企業が自由に事業活動できるようにするための法律。

☐ (3) 廃棄物などの分別回収・再資源化・再利用について定めた法律。

☐ (4) 有価証券の発行や販売などの金融取引を公正なものとし, 投資家の保護や経済の円滑化を図るために定められた法律。

☐ (5) 情報通信技術の発達, 利用者ニーズの多様化に対応した資金決済システムにおける規制に関する法律。

☐ (6) 製造物の安全性上の欠陥により, 人の生命・身体または財産に係る被害が生じた際に, 製造業者の損害賠償の責任について定めることで, 被害者を保護することを目的とした法律。

解答群
ア 資金決済法	イ 特定商取引法	ウ PL法
エ 独占禁止法	オ 金融商品取引法	カ リサイクル法

23 次の説明に最も適した語を解答群から記号で選べ。

☐ (1) 労働契約や就業規則にそった一般的な雇用形態。労働者は, 労働保険や社会保険の加入や有給休暇の取得, 使用者からの一方的な解雇の禁止など, 労働法上の保護を受ける。

☐ (2) 一定の行為を行う事に対して責任を負う形態。善管注意義務さえ果たしていれば, その結果として委託者の意にそぐわないことがあっても責任は問われない。

☐ (3) 仕事を完成させる義務を負わない形態。受注者が約束した時間だけ労働に従事する契約。

☐ (4) 仕事の完成という結果に対して責任を負う形態。ミスがあった場合やり直しや損害賠償の責任を負う。

☐ (5) ある物を寄託者のために保管することを約束し, その物を受け取ることによって成立する契約。物品の保管契約のこと。

☐ (6) 親会社が業務の一部あるいは全部を別の会社に委託する形態。物品の製造や修理の他, 会計ソフトの開発やソフトウェアのサポート・サービスなども適用される。

☐ (7) 労働組合に加人している労働者が, 使用者との間で労働条件を取り決め, 互いが誠実に義務を実行するために作成される協約。

☐ (8) 労働者の労働時間(就業時間)や賃金, 職場の規律などを細かに定めた規則。

♣**資金決済法**
・前払支払手段の規則
・モバイル決済サービスなどの資金移動業の規則

♣**労働関連用語**
　最低賃金
　残業賃金
　労働契約
　労働者派遣
　労働基準法
　労働者派遣法
　　（労働者派遣事業法）
　派遣事業者
　守秘義務契約
　契約類型
　委任契約
　雇用契約

♣**労働者派遣法**
　派遣先企業A社と派遣元企業B社の関係例
A社の権利・義務
・派遣社員の誤りを注意する権利
・派遣社員の苦情処理義務
・派遣社員に対する指揮命令
B社の権利・義務
・派遣社員の労働時間の明示
・派遣社員への助言指導

♣**契約類型**
①雇用契約
　一般的な雇用形態
②委任契約
　一定の行為に責任を負う形態
③請負契約
　完成結果に対して責任を負う形態
④寄託契約
　物品の保管契約

♣**労働契約法**
　労働契約についての基本的なルールを定めた法律。

□ (9) 使用者が，労働者の労働力に対する対価として支払う賃金について定めた契約。

□ (10) 所属する企業の雇用契約を保ったまま，グループ会社など関連する別企業で働くこと。

□ (11) デザイナーや記事の編集者のように，業務の具体的な内容や出勤・退社の時間を従業員が決定し労使協定によって実際の労働時間に関係なく働いたものとする労働制度のこと。

□ (12) 労働者は職務上知り得た会社の秘密を守ることが義務づけられていること。

□ (13) 派遣会社が雇用する労働者を，他社の指揮命令下で労働させる契約。

□ (14) 労働者が，出勤・退社の時間を一定の定められた時間帯の中で決定することができる変形労働時間制のこと。

```
解答群
 ア　労働契約　　　イ　守秘義務　　　ウ　下請契約
 エ　出向　　　　　オ　雇用契約　　　カ　派遣契約
 キ　裁量労働制　　ク　委任契約　　　ケ　寄託契約
 コ　請負契約　　　サ　準委任契約　　シ　労働協約
 ス　フレックスタイム制　　　　　　　セ　就業規則
```

◆ その他の法律・ガイドライン・情報倫理

24 次の説明に最も適した語を解答群から記号で選べ。

□ (1) 法令を遵守した企業活動における倫理規定。

□ (2) 社会に信頼される企業であるために，内部統制の仕組みが正しく機能するように組織を管理する活動のこと。

□ (3) 内部通報に対応する窓口の設置や，通報者情報の守秘義務などについて定めた法律。

□ (4) 企業の内部統制が有効に機能しているか，監査と評価を報告書にまとめる制度。

□ (5) 情報を扱う者として守るべき法令や，社会生活を営むうえで守らなければならないモラル，それらを求める社会規範をいう。

□ (6) 企業がソーシャルメディアを使用する際，プライバシーの保護，各種権利の尊重，技術に対する責任等，発信者が守るべき基本原則。

□ (7) 人権や出身国，民族や宗教などについて，個人や集団に対して攻撃，脅迫，屈辱する発言や行動のこと。

□ (8) 事実とは異なる偽りの情報やニュースなど。

□ (9) 子供によるスマートフォンやゲームの利用を，親の判断で制限する取り組み。

□ (10) 社会に影響を与える情報の正確性や妥当性，真偽を第三者機関が検証し，その結果を公表すること。

□ (11) 行政機関の保有する情報を公開し，政府のさまざまな活動を国民に説明するとともに，国民の的確な理解と批判を受けることで，公

正な民主的な行政を行う目的で作られた法律。

□(12) 不特定多数の者が閲覧する通信について，プロバイダ等の損害賠償責任についてそれらの通信で損害を被った者に与えられる発信者情報の開示請求権と送信防止措置請求権を定めた法律。

解答群

ア ペアレンタルコントロール	イ 情報公開法
ウ コーポレートガバナンス	エ フェイクニュース
オ プロバイダ責任制限法	カ コンプライアンス
キ ソーシャルメディアポリシー	ク 情報倫理
ケ ファクトチェック	コ 内部統制報告制度
サ ヘイトスピーチ	シ 公益通報者保護法

◆ 標準化関連

テクノロジーの進歩により，情報技術や電気通信の国際的な標準化が進められている。

25 次の特徴に当てはまるコードを解答群から記号で選べ。

□(1) 拡張 UNIX コード。全角文字と半角文字を2バイトで表現。

□(2) 商品のブランドを持つ事業者が商品ごとに設定する世界共通の商品識別コード。

□(3) ANSI が制定したコード。7ビットに1ビットの誤り検査用ビットを付加した8ビットで128種類の英数字を表現する。

□(4) ISO が制定したコード。世界中の文字を統一する目的で規格化が進められており，1文字を2〜4バイトで表現する。

□(5) ひらがなやカタカナ，漢字などが扱える日本語の文字コード。

□(6) 情報を縦横2次元の図形パターンで表現するコード。

解答群

ア EUC	イ ASCII コード	ウ QR コード
エ JAN コード	オ シフト JIS コード	カ Unicode

♣ IT における標準化の例
・バーコード（Barcode）
・JAN コード（Japanese Article Number）
・QRコード（Quick Response code）

♣標準化団体

・JIS（日本産業規格：Japanese Industrial Standard）

・ISO（国際標準化機構：International Organization for Standardization）

・IEC（国際電気標準会議：International Electrotechnical Commission）

・IEEE（電気電子学会：Institute of Electrical and Electronics Engineers）

・ITU-T（国際電気通信連合　電気通信標準化部門：International Telecommunication Union Telecommunication Standardization Sector）

・W3C（World Wide Web Consortium）

---

26 次の記述に適切な組織名を解答群から記号で選べ。

□（1）国際標準化機構。工業および技術に関する国際規格の策定と国家間の調整を実施している。

□（2）電気電子学会。アメリカに本部をもつ電気工学と電子工学に関する学会。LAN，その他のインタフェース規格の制定をしている。

□（3）米国規格協会。アメリカ国内の工業分野の規格を策定する民間の標準化団体であり，アメリカの代表としてISOに参加している。

□（4）国際電気通信連合，電気通信標準化部門。電気通信の標準化に関して勧告を行う国際連合配下の機関である。

□（5）国際電気標準会議，ISOの電気・電子部門で各国の規格・標準の調整を行う国際機関。

□（6）日本の産業品の規格を行う機関。

□（7）WWWで利用されている技術の標準化をすすめる団体。

> 解答群
> ア　IEC　　イ　W3C　　ウ　IEEE　　エ　JIS
> オ　ISO　　カ　ANSI　　キ　ITU-T

27 次の説明に最も適した語を解答群から選べ。

□（1）組織の品質マネジメントシステムの要求事項を定めた国際標準規格。

□（2）組織の環境マネジメントシステムの要求事項を定めた国際標準規格。

□（3）組織が持続可能な発展への貢献を実現するために果たす社会的責任について，透明性や法令遵守，人権尊重など具体的な実践内容を「7つの原則」として奨励している。

□（4）組織の情報セキュリティマネジメントシステムの要求事項を定めた国際標準規格。

□（5）情報システム戦略の策定および実現に必要となる組織能力を最適化するために，経営者としての役割を定義した日本工業規格。

□（6）公的機関により標準化されたものではなく，市場において事実上の標準とみなされた規格。

□（7）特定分野に関係する企業や専門家等が集まって話し合いの場を結成し，そのなかで合意して作成された標準のこと。

> 解答群
> ア　ISO/IEC27000シリーズ　　イ　ISO26000シリーズ
> ウ　デファクトスタンダード　　エ　ISO9000シリーズ
> オ　フォーラム標準　　カ　ISO14000シリーズ
> キ　JISQ38500

・・・・・・ 練・習・問・題 ・・・・・

64 著作権法における著作権に関する記述のうち，適切なものはどれか。　　　　　（R 元秋 IP）

　　ア　偶然に内容が類似している二つの著作物が同時期に創られた場合，著作権は一方の著作者だけに認められる。

　　イ　著作権は，権利を取得するための申請や登録などの手続が不要である。

　　ウ　著作権法の保護対象には，技術的思想も含まれる。

　　エ　著作物は，創作性に加え新規性も兼ね備える必要がある。

65 A 社では，設計までを A 社で行ったプログラムの開発を，請負契約に基づき B 社に委託して行う形態と，B 社から派遣契約に基づき派遣された C 氏が行う形態を比較検討している。開発されたプログラムの著作権の帰属に関する規定が会社間の契約で定められていないとき，著作権の帰属先はどれか。　　（R2　IP）

　　ア　請負契約では A 社に帰属し，派遣契約では A 社に帰属する。

　　イ　請負契約では A 社に帰属し，派遣契約では C 氏に帰属する。

　　ウ　請負契約では B 社に帰属し，派遣契約では A 社に帰属する。

　　エ　請負契約では B 社に帰属し，派遣契約では C 氏に帰属する。

66 著作権及び特許権に関する記述 a～c のうち，適切なものだけを全て挙げたものはどれか。　　（R4　IP）

　　a　偶然二つの同じようなものが生み出された場合，発明に伴う特許権は両方に認められるが，著作権は一方の著作者にだけ認められる。

　　b　ソフトウェアの場合，特許権も著作権もソースプログラムリストに対して認められる。

　　c　特許権の取得には出願と登録が必要だが，著作権は出願や登録の必要はない。

　　ア　a，b　　　イ　b　　　ウ　b，c　　　エ　c

67 次の a～c のうち，著作権法によって定められた著作物に該当するものだけを全て挙げたものはどれか。　　　　　（R5　IP）

　　a　原稿なしで話した講演の録音

　　b　時刻表に掲載されたバスの到着時刻

　　c　創造性の高い技術の発明

　　ア　a　　　イ　a，c　　　ウ　b，c　　　エ　c

68 著作権法によって保護の対象と成り得るものだけを，全て挙げたものはどれか。　　（R3　IP）

　　a　インターネットに公開されたフリーソフトウェア

　　b　データベースの操作マニュアル

　　c　プログラム言語

　　d　プログラムのアルゴリズム

　　ア　a，b　　　イ　a，d　　　ウ　b，c　　　エ　c，d

69 PC のオペレーティングシステムを構成するプログラムを知的財産として保護する法律はどれか。

(H29 春 IP)

　　ア　意匠法　　　イ　回路配置法　　　ウ　実用新案法　　　エ　著作権法

70 ディジタルコンテンツのコピープロテクトは，ディジタルコンテンツに関する著作者の権利を保護するための技術である。コピープロテクトを無効化する機能をもつプログラムの販売を禁止しているものはどれか。

(H27 春 IP)

　　ア　コンピュータ不正アクセス対策基準
　　イ　著作権法
　　ウ　電気通信事業法
　　エ　不正アクセス行為の禁止等に関する法律

71 自社開発した技術の特許化に関する記述 a～c のうち，直接的に得られることが期待できる効果として，適切なものだけを全て挙げたものはどれか。

(R4　IP)

　a　当該技術に関連した他社とのアライアンスの際に，有利な条件を設定できる。
　b　当該技術の開発費用の一部をライセンスによって回収できる。
　c　当該技術を用いた商品や事業に対して，他社の参入を阻止できる。

　　ア　a　　　イ　a, b　　　ウ　a, b, c　　　エ　b, c

72 事業者の信用維持や需要者の混同を回避するために，更新の申請を繰り返すことで，実質的に永続的な権利保有が可能な工業所有権はどれか。

(H27 春 IP)

　　ア　意匠権　　　イ　実用新案権　　　ウ　商標権　　　エ　特許権

73 知的財産権のうち，全てが産業財産権に該当するものの組合せはどれか。

(H28 春 IP)

　　ア　意匠権，実用新案権，著作権
　　イ　意匠権，実用新案権，特許権
　　ウ　意匠権，著作権，特許権
　　エ　実用新案権，著作権，特許権

74 実用新案権の保護対象として，適切なものはどれか。

(H31 春 IP)

　　ア　圧縮比率を大きくしても高い復元性を得られる工夫をした画像処理プログラム
　　イ　インターネットを利用し，顧客の多様な要望に対応できるビジネスモデル
　　ウ　岩石に含まれているレアメタルを無駄なく抽出して，資源を有効活用する方法
　　エ　電気スタンドと時計を組み合わせて夜間でも容易に時刻を確かめられる機器

75 カーナビゲーションシステムに関する知的財産権と保護対象の適切な組合せはどれか。

(H29 秋 IP)

	商品名	画面のデザイン	コントローラの ボタン配置
ア	意匠権	実用新案権	商標権
イ	意匠権	商標権	実用新案権
ウ	商標権	意匠権	実用新案権
エ	商標権	実用新案権	意匠権

【演習問題の解答】　◆標準化関連◆　**26** (1) オ　(2) ウ　(3) カ　(4) キ　(5) ア　(6) エ　(7) イ　**27** (1) エ　(2) カ　(3) イ　(4) ア　(5) キ　(6) ウ　(7) オ

76 特段の取決めをしないで，Ａ社がＢ社にソフトウェア開発を委託した場合，ソフトウェアの著作権の保有先として，適切なものはどれか。 (H28 秋 IP)

　ア　ソフトウェアの著作権はＡ社とＢ社の双方で保有する。
　イ　ソフトウェアの著作権はＡ社とＢ社のどちらも保有せず，消滅する。
　ウ　ソフトウェアの著作権は全てＡ社が保有する。
　エ　ソフトウェアの著作権は全てＢ社が保有する。

77 著作者に断ることなく，コピーや改変を自由に行うことのできる無料のソフトウェアはどれか。 (H4 春 IP)

　ア　シェアウェア　　　　　　　　　　　イ　パッケージソフトウェア
　ウ　パブリックドメインソフトウェア　　エ　ユーティリティソフトウェア

78 インターネットを利用した新たなビジネスモデルを保護する法律はどれか。 (H25 春 IP)
　ア　意匠法　　　イ　商標法　　　ウ　著作権法　　　エ　特許法

79 意匠権による保護の対象として，適切なものはどれか。 (H29 春 IP)
　ア　幾何学的で複雑なパターンが造形美術のような，プリント基板の回路そのもの
　イ　業務用車両に目立つように描かれた，企業が提供するサービスの名称
　ウ　工芸家がデザインし職人が量産できる，可愛らしい姿の土産物の張子の虎
　エ　魚のうろこのような形の重なりが美しい，山の斜面に作られた棚田の景観

80 事業活動における重要な技術情報について，営業秘密とするための要件を定めている法律はどれか。 (R 元秋 IP)

　ア　著作権法　　　　　　　　イ　特定商取引法
　ウ　不正アクセス禁止法　　　エ　不正競争防止法

81 営業秘密の要件に関する記述ａ～ｄのうち，不正競争防止法に照らして適切なものだけを全て挙げたものはどれか。 (H30 春 IP)

ａ　公然と知られていないこと
ｂ　利用したいときに利用できること
ｃ　事業活動に有用であること
ｄ　秘密として管理されていること

　ア　a, b　　　イ　a, c, d　　　ウ　b, c, d　　　エ　c, d

82 不正な販売行為を防ぐために，正当な理由なく映像ソフトのコピープロテクトを無効化するプログラムの販売行為を規制している法律はどれか。 (R5 IP)

　ア　商標法
　イ　特定商取引に関する法律
　ウ　不正アクセス行為の禁止等に関する法律
　エ　不正競争防止法

83 不適切な行為 a～c のうち，不正競争防止法で規制されているものだけを全て挙げたものはどれか。

(R3 IP)

a キャンペーンの応募者の個人情報を，応募者に無断で他の目的のために利用する行為
b 他人の ID とパスワードを不正に入手し，それらを使用してインターネット経由でコンピュータにアクセスする行為
c 不正な利益を得ようとして，他社の商品名や社名に類似したドメイン名を使用する行為

ア a　　イ a, c　　ウ b　　エ c

84 新製品の開発に当たって生み出される様々な成果 a～c のうち，特許法による保護の対象となり得るものだけを全て挙げたものはどれか。

(R2 IP)

a 機能を実現するために考え出された独創的な発明
b 新製品の形状，模様，色彩など，斬新的な発想で創作されたデザイン
c 新製品発表に向けて考え出された新製品のブランド名

ア a　　イ a, b　　ウ a, b, c　　エ a, c

85 他社に損害を与える目的で，他社のサービス名と類似したドメイン名を取得して使用するような行為を禁止している法律はどれか。

(H25 春 IP)

ア 個人情報保護法　　　　　　　　　　　イ 電気通信事業法
ウ 不正アクセス行為の禁止等に関する法律　　エ 不正競争防止法

86 特許法における特許権の存続期間は出願日から何年か。ここで，存続期間の延長登録をしないものとする。

(H30 春 IP)

ア 10　　イ 20　　ウ 25　　エ 30

87 特許戦略の一つであるクロスライセンスの説明として，最も適切なものはどれか。

(H26 秋 IP)

ア 自社にない技術を有する企業を吸収合併することによって，その企業が有する特許を得ること
イ 自社に不足する技術を補完して特許出願を行うために，自社以外の組織との共同研究を実施すること
ウ 自社の特許を他社に開放し，その対価としてそれに見合ったロイヤルティを得ること
エ 特許の権利者同士がそれぞれの所有する権利に関して，相互にその使用を許諾すること

88 市販のソフトウェアパッケージなどにおけるライセンス契約の一つであるシュリンクラップ契約に関する記述として，最も適切なものはどれか。

(R4 IP)

ア ソフトウェアパッケージの包装を開封してしまうと，使用許諾条件を理解していなかったとしても，契約は成立する。
イ ソフトウェアパッケージの包装を開封しても，一定期間内であれば，契約を無効にできる。
ウ ソフトウェアパッケージの包装を開封しても，購入から一定期間ソフトウェアの利用を開始しなければ，契約は無効になる。
エ ソフトウェアパッケージの包装を開封しなくても，購入から一定期間が経過すると，契約は成立する。

・・・◆ セキュリティ関連法に関する問題 ・・・・・・・・・・・・・・・・・・・・・・・・・・・・・・・・・

89 インターネットに接続しているコンピュータ環境において，不正アクセス禁止法で規制されている，不正アクセスを助長する行為に該当するものはどれか。 (H26 春 IP)

　ア　住所や氏名などの個人情報を不正に詐取するプログラムを作成して配布する。
　イ　商用の音楽コンテンツを，ブログで不特定多数がダウンロードできる状態にする。
　ウ　他人の ID とパスワードを，本人に無断で第三者に口頭で伝える。
　エ　特定の Web サイトに対する大量のアクセスを扇動する書込みを，電子掲示板に投稿する。

90 パスワードに関連した不適切な行為 a～d のうち，不正アクセス禁止法で規制されている行為だけを全て挙げたものはどれか。 (R5 IP)

　a　業務を代行してもらうために，社内データベースアクセス用の自分の ID とパスワードを同僚に伝えた。
　b　自分の PC に，社内データベースアクセス用の自分のパスワードのメモを貼り付けた。
　c　電子メールに添付されていた文書を PC に取り込んだ。その文書の閲覧用パスワードを，その文書を見る権利のない人に教えた。
　d　人気のショッピングサイトに登録されている他人の ID とパスワードを，無断で第三者に伝えた。

　ア　a, b, c, d　　　イ　a, c, d　　　ウ　a, d　　　エ　d

91 a～c のうち，サイバーセキュリティ基本法に規定されているものだけを全て挙げたものはどれか。 (R3 IP)

　a　サイバーセキュリティに関して，国や地方公共団体が果たすべき責務
　b　サイバーセキュリティに関して，国民が努力すべきこと
　c　サイバーセキュリティに関する施策の推進についての基本理念

　ア　a, b　　　イ　a, b, c　　　ウ　a, c　　　エ　b, c

92 経営戦略上，IT の利活用が不可欠な企業の経営者を対象として，サイバー攻撃から企業を守る観点で経営者が認識すべき原則や取り組むべき項目を記載したものはどれか。 (R 元秋 IP)

　ア　IT 基本法
　イ　IT サービス継続ガイドライン
　ウ　サイバーセキュリティ基本法
　エ　サイバーセキュリティ経営ガイドライン

93 特定電子メールとは，広告や宣伝といった営利目的に送信される電子メールのことである。特定電子メールの送信者の義務となっている事項だけを全て挙げたものはどれか。 (H25 春 IP)

　a　電子メールの送信拒否を連絡する宛先のメールアドレスなどを明示する。
　b　電子メールの送信同意の記録を保管する。
　c　電子メールの送信を外部委託せずに自ら行う。

　ア　a, b　　　イ　a, b, c　　　ウ　a, c　　　エ　b, c

94 刑法には，コンピュータや電磁的記録を対象とした IT 関連の行為を規制する条項がある。次の不適切な行為のうち，不正指令電磁的記録に関する罪に抵触する可能性があるものはどれか。　　　(H31 春 IP)

ア　会社がライセンス購入したソフトウェアパッケージを，無断で個人所有の PC にインストールした。

イ　キャンペーンに応募した人の個人情報を，応募者に無断で他の目的に利用した。

ウ　正当な理由なく，他人のコンピュータの誤動作を引き起こすウイルスを収集し，自宅の PC に保管した。

エ　他人のコンピュータにネットワーク経由でアクセスするための ID とパスワードを，本人に無断で第三者に教えた。

95 個人情報保護法で定められた，特に取扱いに配慮が必要となる " 要配慮個人情報 " に該当するものはどれか。　　　(R4　IP)

ア　学歴　　　イ　国籍　　　ウ　資産額　　　エ　信条

96 個人情報保護法で定める個人情報取扱事業者に該当するものはどれか。　　　(H29 春 IP)

ア　1 万人を超える預金者の情報を管理している銀行

イ　住民基本台帳を管理している地方公共団体

ウ　受験者の個人情報を管理している国立大学法人

エ　納税者の情報を管理している国税庁

97 個人情報保護法における " 個人情報 " だけを全て挙げたものはどれか。　　　(H26 秋 IP)

a　記号や数字だけからなるハンドルネームを集めたファイル

b　購入した職員録に載っている取引先企業の役職と社員名

c　電話帳に載っている氏名と住所，電話番号

d　取引先企業担当者の名刺データベース

ア　a, b　　　イ　a, c, d　　　ウ　b, c　　　エ　b, c, d

98 電子メールの送信に関する事例のうち，個人情報保護の観点から不適切なものはどれか。　　　(H29 秋 IP)

ア　製品の質問メールへの回答で，その内容を知ってもらいたい複数の顧客のメールアドレスを CC 欄に設定して返信した。

イ　通信販売の購入額上位 10 人の顧客に対して 1 通ずつメールを作成し，順位に合わせた賞品の案内を通知した。

ウ　同窓生全員に配布してある同窓会名簿に記載された全員のメールアドレスを宛先に設定して，同窓会の案内メールを送信した。

エ　春の特別企画展を実施することになり，特定の会員のメールアドレスを BCC 欄に設定して出展依頼のメールを送信した。

99 アクセス管理者は，不正アクセスからコンピュータを防御する役割を担う。不正アクセス禁止法において，アクセス管理者が実施するよう努力すべきこととして定められている行為はどれか。　(H27 秋 IP)

　　ア　アクセス制御機能の有効性を検証する。
　　イ　アクセスログを定期的に監督官庁に提出する。
　　ウ　複数の人員でアクセス状況を常時監視する。
　　エ　利用者のパスワードを定期的に変更する。

100 オプトアウトに関する記述として，最も適切なものはどれか。　(R4　IP)

　　ア　SNS の事業者が，お知らせメールの配信を希望した利用者だけに，新機能を紹介するメールを配信した。
　　イ　住宅地図の利用者が，地図上の自宅の位置に自分の氏名が掲載されているのを見つけたので，住宅地図の作製業者に連絡して，掲載を中止させた。
　　ウ　通信販売の利用者が，Web サイトで商品を購入するための操作を進めていたが，決済の手続が面倒だったので，画面を閉じて購入を中止した。
　　エ　ドラッグストアの事業者が，販売予測のために顧客データを分析する際に，氏名や住所などの情報をランダムな値に置き換え，顧客を特定できないようにした。

101 あらかじめ明示的に同意を得た相手だけに，広告宣伝メールの送付や個人情報の取得を行う，コンプライアンスにのっとった手法を表すものはどれか。　(H28 秋 IP)

　　ア　アクティベーション　　　イ　オプトアウト
　　ウ　オプトイン　　　　　　　エ　ホワイトリスト

102 EU の一般データ保護規則(GDPR)に関する記述として，適切なものだけを全て挙げたものはどれか。　(R5　IP)

　a　EU 域内に拠点がある事業者が，EU 域内に対してデータやサービスを提供している場合は，適用の対象となる。
　b　EU 域内に拠点がある事業者が，アジアや米国など EU 域外に対してデータやサービスを提供している場合は，適用の対象とならない。
　c　EU 域内に拠点がない事業者が，アジアや米国など EU 域外に対してだけデータやサービスを提供している場合は，適用の対象とならない。
　d　EU 域内に拠点がない事業者が，アジアや米国などから EU 域内に対してデータやサービスを提供している場合は，適用の対象とならない。

　　ア　a　　　イ　a, b, c　　　ウ　a, c　　　エ　a, c, d

・・・・◆ 労働関連法・取引関連法に関する問題 ・・・・・・・・・・・・・・・・・・・・・

103 従業員の賃金や就業時間，休暇などに関する最低基準を定めた法律はどれか。　(H26 春 IP)

　　ア　会社法　　　　　イ　民法
　　ウ　労働基準法　　　エ　労働者派遣法

104 商品の販売業務を行う労働者の就業形態のうち，販売業務を行う会社と雇用関係のある者を全て挙げたものはどれか。 (H27 春 IP)

a アルバイト
b 契約社員
c 派遣社員
d パートタイマ

ア a, b 　　イ a, b, d 　　ウ b 　　エ b, c

105 労働者派遣に関する説明のうち，適切なものはどれか。 (H28 秋 IP)

ア 業務の種類によらず，派遣期間の制限はない。
イ 派遣契約の種類によらず，派遣労働者の選任は派遣先が行う。
ウ 派遣先が派遣労働者に給与を支払う。
エ 派遣労働者であった者を，派遣元との雇用期間が終了後，派遣先が雇用してもよい。

106 B 社は A 社の業務を請け負っている。この業務に関する B 社の行為のうち，労働者派遣法に照らして，違法行為となるものだけを全て挙げたものはどれか。 (H29 秋 IP)

① A 社から請け負った業務を，B 社の指揮命令の下で，C 社からの派遣労働者に行わせる。
② A 社から請け負った業務を，再委託先の D 社で確実に行うために，C 社からの派遣労働者に D 社からの納品物をチェックさせる。
③ A 社から請け負った業務を，再委託先の D 社で確実に行うために，C 社からの派遣労働者を D 社に派遣する。

ア ①, ② 　　イ ①, ②, ③ 　　ウ ②, ③ 　　エ ③

107 フレックスタイム制の運用に関する説明 a 〜 c のうち，適切なものだけを全て挙げたものはどれか。 (R30 秋 IP)

a コアタイムの時間帯は，勤務する必要がある。
b 実際の労働時間によらず，残業時間は事前に定めた時間となる。
c 上司による労働時間の管理が必要である。

ア a, b 　　イ a, b, c 　　ウ a, c 　　エ b

108 NDA に関する記述として，最も適切なものはどれか。 (R4 IP)

ア 企業などにおいて，情報システムへの脅威の監視や分析を行う専門組織
イ 契約当事者がもつ営業秘密などを特定し，相手の秘密情報を管理する意思を合意する契約
ウ 提供するサービス内容に関して，サービスの提供者と利用者が合意した，客観的な品質基準の取決め
エ プロジェクトにおいて実施する作業を細分化し，階層構造で整理したもの

109 請負契約によるシステム開発作業において，法律で禁止されている行為はどれか。 (H27 秋 IP)

ア 請負先が，請け負ったシステム開発を，派遣契約の社員だけで開発している。
イ 請負先が，請負元と合意の上で，請負元に常駐して作業している。
ウ 請負元が，請負先との合意の上で，請負先から進捗状況を毎日報告させている。
エ 請負元が，請負先の社員を請負元に常駐させ，直接作業指示を出している。

110 ソフトウェアの開発において基本設計からシステムテストまでを一括で委託するとき，請負契約の締結に関する留意事項のうち，適切なものはどれか。 （H31 春 IP）

ア 請負業務着手後は，仕様変更による工数の増加が起こりやすいので，詳細設計が完了するまで契約の締結を待たなければならない。

イ 開発したプログラムの著作権は，特段の定めがない限り委託者側に帰属するので，受託者の著作権を認める場合，その旨を契約で決めておかなければならない。

ウ 受託者は原則として再委託することができるので，委託者が再委託を制限するためには，契約で再委託の条件を決めておかなければならない。

エ ソフトウェア開発委託費は開発規模によって変動するので，契約書では定めず，開発完了時に委託者と受託者双方で協議して取り決めなければならない。

111 大手システム開発会社 A 社からプログラムの作成を受託している B 社が下請代金支払遅延等防止法（以下，下請法）の対象会社であるとき，下請法に基づく代金の支払いに関する記述のうち，適切なものはどれか。 （H28 春 IP）

ア A 社はプログラムの受領日から起算して 60 日以内に，検査の終了にかかわらず代金を支払う義務がある。

イ A 社はプログラムの受領日から起算して 60 日を超えても，検査が終了していなければ代金を支払う義務はない。

ウ B 社は確実な代金支払いを受けるために，プログラム納品日から起算して 60 日間は A 社による検査を受ける義務がある。

エ B 社は代金受領日から起算して 60 日後に，納品したプログラムに対する A 社の検査を受ける義務がある。

112 訪問販売や通信販売などのトラブルが生じやすい取引において，消費者を保護するために，事業者が守るべきルールを定めた法律はどれか。 （H26 秋 IP）

ア PL 法　　　　　　イ 独占禁止法
ウ 特定商取引法　　　エ 不正競争防止法

113 PL 法（製造物責任法）の保護の対象はどれか。 （H26 春 IP）

ア 小売業者　　　イ 消費者　　　ウ メーカ　　　エ 輸入業者

114 PL 法（製造物責任法）によって，製造者に顧客の損害に対する賠償責任が生じる要件はどれか。 （H30 春 IP）

［事象 A］ 損害の原因が，製造物の欠陥によるものと証明された。
［事象 B］ 損害の原因である製造物の欠陥が，製造者の悪意によるものと証明された。
［事象 C］ 損害の原因である製造物の欠陥が，製造者の管理不備によるものと証明された。
［事象 D］ 損害の原因である製造物の欠陥が，製造プロセスの欠陥によるものと証明された。

ア 事象 A が必要であり，他の事象は必要ではない。

イ 事象 A と事象 B が必要であり，他の事象は必要ではない。

ウ 事象 A と事象 C が必要であり，他の事象は必要ではない。

エ 事象 A と事象 D が必要であり，他の事象は必要ではない。

・・・・◆ **その他の法律・ガイドラインに関する問題**・・・・・・・・・・・・・・・・・・・・・・

⑮ 次の記述 a～c のうち，勤務先の法令違反行為の通報に関して，公益通報者保護法で規定されているものだけを全て挙げたものはどれか。 （H31 春 IP）

　a　勤務先の同業他社への転職のあっせん
　b　通報したことを理由とした解雇の無効
　c　通報の内容に応じた報奨金の授与

　　ア　a, b　　　イ　b　　　ウ　b, c　　　エ　c

⑯ 情報公開法に基づいて公開請求することができる文書として，適切なものはどれか。 （R4　IP）

　　ア　国会などの立法機関が作成，保有する立法文書
　　イ　最高裁判所などの司法機関が作成，保有する司法文書
　　ウ　証券取引所に上場している企業が作成，保有する社内文書
　　エ　総務省などの行政機関が作成，保有する行政文書

⑰ 健全な資本市場の維持や投資家の保護を目的として，適切な情報開示のために整備されたものはどれか。 （H28 春 IP）

　　ア　クーリングオフ制度　　　イ　製造物責任法
　　ウ　内部統制報告制度　　　　エ　不正アクセス禁止法

⑱ 企業が社会の信頼に応えていくために，法令を遵守することはもちろん，社会的規範などの基本的なルールに従って活動する，いわゆるコンプライアンスが求められている。a～d のうち，コンプライアンスとして考慮しなければならないものだけを全て挙げたものはどれか。 （R2　IP）

　a　交通ルールの遵守
　b　公務員接待の禁止
　c　自社の就業規則の遵守
　d　他者の知的財産権の尊重

　　ア　a, b, c　　　イ　a, b, c, d　　　ウ　a, c, d　　　エ　b, c, d

⑲ 法律 a～c のうち，内部統制の整備を要請しているものだけを全て挙げたものはどれか。 （H30 春 IP）

　a　会社法
　b　金融商品取引法
　c　労働者派遣法

　　ア　a, b　　　イ　a, b, c　　　ウ　a, c　　　エ　b

⑳ コーポレートガバナンスに基づく統制を評価する対象として，最も適切なものはどれか。 （H30 秋 IP）

　　ア　執行役員の業務成績
　　イ　全社員の勤務時間
　　ウ　当該企業の法人株主である企業における財務の健全性
　　エ　取締役会の実効性

⑫ コーポレートガバナンスの説明として，最も適切なものはどれか。 (H28 秋 IP)

ア 競合他社では提供ができない価値を顧客にもたらす，企業の中核的な力

イ 経営者の規律や重要事項に対する透明性の確保，利害関係者の役割と権利の保護など，企業活動の健全性を維持する枠組み

ウ 事業の成功に向けて，持続的な競争優位性の確立に向けた事業領域の設定や経営資源の投入への基本的な枠組み

エ 社会や利害関係者に公表した，企業の存在価値や社会的意義など，経営における普遍的な信念や価値観

⑫ プロバイダが提供したサービスにおいて発生した事例 a～c のうち，プロバイダ責任制限法によって，プロバイダの対応責任の対象となり得るものだけを全て挙げたものはどれか。 (R3 IP)

a 氏名などの個人情報が電子掲示板に掲載されて，個人の権利が侵害された。

b 受信した電子メールの添付ファイルによってマルウェアに感染させられた。

c 無断で利用者 ID とパスワードを使われて，ショッピングサイトにアクセスされた。

ア a イ a, b, c ウ a, c エ c

⑫ ソーシャルメディアポリシーを制定する目的として，適切なものだけを全て挙げたものはどれか。 (R5 IP)

a 企業がソーシャルメディアを使用する際の心得やルールなどを取り決めて，社外の人々が理解できるようにするため

b 企業に属する役員や従業員が，公私限らずにソーシャルメディアを使用する際のルールを示すため

c ソーシャルメディアが企業に対して取材や問合せを行う際の条件や窓口での取扱いのルールを示すため

ア a イ a, b ウ a, c エ b, c

⑫ 組織が経営戦略と情報システム戦略に基づいて情報システムの企画・開発・運用・保守を行うとき，そのライフサイクルの中で効果的な情報システム投資及びリスク低減のためのコントロールを適切に行うための実践規範はどれか。 (H27 春 IP)

ア コンピュータ不正アクセス対策基準

イ システム監査基準

ウ システム管理基準

エ 情報システム安全対策基準

・・・◆ 標準化関連に関する問題 ・・・・・・・・・・・・・・・・・・・・・・・・・・・

⑫ 国際標準化機関に関する記述のうち，適切なものはどれか。 (R3 IP)

ア ICANN は，工業や科学技術分野の国際標準化機関である。

イ IEC は，電子商取引分野の国際標準化機関である。

ウ IEEE は，会計分野の国際標準化機関である。

エ ITU は，電気通信分野の国際標準化機関である。

126 情報セキュリティマネジメントシステムや品質マネジメントシステムなどの標準化を行っている国際標準化機構はどれか。 (H30 春 IP)

　　ア　ANSI　　　イ　CEN　　　ウ　ISO　　　エ　JIS

127 ISO が定めた環境マネジメントシステムの国際規格はどれか。 (H29 秋 IP)

　　ア　ISO 9000　　　イ　ISO 14000　　　ウ　ISO/IEC 20000　　　エ　ISO/IEC 27000

128 品質に関するマネジメントシステムの規格はどれか。 (H26 秋 IP)

　　ア　JIS Q 9001　　　イ　JIS Q 14001　　　ウ　JIS Q 15001　　　エ　JIS Q 27001

129 情報処理の関連規格のうち，情報セキュリティマネジメントに関して定めたものはどれか。 (H30 秋 IP)

　　ア　IEEE802.3　　　イ　JIS Q 27001　　　ウ　JPEG 2000　　　エ　MPEG1

130 イーサネットの LAN や無線 LAN などに関する標準化活動を推進している，米国の学会はどれか。 (H28 秋 IP)

　　ア　ICANN　　　イ　IEEE　　　ウ　ISO　　　エ　W3C

131 企業が ISO 9001 を導入することによって期待できるメリットのうち，適切なものはどれか。 (H28 春 IP)

　　ア　企業の貿易手続が標準化され，効率の向上や非関税障壁の減少につながる。
　　イ　業界で技術仕様が標準化され，製品の品質の向上や市場の拡大が進む。
　　ウ　情報資産の取扱方法が標準化され，情報セキュリティの品質が向上する。
　　エ　品質管理に関する業務運営が標準化され，管理の質や効率が向上する。

132 ISO（国際標準化機構）によって規格化されているものはどれか。 (H30 秋 IP)

　　ア　コンテンツマネジメントシステム
　　イ　情報セキュリティマネジメントシステム
　　ウ　タレントマネジメントシステム
　　エ　ナレッジマネジメントシステム

133 情報を縦横 2 次元の図形パターンに保存するコードはどれか。 (R 元秋 IP)

　　ア　ASCII コード　　　イ　G コード　　　ウ　JAN コード　　　エ　QR コード

134 国連が中心となり，持続可能な世界を実現するために設定した 17 のゴールから成る国際的な開発目標はどれか。 (R2　IP)

　　ア　COP21　　　イ　SDGs　　　ウ　UNESCO　　　エ　WHO

135 プライバシーマーク制度で評価されるマネジメントシステムが，管理の対象とするものはどれか。 (H27 秋 IP)

　　ア　営業秘密　　　イ　個人情報　　　ウ　肖像権　　　エ　情報システム

136 あるデータを表現するために，1個の JAN コードか 1 個の QR コードのどちらかの利用を検討する。表現できる最大のデータ量の大きい方を採用する場合，検討結果として，適切なものはどれか。 （R4 IP）

  ア JAN コードを採用する。
  イ QR コードを採用する。
  ウ 表現する内容によって最大のデータ量は変化するので決められない。
  エ 表現できる最大のデータ量は同じなので決められない。

137 POS システムや SCM システムに JAN コードを採用するメリットとして，適切なものはどれか。

（H29 春 IP）

  ア IC タグでの利用を前提に作成されたコードなので，IC タグの性能を生かしたシステムを構築することができる。
  イ 画像を表現することが可能なので，商品画像と連動したシステムへの対応が可能となる。
  ウ 企業間でのコードの重複がなく，コードの一意性が担保されているので，自社のシステムで多くの企業の商品を取り扱うことが容易である。
  エ 商品を表すコードの長さを企業が任意に設定できるので，新商品の発売や既存商品の改廃への対応が容易である。

138 X さんは，ディジタルカメラで撮影した画像を記録媒体に保管し，その記録媒体をプリンタに差し込んで印刷を行った。その際，ディジタルカメラのメーカを意識することなく印刷することが可能であった。このことは，画像データに関するどのような技術的前提によるものであるか。 （H31 春 IP）

  ア コモディティ化 イ ネットワーク化
  ウ 標準化   エ ユビキタス化

139 フォーラム標準に関する記述として，最も適切なものはどれか。 （R5 IP）
  ア 工業製品が，定められた品質，寸法，機能及び形状の範囲内であることを保証したもの
  イ 公的な標準化機関において，透明かつ公正な手続の下，関係者が合意の上で制定したもの
  ウ 特定の企業が開発した仕様が広く利用された結果，事実上の業界標準になったもの
  エ 特定の分野に関心のある複数の企業などが集まって結成した組織が，規格として作ったもの

6章 経営戦略

6—1 経営戦略マネジメント

◆ 経営情報分析手法

経営戦略のための情報分析用に，さまざまな理論や手法が開発されてきた。

♣ PPM（Product Portfolio Management）

1 次の説明文に最も適した用語を解答群から記号で選べ。

□(1) 強み，弱み，機会，脅威の4つの要素を用いて環境分析を行い，企業の現状を分析する手法。

	プラス要因	マイナス要因
内部環境	Strength（強み） 例）立地の良さ	Weakness（弱み） 例）利益率が低い
外部環境	Opportunity（機会） 例）低価格指向	Threat（脅威） 例）健康志向

「ハンバーガーショップの分析例」

□(2) 横軸を事業の相対的な市場占有率，縦軸を市場成長率として，売上高の相対的な大きさを表すように各事業を○で位置づけ，経営資源の有効配分を図る手法。負け犬は撤退，問題児は金のなる木から得た資金によって育成，花形は競争優位を確立するため経営資源を投下する必要がある。

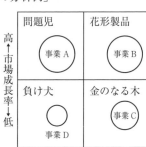

低←相対的な市場占有率→高

□(3) 経営資源（ヒト，モノ，カネ，情報，時間，知的財産など）を，経済的価値（Value）・希少性（Rareness）・模倣可能性（Imitability）・組織（Organization）の視点で評価し，自社の強みと弱みの質や市場での競争優位性を評価・分析するフレームワーク。

□(4) マーケティングの環境を，市場や顧客（Customer）・競合（Competitor）・自社（Company）の3つの環境から分析するフレームワーク。

□(5) 供給企業の交渉力・買い手の交渉力・競争企業間の敵対関係・新規参入業者の脅威・代替品の脅威の5つの収益性を決める競争要因から，業界の構造を分析するフレームワーク。

解答群
ア ファイブフォース分析　イ 3C分析　ウ PPM
エ SWOT分析　　　　　　オ VRIO分析

◆ 経営戦略に関する用語

　企業は市場・資金・人材などをめぐり他組織と競合するため，経営戦略の策定が組織の目的を実現する上で非常に重要である。

2 次の説明文に最も適した用語を解答群から記号で選べ。
- □ (1) 革新的なアイデアや技術により新しい価値を生み出し，社会に大きな変化をもたらすこと。
- □ (2) 競争優位を作り出すための中核的な競争力。組織能力と訳される。
- □ (3) 小さな市場セグメントに焦点を合わせた事業展開で，競争優位を確保しようとする戦略。
- □ (4) 資本力の潤沢なリーダ企業が用いる戦略の一つで，他社の差別化商品と類似した商品・サービスを展開することで，他社の差別化戦略を無力化する戦略。
- □ (5) 競争の激しい市場ではなく，イノベーションによる新たな付加価値を生み出し，競争相手のいない市場で市場の拡大を狙う戦略。

> 解答群
> 　ア　イノベーション　　イ　コアコンピタンス　　ウ　ニッチ戦略
> 　エ　ブルーオーシャン戦略　　オ　同質化戦略

3 次の説明文に最も適した用語を解答群から記号で選べ。
- □ (1) 競争戦略の一環として，連携によりコアコンピタンスを形成する意図で，関連する他社と連携すること。
- □ (2) サービスや原材料など，必要なものを社外から購入することで，外部委託という。
- □ (3) 企業合併（複数の企業が一つに合体すること）や企業買収（企業が他の企業の株式を購入し子会社化すること）のこと。
- □ (4) 他社ブランドの製品を製造し，供給すること。
- □ (5) 自社工場を持たずに製品企画を行い，他社に生産委託する企業形態。
- □ (6) 加盟店に商標やサービス，ノウハウなどの使用権を提供し，対価（ロイヤリティ）を得る事業形態。
- □ (7) 会社の経営陣が自社の株式の大半を買い取ることで，経営権を取得すること。
- □ (8) 経営権の取得等を目的として，株数，価格，期限などを公告して不特定多数の株主から株式市場外で株式を買い集める行為。
- □ (9) 商社が買い付けた商品の販売拡大を目的に，小売店を子会社とするするように，サプライチェーンの上流や下流にある企業を買収し統合すること。

> 解答群
> 　ア　アウトソーシング　　イ　アライアンス　　ウ　垂直統合
> 　エ　ファブレス　　　　　オ　フランチャイズチェーン
> 　カ　MBO　　キ　M&A　　ク　OEM　　ケ　TOB

♣ M&A（Mergers and Acquisitions）

♣ OEM（Original Equipment Manufacturer）：相手先ブランド製造

♣ MBO（Management Buyout）：経営陣による自社買収

♣ TOB（Take Over Bid）：公開買付け

4　次の説明文に最も適した用語を解答群から記号で選べ。

☐ (1) 生産量を増やすほど製品1つあたりの生産コストが減ること。

☐ (2) 複数の事業で経営資源を共有することで，単独の事業を行ったときよりもコストが小さくなること。

☐ (3) 累積生産量が増加するほど経験が蓄積され，生産コストが減ること。

☐ (4) 開発された商品が，他のメーカと機能や品質に差異がなくなり均一化している状態。価格以外の差別化がなくなり収益性が低下する。

☐ (5) 自社の製品やサービスを測定し，成功している他社のものと比較し，分析すること。

☐ (6) 材料の調達や生産，販売などの広い範囲で物を流通させる仕組みの最適化を目指す考え方。

☐ (7) 類似する自社の商品同士がシェアを奪い合ってしまうことで，売上が減少すること。

☐ (8) 環境(Environment)・社会(Social)・ガバナンス(Governance)の3つの視点を考慮した投資活動。

解答群
ア　カニバリゼーション　　イ　規模の経済
ウ　経験曲線　　エ　コモディティ化　　オ　範囲の経済
カ　ベンチマーキング　　キ　ロジスティクス　　ク　ESG投資

◆ マーケティングの基礎

　企業などの組織が顧客の求める商品やサービスについてのニーズを見いだし，これに応える商品やサービスを開発する一方で，顧客の購買意欲も開発し，商品やサービスを提供していく活動をマーケティングと呼ぶ。

5　次の説明文に最も適した用語を解答群から記号で選べ。

☐ (1) 顧客のニーズ(要求)の内容や強さ，競合他社の製品戦略やマーケティング戦略などを調査すること。マーケットリサーチともいう。

☐ (2) 目標達成のために，どのような顧客(客層)に，どのような商品やサービスを，どのような方法で販売していくかを決めること。

☐ (3) 市場調査で得た情報などをもとにどのような商品を作るかを，販売計画で立てた目標をもとに生産時期や生産量を決めること。

☐ (4) どのような商品を，どこから，どれぐらい仕入れるかを決定し，仕入のタイミングを見極めること。

☐ (5) 広告宣伝活動，値引き，店頭ディスプレイなどを含む，顧客の購買意欲を開発するための活動。

♣ CS(Customer Satisfaction)：顧客満足

☐ (6) 消費やサービスに顧客が感じる何らかの満足感のこと。CSともいう。

解答群
ア　顧客満足　　イ　仕入計画　　ウ　市場調査
エ　製品計画　　オ　販売計画　　カ　販売促進

6 次の説明文に最も適した用語を解答群から記号で選べ。

□ (1) 利用者が感じる有用性・信頼性・心地よさなどのこと。

□ (2) 顧客満足を最大化し，顧客の望ましい反応を市場から引き出すために，様々なマーケティングツールを適切に組み合わせて用いるという考え方。企業の視点の4Pと，顧客の視点の4Cを組み合わせる。

4P		4C
製品（Product）	⇔	顧客価値（Customer Value）
価格（Price）	⇔	顧客にとっての経費（Cost）
流通（Place）	⇔	利便性（Convenience）
プロモーション（Promotion）	⇔	コミュニケーション（Communication）

□ (3) 最終購買日（Recency），購買頻度（Frequency），累計購買金額（Monetary）に注目して顧客の購買行動の分析を行う顧客分析手法。

□ (4) 成長戦略を「製品」と「市場」の2軸とし，さらにそれらを「既存」と「新規」に分けたもの。

	既存製品	新規製品
既存市場	市場浸透	製品開発
新規市場	市場開拓	多角化

□ (5) 早期の段階で自らの意思で商品を購入し，その後の顧客の購買行動に大きな影響を与える顧客層のこと。

□ (6) 実店舗・ECサイト等，どの経路でも利用しやすい販売環境を提供すること。

□ (7) 市場に投入した新製品の売上の推移を，導入期・成長期・成熟期・衰退期の4つの段階をたどって理解するためのモデル。

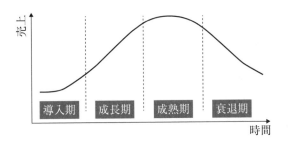

解答群
ア アンゾフの成長マトリクス　イ オピニオンリーダー
ウ オムニチャネル　エ プロダクトライフサイクル
オ マーケティングミックス　カ RFM分析
キ UX

♣ UX（User Experience）

◆ マーケティング手法

7 次の説明文に最も適した用語を解答群から記号で選べ。
- □（1）市場をいくつかの項目によって分割し，集中すべき顧客層を絞って行われるマーケティング活動。
- □（2）顧客に対して個別に行うマーケティング活動。
- □（3）顧客一人ひとりの好みや価値観，状況の違いを認識した上で，それぞれのニーズに合わせて異なった販売促進を行うマーケティング活動。
- □（4）テレビや新聞をはじめ，Web サイト，メールなど多様なメディアを組み合わせて行うマーケティング戦略の一つ。
- □（5）SNS やブログ，Web サイトなどを通じて広告活動を行い，訪れた利用者を顧客へ取り込もうとするマーケティング戦略の一つ。
- □（6）流通業者や小売業者に対してインセンティブを提供するなど積極的に営業活動を行ったり，見込み客に対して直接的にアプローチしたりすることで商品を売り込んでいく戦略。
- □（7）大規模な広告やプロモーション活動を展開し，企業が不特定多数の消費者にアプローチすることで，購買意欲を引き出す戦略。
- □（8）広告や販売促進活動を通して，消費やブランドのイメージを高め，消費者の需要を喚起する戦略。

解答群
- ア　インバウンドマーケティング
- イ　クロスメディアマーケティング
- ウ　セグメントマーケティング
- エ　ダイレクトマーケティング
- オ　プッシュ戦略　　カ　ブランド戦略　　キ　プル戦略
- ク　ワントゥワンマーケティング

◆ Web マーケティング

♣ SEO（Search Engine Optimization）：検索エンジン最適化

8 次の説明文に最も適した用語を解答群から記号で選べ。
- □（1）インターネットを使った広告。
- □（2）受信者の許可をあらかじめ得て，興味のある分野の広告を電子メールで送ること。
- □（3）ポータルサイトなどに掲載する，自社の Web サイトへのリンクを設定した広告のこと。
- □（4）利用者が検索サイトに入力したキーワードに関連する広告を表示するサービス。検索連動型広告とも呼ばれる。
- □（5）検索サイトの検索結果の上位に自社の Web サイトを表示させることを目指して，Web サイトを最適化すること。
- □（6）2 つのバージョンのコンテンツを用意し，どちらが優れているかを比較する方法で，Web サイトや広告の検討に利用される。

【演習問題の解答】　◆経営戦略に関する用語◆　**4**（1）イ（2）オ（3）ウ（4）エ（5）カ（6）キ（7）ア（8）ク
◆マーケティングの基礎◆　**5**（1）ウ（2）オ（3）エ（4）イ（5）カ（6）ア　**6**（1）キ（2）オ（3）カ（4）ア（5）イ（6）ウ（7）エ

□ (7) 企業の広告を所有する Web サイトに掲載し，その広告のリンクを
　　経由して販売された場合に報酬が支払われる仕組み。
□ (8) EC サイトにおいて，過去の購買履歴にもとづき顧客の興味があり
　　そうな情報を表示すること。
□ (9) 液晶ディスプレイによる看板のこと。

```
解答群
　ア　アフィリエイト　　イ　インターネット広告
　ウ　オプトインメール広告　　エ　デジタルサイネージ
　オ　バナー広告　　カ　リスティング広告
　キ　レコメンデーション　　ク　A/B テスト　　ケ　SEO
```

◆ 価格設定手法

9　次の説明文に最も適した用語を解答群から記号で選べ。
□ (1) 新製品の導入時に，高価格で販売することで早期に事業の投資資金
　　を回収すること。
□ (2) 新製品の導入時に，低価格で販売することで早期に市場シェアを獲
　　得すること。
□ (3) 需要に応じて価格を変動させること。

```
解答群
　ア　スキミングプライシング
　イ　ダイナミックプライシング
　ウ　ペネトレーションプライシング
```

◆ ビジネス戦略立案及び評価のための情報分析手法

　ビジネス戦略を立案するためには，様々な要素を考慮する必要がある。
ビジネスの目標を設定し，追及した目標がどの程度達成できたかを適切に
評価するために，いろいろな分析手法が開発され，利用されている。

10　次の説明文に最も適した用語を解答群から記号で選べ。
□ (1) 従来の財務指標による経営分析では企業業績を評価するのに不十
　　分であるとの認識に基づき，戦略やビジョンを，財務・業務プロセ
　　ス・学習と成長・顧客の4つの視点から分析する手法。
□ (2) 経営目標の実現に影響する多様な要因のうち，重要な指標に直接影
　　響を及ぼす特に重要な要因。
□ (3) 企業が提供する商品やサービスの価値は，消費者に実現する機能
　　(性能・満足度など)によるとの観点から，製品やサービスの価値を，
　　その機能とコストの関係で表す手法。「価値＝機能÷コスト」とい
　　う関係式となる。

♣ BSC(Balanced Scorecard)：バランススコアカード

♣ CSF(Critical Success Factors)：重要成功要因

♣ VE(Value Engineering)：バリューエンジニアリング

♣ KGI（Key Goal Indicator）：重要目標達成指標

♣ KPI（Key Performance Indicator）：重要業績評価指標

□（4）企業目標の達成状況を評価するために設定する重要な指標。

□（5）企業目標の達成に向けて行われる活動の実行状況を図るために設定する重要な指標。

解答群
ア BSC　イ CSF　ウ KGI　エ KPI　オ VE

◆ 経営管理システム

　経営情報戦略を実現するために，様々な視点からの情報システム化が推進されている。これらの情報システムを経営管理システムあるいは経営情報システムと呼ぶ。

♣ CRM（Customer Relationship Management）：顧客関係管理

♣ ERP（Enterprise Resource Planning）：企業資源管理

♣ SCM（Supply Chain Management）：供給連鎖管理

♣ TOC（Theory Of Constraints）：制約理論

♣ TQC（Total Quality Control）：全社的品質管理

♣ TQM（Total Quality Management）：総合的品質管理

11　次の説明文に最も適した用語を解答群から記号で選べ。

□（1）新規顧客を開拓するよりも，現在の顧客との関係を密接にすることで，営業を改善しようとする考え方。具体的には，コールセンターシステムやポイントカード管理システムなどにより実現する。

□（2）業務や過程ごとに，顧客にとっての価値がどのように付加されていき，どのように連鎖して最終的な顧客の価値になるのかを確認し，資源投資をしていく経営管理。

□（3）自社の製品やサービスの原材料調達元から最終顧客までの商流・物流・情報流の連鎖に注目し，この間の変化に迅速に対応できるようにする経営管理。

□（4）製造部門に対する総合的品質管理の手法。

□（5）TQC で提示された品質管理目標を経営戦略に適用した考え方。

□（6）組織の経営資源を有効活用するために業務プロセスを統合的に管理し，経営資源の最適化と経営の効率化を図ることを，企業資源管理と呼び，それを実現するためのソフトウェア。

□（7）対象とする業務の品質を数値化し，そのばらつきを抑制することによって業務品質を改善すること。

□（8）企業が持つ情報・知識と個人が持つノウハウや経験などの知的資産を共有し，創造的な経営活動を行うこと。

□（9）制約理論という意味で，ボトルネック（制約）になっている部分に着目し，重点的に改善を図ることで全体の効率化を目指す考え方。

解答群
ア　シックスシグマ　　イ　ナレッジマネジメント
ウ　バリューチェーンマネジメント　　エ　ERP パッケージ
オ　CRM　カ　SCM　キ　TOC　ク　TQC　ケ　TQM

① ファブレスを説明したものはどれか。 (H21 秋 IP)

ア　相手先の商標やブランドで製品を製造し，供給すること

イ　自社では工場をもたずに製品の企画を行い，ほかの企業に生産委託する企業形態のこと

ウ　製品の企画から製造，販売までの機能を垂直統合した製造小売業のこと

エ　製品の設計，試作，製造を一括して生産受託するサービスのこと

② 自社の商品やサービスの情報を主体的に収集する見込み客の獲得を目的に，企業が SNS やブログ，検索エンジンなどを利用して商品やサービスに関連する情報を発信する。このようにして獲得した見込み客を，最終的に顧客に転換させることを目標とするマーケティング手法として，最も適切なものはどれか。 (R 元秋 IP)

ア　アウトバウンドマーケティング　　イ　インバウンドマーケティング

ウ　ダイレクトマーケティング　　　　エ　テレマーケティング

③ A 社の営業部門では，成約件数を増やすことを目的として，営業担当者が企画を顧客に提案する活動を始めた。この営業活動の達成度を測るための指標として KGI(Key Goal Indicator) と KPI(Key Performance Indicator) を定めたい。本活動における KGI と KPI の組合せとして，最も適切なものはどれか。 (R5 IP)

	KGI	KPI
ア	成約件数	売上高
イ	成約件数	提案件数
ウ	提案件数	売上高
エ	提案件数	成約件数

④ 自社が保有していない技術やノウハウを，他社から短期間で補完するための手段として，適切なものはどれか。 (R4 IP)

ア　BPR　　　　　　　　　イ　アライアンス

ウ　インキュベーション　　エ　ベンチマーキング

⑤ ブルーオーシャン戦略の説明として，適切なものはどれか。 (H27 秋 IP)

ア　新しい価値を提供することによって，競争のない新たな市場を生み出す。

イ　売れ筋商品以外の商品も幅広く取り扱うことによって，販売機会の増大を図る。

ウ　業界のトップ企業が提供する製品との差別化を徹底的に進める。

エ　コスト削減によって競合他社に対する優位性を築く。

❻ 事業の再編などに用いられる MBO の説明として，適切なものはどれか。 (H24 秋 IP)

   ア 技術力や販売力など，自社で不足している経営資源を他社との提携によって補完する。

   イ 経営者が，自社の株式の大半を買い取ることで経営権を取得する。

   ウ 自社の一部の事業を分離し，他社の類似事業と合体させて新しい事業会社を設立する。

   エ 自社の迅速な事業拡大のために，株式取得などの方法によって，他社を買収する。

❼ バランススコアカードで企業業績を評価する四つの視点として一般的なものは，"財務"，"内部ビジネスプロセス"及び"学習と成長"ともう一つはどれか。 (H22 秋 IP)

   ア 顧客　　イ 情報

   ウ 戦略　　エ 品質

❽ プロダクトポートフォリオマネジメントは，企業の経営資源を最適配分するために使用する手法であり，製品やサービスの市場成長率と市場におけるシェアから，その戦略的な位置付けを四つの領域に分類する。市場シェアは低いが急成長市場にあり，将来の成長のために多くの資金投入が必要となる領域はどれか。 (R3 IP)

   ア 金のなる木　　イ 花形

   ウ 負け犬　　　　エ 問題児

❾ 総合的品質管理(TQM又は TQC)の重要な手法の一つである方針管理の説明として，適切なものはどれか。 (H25 春 IP)

   ア 企業戦略の遂行状況を測定するために，財務，顧客，業務プロセス，学習と成長の四つの視点から指標を設定し，目標を管理していく活動

   イ 業務改善のための課題を洗い出し，既にその課題に取り組んでいる最良の他社から学んで，自社に適用する活動

   ウ 経営トップの目標を事業部，部，課などの目標に順次展開し，それを実施計画につなげて目標達成のために継続的な改善を進めていく活動

   エ 現場で発生している問題を解決するために，関連する職場の人々がチームを作り，計画を立てて改善を進めていく活動

❿ 複数の企業が，研究開発を共同で行って新しい事業を展開したいと思っている。共同出資によって，新しい会社を組織する形態として，適切なものはどれか。 (R2 IP)

   ア M&A　　　　　　　　　イ クロスライセンス

   ウ ジョイントベンチャ　　エ スピンオフ

⓫ TOB の説明として，最も適切なものはどれか。 (H26 秋 IP)

   ア 経営権の取得や資本参加を目的として，買い取りたい株数，価格，期限などを公告して不特定多数の株主から株式市場外で株式を買い集めること

   イ 経営権の取得を目的として，経営陣や幹部社員が親会社などから株式や営業資産を買い取ること

   ウ 事業に必要な資金の調達を目的として，自社の株式を株式市場に新規に公開すること

   エ 社会的責任の遂行を目的として，利益の追求だけでなく社会貢献や環境へ配慮した活動を行うこと

【演習問題の解答】 ◆ビジネス戦略立案及び評価のための情報分析手法◆ **10** (1) ア (2) イ (3) オ (4) ウ (5) エ
◆経営管理システム◆ **11** (1) オ (2) ウ (3) カ (4) ク (5) ケ (6) エ (7) ア (8) イ (9) キ

⑫ 事業環境の分析などに用いられる 3C 分析の説明として，適切なものはどれか。 (R 元秋 IP)

 ア 顧客，競合，自社の三つの観点から分析する。

 イ 最新購買日，購買頻度，購買金額の三つの観点から分析する。

 ウ 時代，年齢，世代の三つの要因に分解して分析する。

 エ 総売上高の高い順に三つのグループに分類して分析する。

⑬ 商品市場での過当な競争を避け，まだ顧客のニーズが満たされていない市場のすきま，すなわち小さな市場セグメントに焦点を合わせた事業展開で，競争優位を確保しようとする企業戦略はどれか。

(H21 春 IP)

 ア ニッチ戦略

 イ プッシュ戦略

 ウ ブランド戦略

 エ プル戦略

⑭ A 社は競合する他社とのポジショニングの分析を行った。3 社の中で A 社が最高の評価を得るには，A 社のブランドの評価項目は，最低何ポイントが必要か。

なお，各評価項目の最低値は 1 ポイント，最高値は 10 ポイントとし，それぞれの評価項目の重み付けをした合計値で各社の評価を行うものとする。 (H28 秋 IP)

評価項目	重み	A 社	B 社	C 社
営業力	1	10	9	6
価格	4	10	7	9
品質	3	6	10	7
ブランド	2		6	10

注記　網掛けの部分は，表示していない。

 ア 6 イ 7 ウ 8 エ 9

⑮ EC サイトに関連するマーケティング施策のうち，マーケティングミックスを構成する 4P の Place に関連するものはどれか。 (H21 秋 IP)

 ア EC サイトでの販売に際し，EC サイト専用の商品を開発した。

 イ EC サイトへの来訪者数を増加させるために，検索連動型広告を活用した。

 ウ 従来，代理店を通じて販売していた商品の EC サイトでの直販を開始した。

 エ 販売代理店への手数料が不要になったので，EC サイトで直販する商品の価格を下げた。

⑯ インターネット上の広告手法の一つであるアフィリエイトを説明したものはどれか。 (H21 秋 IP)

 ア あらかじめ受信者の許可を得て，興味のある分野の広告を電子メールで送る。

 イ 個人のホームページなどに企業の広告や Web サイトへのリンクを掲載し，誘導実績に応じた報酬を支払う。

 ウ 自社の Web サイトを検索エンジンの検索結果の上位に掲載させる。

 エ 大規模なポータルサイトなどに自社の Web サイトへの入り口となる画像を設置し，誘導する。

⑰ CRM の目的として適切なものはどれか。　　　　　　　　　　　　　　　　　　　（H23 春 IP）

　　ア　顧客満足度の向上　　イ　消費者の購入動向の把握
　　ウ　新規顧客の獲得　　　エ　マーケットシェアの拡大

⑱ 新商品の市場への浸透において重要であるといわれているオピニオンリーダの説明として，適切なもの
はどれか。　　　　　　　　　　　　　　　　　　　　　　　　　　　　　　　　　　　（H23 秋 IP）

　　ア　多くの人が当該商品を利用していることを確認してから購入する層
　　イ　比較的慎重であり，早期購入者に相談するなどしてから当該商品を追随的に購入する層
　　ウ　比較的早期に自らの価値判断で当該商品を購入し，後続する消費者層に影響を与える層
　　エ　冒険的で率先して当該商品を購入する層

⑲ インターネットで用いられる SEO の説明として，適切なものはどれか。　　　　　（H27 春 IP）

　　ア　顧客のクレジットカード番号などの個人情報の安全を確保するために，インターネット上
　　　　で情報を暗号化して送受信する仕組みである。
　　イ　参加者がお互いに友人，知人などを紹介し合い，社会的なつながりをインターネット上で
　　　　実現することを目的とするコミュニティ型のサービスである。
　　ウ　事業の差別化と質的改善を図ることで，組織の戦略的な競争優位を確保・維持することを
　　　　目的とした経営情報システムである。
　　エ　利用者がインターネットでキーワード検索したときに，特定の Web サイトを一覧のより
　　　　上位に表示させるようにする工夫のことである。

⑳ 企業の事業展開における垂直統合の事例として，適切なものはどれか。　　　　　（H29 春 IP）

　　ア　あるアパレルメーカは工場の検品作業を関連会社に委託した。
　　イ　ある大手商社は海外から買い付けた商品の販売拡大を目的に，大手小売店を子会社とした。
　　ウ　ある銀行は規模の拡大を目的に，M&A によって同業の銀行を買収した。
　　エ　多くの PC 組立メーカが特定のメーカの半導体や OS を採用した。

㉑ それぞれの企業が保有する経営資源を補完することを目的とした，企業間での事業の連携，提携や協調
行動を表すものはどれか。　　　　　　　　　　　　　　　　　　　　　　　　　　　　（H23 春 IP）

　　ア　M & A(Merger & Acquisition)　　イ　アウトソーシング
　　ウ　アライアンス　　　　　　　　　　エ　事業ポートフォリオマネジメント

㉒ マーケティングミックスにおける売り手から見た要素は 4P と呼ばれる。これに対応する買い手から見
た要素はどれか。　　　　　　　　　　　　　　　　　　　　　　　　　　　　　　　　（H29 秋 IP）

　　ア　4C　　イ　4S　　ウ　AIDMA　　エ　SWOT

㉓ 年齢，性別，家族構成などによって顧客を分類し，それぞれのグループの購買行動を分析することによっ
て，集中すべき顧客層を絞り込むマーケティング戦略として，最も適切なものはどれか。　　（R4　IP）

　　ア　サービスマーケティング　　　　イ　セグメントマーケティング
　　ウ　ソーシャルマーケティング　　　エ　マスマーケティング

㉔ SCM システムを構築する目的はどれか。 （R4　IP）

ア　企業のもっている現在の強み，弱みを評価し，その弱みを補完するために，どの企業と提携すればよいかを決定する。

イ　商品の生産から消費に関係する部門や企業の間で，商品の生産，在庫，販売などの情報を相互に共有して管理することによって，商品の流通在庫の削減や顧客満足の向上を図る。

ウ　顧客に提供する価値が調達，開発，製造，販売，サービスといった一連の企業活動のどこで生み出されているのかを明確化する。

エ　多種類の製品を生産及び販売している企業が，利益を最大化するために，最も効率的・効果的となる製品の製造・販売の組合せを決定する。

㉕ UX(User Experience)の説明として，最も適切なものはどれか。 （R2　IP）

ア　主に高齢者や障害者などを含め，できる限り多くの人が等しく利用しやすいように配慮したソフトウェア製品の設計

イ　顧客データの分析を基に顧客を識別し，コールセンタやインターネットなどのチャネルを用いて顧客との関係を深める手法

ウ　指定された条件の下で，利用者が効率よく利用できるソフトウェア製品の能力

エ　製品，システム，サービスなどの利用場面を想定したり，実際に利用したりすることによって得られる人の感じ方や反応

㉖ 既存市場と新市場，既存製品と新製品でできるマトリックスの四つのセルに企業の成長戦略を表す市場開発戦略，市場浸透戦略，製品開発戦略，多角化戦略を位置付けるとき，市場浸透戦略が位置付けられるのはどのセルか。 （H31 春 IP）

	既存製品	新製品
既存市場	A	B
新市場	C	D

ア　A　　イ　B　　ウ　C　　エ　D

㉗ 業界内の企業の地位は，リーダ，チャレンジャ，フォロワ，ニッチャの四つに分類できる。フォロワのとる競争戦略として，最も適切なものはどれか。 （H22 秋 IP）

ア　大手が参入しにくい特定の市場に焦点を絞り，その領域での専門性を極めることによってブランド力を維持する。

イ　競合他社からの報復を招かないよう注意しつつ，リーダ企業の製品を参考にしてコストダウンを図り，低価格で勝負する。

ウ　市場規模全体を拡大させるべく利用者拡大や使用頻度増加のために投資し，シェアの維持に努める。

エ　トップシェアの奪取を目標として，リーダ企業との差別化を図った戦略を展開する。

㉘ 経営戦略の目標や目的を達成する上で，重要な要因を表すものはどれか。 （H22 秋 IP）

ア　CSF　　イ　ERP　　ウ　MRP　　エ　SCM

㉙ マーケティング戦略の策定において，自社製品と競合他社製品を比較する際に，差別化するポイントを明確にすることを表す用語として，適切なものはどれか。　　　　　　　　　　　　　　(H30 秋 IP)

　　ア　インストアプロモーション　　イ　ターゲティング
　　ウ　ポジショニング　　　　　　　エ　リベート

㉚ 画期的なビジネスモデルの創出や技術革新などの意味で用いられることがある用語として，最も適切なものはどれか。　　　　　　　　　　　　　　　　　　　　　　　　　　　　　　　　(H30 秋 IP)

　　ア　イノベーション　　　　イ　マイグレーション
　　ウ　リアルオプション　　　エ　レボリューション

㉛ CSR の説明として，最も適切なものはどれか。　　　　　　　　　　　　　　　　　(H22 秋 IP)
　　ア　企業が他社の経営の仕方や業務プロセスを分析し，優れた点を学び，取り入れようとする手法
　　イ　企業活動において経済的成長だけでなく，環境や社会からの要請に対し，責任を果たすことが，企業価値の向上につながるという考え方
　　ウ　企業の経営者がもつ権力が正しく行使されるように経営者を牽制する制度
　　エ　他社がまねのできない自社ならではの価値を提供する技術やスキルなど，企業の中核となる能力

㉜ 製品やサービスの価値を機能とコストの関係で把握し，体系化された手順によって価値の向上を図る手法はどれか。　　　　　　　　　　　　　　　　　　　　　　　　　　　　　　　　　(H21 秋 IP)

　　ア　重要成功要因　　　　イ　バリューエンジニアリング
　　ウ　バリューチェーン　　エ　付加価値分析

㉝ 調達や生産，販売などの広い範囲を考慮に入れた上での物流の最適化を目指す考え方として，適切なものはどれか。　　　　　　　　　　　　　　　　　　　　　　　　　　　　　　　　(H30 春 IP)

　　ア　トレーサビリティ　　イ　ベストプラクティス
　　ウ　ベンチマーキング　　エ　ロジスティクス

㉞ 事業コストを低減する方策として"範囲の経済"を追求する方法や"規模の経済"を追求する方法などがある。範囲の経済の追求に基づくコスト低減策として，適切なものはどれか。　　　　(H28 春 IP)

　　ア　共通の基盤技術を利用して複数の事業を行う。
　　イ　継続的な業務改善を行う。
　　ウ　工場での生産量を拡大する。
　　エ　同一製品を複数の工場で生産する。

㉟ A社では前年度に実施したビジネス戦略の評価を進めている。表に示す条件の場合，総合評価の評点は何点か。 (H22秋IP)

分類	戦略項目	目標	実績	評価方法・基準	評点の重み付け
定量項目	売上高増加率	2.5%	2.4%	売上高増加率の実績が 2%以上ならば，110点 1%以上2%未満ならば，100点 0%を超え1%未満ならば，90点 上記以外は0点	0.5
	新製品開発件数	2件	1件	新製品開発件数の実績が 2件以上ならば，110点 1件ならば，100点 上記以外は0点	0.3
定性項目	顧客満足度	4	4	顧客満足度の実績が目標よりも 1ランク以上向上すれば，100点 上記以外は0点	0.2

〔総合評価の方法〕

(1) 戦略項目ごとの評価方法・基準によって評点を求める。

(2) (1)の評点に重み付けしたものを合計して総合評価の評点を求める。

　　ア　75　　イ　82　　ウ　85　　エ　105

㊱ 経営管理の仕組みの一つであるPDCAのCによって把握できるものとして，最も適切なものはどれか。 (H23春IP)

　　ア　自社が目指す中長期のありたい姿
　　イ　自社の技術ロードマップを構成する技術要素
　　ウ　自社の経営計画の実行状況
　　エ　自社の経営を取り巻く外部環境の分析結果

㊲ シックスシグマ活動に関する説明として，適切なものはどれか。 (H24春IP)

　　ア　仕事のプロセスで発生する可能性がある障害をあらかじめ予測し，対応策を計画する。
　　イ　職場のメンバでグループを作り，職場内で発生する様々な問題を継続的に解決する。
　　ウ　対象とする業務の品質を数値化し，そのばらつきを抑制することによって，業務品質を改善する。
　　エ　品質に関する活動を手順化・文書化・記録化することによって，品質の保証と顧客満足の向上を図る。

㊳ 新規システムの開発に当たって，初期投資額は2,400万円，稼動後の効果額は100万円/月，システム運用費は20万円/月，年間のシステム保守費は初期投資額の15%のとき，投資額を回収するための回収期間は何年か。ここで，金利コストなどは考慮しないものとする。 (H23春IP)

　　ア　2　　イ　2.5　　ウ　2.9　　エ　4

㊴ サプライチェーンマネジメントの効果はどれか。　　　　　　　　　　　　　　　　(H21 春 IP)

　　ア　小売店舗などの商品の販売情報を即時に知ることができる。

　　イ　知識や知見をデータベース化し，ビジネス上で効果的に活用できる。

　　ウ　調達から製造，物流，販売までの一連のプロセスを改善し，納期，コストの最適化を図る
　　　　ことができる。

　　エ　電話，FAX，電子メールなど多様な手段による顧客からの各種問合せに対し，即時に対応
　　　　することができる。

㊵ X社では，工場で長期間排水処理を担当してきた社員の経験やノウハウを文書化して蓄積することで，
日常の排水処理業務に対応するとともに，新たな処理設備の設計に活かしている。この事例の考え方と
して，適切なものはどれか。　　　　　　　　　　　　　　　　　　　　　　　　　　(H27 春 IP)

　　ア　ERP　　イ　SFA　　ウ　サプライチェーンマネジメント　　エ　ナレッジマネジメント

㊶ 複数の企業がアライアンスによって連携して活動する際に，軽減が期待できるリスクとして，最も適切
なものはどれか。　　　　　　　　　　　　　　　　　　　　　　　　　　　　　　　(H21 秋 IP)

　　ア　事業投資リスク　　イ　情報漏えいリスク
　　ウ　人材流出リスク　　エ　不正リスク

㊷ 情報技術を利用して顧客に関する情報を収集，分析し，長期的視点から顧客と良好な関係を築いて自社
の顧客として囲い込み，収益の拡大を図る手法はどれか。　　　　　　　　　　　　　(H21 春 IP)

　　ア　BSC　　イ　CRM　　ウ　ERP　　エ　PPM

㊸ プロダクトポートフォリオマネジメントでは，縦軸に市場成長率，横軸に市場占有率をとったマトリック
ス図を四つの象限に区分し，製品の市場における位置付けを分析して資源配分を検討する。四つの象
限のうち，市場成長率は低いが市場占有率を高く保っている製品の位置付けはどれか。　(H21 春 IP)

　　ア　金のなる木　　イ　花形製品
　　ウ　負け犬　　　　エ　問題児

㊹ A社は，事業戦略の見直しのため，SWOT分析によって，内部環境と外部環境の分析を行った。内部環
境の分析に該当するものとして，最も適切なものはどれか。　　　　　　　　　　　　(H23 春 IP)

　　ア　A社製品の競合製品の特徴の洗出し　　イ　A社製品の限界利益率の把握
　　ウ　A社製品の市場価格の調査　　　　　　エ　A社製品の代替品の市場調査

㊺ SWOT分析で把握できるものはどれか。　　　　　　　　　　　　　　　　　　　　(H21 秋 IP)

　　ア　経営環境　　イ　事業戦略　　ウ　事業目標　　エ　事業領域

㊻ あるオンラインサービスでは，新たに作成したデザインと従来のデザインの Web サイトを実験的に並行稼働し，どちらの Web サイトの利用者がより有料サービスの申込みに至りやすいかを比較，検証した。このとき用いた手法として，最も適切なものはどれか。 (R4　IP)

　　ア　A/B テスト　　イ　ABC 分析　　ウ　クラスタ分析　　エ　リグレッションテスト

㊼ 企業の商品戦略上留意すべき事象である"コモディティ化"の事例はどれか。 (H27 春 IP)

　　ア　新商品を投入したところ，他社商品が追随して機能の差別化が失われ，最終的に低価格化競争に陥ってしまった。
　　イ　新商品を投入したところ，類似した機能をもつ既存の自社商品の売上が新商品に奪われてしまった。
　　ウ　新商品を投入したものの，広告宣伝の効果が薄く，知名度が上がらずに売上が伸びなかった。
　　エ　新商品を投入したものの，当初から頻繁に安売りしたことによって，目指していた高級ブランドのイメージが損なわれてしまった。

㊽ プロダクトライフサイクルに関する記述のうち，最も適切なものはどれか。 (H21 春 IP)

　　ア　導入期では，キャッシュフローはプラスになる。
　　イ　成長期では，製品の特性を改良し，他社との差別化を図る戦略をとる。
　　ウ　成熟期では，他社からのマーケット参入が相次ぎ，競争が激しくなる。
　　エ　衰退期では，成長性を高めるため広告宣伝費の増大が必要である。

㊾ SCM の導入による業務改善の事例として，最も適切なものはどれか。 (R3　IP)

　　ア　インターネットで商品を購入できるようにしたので，販売チャネルの拡大による売上増が見込めるようになった。
　　イ　営業担当者がもっている営業情報や営業ノウハウをデータベースで管理するようにしたので，それらを営業部門全体で共有できるようになった。
　　ウ　ネットワークを利用して売上情報を製造元に伝達するようにしたので，製造元が製品をタイムリーに生産し，供給できるようになった。
　　エ　販売店の売上データを本部のサーバに集めるようにしたので，年齢別や性別の販売トレンドの分析ができるようになった。

㊿ インターネットを利用した広告において，あらかじめ受信者からの同意を得て，受信者の興味がある分野についての広告をメールで送るものはどれか。 (H25 秋 IP)

　　ア　アフィリエイト広告　　　　イ　オーバーレイ広告
　　ウ　オプトアウトメール広告　　エ　オプトインメール広告

51 インターネットショッピングにおいて，個人がアクセスした Web ページの閲覧履歴や商品の購入履歴を分析し，関心のありそうな情報を表示して別商品の購入を促すマーケティング手法はどれか。 (H28 春 IP)

　　ア　アフィリエイト　　　　イ　オークション
　　ウ　フラッシュマーケティング　　エ　レコメンデーション

52 ERP の説明として，最も適切なものはどれか。 (H22 秋 IP)

ア 経営資源の有効活用の観点から企業活動全般を統合的に管理し，業務を横断的に連携させることによって経営資源の最適化と経営の効率化を図る。

イ 現行のビジネスプロセスを見直し，仕事の流れややり方だけではなく，組織の構造や管理体制なども革新して，パフォーマンスの向上を図る。

ウ 顧客に関する情報をデータベース化し，顧客接点となる全部門が共有することによって，顧客への対応の迅速化を促進し，顧客との良好な関係構築を図る。

エ 従業員の創造性，行動能力や知恵，データベース上に蓄積された知識や情報をばらばらなものとしてではなく，結合した経営資源として活用を図る。

6―2　技術戦略マネジメント

◆ 技術開発戦略の立案・技術開発計画

　製造・販売・流通などのビジネスに関連する各種技術の研究開発，新技術の実用化や技術提携など，技術の戦略的利用に関する全般的な戦略が技術戦略(技術開発戦略)である。立案された技術戦略を着実に進めるために技術開発計画を策定し，ロードマップを道標としながら，具体的な研究開発を進める。

12 次の説明文に最も適した用語を解答群から記号で選べ。
- □ (1) 技術を理解しているものが企業経営について学び，技術革新をビジネスに結び付けようとする考え方。
- □ (2) 横軸を自社が持つ技術の水準，縦軸を自社にとっての技術の重要度として，技術が置かれている状況を分析し経営資源の有効配分を図る手法。
- □ (3) 企業を成長させるために自社が開発した発明や，開発予定の発明を活用していく考え方。特許ポートフォリオなどを作成し検討していく。
- □ (4) 製品やサービスを生み出す効率的な生産方式の改善による技術革新。
- □ (5) 革新的な新製品そのものに関する技術革新。
- □ (6) 組織外の知識や技術を積極的に取り込むことによる技術革新。

♣MOT(Management Of Technology)：技術経営

```
解答群
　ア　オープンイノベーション　　イ　技術ポートフォリオ
　ウ　特許戦略　　　　　　　　　エ　プロセスイノベーション
　オ　プロダクトイノベーション　カ　MOT
```

13 次の説明文に最も適した用語を解答群から記号で選べ。
　イノベーションを実現するために，新技術の事業化は下図のような4段階に分けることができる。研究から開発の段階に進むために乗り越えなければならない障壁のことを(1)，開発から事業化の段階に進むために乗り越えなければならない障壁のことを(2)，事業化から産業化の段階に進むために乗り越えなければならない障壁のことを(3)と呼んでいる。

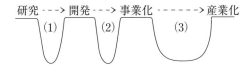

　イノベーター理論では，市場に供給する商品の浸透順に消費者層を5つに分けているが，アーリーアダプターとアーリーマジョリティの購買意識の違いによって発生する壁のことを(4)という。

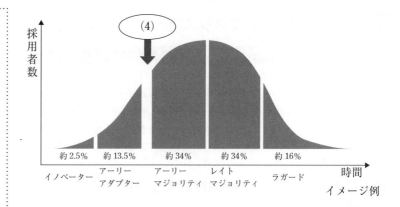

イメージ例

```
解答群
  ア  キャズム    イ  死の谷    ウ  ダーウィンの海    エ  魔の川
```

14 次の説明文に最も適した用語を解答群から記号で選べ。

- □ (1) ソフトウェア開発者がチームを組み特定のテーマに対する成果を競い合う，短期集中型のイベントのこと。
- □ (2) 業界トップの企業が自社製品の高品質化に注力するあまりイノベーションに立ちおくれ，革新的な後続企業にシェアを奪われてしまうこと。
- □ (3) デザインを行う際にデザイナーが用いるプロセスを，ビジネス上の課題に対して活用する考え方。
- □ (4) サービスや商品の開発を，ユーザの視点に立って行うこと。
- □ (5) 将来像を目標として設定することで，それを実現するための今するべき行動を考えるというシナリオ作成の手法。
- □ (6) ビジネスの構造を図式化するためのフレームワーク。
- □ (7) 少ない費用で最低限の試作品を短期間で作り，顧客の反応を見ながら製品を開発していくマネジメント手法。
- □ (8) 外部のプログラムが提供する機能を利用する仕組みである Web API を活用することで，新たなビジネスが生み出される経済の形のこと。
- □ (9) 未上場企業で将来有望な企業に対し投資をすることで，株式上場後の売却益を得ようとすること。
- □ (10) 自社の事業内容と関連する，未上場企業で将来有望な企業に対し投資をすることで，自社の事業の拡大などを狙うこと。

```
解答群
  ア  イノベーションのジレンマ     イ  デザイン思考
  ウ  ハッカソン                   エ  バックキャスティング
  オ  ビジネスモデルキャンバス     カ  ペルソナ法
  キ  リーンスタートアップ         ク  API エコノミー
  ケ  CVC                          コ  VC
```

♣VC（Venture Capital）：ベンチャーキャピタル）

♣CVC（Corporate Venture Capital）：コーポレートベンチャーキャピタル

15 次の技術予測手法に関する説明文に最も適した答えを解答群から記号で選べ。

□ (1) 時点や場所などの前提を明確にして，将来の情景を仮説的に記述したものを複数作成し，何年後にどのような技術がどのように使われ，生活にどのような変化を及ぼし，どのような問題や状況が発生し得るかを検討する方法。

□ (2) あるテーマについて，複数の専門家から意見を収集し，得られた意見を統計的に集約し，その結果を元の専門家にフィードバックして再度同じ質問をし，意見を修正してもらうという過程を数回繰り返して意見を収束させていく方法。

□ (3) 経営戦略に基づいて，長期的な技術開発計画を策定し，開発費用や開発スタッフなどの開発負担と開発成果を詳細に管理し，後日の特許申請や係争に備えて開発活動の記録を作成し，資料を保存しておくこと。

□ (4) 開発成果を特許として申請しておき，取得しておいた特許が有効になったときに効果的に利用するための技術情報管理。

□ (5) 戦略的目標を達成するために，実現への具体的なプロセスを明確に示す座標軸(道標)的な役割を果たすツール。

```
解答群
  ア  ロールプレイング      イ  シナリオライティング
  ウ  デルファイ法          エ  ブレーンストーミング
  オ  特許管理              カ  技術開発管理
  キ  ロードマップ
```

・・・練・習・問・題・・・

53 MOT の説明として，適切なものはどれか。 (H22 秋 IP)

　　ア　企業が事業規模を拡大するに当たり，合併や買収によって他社の全部又は一部の支配権を取得することである。

　　イ　技術に立脚する事業を行う企業が，技術開発に投資してイノベーションを促進し，事業を持続的に発展させていく経営の考え方のことである。

　　ウ　経営陣が金融機関などから資金調達して株式を買い取り，経営権を取得することである。

　　エ　製品を生産するために必要となる部品や資材の量を計算し，生産計画に反映させる資材管理手法のことである。

54 新しいビジネスモデルや製品を開発する際に，仮説に基づいて実用に向けた最小限のサービスや製品を作り，短期に顧客価値の検証を繰り返すことによって，新規事業などを成功させる可能性を高める手法を示す用語はどれか。 (R5　IP)

　　ア　カニバリゼーション　　　　　　　イ　業務モデリング
　　ウ　デジタルトランスフォーメーション　エ　リーンスタートアップ

55 様々な企業のシステム間を連携させる公開されたインタフェースを通じて，データやソフトウェアを相互利用し，それらの企業との協業を促進しながら新しいサービスを創出することなどで，ビジネスを拡大していく仕組みを表す用語として，最も適切なものはどれか。 (R5　IP)

　　ア　API エコノミー　　　　　イ　アウトソーシング
　　ウ　シェアリングエコノミー　　エ　プロセスイノベーション

56 技術経営における新事業創出のプロセスを，研究，開発，事業化，産業化の四つに分類したとき，事業化から産業化を達成し，企業の業績に貢献するためには，新市場の立上げや競合製品の登場などの障壁がある。この障壁を意味する用語として，最も適切なものはどれか。 (R2　IP)

　　ア　囚人のジレンマ　　イ　ダーウィンの海
　　ウ　ファイアウォール　エ　ファイブフォース

57 イノベーションのジレンマに関する記述として，最も適切なものはどれか。 (R 元秋 IP)

　　ア　最初に商品を消費したときに感じた価値や満足度が，消費する量が増えるに従い，徐々に低下していく現象

　　イ　自社の既存商品がシェアを占めている市場に，自社の新商品を導入することで，既存商品のシェアを奪ってしまう現象

　　ウ　全売上の大部分を，少数の顧客が占めている状態

　　エ　優良な大企業が，革新的な技術の追求よりも，既存技術の向上でシェアを確保することに注力してしまい，結果的に市場でのシェアの確保に失敗する現象

58 特定の目的の達成や課題の解決をテーマとして，ソフトウェアの開発者や企画者などが短期集中的にアイディアを出し合い，ソフトウェアの開発などの共同作業を行い，成果を競い合うイベントはどれか。

(R 元秋 IP)

　　ア　コンベンション　　イ　トレードフェア　　ウ　ハッカソン　　エ　レセプション

【演習問題の解答】 ◆技術開発戦略の立案・技術開発計画◆　**13** (1) エ　(2) イ　(3) ウ　(4) ア　**14** (1) ウ　(2) ア　(3) イ　(4) カ　(5) エ　(6) オ　(7) キ　(8) ク　(9) コ　(10) ケ　**15** (1) イ　(2) ウ　(3) カ　(4) オ　(5) キ

59 デザイン思考の例として，最も適切なものはどれか。 (R元秋 IP)

ア　Web ページのレイアウトなどを定義したスタイルシートを使用し，ホームページをデザインする。

イ　アプローチの中心は常に製品やサービスの利用者であり，利用者の本質的なニーズに基づき，製品やサービスをデザインする。

ウ　業務の迅速化や効率化を図ることを目的に，業務プロセスを抜本的に再デザインする。

エ　データと手続を備えたオブジェクトの集まりとして捉え，情報システム全体をデザインする。

60 技術開発戦略の策定に当たって，分析を行うために用いる技術ポートフォリオの説明として，適切なものはどれか。 (H28 春 IP)

ア　技術水準や技術の成熟度を軸にしたマトリックスに，市場における自社の技術の位置づけを示したもの

イ　自社製品の開発開始から損益分岐点に達するまでの期間，投資の累計，利益の累計などを示したもの

ウ　自社で開発すべき技術の開発日程や到達目標，開発技術と新製品やビジネスプランとの関連などを示したもの

エ　自社の保有する技術を要素技術に分解し，木構造の形式で体系的に示したもの

61 技術ロードマップに関する記述のうち，適切なものはどれか。 (H23 春 IP)

ア　過去の技術の変遷を整理したものであり，将来の方向性を示すものではない。

イ　企業や産業界の技術戦略のために作成されるものであり，政府や行政では作成されない。

ウ　技術開発のマイルストーンを示すものであり，市場動向に応じた見直しは行わない。

エ　事業戦略に基づいた技術開発戦略などを示すものであり，技術者だけが理解すればよいものではない。

6―3 ビジネスインダストリ

◆ ビジネスシステム

ビジネスインダストリ（産業界）では，情報通信技術がさまざまな形で利用されビジネスシステムが構築されている。

16 次の説明文に最も適した答えを解答群から記号で選べ。

☐(1) 売上・情報管理（POS），経営管理，在庫管理，自動発注システム（EOS），顧客管理などから構成される，商業や流通業において情報を管理するシステム。

☐(2) 電子資金決済や電子データ交換などを含む，多量の取引情報を迅速かつ正確に処理する必要のある金融業における情報システム。

☐(3) バーコードを利用し，店舗で商品を販売するごとに販売情報を記録し，集計結果を発注やマーケティングの検討材料として用いるシステム。

☐(4) 地球周回軌道上に複数配置された人工衛星が発する電波を利用して地球上のどこにいるのかをほぼ正確に割り出すシステムに，無線技術・ナビゲーション技術・車載対応技術など，他の技術を組み合わせたシステム。

☐(5) 車両に設置された車載器に専用カードを挿入し，有料道路の料金所に設置された路側アンテナとの間の無線通信により，車両を停止することなく通行料金を支払うシステム。

♣ **ETC**（Electronic Toll Collection）：自動料金収受システム

☐(6) 電子マネー・クレジットカード・ETCカードなどに応用されている，プラスチック製カードに非常に薄いICチップを埋め込み，情報を記録できるようにしたカード。

♣ **GPS**（Global Positioning System）：地理情報システム

☐(7) 記憶したデータを電波や電磁波で読み取り機と交信することで，人や物を管理・識別できるようにした数cm程度の大きさの無線チップ。

♣ **POS**（Point of Sales）：販売時点情報管理

☐(8) インターネットを利用した電子商取引の決済手段などに用いられる，貨幣的価値をもつ電子データ。

解答群

ア ICカード	イ GPS応用システム	ウ 電子マネー
エ 流通情報システム	オ POSシステム	カ RFID（ICタグ）
キ 金融情報システム	ク ETCシステム	

---

17 次の説明文に最も適した用語を解答群から記号で選べ。

☐(1) 情報通信技術を用いることで交通事故や渋滞等の道路交通問題を解決するシステム。

♣ **ITS**（Intelligent Transport Systems）：高度道路交通システム

☐(2) 消費者が自ら会計を行うことができ，人件費を抑える効果がある。

☐(3) 情報通信技術を用いることで営業活動の効率性や質を高める仕組み。

♣ **SFA**（Sales Force Automation）：営業支援システム

☐(4) 対象物の流通経路を追跡できる性質のこと。

☐(5) 情報通信技術を用いて電力需給を自動制御することで，効率よく電力を配分することができる電力網。

♣ **CDN**（Content Delivery Network）

☐(6) コンテンツを高速に配信する環境のこと。

♣ **CPS**（Cyber Physical System）：サイバーフィジカルシステム

☐(7) 各種センサから得た情報を用いて，仮想空間上に現実世界を忠実に再現するシステムのこと。このシステムを用いることで，現実世界では行えないシミュレーションテストなどに利用される。

□ (8) IoT などによって現実世界で収集したデータを仮想空間に出力することで，現実世界では実現できないシミュレーションによって分析を行うことができるシステム。

□ (9) コンピュータ上で行う出版物の原稿作成から印刷までの作業のこと。

♣ DTP
(Desktop Publishing)

解答群

ア　サイバーフィジカルシステム　　　イ　スマートグリッド
ウ　セルフレジ　　エ　デジタルツイン　　オ　トレーサビリティ
カ　CDN　　キ　DTP　　ク　ITS　　ケ　SFA

◆ 行政におけるシステム

行政分野においても，情報通信技術がさまざまな形で利用されている。

18　次の説明文に最も適した用語を解答群から記号で選べ。

□ (1) 住民サービスの向上と行政事務の効率化を図るためのシステム。

□ (2) インターネットを介して官公庁の入札に参加するための手続きを行う仕組み。

□ (3) 日本国民一人ずつに固有に割り当てられる 12 桁の番号。

□ (4) 個人番号が記載された IC カードで，身分証明書としての機能も有する。

□ (5) 政府が運営するオンラインサービスのことで，子育てや介護をはじめとする行政手続きをワンストップで行うことが可能で，行政機関からの通知を受け取ることができる。

□ (6) 気象庁が配信する緊急地震速報や，地方公共団体が配信する避難情報を携帯電話に一斉に通知する仕組み。

□ (7) 全国瞬時警報システムとも呼ばれ，弾道ミサイル情報，緊急地震速報，大津波警報などの情報を国から住民まで瞬時に伝達するシステム。

解答群

ア　緊急速報　　イ　住民基本台帳ネットワークシステム
ウ　電子入札　　エ　マイナポータル　　オ　マイナンバー
カ　マイナンバーカード　　　　　　キ　Jアラート

◆ AI（Artificial Intelligence：人工知能）の利活用

AI（人工知能）は利活用する過程でデータの学習等により出力結果が変化する可能性があるため，開発者のみならず利用者においても AI を利活用するにあたり留意すべき事項を理解しておく必要がある。

♣ AI（Artificial Intelligence）：人工知能

19　次の説明文に最も適した用語を解答群から記号で選べ。

☐（1）社会が AI を受け入れ適正に利用するため，社会が留意すべき 7 つの基本原則である，人間中心の原則，教育・リテラシーの原則，プライバシー確保の原則，セキュリティ確保の原則，公正競争確保の原則，公平性，説明責任及び透明性の原則，イノベーションの原則が定められている。

☐（2）AI の利活用や社会実装が促進することを目的に AI の利用者が留意すべき事項を，適正利用の原則，適正学習の原則，連携の原則，安全の原則，セキュリティの原則，プライバシーの原則，尊厳・自律の原則，公平性の原則，透明性の原則，アカウンタビリティの原則の 10 の原則に整理している。

☐（3）信頼できる倫理的な AI の利用を促進するため欧州連合（EU）が公開した，開発者が守るべき 7 つの重要項目を概説したガイドライン。

☐（4）人工知能学会が定めた倫理的な価値判断の基礎となる指針。

解答群
　ア　人間中心の AI 社会原則　　イ　AI 倫理ガイドライン
　ウ　人工知能学会倫理指針　　　エ　AI 利活用ガイドライン

20　次の説明文に最も適した用語を解答群から記号で選べ。

☐（1）ある作業へ特化した人工知能のことで，自動運転技術，画像認識，将棋・チェス，会計などで用いられる AI のこと。

☐（2）特定の作業に限定せず，一つのシステムでさまざまな用途や問題処理能力を持った人工知能のことで，さまざまな思考・検討を行い，初めて直面する状況へも対応できる。

☐（3）スマートフォンやスマートスピーカーなどに搭載されている，音声を認識してさまざまな質問や要求に応答する AI 技術のこと。

☐（4）さまざまなコンテンツを生成することができる AI のことで，自然言語による具体的な指示を受け，それに基づいて新しいコンテンツを生成することができる。

☐（5）テキスト，音声，画像，動画，センサ情報などの複数のデータから情報を収集し統合的に処理する人工知能。

☐（6）事象の発生に規則性がなく，特定の方向に誘導されることのない性質。

☐（7）AI が出力した結果に至った経緯や根拠を，利用者に理解できるように説明することができる AI のこと。

☐（8）AI によって自動化された処理の一部の判断や制御に，人間を介在させることで運用上の諸問題を解決しようとする考え方。

☐（9）AI に学習させるデータの偏りによって，AI が偏った結果を出力すること。

☐（10）暴走するトロッコの線路が分岐する先で，片方には 1 人が横たわり，もう片方には複数いる。どちらかが犠牲になることを前提に，どちらの分岐を選べばよいかといったように機械学習時に用いら

れる倫理思考実験の一種。

- (11) 生成 AI が学習したデータの誤りや不足などにより，事実とは異なる情報や無関係な情報をあたかも事実であるかのように生成する現象。
- (12) 生成 AI によって画像や動画，音声を合成する技術のこと。
- (13) AI サービスを改善させるためにコンテンツが保存または使用されることについて拒否できることを規定したもの。

```
解答群
  ア  生成 AI      イ  説明可能な AI    ウ  ディープフェイク
  エ  特化型 AI     オ  トロッコ問題     カ  バイアス
  キ  ハルシネーション               ク  汎用 AI
  ケ  ヒューマンインザループ          コ  マルチモーダル AI
  サ  ランダム性                    シ  AI アシスタント
  ス  AI サービスのオプトアウトポリシー
```

◆ エンジニアリングシステム

　生産部門(エンジニアリング分野)で，生産の計画・管理・運営を支援するコンピュータシステムが，エンジニアリングシステムである。

21　次の説明文に最も適した答えを解答群から記号で選べ。
- (1) コンピュータを利用した設計支援システム。
- (2) コンピュータを利用した製品の組立や加工。
- (3) 工場における製品の生産・管理・運用を自動化するシステム。
- (4) コンピュータを利用し，製品の生産全体にわたって統合的に自動化したシステム。

```
解答群    ア CIM    イ CAM    ウ CAD    エ FA
```

22　次の説明文に最も適した用語を解答群から記号で選べ。
- (1) 製造業において複数の工程を同時に進行させることで，効率化や時間短縮を図ること。
- (2) 実際に実験を行うことが難しいものについて，コンピュータ上で再現して分析を行うこと。
- (3) センサを用いて温度や光，音，振動，画像などの情報を計測する技術。
- (4) 必要な時期に必要量の部品を調達し，在庫を調整する生産方式。
- (5) 1つの生産ラインで多品種，小ロット生産に対応した柔軟な生産システム。
- (6) 製品の納期や製造量にもとづいて，製造に必要な資材の管理を支援するシステム。

♣ HITL(Human-in-the-Loop)：ヒューマンインザループ

♣ XAI(Explainable AI)：説明可能な AI

♣ CIM(Computer Integrated Manufacturing)：コンピュータ統合生産

♣ CAM(Computer Aided Manufacturing)：コンピュータ支援製造

♣ CAD(Computer Aided Design)：コンピュータ支援設計

♣ FA(Factory Automation)

♣ FMS(Flexible Manufacturing System)：フレキシブル生産システム

♣ JIT(Just In Time)：ジャストインタイム

♣ MRP(Material Requirements Planning)：資材所要量計画

- □ (7) 生産工程の無駄を徹底的に排除し，多品種大量生産を効率的に行う生産方式。
- □ (8) 看板を用いることで，必要なものを，必要なときに，必要なだけ作ることを実現する生産方式。

解答群
ア かんばん方式　　　イ コンカレントエンジニアリング
ウ シミュレーション　エ センシング技術
オ リーン生産方式　　カ FMS　キ JIT　ク MRP

◆ e-ビジネス

インターネット上でのビジネス活動を e-ビジネスという。

23 次の説明文に最も適した用語を解答群から記号で選べ。
- □ (1) 産業界における商業取引や情報交換を，情報通信技術によって実施すること。
- □ (2) 企業と企業との間の電子商取引。
- □ (3) 企業と一般消費者との間の電子商取引。
- □ (4) 一般消費者と一般消費者との間の電子商取引。
- □ (5) インターネットを利用した，企業による社員の福利厚生サービス。
- □ (6) インターネット上で多数の売り手と買い手が取引する市場。
- □ (7) 電子商店街とも呼ばれる，多数のオンラインショップが軒を連ねる Web サイト。
- □ (8) インターネット上で行われるオークション。
- □ (9) インターネットを経由して，銀行など金融機関のサービスを利用すること。
- □ (10) インターネットを使って株取引を行うこと。

♣ B（Business）：企業
♣ C（Consumer）：消費者
♣ E（Employee）：従業員
♣ EC（Electronic Commerce）：電子商取引

解答群
ア インターネットトレーディング
イ インターネットバンキング
ウ オンラインモール　　エ 電子オークション
オ e-マーケットプレイス　カ B to B
キ B to C　ク B to E　ケ C to C　コ EC

24 次の説明文に最も適した用語を解答群から記号で選べ。
- □ (1) インターネットによる販売において，売れ筋の商品群の売上合計よりも，売れ筋ではないニッチな商品群の売上合計が大きくなること。
- □ (2) 基本的なサービスを無料で提供し，追加の機能は料金を課金するビジネスモデルのこと。
- □ (3) インターネットショッピングなどの通信販売や移動販売，訪問販売，自動販売機での販売など，店舗を持たずに商品を販売する方法。

□(4) インターネット上で販売促進キャンペーンなどを展開したうえで，顧客を実店舗に誘導する，ネット上からネット外への行動を促すこと。

解答群
　ア　フリーミアム　　イ　無店舗販売
　ウ　ロングテール　　エ　O2O

25 次の説明文に最も適した用語を解答群から記号で選べ。

□(1) 企業間の取引で必要な情報の書式や通信手順を統一し，ネットワークを活用して情報を交換する仕組み。

□(2) 紙幣や手形・小切手などを用いずに，ネットワークを通じて送金や決済等の資金移動を行うシステム。

□(3) 現金を使用しない決済手段で，スマートフォンのキャリア決済，クレジットカードや電子マネーなどの非接触IC決済，QRコード決済などがある。

□(4) 金融業においてIT技術を活用することで，革新的なサービスを提供する取組を示す用語。

□(5) インターネットを利用して不特定多数の賛同者から資金を集める仕組み。

□(6) ネットオークションやネットフリーマーケットなどの電子商取引において，売主と買主間の代金や商品の受け渡しを仲介するサービスのこと。

□(7) 発注者がインターネット上で発注対象の業務内容や発注条件を提示し，受注者を募集するWebサービス。

□(8) 代金の支払いや決済に用いることが可能な，実体のない通貨のこと。暗号化やハッシュ理論を用いて開発されているためこのような名称で呼ばれている。

□(9) 個人や法人が複数の金融機関に持っている口座情報を一つの画面へ表示するサービスの名称。

□(10) 機密情報を扱う利用者が正しいものであることをインターネット上で照合するシステムの名称。

□(11) 犯罪や違法な取引から得た資金の出所を分からないようにする資金洗浄(マネーロンダリング)を防止するための金融機関の取組みのこと。

解答群
　ア　アカウントアグリゲーション　　イ　暗号資産
　ウ　エスクローサービス　　　　　　エ　キャッシュレス決済
　オ　クラウドソーシング　　　　　　カ　クラウドファンディング
　キ　フィンテック　ク　AML/CFT　ケ　EDI　コ　EFT
　サ　eKYC

♣ O2O(Online to Offline)

♣ AML/CFT(Anti-Money Laundering/Countering the Financing of Terrorism)：マネーロンダリング・テロ資金供与対策

♣ EDI(Electronic Data Interchange)：電子データ交換
♣ EFT(Electronic Fund Transfer)：電子資金移動
♣ eKYC(electronic Know Your Customer)
♣ FinTech：フィンテック
♣ キャッシュレス決済の種類
・クレジットカード決済
　代金を後日カード会社から請求される支払方法。
・デビットカード
　代金が銀行の口座から即時に引き落とされる支払方法。
・電子マネー決済
　あらかじめ専用カードやスマートフォンアプリにチャージした金額から代金を支払う方法。

◆ IoT システム・組込みシステム

　　家電製品や産業機器などの様々なモノに通信機能を組込むことで，インターネットに接続させることを IoT（Internet of Things）という。

26 次の説明文に最も適した用語を解答群から記号で選べ。

□（1）センサを搭載した機器や制御装置などが直接インターネットにつながることで，機器同士が情報をやり取りする仕組み。

□（2）無人航空機のことで，主に空撮や測量，農業，災害調査には複数のローターを搭載したマルチコプターが活用されている。

□（3）メガネのように装着することで，現実の空間にデジタル情報を付加して表示する AR グラスや，現実の空間とデジタルコンテンツを重ねた複合現実を体験できる MR グラスなどがある。

□（4）下記の4つをテーマとした自動車業界の中長期戦略のこと。
　　・コネクテッド（Connected）：ネットワークを介したデータの取得
　　・自動運転（Autonomous）：コンピュータ制御による運転
　　・シェアリング＆サービス（Shared & Services）：ライドシェアや配車サービス
　　・電動化（Electric）：電気自動車

♣ CASE（Connected, Autonomous, Shared & Services, Electric）

♣ HEMS（Home Energy Management System）

♣ MaaS（Mobility as a Service）

□（5）サービスとしての移動という意味で，複数の交通機関や移動サービスを最適に組合せて検索・予約・決済等を一括で行うサービス。

□（6）電線を使わずに電力を送る技術。

□（7）デスクトップ仮想化や共有ディスクなどのハードウェアやインフラ機能をインターネット上で提供するサービス。

□（8）ロボット，AI，IoT などの技術を活用した工場。

□（9）ロボット，AI，IoT などの技術を活用した農業。

□（10）産業用ロボットに取り付けられた機械の目で，カメラから取り込んだ映像をシステムで処理し，機器の動作に応用する技術。

□（11）家庭の太陽光発電などをはじめとするエネルギー機器や家電をネットワークに接続し，エネルギーの可視化と消費の管理を行うシステム。

□（12）人に代わって作業を行うロボット装置に関する研究のこと。

□（13）ハードウェア上の ROM にあらかじめ書き込まれた状態で機器に組み込まれている，ハードウェアを制御するためのソフトウェア。

解答群

ア　クラウドサービス	イ　スマートグラス
ウ　スマートファクトリー	エ　スマート農業
オ　ドローン　　カ　ファームウェア	キ　マシンビジョン
ク　ロボティクス　ケ　ワイヤレス給電	コ　CASE
サ　HEMS　　シ　IoT	ス　MaaS

・・・・ 練・習・問・題 ・・・・

62 電力会社において，人による検針の代わりに，インターネットに接続された電力メータと通信することで，各家庭の電力使用量を遠隔計測するといったことが行われている。この事例のように，様々な機器をインターネットに接続して情報を活用する仕組みを表す用語はどれか。 (R2 IP)

　　ア　EDI　　イ　IoT　　ウ　ISP　　エ　RFID

63 人間の脳神経の仕組みをモデルにして，コンピュータプログラムで模したものを表す用語はどれか。 (R3 IP)

　　ア　ソーシャルネットワーク　　イ　デジタルトランスフォーメーション
　　ウ　ニューラルネットワーク　　エ　ブレーンストーミング

64 企業におけるマイナンバーの取扱いに関する行為a～cのうち，マイナンバー法に照らして適切なものだけを全て挙げたものはどれか。 (H30 春 IP)

a　従業員から提供を受けたマイナンバーを人事評価情報の管理番号として利用する。
b　従業員から提供を受けたマイナンバーを税務署に提出する調書に記載する。
c　従業員からマイナンバーの提供を受けるときに，その番号が本人のものであることを確認する。

　　ア　a, b　　イ　a, b, c　　ウ　b　　エ　b, c

65 フリーミアムの事例として，適切なものはどれか。 (R5 IP)

　　ア　購入した定額パスをもっていれば，期限内は何杯でもドリンクをもらえるファーストフード店のサービス
　　イ　無料でダウンロードして使うことはできるが，プログラムの改変は許されていない統計解析プログラム
　　ウ　名刺を個人で登録・管理する基本機能を無料で提供し，社内関係者との間での顧客情報の共有や人物検索などの追加機能を有料で提供する名刺管理サービス
　　エ　有料広告を収入源とすることによって，無料で配布している地域限定の生活情報などの広報誌

66 犯罪によって得た資金を正当な手段で得たように見せかける行為を防ぐために，金融機関などが実施する取組を表す用語として，最も適切なものはどれか。 (R5 IP)

　　ア　AML(Anti-Money Laundering)　　イ　インサイダー取引規制
　　ウ　スキミング　　　　　　　　　　エ　フィッシング

67 ICカードと磁気カードの偽造に対する安全性の比較に関する記述のうち，適切なものはどれか。
(H21 秋 IP)

　　ア　ICカードは，ICチップへの情報の格納や情報の暗号化を行っているので，磁気カードに比べて偽造されにくい。
　　イ　ICカードは，情報の記録に二次元コードを使うので，磁気カードに比べて偽造されにくい。
　　ウ　磁気カードは，磁気ストライプに情報を格納しており，ICカードに比べて情報を保護する仕組みが複雑で偽造されにくい。
　　エ　磁気カードは，情報の記録にバーコードを利用しており，ICカードに比べて偽造されにくい。

68 企業間で商取引の情報の書式や通信手順を統一し，電子的に情報交換を行う仕組みはどれか。 （R2 IP）

ア EDI　イ EIP　ウ ERP　エ ETC

69 電子商取引の商品と代金の受け渡しにおいて，売り手と買い手の間に，信頼のおける第三者が介在することによって，取引の安全性を高めるサービスはどれか。 （H29秋IP）

ア アフィリエイト　イ エスクロー
ウ 逆オークション　エ ソーシャルネットワーキングサービス

70 ゲーム機，家電製品などに搭載されている，ハードウェアの基本的な制御を行うためのソフトウェアはどれか。 （R4 IP）

ア グループウェア　イ シェアウェア　ウ ファームウェア　エ ミドルウェア

71 ジャストインタイム生産方式を説明したものはどれか。 （H21春IP）

ア 1人または数人の作業員が，生産の全工程を担当する方式
イ 顧客からの注文を受けてから，生産を開始する方式
ウ 生産開始時の計画に基づき，見込み数量を生産する方式
エ 必要な物を，必要なときに，必要な量だけ生産する方式

72 ベルトコンベア方式による分業型の流れ作業ではなく，一人又は少人数で最初の工程から最後の工程までを担当する多品種少量生産向きの生産方式はどれか。 （H23秋IP）

ア セル生産方式　イ ファブレス生産方式
ウ ライン生産方式　エ ロット生産方式

73 電子証明書の申請から電子入札までの手続が図の①～⑥の手順で行われるとき，④で行う手続として，適切なものはどれか。 （H23秋IP）

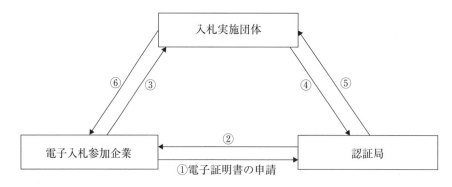

ア 開札結果の連絡　イ 電子証明書の発行
ウ 電子証明書の有効性の確認　エ 電子入札の実施

74 記述 a〜c のうち，"人間中心の AI 社会原則"において，AI が社会に受け入れられ，適正に利用されるために，社会が留意すべき事項として記されているものだけを全て挙げたものはどれか。　　(R5　IP)

a. AI の利用に当たっては，人が利用方法を判断し決定するのではなく，AI が自律的に判断し決定できるように，AI そのものを高度化しなくてはならない。

b. AI の利用は，憲法及び国際的な規範の保障する基本的人権を侵すものであってはならない。

c. AI を早期に普及させるために，まず高度な情報リテラシーを保有する者に向けたシステムを実現し，その後，情報弱者も AI の恩恵を享受できるシステムを実現するよう，段階的に発展させていかなくてはならない。

　　ア　a, b　　イ　a, b, c　　ウ　b　　エ　b, c

75 業務の効率化を目指すために，SFA を導入するのに適した部門はどれか。　　(R 元秋 IP)

　　ア　営業　　イ　経理・会計　　ウ　資材・購買　　エ　製造

76 IC タグ(RFID)の特徴はどれか。

　　ア　GPS を利用し，位置情報を表示する。

　　イ　大量の情報を扱うので，情報の記憶には外部記憶装置を使用する。

　　ウ　プラスチック製のカードに埋め込み，専用の読取り装置に挿入して利用する。

　　エ　汚れに強く，梱包の外からも記録された情報を読むことができる。

77 コールセンターにおける電話応対業務において，AI を活用し，より有効な FAQ システムを実現する事例として，最も適切なものはどれか。　　(R5　IP)

　　ア　オペレーター業務研修の一環で，既存の FAQ を用いた質疑応答の事例を Web の画面で学習する。

　　イ　ガイダンスに従って入力されたダイヤル番号に従って，FAQ の該当項目を担当するオペレーターに振り分ける。

　　ウ　受信した電話番号から顧客の情報，過去の問合せ内容及び回答の記録を，顧客情報データベースから呼び出してオペレーターの画面に表示する。

　　エ　電話応対時に，質問の音声から感情と内容を読み取って解析し，FAQ から最適な回答候補を選び出す確度を高める。

78 生成 AI の特徴を踏まえて，システム開発に生成 AI を活用する事例はどれか。　　(サンプル)

　　ア　開発環境から別の環境へのプログラムのリリースや定義済みのテストプログラムの実行，テスト結果の出力などの一連の処理を生成 AI に自動実行させる。

　　イ　システム要件を与えずに，GUI 上の設定や簡易な数式を示すことによって，システム全体を生成 AI に開発させる。

　　ウ　対象業務や出力形式などを自然言語で指示し，その指示に基づいて E-R 図やシステムの処理フローなどの図を描画するコードを生成 AI に出力させる。

　　エ　プログラムが動作するのに必要な性能条件をクラウドサービス上で選択して，プログラムが動作する複数台のサーバを生成 AI に構築させる。

㉗9 競争優位を形成するための経営戦略の一つとして，インターネットを使った電子商取引の活用がある。電子商取引のうち，B to C に当たるものはどれか。　　　　　　　　　　　(H23 秋 IP)

 ア　一般消費者が出品するオークションサイト
 イ　一般消費者向けのインターネット通販サイト
 ウ　他企業への原材料販売などの企業間取引サイト
 エ　福利厚生目的の自社従業員向け社内販売サイト

㉘0 現在使っているキャッシュカードで，銀行口座からリアルタイムに代金を直接引き落として決済できるものはどれか。　　　　　　　　　　　　　　　　　　　　　　　　　　　(H21 春 IP)

 ア　ETC カード　　　　　イ　デビットカード
 ウ　プリペイドカード　　　エ　ポイントカード

㉘1 トレーサビリティに該当する事例として，適切なものはどれか。　　　　　　　(H26 春 IP)

 ア　インターネットや Web の技術を利用して，コンピュータを教育に応用する。
 イ　開発部門を自社内に抱えずに，開発業務を全て外部の専門企業に任せる。
 ウ　個人の知識や情報を組織全体で共有し，有効に活用して業績を上げる。
 エ　肉や魚に貼ってあるラベルをよりどころに生産から販売までの履歴を確認できる。

㉘2 生成 AI が，学習データの誤りや不足などによって，事実とは異なる情報や無関係な情報を，もっともらしい情報として生成する事象を指す用語として，最も適切なものはどれか。　　　　(サンプル)

 ア　アノテーション　　　イ　ディープフェイク　　　ウ　バイアス　　　エ　ハルシネーション

㉘3 FinTech の事例として，最も適切なものはどれか。　　　　　　　　　　　　(R3　IP)

 ア　銀行において，災害や大規模障害が発生した場合に勘定系システムが停止することがないように，障害発生時には即時バックアップシステムに切り替える。
 イ　クレジットカード会社において，消費者がクレジットカードの暗証番号を規定回数連続で間違えて入力した場合に，クレジットカードを利用できなくなるようにする。
 ウ　証券会社において，顧客が PC の画面上で株式売買を行うときに，顧客に合った投資信託を提案したり自動で資産運用を行ったりする，ロボアドバイザのサービスを提供する。
 エ　損害保険会社において，事故の内容や回数に基づいた等級を設定しておき，インターネット自動車保険の契約者ごとに，1 年間の事故履歴に応じて等級を上下させるとともに，保険料を変更する。

㉘4 ビッグデータの分析に関する記述として，最も適切なものはどれか。　　　　(R3　IP)

 ア　大量のデータから未知の状況を予測するためには，統計学的な分析手法に加え，機械学習を用いた分析も有効である。
 イ　テキストデータ以外の，動画や画像，音声データは，分析の対象として扱うことができない。
 ウ　電子掲示板のコメントや SNS のメッセージ，Web サイトの検索履歴など，人間の発信する情報だけが，人間の行動を分析することに用いられる。
 エ　ブログの書き込みのような，分析されることを前提としていないデータについては，分析の目的にかかわらず，対象から除外する。

85 組込みシステムの特徴として，最も適切なものはどれか。 (H21 秋 IP)

　ア　組込みシステムの開発や稼働には，専用の OS を使用する。

　イ　組込みシステムの稼働には，ネットワークへの接続が必要である。

　ウ　組込みシステムは機器内部の制御用であり，ユーザインタフェースは不要である。

　エ　組込みシステムは専用化されたハードウェアやソフトウェアから成る。

86 組込みシステムの特徴の一つであるリアルタイム性の説明として，適切なものはどれか。 (H23 春 IP)

　ア　いつでもどこでも必要な時間に必要な場所で使用できる性質

　イ　定められた時間の範囲内で一定の処理を完了する性質

　ウ　制約の厳しいリソースの範囲内で一定の処理をこなす性質

　エ　制約の厳しいリソースの範囲内でトラブルなく稼動する性質

87 AI における基盤モデルの特徴として，最も適切なものはどれか。 (サンプル)

　ア　"A ならば B である"といったルールを大量に学習しておき，それらのルールに基づいた演繹(えき)的な判断の結果を応答する。

　イ　機械学習用の画像データに，何を表しているかを識別できるように"犬"や"猫"などの情報を注釈として付与した学習データを作成し，事前学習に用いる。

　ウ　広範囲かつ大量のデータを事前学習しておき，その後の学習を通じて微調整を行うことによって，質問応答や画像識別など，幅広い用途に適応できる。

　エ　大量のデータの中から，想定値より大きく外れている例外データだけを学習させることによって，予測の精度をさらに高めることができる。

88 e-ビジネスの事例のうち，ロングテールの考え方に基づく販売形態はどれか。 (H29 秋 IP)

　ア　インターネットの競売サイトに商品を長期間出品し，一番高値で落札した人に販売する。

　イ　継続的に自社商品を購入してもらえるよう，実店舗で採寸した顧客のサイズの情報を基に，その顧客の体型に合う商品をインターネットで注文できるようにする。

　ウ　実店舗において長期にわたって売上が大きい商品だけを，インターネットで大量に販売する。

　エ　販売見込み数がかなり少ない商品を幅広く取扱い，インターネットで販売する。

89 図は，クレジットカードを利用した取引を表す。⑤に該当する行為はどれか。ここで，①～⑥は取引の
順序を表している。 (H21 春 IP)

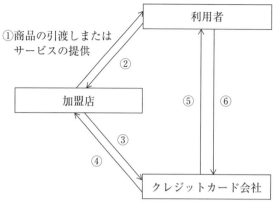

ア　売上代金の請求（売上票または売上データの送付）

イ　クレジットカードの提示及び売上票へのサイン

ウ　利用代金の支払

エ　利用代金の請求（利用代金明細書の送付）

90 ある工場では，部品 A，B から成る製品 P を組立生産している。部品 A の加工には，部品 C を必要とし，
加工期間は 1 週間である。購買品である部品 B，C の納入リードタイムはそれぞれ 2 週間と 3 週間であ
る。製品 P は部品 A，B がそろって初めて組み立てることができ，その組立生産に 1 週間掛かるとする
とき，製品 P を 1 個生産するために，部品の納入期間も含めて最短で何週間必要か。ここで，すべての
部品の在庫はないものとする。 (H22 秋 IP)

ア　4　　イ　5　　ウ　6　　エ　7

91 エンジニアリングシステムの CAM を活用する場面として，適切なものはどれか。 (H23 春 IP)

ア　工業製品や建築物などの設計図面を作成する。

イ　工作機械を制御するための加工データを出力する。

ウ　製品の生産に必要な部品の発注量を計画する。

エ　月別の生産日程計画を策定する。

6—4 **システム戦略**

◆ 情報システム戦略

経営戦略上の目標達成には，情報システム戦略と連携・整合性をとることが重要である。採用すべきシステム戦略は，企業がいかなる経営戦略を選択するかによって異なってくる。

27 次の説明文に最も適した答えを解答群から記号で選べ。

☐ (1) 経営戦略に則り，経営課題を解決するため，情報システム全体を効果的に構築し運用するための方針。経営戦略との整合性を考慮して策定する。

☐ (2) 経営戦略に則った情報戦略立案や具体的な IT 投資計画に関する責任を持つ役職。最高情報責任者のこと。

☐ (3) 組織が保有する大量の資料やデータの中から，目的の資料やデータを見つけるための企業内検索エンジン。

☐ (4) 組織の業務手順や，資源配置，情報システムなどの最適化を進めて効率化を図るための設計手法。

☐ (5) データを正確に記録することを目的としたシステム。会計や人事情報，受発注管理や製造管理など業務の根幹を担う重要なシステムである。

☐ (6) 企業と顧客を繋げることを目的としたシステム。CRM や電子メール，SNS を使ったシステム，メッセージアプリケーションなどが該当する。

```
解答群
 ア　CIO　　イ　SoE　　ウ　SoR　　エ　EA
 オ　情報システム戦略　　カ　エンタープライズサーチ
```

♣ CIO（最高情報責任者）
（Chief Information Officer）

♣ EA（Enterprise Architecture）

♣ SoR（Systems of Record）

♣ SoE（Systems of Engagement）

◆ 業務プロセス

業務上のさまざまな問題を改善・解決するためには，既存の業務プロセスを分析・把握する必要がある。

28 次の説明文に最も適した答えを解答群から記号で選べ。

☐ (1) 業務システムを特定の側面からとらえ，特定の表記法に従って視覚化すること。

☐ (2) 代表的なモデル表記法の一つで，業務の中で現れる実体（エンティティ）とそれらの関連（リレーションシップ）を分析するためのツール。

☐ (3) 代表的なモデル表記法の一つで，システム間のデータの流れを矢印でつないで表現する図。データの流れが明確になるため，効率化やすい箇所の発見が容易になる等のメリットがある。

☐ (4) 既存の組織やビジネスルールを抜本的に見直し，プロセスの視点から職務，業務フロー，管理機構，情報システムを再構築するという企業改革の考え方。

♣ E-R 図（Entity Relationship Diagram）

♣ DFD（データフロー図）：（Data Flow Diagram）

♣ BPR（業務改革）：（Business Process Reengineering）

♣ BPMN（業務プロセスモデリング表記法）：（Business Process Model and Notation）

♣ BPM（ビジネスプロセス管理）：（Business Process Management）

♣ RPA（Robotic Process Automation）

♣ BYOD（Bring Your Own Device）

♣ M2M（Machine to Machine）

♣ 情報技術によるコミュニケーションツール
・Web 会議
・電子メール
・電子掲示板
・ブログ
・チャット
・SNS（Social Networkung Service）
人と人とのつながりを促進する。コミュニティ型 Web サイト。

♣ PDS（Personal Data Store）

□ (5) 業務管理手法の一つで，業務の流れを整理・分析することによって問題点を見出し，最適な作業の仕方を模索するという改善を継続的に行う管理手法。

□ (6) 業務の効率化や内部統制の強化を図るために，電子化された書類をあらかじめ定められたルートに従って，集配信し，決裁・承認処理を行うシステム。

□ (7) 経営資源を有効に活用するために企業全体を統合的に管理し，経営の効率化を図るための概念や手法。

□ (8) IT 関連サービスの提供者と利用者が，サービスに関する保証レベルについて合意することにより，利用者に適切な品質のサービスが提供されることを目的として実施される制度。

□ (9) これまで人が行っていた PC 作業をソフトウェアのロボットにより自動化する仕組み。従来より少人数で生産力を高めることができる。

□ (10) 社員の個人所有の PC を職場に持ち込み業務に利用すること。コストを削減できる反面，セキュリティのリスクが増加する。

□ (11) 様々なものがインターネットと繋がり，相互に情報の共有を図る仕組み。直訳で「モノのインターネット」という。

□ (12) ネットワーク上の機械どうしが人間を介在せず相互に情報交換し，自動的に最適な制御が行われるシステム。

□ (13) 個人や企業が保有するものや場所，技能やノウハウなどの売買や貸し借りを仲介するサービス。

□ (14) その人の生活の記録をデジタルデータにしたもの。

□ (15) 個人自身が個人情報やライフログを蓄積し管理するシステム。

□ (16) 個人が自分の情報を利用しても良い企業や目的を決めた上でデータを提供し，そのデータを活用した見返りに，その人にあったサービスや商品を提供する枠組み。

解答群

ア	DFD	イ	E–R 図	ウ	PDS
エ	BPR	オ	BPM	カ	BYOD
キ	SLA	ク	RPA	ケ	ERP
コ	IoT	サ	M2M	シ	モデリング
ス	ライフログ	セ	ワークフローシステム		
ソ	情報銀行	タ	シェアリングエコノミー		

◆ ソリューションビジネス

　情報技術や種々のサービスを通して，顧客の抱える経営課題を解決する事業をソリューションビジネスという。

29　次の説明文に最も適した答えを解答群から記号で選べ。

□ (1) アプリケーションソフトをインターネット経由で顧客にレンタルする事業者。

♣ ASP（Application Service Provider）

□ (2) 他企業から必要な製品や部品を調達したりするなど，業務の一部を一括して他企業に請け負わせること。

□ (3) サーバや回線を自前で用意できない顧客に，インターネットサーバの容量の一部を間貸しするサービス。

□ (4) 顧客のインターネットサーバを，回線設備の整った自社の施設に設置するサービス。

□ (5) 大規模なシステムあるいはその機能の一部を「サービス」という概念をベースに構築することで，生産性や費用対効果の向上を図る設計手法。

□ (6) 情報システムの企画から設計，開発，構築，導入，保守，運用までをすべて請け負うサービスや業者のこと。

□ (7) インターネット上でプロバイダが提供するソフトウェアやデータ，サーバなどの資源を利用する方法。

□ (8) インターネット経由でソフトウェアの機能を提供するサービス。ソフトウェアはサービス提供元のサーバ上にあり，ブラウザに呼び出して使用する。

□ (9) インターネット経由でソフトウェアを構築および稼動させるための土台となるプラットフォームを提供するサービス。

□ (10) コンピュータシステムの構築・仮想マシンやネットワークなどのインフラそのものを，インターネット経由で提供するサービス。

□ (11) デスクトップ仮想化とも呼ばれるクライアントサーバモデルで，仮想化を使い複数のデスクトップ環境を実行すること。

□ (12) 企業などが情報システムを自社内に設置し，管理や運用も自社で行うこと。

□ (13) 新しいサービスや製品に用いられるアイディアや技術が，実現可能かを試作開発の前段階における検証で確認する一連の作業。

解答群

ア	ASP	イ	SOA	ウ	SI
エ	DaaS	オ	PaaS	カ	IaaS
キ	SaaS	ク	PoC	ケ	オンプレミス
コ	ホスティングサービス			サ	ハウジングサービス
シ	クラウドコンピューティング			ス	アウトソーシング

◆ システム活用促進・評価

　情報システムを事業活動・業務遂行に生かすためには，情報リテラシーの習得，IT に関する普及啓発が必要である。また，情報システム利用実態を評価し，検証することが重要である。

30 次の説明文に最も適した用語を解答群から記号で選べ。

□ (1) IT(情報通信技術)に関する知識や，それらを使いこなすスキル。インターネットなどを駆使し，情報の収集や発信をするなど，情報を適切に取り扱う力。

□ (2) 様々な活動にゲーム要素を持たせることで，利用者のサービスや製品に対する愛着を高める取り組み。

♣ SOA(サービス指向アーキテクチャ)：(Service Oriented Architecture)

♣ SI(System Integration)

♣ SaaS(サービスとしてのソフトウェア)：(Software as Service)

♣ PaaS(サービスとしてのプラットフォーム)：(Platform as Service)

♣ IaaS(サービスとしてのインフラストラクチャ)：(Infrastructure as Service)

♣ DaaS(サービスとしてのデスクトップ)：(Desktop as Service)

♣ PoC(概念実証)：(Proof of Concept)

□(3) 情報通信技術を駆使できる者とそうでない者の間に生じる経済的または社会的な格差のこと。

□(4) あるサービスや商品にかけた費用に対し，どれだけの効果があったのかを分析すること。

□(5) 保守，管理，修繕など，維持管理に必要な費用。

□(6) あるサービスや商品を購入した利用者が，それらを実際に利用した際に感じる満足の度合いを調査すること。

□(7) システムの企画開発から廃棄までをいくつかの段階に分けてとらえる手法。

□(8) 過去に使われていた技術や仕組みで構築されているシステム。対応策として，リプレースやリホストを行う。

解答群

ア	費用対効果分析	イ	デジタルディバイド
ウ	メンテナンスコスト	エ	システムライフサイクル
オ	IT リテラシー	カ	ゲーミフィケーション
キ	利用者満足度調査	ク	レガシーシステム

練・習・問・題

92 経営戦略との整合性を確保した全社的な情報システムの整備計画の策定を行うことになった。この活動の責任者として，最も適切な者はどれか。 (H29春IP)

 ア　CIO   イ　CTO   ウ　基幹事業の部門長   エ　情報システム部門の企画担当者

93 電子メール，電子掲示板を介したコミュニケーション，情報共有，電子会議などの各種機能を有し，共同作業環境を提供するソフトウェアを何と呼ぶか。 (H28秋IP)

 ア　グループウェア   イ　シェアウェア   ウ　ファームウェア   エ　フリーウェア

94 PCやインターネットなどのITを利用する能力や機会の違いによって，経済的または社会的な格差が生じることを何というか。 (H21秋IP)

 ア　アクセシビリティ   イ　ダイバーシティ
 ウ　ディジタルディバイド   エ　ディジタルデモクラシー

95 企業の情報戦略を策定する場合，最も考慮すべき事項はどれか。 (H21春IP)

 ア　IT技術の進化   イ　経営戦略との整合性
 ウ　現行システムとの整合性   エ　ライバル企業の情報戦略

96 ある情報システムの構築において，ビジネスプロセス上の独立した業務機能という視点で部品化して情報システムを構築しておく。そして，将来の変更や他の情報システムの開発に，それらの部品を容易に利用できる仕組みを作り上げたい。この方法に適合する考え方として，適切なものはどれか。(H23秋IP)

 ア　ASP   イ　DOA   ウ　ISP   エ　SOA

97 経営戦略と情報システム戦略の関係性の説明として，最も適切なものはどれか。 (R2 IP)

 ア　経営戦略と情報システム戦略は，それぞれが相互に独立したものとして策定される。
 イ　経営戦略の内容を踏まえて情報システム戦略が策定される。
 ウ　情報システム戦略の内容を踏まえて経営戦略が策定される。
 エ　情報システム戦略はIT部門の戦略であり，経営戦略は経営企画部門の戦略である。

98 エンタープライズサーチの説明として，最も適切なものはどれか。 (R3 IP)

 ア　企業内の様々なシステムに蓄積されている定型又は非定型なデータを，一元的に検索するための仕組み。
 イ　自然言語処理を実現するための基礎データとなる，電子化された大量の例文データベース。
 ウ　写真や書類などを光学的に読み取り，デジタルデータ化するための画像入力装置。
 エ　情報システムや業務プロセスの現状を把握し，あるべき企業の姿とのギャップを埋めるための目標を設定し，全体最適化を図ること。

99 業務をモデル化する際のモデリング手法の適切な組合せはどれか。 (H22 秋 IP)

	業務プロセスモデル	データモデル
ア	DFD	E-R 図
イ	DFD	PERT
ウ	E-R 図	DFD
エ	E-R 図	PERT

100 外部のストレージサービスの利用を検討している。可用性の観点でサービスを評価する項目として，適切なものはどれか。 (H23 秋 IP)

- ア 緊急のメンテナンスに伴うサービスの計画外の停止時間
- イ サービス利用の際のユーザインタフェースの分かりやすさ
- ウ 保管データや利用者に対するアクセス権の設定の自由度
- エ 利用するストレージの単位容量当たりの費用

101 情報システムの構築に当たり，要件定義から開発作業までを外部に委託し，開発したシステムの運用は自社で行いたい。委託の際に利用するサービスとして，適切なものはどれか。 (H28 春 IP)

- ア SaaS
- イ システムインテグレーションサービス
- ウ ハウジングサービス
- エ ホスティングサービス

102 RPA(Robotic Process Automation)の事例として，最も適切なものはどれか。 (R 元秋 IP)

- ア 高度で非定型な判断だけを人間の代わりに自動で行うソフトウェアが，求人サイトにエントリーされたデータから採用候補者を選定する。
- イ 人間の形をしたロボットが，銀行の窓口での接客など非定型な業務を自動で行う。
- ウ ルール化された定型的な操作を人間の代わりに自動で行うソフトウェアが，インターネットで受け付けた注文データを配送システムに転記する。
- エ ロボットが，工場の製造現場で組立てなどの定型的な作業を人間の代わりに自動で行う。

103 BPM(Business Process Management)の特徴として，最も適切なものはどれか。 (H26 春 IP)

- ア 業務課題の解決のためには，国際基準に従ったマネジメントの仕組みの導入を要する。
- イ 業務の流れをプロセスごとに分析整理し，問題点を洗い出して継続的に業務の流れを改善する。
- ウ 業務プロセスの一部を外部の業者に委託することで効率化を進める。
- エ 業務プロセスを抜本的に見直してデザインし直す。

104 BYOD の説明として，適切なものはどれか。 (H30 秋 IP)

- ア 企業などにおいて，従業員が私物の情報端末を自社のネットワークに接続するなどして，業務で利用できるようにすること
- イ 業務プロセスを抜本的に改革し，IT を駆使して業務の処理能力とコスト効率を高めること
- ウ 事故や災害が発生した場合でも，安定的に業務を遂行できるようにするための事業継続計画のこと
- エ 自社の業務プロセスの一部を，子会社や外部の専門的な企業に委託し，業務の効率化を図ること

105 住宅地に設置してある飲料の自動販売機に組み込まれた通信機器と，遠隔で自動販売機を監視しているコンピュータが，ネットワークを介してデータを送受信することによって在庫管理を実現するような仕組みがある。このように，機械同士がネットワークを介して互いに情報をやり取りすることによって，自律的に高度な制御や動作を行う仕組みはどれか。 (R5 IP)

ア MOT イ MRP ウ M2M エ O2O

106 現行の業務プロセスを，業務で扱うデータの流れや機能でとらえる手法はどれか。 (H23 春 IP)

ア DFD イ E-R 図
ウ データマイニング エ データモデリング

107 DFD の記述例として，適切なものはどれか。 (H30 春 IP)

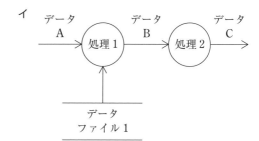

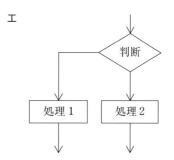

108 業務プロセスのモデルを説明したものはどれか。　　　　　　　　　　　　　　　(H21 春 IP)

　　ア　システム開発でプログラム作成に必要なデータ，機能などを記載したもの
　　イ　システム開発を外部委託するときの提案依頼に必要な条件を明示したもの
　　ウ　システム化の対象となるビジネスの活動やデータの流れを明示したもの
　　エ　システムの開発，運用，保守に必要な組織，資源などを記載したもの

109 BPR を説明したものはどれか。　　　　　　　　　　　　　　　　　　　　　(H21 春 IP)

　　ア　顧客のニーズにきめ細かく対応し，顧客の利便性と満足度を高めるために，企業の情報システムを再構築すること
　　イ　企業の活動を，調達，開発，製造，販売，サービスといった側面からとらえ，情報システムを再構築すること
　　ウ　企業の業務効率や生産性を改善するために，既存の組織やビジネスルールを全面的に見直して，再構築すること
　　エ　企業の戦略を，四つの視点（財務の視点，顧客の視点，業務プロセスの視点，学習と成長の視点）から再評価し，再構築すること

110 情報システムのサービスを行っている A 社は，B 社に対して表に示す分担で施設や機器などを提供する契約を締結した。A 社が提供するサービスの内容として，適切なものはどれか。　　　(H21 秋 IP)

対象となる情報資産	A 社	B 社
コンピュータや通信機器を設置する施設	○	
設置するコンピュータや通信機器	○	
コンピュータ上で稼働する業務アプリケーション		○

　　ア　SaaS　　　　　　　　　　イ　システム開発の受託
　　ウ　ハウジングサービス　　　エ　ホスティングサービス

111 業務で利用するデータの構造を分析し，抽出したエンティティとエンティティ間の関係を E–R 図などで整理する手法はどれか。　　　　　　　　　　　　　　　　　　　(H21 秋 IP)

　　ア　データクリーニング　　　イ　データクレンジング
　　ウ　データマイニング　　　　エ　データモデリング

112 情報リテラシの向上策として，最も適切なものはどれか。　　　　　　　　　　(H23 春 IP)

　　ア　業務と情報システムの全体像を可視化し，現状と将来のあるべき姿を設定して，両者のギャップから全体最適化に向けての移行計画を策定する。
　　イ　個人情報保護やセキュリティなどに関する法令やガイドライン，社内規程などを遵守し，IT ガバナンスを確立し，維持していく仕組みを構築する。
　　ウ　自社の情報システムにおいて，起こり得るシステム故障などのトラブルを想定して，その社会的影響などを最小限に食い止める対策を策定する。
　　エ　社員に対して，オフィスツールやデータ分析ツールといったツールの使用方法やそれらの業務への活用方法などに関する研修を実施する。

113 ハウジングサービスについて説明したものはどれか。 (H21 秋 IP)

ア サービス提供事業者が，インターネット経由で業務ソフトウェアを提供するサービス

イ サービス提供事業者が，ほかの企業の情報システムに関する企画や開発，運用，管理，保守業務を行うサービス

ウ サービス提供事業者が，利用者に自社の建物内に設置したサーバや通信機器を貸し出すサービス

エ サービス提供事業者が，利用者の通信機器やサーバを自社の建物内に設置し運用するサービス

114 IT機器やソフトウェア，情報などについて，利用者の身体の特性や能力の違いなどにかかわらず，様々な人が同様に操作，入手，利用できる状態又は度合いを表す用語として，最も適切なものはどれか。 (R4 IP)

ア アクセシビリティ　　イ スケーラビリティ
ウ ダイバーシティ　　　エ トレーサビリティ

115 クラウドコンピューティングの説明として，最も適切なものはどれか。 (R3 IP)

ア システム全体を管理する大型汎用機などのコンピュータに，データを一極集中させて処理すること

イ 情報システム部門以外の人が自らコンピュータを操作し，自分や自部門の業務に役立てること

ウ ソフトウェアやハードウェアなどの各種リソースを，インターネットなどのネットワークを経由して，オンデマンドでスケーラブルに利用すること

エ ネットワークを介して，複数台のコンピュータに処理を分散させ，処理結果を共有すること

116 利用者と提供者をマッチングさせることによって，個人や企業が所有する自動車，住居，衣服などの使われていない資産を他者に貸与したり，提供者の空き時間に買い物代行，語学レッスンなどの役務を提供したりするサービスや仕組みはどれか。 (R2 IP)

ア クラウドコンピューティング　　イ シェアリングエコノミー
ウ テレワーク　　　　　　　　　　エ ワークシェアリング

117 OMG(Object Management Group)によって維持されており，国際規格ISO/IEC 19510として標準化されているビジネスプロセスのモデリング手法及び表記法はどれか。 (R5 IP)

ア BABOK　イ BPMN　ウ BPO　エ BPR

118 BYODの事例として，適切なものはどれか。 (R4 IP)

ア 会社から貸与されたスマートフォンを業務中に私的に使用する。
イ 会社から貸与されたスマートフォンを業務で使用する。
ウ 会社が利用を許可した私物のスマートフォンを業務で使用する。
エ 私物のスマートフォンを業務中に私的に使用する。

⑲ a〜d のうち，業務プロセスの改善に当たり，業務プロセスを表記するために用いられる図表だけを全て挙げたものはどれか。　　　　　　　　　　　　　　　　　　　　　　　　　　　　　　（R4　IP）

a.　DFD
b.　アクティビティ図
c.　パレート図
d.　レーダーチャート

ア　a，b　　イ　a，c　　ウ　b，d　　エ　c，d

⑳ エンタープライズアーキテクチャ(EA)の説明として，最も適切なものはどれか。　　　　　（H29 春 IP）

　　ア　企業の情報システムにおいて，起こり得るトラブルを想定して，その社会的影響などを最小限に食い止めるための対策
　　イ　現状の業務と情報システムの全体像を可視化し，将来のあるべき姿を設定して，全体最適化を行うためのフレームワーク
　　ウ　コスト，品質，サービス，スピードを革新的に改善するために，ビジネス・プロセスを考え直し，抜本的にデザインし直す取組み
　　エ　ソフトウェアをサービスと呼ばれる業務機能上の単位で部品化し，それらを組み合わせてシステムを柔軟に構築する仕組み

㉑ テレワークに関する記述として，最も適切なものはどれか。　　　　　　　　　　　　　　（R3　IP）

　　ア　IT を活用した，場所や時間にとらわれない柔軟な働き方のこと
　　イ　ある業務に対して従来割り当てていた人数を増員し，業務を細分化して配分すること
　　ウ　個人が所有する PC やスマートデバイスなどの機器を，会社が許可を与えた上でオフィスでの業務に利用させること
　　エ　仕事の時間と私生活の時間の調和に取り組むこと

㉒ ポイント，バッジといったゲームの要素を駆使するゲーミフィケーションを導入する目的として，最も適切なものはどれか。　　　　　　　　　　　　　　　　　　　　　　　　　　　　　（H31 春 IP）

　　ア　ゲーム内で相手の戦略に応じて自分の戦略を決定する。
　　イ　顧客や従業員の目標を達成できるように動機付ける。
　　ウ　新作ネットワークゲームに関する利用者の評価情報を収集する。
　　エ　大量データを分析して有用な事実や関係性を発見する。

㉓ あるコールセンタでは，AI を活用した業務改革の検討を進めて，導入するシステムを絞り込んだ。しかし，想定している効果が得られるかなど不明点が多いので，試行して実現性の検証を行うことにした。このような検証を何というか。　　　　　　　　　　　　　　　　　　　　　　　　　　　　　　（R4　IP）

　　ア　IoT　　イ　PoC　　ウ　SoE　　エ　SoR

㉔ 自社の情報システムを，自社が管理する設備内に導入して運用する形態を表す用語はどれか。
　　（H31 春 IP）

　　ア　アウトソーシング　　　　　　イ　オンプレミス
　　ウ　クラウドコンピューティング　エ　グリッドコンピューティング

125 ITの進展や関連するサービスの拡大によって，様々なデータやツールを自社のビジネスや日常の業務に利用することが可能となっている。このようなデータやツールを課題解決などのために適切に活用できる能力を示す用語として，最も適切なものはどれか。 (R5 IP)

　ア　アクセシビリティ　　イ　コアコンピタンス
　ウ　情報リテラシー　　　エ　デジタルディバイド

126 組織の情報共有とコミュニケーションの促進を図るためにグループウェアを利用することを検討している。必要なサーバやソフトウェアを自社で購入せずに利用できるソリューションとして，適切なものはどれか。 (H29春IP)

　ア　ASP　　イ　BPO　　ウ　ISP　　エ　SI

127 新しい概念やアイディアの実証を目的とした，開発の前段階における検証を表す用語はどれか。 (R2 IP)

　ア　CRM　　イ　KPI　　ウ　PoC　　エ　SLA

128 A商店街では，インターネット上にサイトを作り，商店街のプロモーションを行うことにした。サイトに組み込むことによって，顧客とのコミュニケーションの向上が期待できるものはどれか。 (H24秋IP)

　ア　SCM　　イ　SNS　　ウ　SQL　　エ　SSL

129 SaaSの説明として，最も適切なものはどれか。 (H29秋IP)
　ア　インターネットへの接続サービスを提供する。
　イ　システムの稼働に必要な規模のハードウェア機能を，サービスとしてネットワーク経由で提供する。
　ウ　ハードウェア機能に加えて，OSやデータベースソフトウェアなど，アプリケーションソフトウェアの稼働に必要な基盤をネットワーク経由で提供する。
　エ　利用者に対して，アプリケーションソフトウェアの必要な機能だけを必要なときに，ネットワーク経由で提供する。

130 新規システムの構築を，新規開発又はパッケージ採用によって実施する場合の初期投資額，効果額，運用費，保守料が表のとおりであるとき，初期投資額の回収年数が最少となるものはどれか。 (H22秋IP)

	システムの構築方法	初期投資額（万円）	効果額（万円/年）	運用費（万円/年）	保守料（万円/年）
ア	新規開発	1,250	720	240	180
イ	新規開発	900	510	170	90
ウ	パッケージ採用	800	440	120	160
エ	パッケージ採用	600	300	80	120

6—5 システム企画

◆ システム化計画

　システム化計画とは，経営戦略達成のための業務の効率化を支援する情報システムに関する，数年先までの「開発企画書」にあたるものである。システム戦略に基づいて，対象業務を分析し，スケジュール，体制，概算コスト，リスク分析，費用対効果，適用範囲などを検討し，システム化の全体像を明確化する。

31 次の説明文に最も適した答えを記号で選べ。

□(1) システム化計画の立案に含まれる作業はどれか。
  ア　利用者の要求の調査　　　イ　提案依頼書の作成
  ウ　開発スケジュールの検討

□(2) システム化計画の立案に含まれない作業はどれか。
  ア　開発体制の検討　　　　イ　適用範囲の検討
  ウ　システム要件の定義

□(3) システム化計画の立案に含まれる作業はどれか。
  ア　リスク分析　　　　　　イ　現行業務の分析
  ウ　ソフトウェア要件の定義

□(4) システム化計画の目的はどれか。
  ア　システム全体像の明確化　　イ　機能要件の定義
  ウ　ベンダ企業との契約締結

□(5) システム化計画の立案に含まれない作業はどれか。
  ア　ユーザの要求の調査　　　イ　費用対効果の検討
  ウ　概算コストの算出

◆ 要求定義

　ユーザがシステムに望む機能や性能に関する要件（要求仕様）を洗い出し，整理する作業を**要求定義**という。ユーザの要求が不明確なまま開発プロジェクトを進めてしまうと開発そのものが失敗しかねないので，慎重に検討する必要がある。

32 次の図は，ソフトウェアライフサイクルを5つのプロセスに分類したものである。(1)～(5)の答えを解答群から記号で選べ。

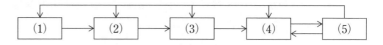

解答群
　ア　運用プロセス　　イ　開発プロセス　　　ウ　保守プロセス
　エ　企画プロセス　　オ　要件定義プロセス

33 次の説明文に最も適した答えを記号で選べ。

□(1) 業務要件定義に含まれない作業はどれか。
  ア　現行業務の分析　　　　　　イ　費用対効果の検討
  ウ　データの洗い出しや整理

□ (2) 業務要件定義に含まれる作業はどれか。
　　ア　ベンダ企業への依頼　　　イ　利用者の要求の調査
　　ウ　開発スケジュールの検討
□ (3) 業務要件定義の目的はどれか。
　　ア　システム化の全体像を明らかにする。
　　イ　ベンダ企業との契約締結。
　　ウ　利用者ニーズを考慮の上で，システムに求める機能・要件を定義する。
□ (4) 業務要件定義に含まれない作業はどれか。
　　ア　システム開発順序の確定　　イ　業務要件の定義
　　ウ　機能要件の定義

◆ 調達計画・実施

34 次の図は，調達の基本的な流れを示している。(1) 〜 (5) の答えを解答群から記号で選べ。

解答群
　ア　情報提供依頼　　イ　提案内容の比較と評価
　ウ　提案依頼書の作成と配布
　エ　ベンダ企業からの提案書・見積書の入手
　オ　調達先の選定　　カ　選定基準の作成　　キ　契約の締結

35 次の説明文に最も適した答えを解答群から記号で選べ。
□ (1) システム化を計画する発注者が，RFP の作成に先だってシステム化の目的や業務概要を説明し，考えられる手段や技術動向などに関する情報の提供をベンダに依頼すること。
□ (2) 導入したいシステムの概要，提案を依頼する事項，調達に関する諸条件などを記載した，ベンダに対して提案書の提出を依頼する文書。
□ (3) RFPに基づいて開発手法やシステム構成などを検討したベンダが，発注者に対して提出する文書。
□ (4) システムの開発から運用・保守に要する費用を明示した文書。
□ (5) 企業がサービスや商品を提供するにあたり，環境に配慮した原材料や部品，製品などを優先的に選び，購入する取り組み。
□ (6) データ契約や AI の開発・利用契約を締結するにあたり，契約者や関係者が共通で理解しておくべき基礎概念や契約を締結する際の考慮要素など，基本的な原則とルールを提供する文書。

解答群
　ア　提案書　イ　見積書　ウ　提案依頼書　エ　RFI
　オ　AI・データの利用に関する契約ガイドライン
　カ　グリーン調達

♣情報提供依頼（RFI）
（Request For Information）

♣提案依頼書（RFP）
（Request For Proposal）

・・・・練・習・問・題・・・・

131 図のソフトウェアライフサイクルを，運用プロセス，開発プロセス，企画プロセス，保守プロセス，要件定義プロセスに分類したとき，a に当てはまるものはどれか。ここで，a と網掛けの部分には，開発，企画，保守，要件定義のいずれかが入るものとする。 (H28 春 IP)

ア 開発　イ 企画　ウ 保守　エ 要件定義

132 システム化構想の立案の際に，前提となる情報として，適切なものはどれか。 (H27 秋 IP)

ア 経営戦略　　　　　イ システム要件
ウ 提案依頼書への回答結果　エ プロジェクト推進体制

133 システム構築プロジェクトを開始するに当たり，"品質"，"コスト"，"納期"の目標値を設定する段階として，適切なものはどれか。 (H22 秋 IP)

ア システム化計画の立案　　イ システム要件の定義
ウ ソフトウェア導入計画の作成　エ ソフトウェア要件の定義

134 ソフトウェアライフサイクルプロセスにおいて，システム化計画の立案で行うべき作業はどれか。 (H21 秋 IP)

ア 経営要求，課題の確認　イ システム要件の定義
ウ 導入の費用対効果の予測　エ ベンダ企業の評価基準の作成

135 システム開発における要件定義プロセスを説明したものはどれか。 (H21 春 IP)

ア 新たに構築する業務，システムの仕様，及びシステム化の範囲と機能を明確にし，それらをシステム取得者側の利害関係者間で合意する。
イ 経営事業の目的，目標を達成するために必要なシステムの要求事項をまとめ，そのシステム化の方針と実現計画を策定する。
ウ システム要件とソフトウェア要件を定義し，システム方式とソフトウェア方式を設計して，システム及びソフトウェア製品を構築する。
エ ソフトウェア要件どおりにソフトウェアが実現されていることやシステム要件どおりにシステムが実現されていることをテストする。

136 要件定義プロセスに含まれる作業はどれか。 (H21 秋 IP)

ア システム化計画の作成と承認
イ システム詳細設計の実施
ウ システム投資効果とシステム化費用の予測
エ システム利用者のニーズの整理

137 ソフトウェアライフサイクルを，企画プロセス，要件定義プロセス，開発プロセス，運用プロセスに分けるとき，要件定義プロセスの実施内容として，適切なものはどれか。 (H27 春 IP)

  ア　業務及びシステムの移行　　イ　システム化計画の立案
  ウ　ソフトウェアの詳細設計　　エ　利害関係者のニーズの識別

138 証券業を営む A 社は，システムベンダの B 社に株式注文システム構築プロジェクトを委託している。当該プロジェクトの運用テストにおいて，A 社が定めている "株式注文時の責任者承認における例外ルール" を B 社が把握できていなかったことに起因する不良を発見した。ルールを明らかにするのはどの段階で行うべきであったか。 (H25 秋 IP)

  ア　業務要件の定義　　　　イ　システムテスト要件の定義
  ウ　システム要件の定義　　エ　ソフトウェア要件の定義

139 ソフトウェアライフサイクルを企画プロセス，要件定義プロセス，開発プロセス，運用プロセスに分けたとき，企画プロセスの成果として，適切なものはどれか。 (H23 春 IP)

  ア　開発するソフトウェアの要件が定義され，レビューされている。
  イ　システムに対する要件と制約条件が定義され，合意されている。
  ウ　システムを実現するための実施計画が策定され，承認されている。
  エ　データベースが最上位のレベルで設計され，レビューされている。

140 システム構築の流れを，企画プロセス，要件定義プロセス，開発プロセス，運用プロセス，保守プロセスに分けたとき，企画プロセスにおいて実施する作業として適切なものはどれか。 (H27 春 IP)

  ア　システム化しようとする対象業務の問題点を分析し，実現すべき課題を定義する。
  イ　システムに関係する利害関係者のニーズや要望，制約事項を定義する。
  ウ　システムの応答時間や処理時間の評価基準を設定する。
  エ　ソフトウェアの性能やセキュリティの仕様などに関する要件を文書化する。

141 システムの調達に関して，a，b に該当する記述の適切な組合せはどれか。 (H26 春 IP)

A 社では新システムの調達に当たり，　a　の入手を目的として RFI をベンダに提示した。その後，　b　の入手を目的として RFP をベンダに提示して，調達先の選定を行った。

	a	b
ア	技術動向調査書	提案書
イ	技術動向調査書	秘密保持契約書
ウ	財務諸表	提案書
エ	提案書	技術動向調査書

⑭ システムのライフサイクルプロセスの一つに位置付けられる，要件定義プロセスで定義するシステム化の要件には，業務要件を実現するために必要なシステム機能を明らかにする機能要件と，それ以外の技術要件や運用要件などを明らかにする非機能要件がある。非機能要件だけを全て挙げたものはどれか。

(H30 秋 IP)

a. 業務機能間のデータの流れ
b. システム監視のサイクル
c. 障害発生時の許容復旧時間

　ア a, c　　イ b　　ウ b, c　　エ c

⑭ コンピュータシステム開発の外部への発注において，発注金額の確定後に請負契約を締結した。契約後，支払までに発注側と受注側の間で交わされる書類の組合せのうち，適切なものはどれか。ここで，契約内容の変更はないものとする。

(R3　IP)

　ア 提案書，納品書，検収書　　イ 提案書，見積書，請求書
　ウ 納品書，検収書，請求書　　エ 見積書，納品書，請求書

⑭ RFP に基づいて提出された提案書を評価するための表を作成した。最も評価点が高い会社はどれか。ここで，◎は 4 点，○は 3 点，△は 2 点，×は 1 点の評価点を表す。また，評価点は，金額，内容，実績の各値に重み付けしたものを合算して算出するものとする。

(H30 秋 IP)

評価項目	重み	A 社	B 社	C 社	D 社
金額	3	△	◎	△	○
内容	4	◎	○	○	△
実績	1	×	×	◎	○

　ア A 社　　イ B 社　　ウ C 社　　エ D 社

⑭ システム化計画において，情報システムの費用対効果を評価する。その評価指標として，適切なものはどれか。

(H28 秋 IP)

　ア PER　　イ ROI　　ウ 自己資本比率　　エ 流動比率

⑭ 定義すべき要件を業務要件とシステム要件に分けたとき，業務要件に当たるものはどれか。　(H28 秋 IP)

　ア オンラインシステムの稼働率は 99% 以上とする。
　イ 情報漏えいを防ぐために，ネットワークを介して授受するデータを暗号化する。
　ウ 操作性向上のために，画面表示には Web ブラウザを使用する。
　エ 物流コストを削減するために出庫作業の自動化率を高める。

147 ある業務システムの新規開発を計画している企業が，SI ベンダに出す RFI の目的として，適切なものはどれか。 (H28 秋 IP)

- ア 業務システムの開発のための契約を結ぶのに先立って，ベンダの開発計画とその体制が知りたい。
- イ 業務システムの開発を依頼してよいベンダか否かを判断するための必要な情報を得たい。
- ウ 業務システムの開発を依頼するに当たって，ベンダの正式な見積り金額を知りたい。
- エ 業務システムの開発をベンダに依頼するに当たって，ベンダとの間に機密保持契約を結びたい。

148 表は，ベンダ 4 社の提案書を管理面，技術面，価格面のそれぞれについて評価した値である。管理面，技術面，価格面の各値に重み付けをし，その合計が最高点のベンダを調達先に選定するとき，選定されるベンダはどれか。 (H27 秋 IP)

評価項目	重み	A社	B社	C社	D社
管理面	2	2	4	3	3
技術面	3	3	4	2	3
価格面	5	4	2	4	3

ア A社　イ B社　ウ C社　エ D社

149 提案依頼書の説明として適切なものはどれか。 (H25 秋 IP)

- ア 依頼元の企業にシステム化の要望を提示するよう依頼することを目的として，発注先のベンダが作成する。
- イ 開発内容を正確かつ具体化することを目的として，依頼元の企業と発注先のベンダが共同で作成する。
- ウ 発注先の候補となるベンダに具体的なシステム提案を行うよう要求することを目的として，依頼元の企業が作成する。
- エ 広く情報を収集しノウハウや知識を蓄積することを目的として，依頼元の企業が作成する。

150 システム開発に関する RFP(Request For Proposal)の提示元及び提示先として，適切なものはどれか。 (H21 春 IP)

- ア 情報システム部門から CIO に提示する。
- イ 情報システム部門からベンダに提示する。
- ウ 情報システム部門から利用部門に提示する。
- エ ベンダから CIO に提示する。

151 複数のシステム開発ベンダから RFP に基づいた提案を受けた。開発ベンダの選定方法として，最も適切なものはどれか。 (H22 秋 IP)

- ア あらかじめ設定しておいた評価基準を用いて，提案内容を比較して選定する。
- イ 開発費用を抑えるために，提案内容によらず開発費用が最も安いベンダを選定する。
- ウ それぞれのベンダの強みと弱みを，SWOT 分析を用いて評価して選定する。
- エ ファンクションポイント法を用いて，提案システムの機能の充実度を測定して選定する。

◆ ◆ ◆ 模 擬 試 験 問 題 ◆ ◆ ◆

---

1 から **36** までは，ストラテジ系の問題です。

---

1 アイデアの関連を視覚的に示す作図ツール。言葉から連想する言葉をつなぐことでアイデアの拡散を進める効果がある手法はどれか。

ア　ロジックツリー　　　イ　コンセプトマップ
ウ　ヒートマップ　　　　エ　マトリックス図

2 次の判断と同じ内容の決定表はどれか。

ア

受注額 200 万円未満	Y	Y	N	N
納期 1 週間未満	N	Y	Y	N
報奨金 500 円支給	X	–	–	–
報奨金 1,000 円支給	–	X	X	–
報奨金 3,000 円支給	–	–	–	X

イ

受注額 200 万円未満	Y	Y	N	N
納期 1 週間未満	Y	N	N	Y
報奨金 500 円支給	X	–	–	–
報奨金 1,000 円支給	–	X	X	–
報奨金 3,000 円支給	–	–	–	X

ウ

受注額 200 万円未満	Y	Y	N	N
納期 1 週間未満	Y	N	Y	N
報奨金 500 円支給	–	–	–	X
報奨金 1,000 円支給	–	X	X	–
報奨金 3,000 円支給	X	–	–	–

エ

受注額 200 万円未満	Y	Y	N	N
納期 1 週間未満	Y	N	Y	N
報奨金 500 円支給	X	–	–	–
報奨金 1,000 円支給	–	X	X	–
報奨金 3,000 円支給	–	–	–	X

3 CSR の説明として，最も適切なものはどれか。

ア　企業が法律や規則などのごく基本的なルールに従って活動を行うこと。
イ　企業がステークホルダと協同しながら，経済・環境・社会等の幅広い分野における責任を果たすことにより，持続可能な経済発展に貢献すること。
ウ　企業の経営を監視・規律すること，あるいはその仕組みのこと。
エ　他社には真似のできない，企業の中核的な競争力のこと。

4 データマイニングとは，企業に大量に蓄積されているデータを解析し，その中に潜む項目間の相関関係やパターンなどを探し出す技術である。データマイニングの応用例として，適切でないものはどれか。

ア　雨上がりは傘の忘れ物が多いことから，注意喚起する店内アナウンスを行う。
イ　商品 C と商品 D を同時に購入する人が多いことから，両商品を同じ場所に陳列する。
ウ　クレジットカード利用履歴の解析から，不正使用時に特徴的なパターンを見つけ出し，あやしい取引を検出する。
エ　商品 A を買う人は，後日，商品 B を買うことが多いことから，商品 A の購入者に商品 B を薦めるダイレクトメールを送る。

5 ディジタルデータの仮想空間と現実社会を結びつけ，IoT ですべてのモノや情報，人をつなぐとともに，AI やロボット，ビッグデータ等の技術で経済発展と社会課題の解決を両立する社会の概念を示す用語として，最も適切なものはどれか。

ア　ディジタルトランスフォーメーション　　イ　データ駆動型社会
ウ　Society5.0　　　　　　　　　　　　　　　エ　第 4 次産業革命

6 SaaS について説明したものはどれか。

ア　サービス提供事業者が，ほかの企業の情報システムに関する企画や開発，運用，管理，保守業務を行うサービス
イ　サービス提供事業者が，インターネット経由で業務ソフトを提供するサービス
ウ　サービス提供事業者が，利用者の通信機器やサーバを自社の建物内に設置し運用するサービス
エ　サービス提供事業者が，利用者に自社の建物内に設置したサーバや通信機器を貸し出すサービス

7 ニッチ戦略について説明したものはどれか。

ア　企業・商品・サービスなどに対する消費者のイメージを高め，ロイヤルティを醸成する企業戦略。
イ　セールスマンを起用して積極的に営業活動を行うなどして，自社製品をより多く市場に流通させ，直接消費者に訴えかけていく企業戦略。
ウ　大手市場が参入していないすきま市場に焦点を絞り込んで営業展開する企業戦略。
エ　広告や販売促進活動を通して，商品やブランドのイメージを高め，消費者の需要を喚起する企業戦略。

8 a〜d のうち，個人識別符号だけ全て挙げたものはどれか。

a．マイナンバー
b．携帯電話番号
c．クレジットカード番号
d．運転免許証

ア　a　　イ　c, d　　ウ　a, c, d　　エ　a, d

9 ある部品の生産ラインは 2 つの工程 A，B の順で構成されており，各工程の機械台数は 1 台とし，部品 1 個の生産に要する作業時間，不良品率は表のとおりとする。1 日の稼働時間を 20 時間とするとき，この生産ラインの 1 日の生産能力(良品が生産される数)は何個か。

条件 1　工程 A での不良品は工程 B には送らない。
条件 2　機械の故障時間や段取り時間，工程間の仕掛品在庫は考えない。
条件 3　仕掛中のものは終了時間が来ても最後まで仕上げるものとする。

工　程	作業時間／分	不良品率
A	4 分	10%
B	3 分	10%

ア　227　　イ　243　　ウ　365　　エ　380

10 キャッシュフロー計算書において，財務活動に区分されるものはどれか。

    ア　借り入れ及び株式または社債の発行による資金調達取引
    イ　有形固定資産及び無形固定資産の取得及び売却
    ウ　ロイヤリティ，報酬，手数料の収入
    エ　財貨の販売及び役務の提供による収入

11 著作権法によって保護の対象となり得るものはどれか。

    ア　プログラムの特殊な技法
    イ　プログラムを作成する上でのアルゴリズム
    ウ　プログラムに含まれている一般的な手法
    エ　プログラム全体

12 資材の調達から製造，在庫管理，製品の配送，販売にいたる一連のプロセスを，コンピュータを用いて総合的に管理することで，余分な在庫などを削減し，納期及びコストの最適化をはかる手法はどれか。

    ア　POS　　イ　VE　　ウ　SCM　　エ　EOS

13 次の条件で価格を設定したとき，期待できる利益(万円)はいくらか。

設定価格	1,000 円
固定費	2,000,000 円
変動費	500 円/個
予測近似値式	期待需要 y(個)，設定価格 x(円)のとき y = −20x + 80000 が成り立つ

    ア　2,600　　イ　2,800　　ウ　3,300　　エ　3,800

14 SFA(Sales Force Automation)の基本機能の一つであるコンタクト管理について説明しているものはどれか。

    ア　営業担当者からの問合せに対して迅速に回答することによって，営業効率を高める。
    イ　顧客への対応を営業担当者が個別に行うのではなく，営業組織全体で行うことによって受注率を向上させる。
    ウ　顧客訪問日，営業結果などの履歴を管理し，見込客や既存客に対して効果的な営業活動を行う。
    エ　個人レベルで蓄積している営業テクニックを洗い出して共有化し，営業部門全体のレベル向上を図る。

15 コールセンターシステムやポイント管理システムなどを導入し，新規顧客を開拓するよりも現在の顧客との関係を密接にすることで，営業改善を目指すものはどれか。

    ア　CIO　　イ　CEO　　ウ　CRM　　エ　CSF

16 企業の経営戦略策定に使用される SWOT 分析において，内部要因分析の観点はどれか。

　　ア　機会・脅威　　イ　強み・機会　　ウ　強み・弱み　　エ　脅威・弱み

17 管理会計の特徴を示すものはどれか。

　　ア　管理会計では，生産工程における計量化に当たって，貨幣とは別の視点の測定を行う。
　　イ　管理会計では，部門別，製品別原価計算が行われ，プロジェクト別の損益計算は財務会計が担当する。
　　ウ　管理会計では，経営状況の把握のために契約書などをもとに会計上の情報を立証しなければならない。
　　エ　管理会計では，経営状況を把握するために経営学や統計学を用いる。

18 同業他社とのマーケティング力のポジショニング分析を行った結果を表にまとめた。評価は 1 が最も低く，5 が最も高い。自社の位置付けは上から何位か。

	重み	自社	A 社	B 社	C 社
価　　格	5	4	3	2	3
製品の品質	3	3	3	5	2
ブランド力	3	2	4	1	5
営　業　力	4	4	2	5	4

　　ア　1　　イ　2　　ウ　3　　エ　4

19 SNS などにおいて，自分と似た価値観や興味関心をもつユーザ同士が集まる環境下で意見を発信すると，自分と似た意見が返ってくるといったように，同じような情報ばかりが流通する閉じた情報環境のことを閉鎖された小部屋に音が反響するような状況に例えて何というか。

　　ア　フィルターバブル　　イ　デジタルタトゥー
　　ウ　エコーチェンバー　　エ　フェイクニュース

20 A 社と雇用関係にある M 氏を，B 社に派遣することになった場合，労働者派遣法上，適切なものはどれか。

　　ア　B 社は契約期間内であれば M 氏の配属先を変更できる。
　　イ　B 社と M 氏の間で労働者派遣契約関係の書類を取り交わす。
　　ウ　M 氏の派遣契約期間は，最長 4 年間である。
　　エ　M 氏は，B 社の定められた指揮命令者の下で労働に従事する。

21 ソフトウェアライフサイクルプロセスにおけるシステム化計画の目的はどれか。

　　ア　システム全体像の明確化　　イ　機能要件の定義
　　ウ　費用対効果の検討　　エ　ベンダ企業との契約締結

22 RFP を説明したものはどれか。

ア　システム化を計画する発注者が，システム化の目的や業務概要を説明し，考えられる手段や技術動向などに関する情報の提供をベンダに依頼すること。

イ　導入したいシステムの概要，提案を依頼する事項，調達に関する諸条件などを記載した，ベンダに対して提案書の提出を依頼する文書。

ウ　開発手法やシステム構成などを検討したベンダが，発注者に対して提出する文書。

エ　システムの開発から運用・保守に要する費用を明示した文書。

23 個人の Web サイトなどに，企業の広告や Web サイトへのリンクを掲載し，そのリンクを経由して閲覧者が当該企業のサイトで商品購入などをすると，誘導された実績に応じてリンク元サイトの主催者に報酬が支払われるという広告手法はどれか。

ア　バナー広告　　　　　　イ　PPC 広告
ウ　アフィリエイト広告　　エ　コンテンツターゲティング広告

24 アダプティブ・ラーニングについて説明したものはどれか。

ア　実際の労働環境で働きながら教育を行うこと。人材育成において大きな成果が得られる。

イ　個々の生徒の理解度や進度に合わせ，学習の内容やレベルを最適化して提供する学習方法のこと。

ウ　クラウドや人工知能(AI)，ビッグデータ解析などを利用して，採用・育成・評価・配置など人事業務の効率化と質の向上を目的としたサービスのこと。

エ　個人の適性，希望等を考慮しながら，研修や配属を考慮しながら，長期的に人財を育成していくプログラムのこと。

25 プロバイダ責任制限法において，プロバイダの責任の対象となる事例はどれか。

ア　サイト上において個人の権利が侵害されるなどの事案が発生した。

イ　青少年の健全な育成に悪影響を及ぼす暴力的表現，性的表現などが掲載された。

ウ　刑事上違法な情報に関する刑事責任の存否。

エ　電子メールにおける名誉毀損，プライバシー侵害，誹謗中傷などがあった。

26 デジタルトランスフォーメーション(DX)の説明として，適切なものはどれか。

ア　デジタル技術を活用し，ディスプレイやプロジェクタなどによって映像や情報を表示する広告媒体。

イ　生まれたときから，パソコンやスマートフォンなどが側にあり，当たり前に電子機器を利活用する環境の中で育った世代。

ウ　AI や IoT といった IT を駆使し，既存のビジネス構造に大変革をもたらすなど，新しい価値を生み出すイノベーションのこと。

エ　IT を使いこなせる者と使いこなせない者の間に生じる，社会的，経済的格差。

27 トレーサビリティシステムを説明したものはどれか。

ア　営業活動にITを活用して顧客情報など営業部門が持つ情報を一元管理することで，効率的な営業活動を支援するシステム。

イ　家電製品やさまざまな機械などに組み込まれている，特定の機能を処理するマイクロコンピュータシステム。

ウ　カーナビゲーションなどにも利用されている，衛星からの電波により地球上の現在地を測定するシステム。

エ　製品の原材料・生産者・加工した場所あるいは加工の工程・流通経路などの履歴情報を，消費者が生産時点までさかのぼって追跡できるようにしたシステム。

28 販売戦略における"コモディティ化"の事例説明として適切なものはどれか。

ア　汎用品化とも呼ばれる。新商品が販売されて一定期間が過ぎると，他社との品質が均一化される。その結果低価格競争に陥る現象のこと。

イ　広告などの販売促進の効果が上がらず，売上が低迷し結果として価格を落とさざるを得なくなる現象のこと。

ウ　自社商品と同じ機能を持つ他社の製品が，デザインなどの品質を高めることで売上を伸ばしてしまう現象のこと。

エ　ブランド戦略として高価格での販売を続けた結果，売上が低迷してしまう結果となる現象のこと。

29 ジャストインタイムの生産方式の目的として，適切なものはどれか。

ア　工程間在庫の最少化　　イ　SCMの実現と盗難防止
ウ　材料費の削減　　　　　エ　営業情報の一元管理

30 SDGsに関する記述のうち，適切なものはどれか。

ア　ITによって地球環境への負荷を低減することや，システムそのものを省エネ化し環境負荷を低減する取り組みの総称。

イ　企業が社会的正義や環境などへの配慮を組み込み，利害関係者に対し責任ある行動をとり，説明責任を果たしていくことを求める考え方。

ウ　人種や性別などの違いから生じる様々な価値観を取り込み，新たな価値の創造や組織力の向上を図る経営手法。

エ　2015年に国連サミットで採択された，2030年までに達成されるべき17の目標を掲げている，持続可能な開発目標。

31 1個の製品Aは，4個の部品Bと3個の部品Cで構成されている。ある期間の生産計画において，製品Aの需要量が15個であるとき，部品Cの正味所要量（総所要量から引当可能在庫量を差し引いたもの）は何個か。ここで，部品Cの在庫残が5個あり，ほかの在庫残，仕掛残，注文残，引当残などは考えないものとする。

ア　40　　イ　45　　ウ　55　　エ　60

32　縦軸に研究開発への取組みによる要素技術や求められる機能を，横軸に時間を表示し，各要素の将来的な進展目標や評価を時系列で表した図を何というか。

　　ア　ポートフォリオ　　　イ　技術開発管理
　　ウ　ベンチマーキング　　エ　ロードマップ

33　システム開発などに際して，委託者とベンダの間で，互いに知り得た相互の秘密情報について守秘義務を負うことを契約で定めた適切なものはどれか。

　　ア　SLA　　イ　RFP　　ウ　NDA　　エ　SFA

34　ハルシネーションに関する説明として，適切なものはどれか。

　　ア　ディープラーニングを使用し，2つの画像や動画の一部を結合させ元とは異なる動画を作成する技術。
　　イ　社会に出回っている情報などが事実に基づいているかどうかを調べ，そのプロセスを記事化して，正確な情報を人々と共有すること。
　　ウ　人間が行う学習能力と同様の機能をコンピュータで実現しようとする技術。
　　エ　事実に基づかず，AIがもっともらしい嘘の情報を生成する現象。

35　利用者がインターネットでキーワード検索したときに，特定のWebサイトを一覧のより上位に表示させるようにする工夫で，適切なものはどれか。

　　ア　SCM　　イ　SEO　　ウ　SSL　　エ　SNS

36　プロダクトポートフォリオマネジメントにおいて，縦軸に市場成長率，横軸に市場占有率をとったマトリックス図を4つの象限に区分し，分析対象となる製品や事業を，金のなる木，花形，負け犬及び問題児に分類するとき，(d)にあてはまるものとして適切なものはどれか。

　　ア　負け犬
　　イ　花形
　　ウ　金のなる木
　　エ　問題児

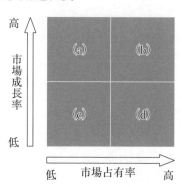

37 から 53 までは，マネジメント系の問題です。

37 ファンクションポイント法に関する説明として，最も適切なものはどれか。

ア　システム開発の工程を細かい作業に分割し，個々の作業を詳細に見積もることで，開発の規模や工数を見積もる手法である。

イ　開発予定の入力画面や出力帳票，使用するファイルの数などを元にして，開発の規模や工数を見積もる手法である。

ウ　以前開発した類似システムを基準として，開発の規模や工数を見積もる手法である。

エ　開発するプログラムの予想工数を元に，プログラマの能力や開発の難易度などの要因を計算に入れて，開発の規模や工数を見積もる手法である。

38 システム開発において，新たに構築する業務，システムの仕様，及びシステム化の範囲と機能を明確にし，それらをシステム取得者側の利害関係者間で合意するプロセスはどれか。

ア　企画プロセス　　イ　要件定義プロセス　　ウ　開発プロセス　　エ　保守プロセス

39 運用テストの目的として最も適切なものはどれか。

ア　プログラム間のインタフェースに問題がないことを確認する。

イ　プログラムの内部構造に着目して，プログラムが正しく動作していることを確認する。

ウ　ユーザが，本番環境のシステムを使って，業務が実施できることを検証する。

エ　システム開発者が，システム全体の機能と性能を検証する。

40 システム監査人の役割に関する記述のうち，適切なものはどれか。

ア　監査対象から独立かつ専門的な立場から情報システムのコントロールの整備・運用に対する保証または助言を行う。

イ　計画されたとおりの処理が行われるかどうか，テストを行い，リリースを承認する。

ウ　情報システムの性能を評価し，システムの利用者に監査調書を報告する。

エ　情報システムの総合テストで発見された不具合の改善を，テスト担当者に指示する。

41 IT統制を予防統制と発見統制に分類した場合，データ入力の誤りや不正の発見統制に該当するものはどれか。

ア　データ入力画面を，操作ミスを起こしにくいように設計する。

イ　データ入力結果の出力リストと入力伝票とを照合する。

ウ　データ入力担当者を限定し，アクセス権限を付与する。

エ　データ入力マニュアルを作成し，入力担当者を教育する。

42 図は，あるプロジェクトの作業(A～I)とその作業日数を表している。このプロジェクトが終了するまでに必要な最短日数は何日か。

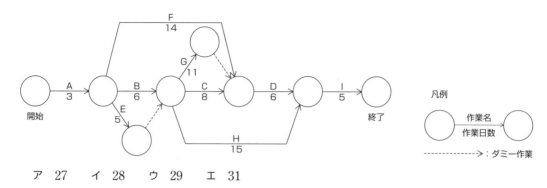

　ア　27　　イ　28　　ウ　29　　エ　31

43 次のうち，ファシリティマネジメントについて説明しているものはどれか。

- ア　チームに与えられた目標を達成するために，人材や資金，設備，スケジュールなどをバランスよく調整し，進捗状況を管理する。
- イ　システムの利用者からの製品の使用方法，トラブル時の対処方法などの様々な問い合わせを受け付ける窓口。
- ウ　企業の事業活動において使用する施設や機器，それらを利用する人々の環境を最適化するための経営管理活動。
- エ　IT部門の業務をサービスとしてとらえ，体系化することで，IT運用の効率化を図り，サービスの品質を高めようとする運用管理。

44 ある会社では，10名で作業し，15日間ですべての工程が完了する作業計画を立てた。しかし，作業開始日から3日間は，7名しか人員を確保できないことが判明した。計画どおり15日間で仕事を完了させるために，4日目以降は当初の予定よりも何名の増員が必要か。なお，増員された人員の生産性は変わらないものとする。

　ア　1　　イ　2　　ウ　3　　エ　4

45 システム変更に際して，保有する1,000本のプログラムのうちで修正対象となるプログラムは全体の20%であることが分かった。修正に必要な工数は何人月になるか。ここで，1日に1人のプログラマが修正できるプログラム本数は0.5本とする。プログラマは1か月当たり20日間作業するものとする。

　ア　12.5　　イ　20　　ウ　100　　エ　400

46 SLA(Service Level Agreement)の説明として適切なものはどれか。

- ア　コンピュータシステムの運用，管理業務に関する成功事例を調査し体系的にまとめたガイドライン。
- イ　サービス提供者とユーザ間で，PDCAサイクルによりサービスレベルの継続的な改善をはかる活動。
- ウ　サービス提供者とユーザ間で，提供するサービスの品質とサービスの範囲を明文化し契約を結ぶ。
- エ　プロジェクトが目標通りに完成するための管理活動。

47 社員の不正を抑止するための内部統制に当たるものはどれか。

　　ア　業務実行者とチェック担当者を分離する。
　　イ　社員の職場環境を充実させ，気持ちよく職務に当たることのできる環境を構築する。
　　ウ　地域活性化に貢献するために市町村の催しなどの後援企業となる。
　　エ　職務権限を一人の担当者に集中させる。

48 システム構築に際して，システム開発を外部に委託することにした。このときに配慮すべき事項として，適切なものはどれか。

　　ア　受入検査を簡単に済ませるため，信頼できる委託先に発注する。
　　イ　開発の進捗状況を自社でも把握することで，問題点を早期に発見して対処する。
　　ウ　業務に精通した委託先に業務仕様の決定も含め一括して任せる。
　　エ　信頼できる委託先でも，担当者の作業に至るまで詳細な指示をする。

49 ユーザからサービスデスクに対しシステム障害が発生した旨の問い合わせがあった。インシデント管理の観点からサービスデスクが行う内容として適切なものはどれか。

　　ア　発生している障害の根本的な原因の調査を行う。
　　イ　ユーザの業務継続を優先し，既知の回避策があればそれを伝える。
　　ウ　障害により遅延している業務の代行処理を行う。
　　エ　障害の程度や内容を判断し，適切な連絡先を紹介する。

50 次のリスクについての記述に，最もあてはまるものはどれか。

　　風評リスクとも呼ばれるリスクで，従業員が悪ふざけしている画像や接客態度の悪さなどがSNSにより配信されたりすることで，一気に企業の信用を落とすようなリスク。

　　ア　コンプライアンスリスク
　　イ　レピュテーションリスク
　　ウ　カントリーリスク
　　エ　投機的リスク

51 コンピュータシステムの開発において，ユーザとベンダの間で相互の役割や業務の範囲や内容，契約上の責任などに対する誤解がないように，双方に共通して利用できるよう用語や作業内容の標準化をするために作られたガイドラインは何か。

　　ア　SLCP　　イ　RAD　　ウ　FP　　エ　WBS

52 情報システムライフサイクルを「企画工程」「開発工程」「運用工程」としたときに，システム監査の監査対象となる工程をすべて網羅したものはどれか。

	企画工程	開発工程	運用工程
ア	○	○	○
イ		○	○
ウ		○	
エ			○

表中の○は監査対象であることを意味する。

53 リスクのある業務をアウトソーシングすることで対応するリスク対応はどれか。

　　ア　リスク移転　　イ　リスク保有　　ウ　リスク低減　　エ　リスク回避

---

54 から 100 までは，テクノロジ系の問題です。

---

54 NFC(Near Field Communication)に関する記述として，適切なものはどれか。

ア 赤外線を利用してデータ通信を行う規格の一つ。ノートパソコンや携帯電話などでデータ交換などに利用されている。

イ 数m程度の機器間で接続できる短距離無線通信の規格の一つ。PC や携帯電話およびその周辺装置などとケーブルを使わずに接続し，音声やデータのやりとりができる。

ウ 10 cm 程度の至近距離でデータ通信する無線通信の標準規格の一つ。携帯電話などに搭載され，駅の改札やショッピングなどでかざすだけで決裁が可能。

エ 無線を用いた自動認識技術の一種で，ID 情報を記録した小さな電子チップを，電波によって交信し，識別情報を交換する。

55 DRM(Digital Rights Management)に関する記述として，適切なものはどれか。

ア ディジタルデータとして表現されたコンテンツの著作権を保護し，その利用や複製を管理，制限する技術の総称。

イ 通信ネットワークを介して動画や音声などのデータを受信しながら同時に再生を行う方式。

ウ DVD などに採用されている，記録メディア向けの著作権保護技術の一つで，コンテンツのディジタルコピーを 1 度だけ許容する。

エ 書店やコンビニエンスストアなどで雑誌や書籍を立ち読みし，購入せずに必要なページをディジタルカメラなどで撮影して保存し，持ち帰ること。

56 特定の企業や組織を標的にして機密情報などを搾取する標的型攻撃の手法の一つで，攻撃対象が普段アクセスする Web サイトを改ざんし，サイトを閲覧しただけでマルウェアに感染するような罠を仕掛ける攻撃方法はどれか。

ア ランサムウェア　　イ　ゼロデイ攻撃

ウ 水飲み場型攻撃　　エ　ワードリスト攻撃

57 ペネトレーションテストに関する記述のうち，適切なものはどれか。

ア ネットワーク上にわざとセキュリティホールがあるように見せかけた脆弱性のあるおとりサーバを設置して，攻撃者やワームなどをおびき寄せる手法。

イ コンピュータやネットワークのセキュリティ上の脆弱性を発見するために，システムを実際に攻撃して侵入を試みる手法。

ウ ソフトウェア保守のために行った変更によって，影響を受けないはずの箇所に影響を及ぼしていないかどうかを確認する目的で行うもの。

エ 外出先で使用した PC などを一時的に接続する閉ざされたネットワークで，セキュリティに問題がないかを確認する。

58 PCにおける情報セキュリティ対策①～④のうち，有効と思われるものだけをすべて上げたものはどれか。

① ウィルス定義ファイルを最新の状態に保つ。
② 定期的にハードディスクをデフラグする。
③ OSのアップデートを定期的に行う。
④ 管理者権限でPCにログインし，Webブラウザを利用する。

ア ③，④　　イ ①，②　　ウ ②，④　　エ ①，③

59 演繹法に関する記述として，適切なものはどれか。

ア データ分析の1つでコンピュータがデータから自動で学習し，データの背景にあるルールやパターンを発見する。
イ 個々の具体的事例から，一般的な原理や法則を導き出す方法。
ウ 既に知られている理論や法則，前提から結論を導き出す方法。
エ 既に知られている事柄から未知の結論や事柄を予想すること。

60 問1と問2の2問からなるテスト行ったところ，受験者100名のうち正答できたのは，問1が65名，問2が73名であった。2問とも正答できた受験者は少なくとも何名か。

ア 35　　イ 38　　ウ 62　　エ 65

61 下から上へ品物を積み上げ，上にある品物から順に取り出す装置がある。この装置に対する操作は，次の2種類である。

PUSH n ：品物(番号n)を積み上げる。
POP ：上にある品物を1個取り出す。

最初は何も積み上げていない状態から開始して，
次の順序で操作を行った結果はどれか。

PUSH 1 → PUSH 5 → POP → PUSH 7 → PUSH 6 →
PUSH 4 → POP → POP → PUSH 3

ア	イ	ウ	エ
1	3	3	6
7	4	7	4
3	6	1	3

62 C列の出力には，「入力A」OR「入力B」の演算結果を計算する式を入力する。セルC2に入力する適切な式はどれか。ただし，C2のセルをC3からC5に複写して使う。

	A	B	C
1	入力A	入力B	出力
2	0	0	
3	0	1	
4	1	0	
5	1	1	

ア 四捨五入((A2＋B2)/2,0)　　イ (A2－B2)^2
ウ A2＊B2　　　　　　　　　　エ 1＋(A2＊B2)＊−1

※四捨五入関数の書式は，四捨五入(算術式，桁位置)である。

63 プログラム言語の役割として，適切なものはどれか。

ア　コンピュータが自動生成するプログラムを，人間が解読できるようにする。

イ　コンピュータに対して処理すべきデータの件数を記述する。

ウ　コンピュータに対して処理手続きを記述する。

エ　人間が記述した不完全なプログラムを完全なプログラムにする。

64 仮想化の方式の一種であるホスト型に関する記述として，適切なものはどれか。

ア　ホストOSが不要で直接仮想化ソフトウェアを起動して仮想マシンを稼働させる。仮想マシンにはゲストOSをインストールする方式。ゲストOSから直接サーバの制御が可能でリソースの使用効率が良いが，コンピュータは仮想化サーバ専用となる。

イ　ホストOS上で仮想化ソフトウェアを起動して仮想マシンを稼働させる。仮想マシンにはゲストOSをインストールする方式。既存のサーバに仮想化ソフトウェアを追加するだけで仮想マシンが稼働するために手軽にサーバ構築できるが動作速度は遅い。

ウ　サーバ上のデスクトップ環境をクライアント端末へ転送して利用する。シンクライアントの一形態。

エ　ホストOS上でアプリケーションの実行環境を仮想的に構築するソフトウェアを起動する。ゲストOSが不要で，必要最小限のリソースで動作が可能であり動作速度も速い。

65 HTMLに関する記述として，適切なものはどれか。

ア　ダイヤルアップにてインターネットへ接続するときに使用されるプロトコル。

イ　ネット上の別のコンピュータへファイルを送信したり，別のコンピュータにあるファイルを自分のコンピュータへ取り込むためのプロトコル。

ウ　インターネット上に公開されるWebページを作成するときに使用される言語。

エ　インターネット上にあるWebページの所在地。

66 RAIDに関する記述として，適切なものはどれか。

ア　ネットワークに直接接続可能で，ファイルサーバとしての機能を持ち，複数の機器からアクセスすることが出来る補助記憶装置。

イ　ハードディスク装置を複数台組み合わせ，1つの仮想的なディスクとして扱い，信頼性や性能を向上させる技術。

ウ　現行のシステムやソフトウェア，蓄積データなどをシステム基盤も含め全て新しい環境へと移行させること。

エ　サーバに各クライアントの仮想マシンを用意して仮想デスクトップ環境を構築する技術。

67 ネットワークに接続されているコンピュータ同士が，それぞれのもつデータなどの資源をお互いに対等な関係で利用する形態はどれか。

ア　クライアントサーバ　　イ　ストリーミング

ウ　ピアツーピア　　　　　エ　集中処理

68 システムの信頼性向上のためには，障害が起きないようにする対策と，障害が起きてもシステムを動かし続ける対策がある。障害が起きてもシステムを動かし続けるための対策はどれか。

　　ア　故障しにくい装置に置き換える。
　　イ　システムを構成する装置を二重化する。
　　ウ　操作手順書を作成して，オペレータが操作を誤らないようにする。
　　エ　装置の定期保守を組み入れた運用を行う。

69 PC の OS に関する記述として，適切なものはどれか。

　　ア　PC のハードウェアやアプリケーションなどを管理するソフトウェア
　　イ　Web ページを閲覧するためのソフトウェア
　　ウ　電子メールを送受信するためのソフトウェア
　　エ　文書の作成や編集を行うソフトウェア

70 ハードディスクが故障したときのために，重要なファイルを複製しておくことにした。その方法として最も適切なものはどれか。

　　ア　異なるハードディスク上に，ファイル名に版番号を付けて複製する。
　　イ　作業のたびに空きのあるハードディスクを見つけて，そこに複製を置く。
　　ウ　前回の複製で使用したハードディスク上に，同じファイル名で複製する。
　　エ　当該ファイルと同じハードディスク上に，ファイル名を変更して複製する。

71 図に示す階層構造で，複数個の同名のディレクトリ A，B が配置されているとき，＊印のディレクトリ（カレントディレクトリ）から矢印が示すディレクトリの配下のファイル f を指定するものはどれか。ここで，ファイルの指定方法は次のとおりである。

〔指定方法〕
(1) "ディレクトリ名¥…¥ディレクトリ名¥ファイル名" のように，経路上のディレクトリを順に "¥" で区切って述べた後に "¥" とファイル名を指定する。
(2) カレントディレクトリは "." で表す。
(3) 1 階層上のディレクトリは ".." で表す。
(4) 始まりが "¥" のときは，左端のルートディレクトリが省略されているものとする。

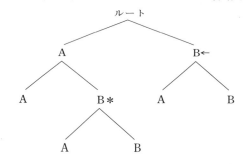

　　ア　.¥B¥f　　イ　..¥..¥B¥f　　ウ　..¥A¥..¥B¥f　　エ　..¥B¥f

72 TPM に関する記述として，適切なものはどれか。

　ア　クレジットカード会員の情報を保護することを目的に定められたクレジットカード業界の情報セキュリティ基準。

　イ　コンピュータシステムの内部構造の解析のしにくさを意味する。

　ウ　マザーボードに搭載された，暗号化や認証用の鍵を保管するセキュリティチップ。

　エ　ネットワーク上を流れるパケットの監視や，サーバが受信したデータやログを調べて，不正侵入の兆候を検知すると管理者へ通知するシステム。

73 オープンソースソフトウェアを利用することによるメリットはどれか。

　ア　サポートを含め，無償で利用することができる。

　イ　ソースコードを自由に改良することができる。

　ウ　ソフトウェアに脆弱性がないので，セキュリティが確保できる。

　エ　どの OS 上でも動作させることができる。

74 利用のしやすさに配慮して Web ページを作成するときの留意点として，適切なものはどれか。

　ア　各ページの基本的な画面構造やボタンの配置は，Web サイト全体としては統一しないで，ページごとに分かりやすく表示・配置する。

　イ　選択肢の数が多いときには，選択肢をグループに分けたり階層化したりして構造化し，選択しやすくする。

　ウ　ページのタイトルは，ページ内容の更新のときに開発者に分かりやすい名称とする。

　エ　利用者を別のページに移動させたい場合は，移動先のリンクを明示し選択を促すよりも，自動的に新しいページに切り替わるようにする。

75 チャット機能において意図的に不正な指示や質問を行い，開発者が意図しない悪意を持った挙動を誘発させる対話型 AI のセキュリティ上の脆弱性を狙った攻撃はどれか。

　ア　ブルートフォース攻撃

　イ　サイバーキルチェーン

　ウ　敵対的サンプル

　エ　プロンプトインジェクション攻撃

76 コンピュータにより，現実の風景の情報に人工的な情報を重ね合わせるなどして表示する技術はどれか。

　ア　AR　　イ　VR　　ウ　HMD　　エ　LCD

77 3 つの装置 A，B，C の稼働率はすべて 0.9 である。これらを組み合わせた図のシステムのうち，最も稼働率が高いものはどれか。ここで，並列に接続されている部分はどちらかの装置が稼働していればよく，直列に接続されている部分は，すべての装置が稼働していなければならない。

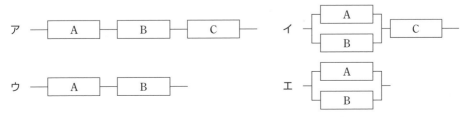

78 データベース管理システムが果たす役割として，適切なものはどれか。

 ア データを圧縮してディスクの利用可能な容量を増やす。
 イ ネットワークに送信するデータを暗号化する。
 ウ 複数のコンピュータで磁気ディスクを共有して利用できるようにする。
 エ 複数の利用者で大量データを共同利用できるようにする。

79 データベースを扱う場合，レコードを特定するキーが必要である。ある学年の"生徒管理"表において，レコードを特定するキーとして，適切なものはどれか。

 ア 氏名 イ 住所 ウ 生徒番号 エ 郵便番号

80 "会員録"表において，現住所も勤務地も東京都である女性の会員番号はどれか。

会員録

会員番号	氏名	性別	現住所	勤務地
K001	秋本一郎	男	埼玉県	東京都
K002	井田健二	男	東京都	埼玉県
K003	碓氷三智子	女	千葉県	東京都
K004	江口好子	女	東京都	東京都
K005	大泉五郎	男	埼玉県	埼玉県
K006	香山睦子	女	千葉県	東京都

 ア K001 イ K003 ウ K004 エ K006

81 一つのファイルを複数の人が並行して変更し，上書き保存しようとするときに発生する可能性がある問題はどれか。

 ア 同じ名前のファイルが多数できて，利用者はそれらを判別できなくなる。
 イ 最後に上書きした人の内容だけが残り，それ以前に行われた変更内容がなくなる。
 ウ 先に変更作業をしている人のPC上にファイルが移動され，ほかの人はそのファイルを見つけられなくなる。
 エ ファイルの後ろに自動的に変更内容が継ぎ足され，ファイルの容量が増えていく。

82 NoSQLの一種である，ドキュメント指向データベースの特徴として，適切なものはどれか。

 ア JSON形式やXML形式で書かれた1件分のデータをそのまま格納することができる。
 イ 一つのキーに対して一つの値を格納する。
 ウ 行と列からなる表形式でデータを格納する。
 エ ノード，リレーション，プロパティで構成される。

83 次のように接続されたネットワークがある。PC1 から PC12 にデータを送信できるようにするために，PC1 のデフォルトゲートウェイに設定する IP アドレスとして適切なものはどれか。

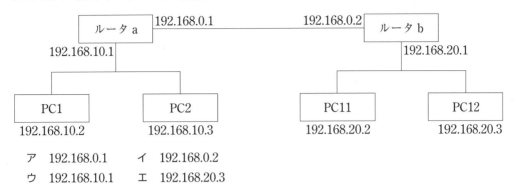

ア　192.168.0.1　　イ　192.168.0.2
ウ　192.168.10.1　　エ　192.168.20.3

84 10M ビット/秒の伝送速度の LAN を使用して，1 枚につき 5M バイトの画像ファイルを 10 枚転送するのに必要な時間はおおよそ何秒か。ここで，1M バイト＝10^6 バイトとする。また，LAN の伝送効率は80%とする。

ア　4　　イ　5　　ウ　40　　エ　50

85 Wi-Fi の暗号化設定を簡単に設定するための規格として，適切なものはどれか。

ア　ESSID　　イ　Wi-Fi Direct　　ウ　メッシュ Wi-Fi　　エ　WPS

86 ソーシャルエンジニアリングに該当するものはどれか。

ア　Web サイトでアンケートをとることによって，利用者の個人情報を収集する。
イ　オンラインショッピングの利用履歴を分析して，顧客に売れそうな商品を予測する。
ウ　宣伝用の電子メールを多数の人に送信することを目的として，Web サイトで公表されている電子メールアドレスを収集する。
エ　本人からの電話であると信じさせ，パスワードを聞き出してシステムを利用する。

87 企業の情報セキュリティポリシの策定に関する記述のうち，適切なものはどれか。

ア　業種ごとに共通であり，各企業で独自のものを策定する必要性は低い。
イ　システム管理者が策定し，システム管理者以外に知られないよう注意を払う。
ウ　情報セキュリティに対する企業の考え方や取り組みを明文化する。
エ　ファイアウォールの設定内容を決定し，文書化する。

88 不正のトライアングルの 3 要因として，最も適切なものはどれか。

ア　機密性，完全性，可用性
イ　人的，技術的，物理的
ウ　機会，動機，正当化
エ　選択，射影，結合

89 コンピュータウイルス対策に関する記述のうち，適切なものはどれか。

ア　PC が正常に作動している間は，ウイルスチェックは必要ない。

イ　ウイルス対策ソフトウェアのウイルス定義ファイルは，最新のものに更新する。

ウ　プログラムにディジタル署名が付いていれば，ウイルスチェックは必要ない。

エ　友人からもらったソフトウェアについては，ウイルスチェックは必要ない。

90 通信データの盗聴を避けるのに適切な対策はどれか。

ア　暗号化　　イ　ディジタル署名　　ウ　ファイアウォール　　エ　メッセージ認証

91 PKI(公開鍵基盤)に関する記述のうち，適切なものはどれか。

ア　PHS を使用してディジタルデータをやりとりするために策定されたデータ通信規格。

イ　ユーザがメールサーバから自身のメールを取り出す処理において使用するメール受信用の
プロトコル。

ウ　素因数分解の計算の困難さを利用した公開鍵暗号方式である。

エ　公開鍵の所有者が正しいかを第三者機関が審査し，保証するための仕組み。

92 RAT に関する記述のうち，最も適切なものはどれか。

ア　キーボードから入力した内容を記録するソフトウェア。

イ　他のコンピュータを管理者権限で遠隔操作できるようにするソフトウェア。

ウ　正常なプログラムに見せかけた悪意のある不正なソフトウェア。

エ　データを暗号化して開くことができなくしたりするマルウェアで，データの復元と引き替
えに身代金を要求する。

93 関数 keisan は，引数 atai を用いて計算を行い，その結果を戻り値とする。関数 keisan を keisan(5)と
して呼び出すと，戻り値はいくつになるか。

```
○整数型：keisan(整数型：atai)
  整数型：s，i，e
  e ← atai
  s ← 0
  i ← 1
  while(i <= e)
    s ← s + i
    i ← i + 1
  endwhile
  return s
```

ア　6　　イ　10　　ウ　15　　エ　21

94 一つのデータベースを複数のユーザがネットワークを介して共有しているときに，あるユーザがデータ
を入力している間は，他のユーザからの参照も更新もできないようにする機能はどれか。

ア　占有ロック　　イ　アクセス権の設定　　ウ　共有ロック　　エ　デッドロック

95 無線 LAN の規格は次のどれか。

 ア IEEE1394 イ IEEE802.3 ウ IEEE エ IEEE802.11g

96 DMZ の説明として適切なものはどれか。

 ア グローバル IP アドレスをプライベート IP アドレスに変換する。
 イ Web サーバやメールサーバなど，社外に公開したいサーバを，社内のネットワークから隔離する。
 ウ 通信経路を暗号化して，仮想的に専用回線で接続されている状態を作り出す。
 エ 直接インターネットに接続できない内部ネットワークのコンピュータに代わり，インターネットに接続し Web コンテンツなどを取得する。

97 サーバへ届いたメールをサーバ上のメールボックスで管理し，利用者は，タイトルなどを見てから受信の有無を決めることができるプロトコルは何か。

 ア POP イ SMTP ウ IMAP エ MIME

98 キャリアアグリゲーションに関する記述として，適切なものはどれか。

 ア 携帯電話端末で使われる電話加入者を特定するための固有の番号が記録されたカード。
 イ 携帯電話端末と PC などの ICT 端末を無線 LAN などで接続し，PC などからインターネットへ接続できるようにする機能。
 ウ 無線通信を高速化する手法で，複数の異なる周波数帯の電波を同時に利用してデータの送受信を行う。
 エ 携帯電話回線などの無線通信の施設を他の通信事業者から借り受けて，サービスを提供する企業。

99 公共団体や企業・組織内に設置され，コンピュータセキュリティインシデントに関する報告を受け取り，調査し，対応活動を行う組織の総称はどれか。

 ア ISMS イ ICANN ウ VPN エ CSIRT

100 社員に対する情報セキュリティ教育の実施に関する記述 a〜d のうち，適切なものだけをすべてあげたものはどれか。

a 情報セキュリティ教育は非正規の従業員を含めた全員を対象として行う。
b 一度情報セキュリティ教育を受けた社員は対象から外してもよい。
c 情報セキュリティ教育の内容は，社員のスキルや担当業務，役割に応じて変更する。
d 新人教育の研修プログラムに情報セキュリティ教育は不要である。

 ア a, c イ b, c, d ウ a, c, d エ c, d

解答・解説

1章

1▶ イ　データのやり取りは記憶機能を介して行う。
　ウ　命令は演算機能が行う。
　エ　出力依頼は制御機能が行う。
【答】ア

2▶ イ　OSが記憶する。
　ウ　命令数を記憶する装置はない。
　エ　実行ファイル内に保持されている。
【答】ア

3▶ ア　主記憶とCPUの処理速度の差を埋めるための
もの。
　イ　互いに独立している。
　ウ　ビット数の多いCPUは処理能力が高い。
【答】エ

4▶ CPUの基本的な実行手順は，主記憶装置から命令
を読み込み，解読して実行する。
【答】ウ

5▶ イ　多いほどアクセス割合が上がり処理効率が向
上する。
　ウ　一般的に周波数が高いほど処理速度は早くなる。
　エ　デュアルコアは2つ，クアッドコアは4つ。一般
　　的にコア数が多いほど処理能力が高い。
【答】ア

6▶ ア　USB規格によって異なる。
　イ　クロックの間隔が短いほど処理時間は短い。
　ウ　プログラムカウンタの役割。
【答】エ

7▶ ア　キャッシュメモリの説明。
　ウ　マルチコアプロセッサの説明。
　エ　クラスタリングの説明。
【答】イ

8▶ イ　特許権の侵害には該当しない。
　ウ　互換CPUは存在する。
　エ　新製品にも対応している。
【答】ア

9▶ ア　デュアルブートの説明。

　イ　デュアルディスプレイの説明。
　ウ　デュアルチャネルの説明。
【答】エ

10▶ ア　処理速度の向上を図る技術。
　イ　コア数が2倍のため一般的に処理能力は2倍にな
　　る。
　ウ　CPUのオーバクロックの説明。
【答】エ

11▶ ア　現実世界を拡張する技術。
　イ　ディスプレイとPCのアナログ，ディジタル相互の
　　接続規格。
　エ　動画圧縮に関する規格。
【答】ウ

12▶ 高速に動作する順番は，レジスタ，キュッシュメ
モリ，主記憶，ディスクキャッシュ，ハードディスクの順
になる。
【答】ウ

13▶ 高速に動作する順番は，キュッシュメモリ，主記
憶，SSD，HDD。
【答】ウ

14▶ ア　サイズは極めて小さい。
　ウ　キャッシュメモリは処理速度の調整のために必要な
　　メモリ。
　エ　常駐させる先読みデータはOSによって決定され
　　る。
【答】イ

15▶ ア　容量の大きさは1次＜2次の順に大きくなる。
　イ　基本的にキャッシュメモリは主記憶より高速。
　エ　全てのデータが存在する必要はない。
【答】ウ

16▶ 揮発性メモリはSRAM，DRAM，不揮発性メモリ
はROM，SSD。
【答】イ

17▶ 揮発性メモリはDRAM，SRAM，不揮発性メモリ
はROM，フラッシュメモリ。
【答】エ

18▶　磁気はハードディスク，電気はフラッシュメモリ，光は CD-R，DVD，Blueray-Disc などがある。
　【答】エ

19▶　ア　一度のみ書き込めるメディア。
　イ　書き換え可能なメディア。
　ウ　読み出し専用のメディア。
　エ　書き換え可能なメディア。
　【答】ウ

20▶　ア　CD の読み書きが可能。
　イ　ノート PC に搭載可能。
　ウ　読み出し書き込みともにレーザ光を用いる。
　【答】エ

21▶　ア　片面 25 GB，片面 2 層で 50 GB のデータ記録が可能。
　イ　650 MB 又は 700 MB。
　ウ　片面 4.7 GB 両面 8.5 GB。
　エ　片面 4.7 GB 両面 9.4 GB。
　【答】ア

22▶　ア　読み書き速度は速い。
　イ　DRAM が利用される。
　ウ　電源を切っても内容を保持できる。
　【答】エ

23▶　ア　デジタルコンテンツの著作権を保護する技術の総称。
　イ　光ディスクのこと。
　ウ　AV 機器のインタフェース規格。
　【答】エ

24▶　イ　ネットワーク機器を接続する集線装置。
　ウ　TCP/IP ネットワークで使用するアプリケーションの送受信を番号で示したもの。
　エ　ネットワーク上を流れるパケットを中継する装置。
　【答】ア

25▶　イ　BIOS の説明。
　ウ　プラグインの説明。
　エ　アーカイバの説明。
　【答】ア

26▶　イ　独立したもので再インストールの必要はな

い。
　ウ　任意に削除が可能。
　エ　機種の異なる機器に対してインストールする必要がある。
　【答】ア

27▶　ア　DVD 内の再生プログラムによって行われる。
　ウ　デバイスドライバの機能。
　エ　タスクスケジューラの機能。
　【答】イ

28▶　イ　プラグインまたはアドインソフトの説明。
　ウ　バスパワー方式の説明。
　エ　ベンチマークテストの説明。
　【答】ア

29▶　ア　転送モードは自動で選択される。
　イ　機器によっては別の電源が必要。
　エ　USB はシリアルインタフェース規格。
　【答】ウ

30▶　イ　ケーブルによる接続。
　ウ　プロセッサと周辺機器の間で通信を行う技術。
　エ　USB に通信機能を持たせることができる。
　【答】ア

31▶　ア　PC が休止状態のこと。
　イ　AC アダプタで電力を供給する方式。
　エ　停電時に一定時間電力を供給する機器。
　【答】ウ

32▶　①　無線通信の規格。
　②　AV 機器のインタフェース規格。
　③　赤外線無線通信の規格。
　④　シリアルバスインターフェースの規格。
　【答】イ

33▶　ア　赤外線無線通信の規格。
　ウ　商品番号などのデータをしま模様で表す規格。
　エ　無線通信を行う LAN システムのこと。
　【答】イ

34▶　イ　IrDA の説明。
　ウ　SATA や USB の説明。
　エ　Bluetooth の説明。

【答】ア

35▶ イ　NFC は無線 LAN に対応していない。
ウ　IrDA の説明。
エ　GPS の説明。
【答】ア

36▶ ア　車両無線通信専用の DSRC を利用。
イ　赤外線を利用。
ウ　GPS を利用。
【答】エ

37▶ ア　数 m か 100 m 程度で 24 Mbps の通信が可能。
イ　30 cm から 2 m で利用可能。
ウ　数 cm から 20 cm で利用可能。
エ　数 m か 100 m 程度で 6.93 Gbps の通信が可能。
【答】ウ

38▶ 位置の特定は三点測位という方法で行う。発信時刻と受信時刻の差を三つの衛星で行いその交点で特定する。
【答】ウ

39▶ イ　利用者の近場に処理装置を配置して処理を分散する技術の総称。
ウ　異なる周波数を束ねて高速な無線通信を実現する技術。
エ　アナログ信号をデジタルや電気信号に変換する機器。
【答】ア

40▶ ア　電気信号を動力に変換する装置。
イ　異なる周波数を束ねて高速な無線通信を実現する技術。
ウ　インターネットを介して自動で検針できるメータのこと。
【答】エ

41▶ ア　加速度センサーの説明。
ウ　モバイルデバイス管理の説明。
エ　活動量計の説明。
【答】イ

42▶ デバイスドライバは，コンピュータの周辺機器を使用できるようにするプログラム。プラグアンドプレイは PC が接続された機器を認識してデバイスドライバを自動にインストールする機能。マルウエアは不正動作をさせるプログラムの総称。
【答】ア

43▶ ア　ドメイン名，ホスト名，IP アドレスを結合して特定するアドレスに変換するサーバ。
イ　ファイルの送受信を行うサーバ。
ウ　Web の配信を行うサーバ。
【答】エ

44▶ ア　電力線を利用してデータ通信を行う技術。
イ　イーサネットの LAN ケーブルを利用して電力を供給する技術。
エ　IT 機能を活用して，電力需要を調整し省エネやコスト削減を目指す新電力網システムのこと。
【答】ウ

45▶ ア　インクを吹き付けて印刷するプリンタ。
イ　ピンや活字をインクリボンに打ちつけて印刷するプリンタ。
ウ　熱ヘッドで溶かしたインクで印刷するプリンタ。
【答】エ

46▶ イ　インパクトプリンタ。
ウ　熱転写プリンタ。
エ　レーザプリンタ。
【答】ア

47▶ ア　ホログラム，レンチキュラーの説明。
ウ　曲面印刷の説明。
エ　プロジェクションマッピングの説明。
【答】イ

48▶ ア　インクの微細な粒子を用紙に直接吹き付けて印字する。
ウ　熱で溶けるインクを印字ヘッドで加熱して用紙に印字する。
エ　感光ドラム上に印刷イメージを作り，粉末インク（トナー）を付着させて紙に印刷する。
【答】イ

49▶ ア　1 回のみ書き込めるブルーレイディスク。
イ　1 回のみ書き込める CD ディスク。
エ　光学式マーク読み取り装置。

【答】ウ

50▶　ア　ヘルツ(Hz)で表記。
イ　インチ(inch)で表記。
エ　バイト(B)で表記。
【答】ウ

51▶　ア　ファームウェアの説明。
イ　シェアウェアの説明。
ウ　アクティビティフィードの説明。
【答】エ

52▶　イ　スクリーンキーボードの説明。
ウ　暗号化・復号を行うキーの説明。
エ　主キーの説明。
【答】ア

53▶　ア　セキュリティ対策として設定された外部ネットワークと内部ネットワークの中間緩衝域。
イ　画像処理を専門に行う演算装置。
エ　インターネット上に仮想的な専用回線を構築する技術。
【答】ウ

54▶　ア　1秒間に転送されるデータ量の単位。
ウ　1秒間に構成されるデジタル画像数の単位。
エ　CPU の周波数の単位。
【答】イ

55▶　ア　タブレットの説明。
ウ　タッチホイールの説明。
エ　タッチパッドの説明。
【答】イ

56▶　ア　ブラインドタッチのこと。
イ　マウスの操作。
ウ　同時に複数のタスクを実行する OS の機能。
【答】エ

57▶　イ　SaaS の説明。
ウ　組み込みシステムの説明。
エ　タブレット端末の説明。
【答】ア

58▶　イ　OS は終了まで常に動作している。

ウ　キーボードによる操作もある。
エ　USB などの補助記憶装置からの起動も可能。
【答】ア

59▶　ア　起動時に OS を選択できるマルチブートが可能。
イ　ほとんどの OS で 64 ビット版が開発されている。
ウ　一部の不具合はあるが全てが動作不能になることはない。
【答】エ

60▶　機動順序　BIOS → OS →デバイスドライバ→アプリケーションソフト
【答】ア

61▶　ア　マルチコアプロセッサの説明。
イ　仮想記憶の説明。
エ　ストライピングの説明。
【答】ウ

62▶　ア　マルチコアプロセッサの説明。
イ　グリッドコンピューティングの説明。
ウ　SIMD(Single Instruction/Multiple Data)の説明。
【答】エ

63▶　ア　メモリ保護機能の説明。
イ　省電力機能の説明。
エ　キャッシュメモリの説明。
【答】ウ

64▶　ア　PC・タブレット・スマートフォンなどのデバイスの画面上に複数のウィンドウを表示する機能。2つのアプリを同時に使えるように画面を分割したり，一方のアプリ画面の上にもう一方のアプリ画面を重ねて表示することもできる。
イ　複数の端末に同時発信する機能。
エ　1台に複数の OS を搭載し選択して起動する機能。
【答】ウ

65▶　イ　バッチ処理の説明。
ウ　クライアントサーバシステムの説明。
エ　マルチタスクの説明。
【答】ア

66▶　ア　コンピュータ上に作りあげた仮想的な空間を

現実のように疑似体験できる仕組み。

イ 二つのCPUを搭載したマルチコアプロセッサの説明。

ウ 同じ処理を並列して同時に行うコンピュータシステムのこと。

【答】エ

67▶ ① A/B/C/D：初期データを格納

② E/B/C/D：EをAと入れ替え

③ E/B/C/D：CとBとDは入れ替えなし

④ F/B/C/D：FをEと入れ替え(Eは最も長い参照経過対象)

⑤ F/B/C/D：入れ替えなし

最終の入れ替え対象はE

【答】エ

68▶ ア CPUの性能と入れ替えても処理の短縮は関連しない。

イ 仮想記憶の領域はもともと大きい。

エ 補助記憶の容量は関連しない。

【答】ウ

69▶ ア アプリケーションの機能を追加すること。

ウ ファイルの断片化を再配置すること。

エ デバイスドライバを自動にインストールする機能のこと。

【答】イ

70▶ 処理の順序と使用時間

	35	+20	+20	+25	=100
CPU	ジョブ1(35)	ジョブ2(20)	ジョブ3(5)		
出力装置		ジョブ1(10)	ジョブ2(20)	ジョブ3(25)	

【答】ウ

71▶ ジョブ4の到着時間と数量時間

	1	2	3	4	5	6	7	8	9	10	11	12	13	14	15	16	17
ジョブ1			終了														
ジョブ2					到着			終了									
ジョブ3									到着								
ジョブ4								到着								終了	

9秒

【答】ウ

72▶ ア 正しい。ファイルシステムはファイルを統一管理する機能を持つシステムのこと。

イ～エ は別の機能。

【答】ア

73▶ ルートディレクトリ：階層の最上位にあるディレクトリ。(a)

カレントディレクトリ：現在作業を行っているディレクトリ。(b)

絶対パス：最上位のディレクトリから目的のディレクトリまでの全ての経路を示す。

相対パス：現在作業を行っているディレクトリから目的のディレクトリまでの全ての経路を示す。(c)

【答】エ

74▶ a ルートディレクトリの説明。

b 絶対パスの説明。

c カレントディレクトリの説明。

d 相対パスの説明。

【答】ウ

75▶ ＊印から2階層上はルート¥DIRBである。

..¥..¥	DIRB¥	Fn.txt
2階層上	DIRBディレクトリ	④のファイル名

【答】エ

76▶ ＊印から2階層上はルート¥Bである。

..¥..¥	B¥	B
2階層上	Bディレクトリ	Bディレクトリ
(¥B	¥B	¥B)

【答】エ

77▶ 節はディレクトリ 葉はディレクトリ又はファイルを示す。

【答】ア

78▶ イ リレーショナルデータベースのこと。

ウ データを複数のディスクに分散して記憶する機能のこと。

エ データを主記憶と補助記憶装置間で入れ替える管理方式のこと。

【答】ア

79▶ ア 変更処理の確認のみが可能。

ウ 変更内容の特定は不可。

エ 変更の記録を特定できない。

【答】イ

80▶ ファイルの断片化(フラグメンテーション)によりデータのアクセス効率が低下する現象が起こりやすくなる。
【答】エ

81▶ バックアップの手順。
① 日曜日のフルバックアップによる復元
② 月曜日の増分を復元
③ 火曜日の増分を復元
【答】ア

82▶ バックアップの計算式
① 月～木のバックアップ時間
  $3\,\text{MB}\times1{,}000(個)\div10\,\text{MB}/秒\times4\,日=1{,}200(秒)$
② 金曜日のバックアップ時間
  $3\,\text{MB}\times6{,}000(個)\div10\,\text{MB}/秒=1{,}800(秒)$
③ 月～金のバックアップ時間
  $1{,}200(秒)+1{,}800(秒)=3{,}000(秒)=50(分)$
【答】ウ

83▶ ア オートインデントの例。
ウ キャピタライズの例。
エ 均等割り付けの例。
【答】イ

84▶ ア スタイルシートのこと。
イ ディスプレイ上の画像を記録すること。
エ 文書作成をサポートする雛形のこと。
【答】ウ

85▶ イ 検索サービスの説明。
ウ アイコンの説明。
エ 著作権情報を埋め込むソフトウェアの説明。
【答】ア

86▶ パッケージの導入(購入)は、コストの削減に効果があるが、開発環境の充実、手法の習熟、スキルの向上との相関はない。
【答】イ

87▶ 3条件のいずれかが該当すれば良い論理和が成立する。
論理和(①, ②, ③), '合格', '不合格')
①(A2+B2)≧120
② A2=100

③ B2=100
【答】ウ

88▶ E2の式 条件付き個数(B2：D2, ＞15000)個数1
E3の式 条件付き個数(B3：D3, ＞15000)個数0
E4の式 条件付き個数(B4：D4, ＞15000)個数2
【答】ウ

89▶ B3の計算式 "B\$1＊合計(B\$3：B3)/個数(B\$3：B3)" をC5に複写した結果は
"B\$1＊合計(B\$3：B5)/個数(B\$3：B5)" である。
したがって B\$1 は 1,000, 合計(B\$3：B3)は 18, 個数(B\$3：B5)は 3
計算式 $1000\times18/3=6{,}000$
【答】イ

90▶ D2の計算式 "IF(B2≧50, '合格', IF(C2≧50, '合格', '不合格'))" をD3に複写した結果は "IF(B3≧50, '合格', IF(C3≧50, '合格', '不合格'))" となり以下 B8 まで同様な式になる。D2～D8 各セルの合格者の計は 5 名となる。
【答】エ

91▶ 計算式 \$B4＊(1.0＋\$D\$2) を E5 に複写した結果は \$B5＊(1.0＋\$D\$2) となる。計算の結果は $600\times(1.0+0.05)=630$。
【答】ウ

92▶ IF(C2＜平均(\$C2：\$E2), '×', '○') を複写すると E7 は IF(E6＜平均(\$C6：\$E6), '×', '○') になる。
【答】エ

93▶ チェックディジットは上位2桁を加算した値の1桁の位を求める方法。
370 は 3＋7＝10 で 0 となる。式に当てはめると
剰余(整数部(370/100)＋剰余(整数部(37/10), 10))/10)
剰余(整数部(3.7＋剰余(整数部(37), 10))/10)
剰余(整数部(3.7＋剰余(整数部(37), 10))/10)
剰余(3 ＋ 7)/10＝0
【答】ウ

94▶ E4 に入る計算式は
＝B2＊B4＋C2＊C4＋D2＊D4 となる。
複写によって相対参照と絶対参照を考慮すると
＝B\$2＊B4＋C\$2＊C4＋D\$2＊D4 となる。

【答】イ

95▶ ポイント負加率のロジックと計算式は次の通り。

買い物金額 0〜1000 円　　　1%

IF(A2≦1000, 整数部(A2/100)

買い物金額 1001〜3000 円　　2%

IF(A2≦3000, 整数部(A2＊2/100)

買い物金額 3001 円〜　　　　3%

整数部(A2＊3/100)))

【答】ウ

96▶ CSV 形式は 1 行目のデータの最後に改行コードを付加する。したがって

1 行目　月, 1 月, 2 月 CR

2 行目　売上高, 500, 600 CR

【答】ア

97▶ a. 適切　　b. 不適切　　c. 不適切, したがって a. のみ。

【答】ア

98▶ イ　実行形式での配布を許可。

ウ　多数のライセンス形態がある。

エ　利用分野の制限はない。

【答】ア

99▶ ア　利用分野の制限はない。

ウ　再頒布の制限はない。

エ　有償で販売もできる。

【答】イ

100▶ a. 不適切　　b. 不適切　　c. 適切, したがって c. のみ。

【答】エ

101▶ イ　Apple 社が開発したモバイル端末用 OS。

ウ　Apple 社が開発した Web ブラウザ。

エ　Microsoft 社が開発した OS。

【答】ア

102▶ ア　OSS の OS。

イ　OSS の Web ブラウザ。

エ　OSS のメールソフト。

【答】ウ

103▶ ア　OSS の Web サーバソフトウェア。

ウ　OSS の OS。

エ　OSS のメールソフト。

【答】イ

104▶ ア　OSS の OS。

イ　OSS の Web ブラウザ。

ウ　オラクル社開発の OSS の RDB。

【答】エ

105▶ Internet Explorer：Microsoft 社が開発した OS。

PostgreSQL：OSS の DBMS。

Firefox：OSS の Web ブラウザ。

Linux：OSS の OS。

Thunderbird：OSS のメールソフト。

Windows：Microsoft 社が開発した OS。

【答】ウ

106▶ ①　正しい。

②　OSS ではない。

③　メールソフト。

④　OSS ではない。

【答】ア

107▶ ア　原則サポートはないが有償のサポートの場合もある。

イ　公開されている。

ウ　原則損害補償はないが販売品の場合, 補償があるケースもある。

【答】エ

108▶ ア　導入サポートと OSS のライセンスは別問題で適切。

ウ　頒布の制限はないので適切。

エ　改造は認められているので適切。

【答】イ

2章

1▶ 以下のようにもとの2進数の上に重みを記入し，1
の立っているけたと重みをかけ算した和が10進数である。
　重みは，1の位が2^0，2の位が2^1のことである。

2^7	2^6	2^5	2^4	2^3	2^2	2^1	2^0	
128	64	32	16	8	4	2	1	←重み
×	×	×	×	×	×	×	×	
1	0	0	1	0	0	1	0	
‖	‖	‖	‖	‖	‖	‖	‖	
128			16			2		= 146

【答】イ

2▶ 10進数を2進数に変換するには，以下の手順で，
10進数を2で割って余りを取得する作業を，割り算の商
が0になるまで繰り返す。

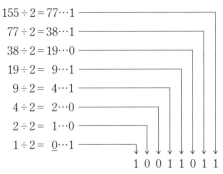

$$155 \div 2 = 77 \cdots 1$$
$$77 \div 2 = 38 \cdots 1$$
$$38 \div 2 = 19 \cdots 0$$
$$19 \div 2 = 9 \cdots 1$$
$$9 \div 2 = 4 \cdots 1$$
$$4 \div 2 = 2 \cdots 0$$
$$2 \div 2 = 1 \cdots 0$$
$$1 \div 2 = 0 \cdots 1$$

1 0 0 1 1 0 1 1

【答】ア

3▶ 8進数を16進数に変換するには，一度8進数を2
進数にすると効率がよい。
　① 8進数の55を2進数にする。8進数を2進数にす
　るには，8進数の各けたを3けたの2進数にする。

　　　5　　　5
　　101　101

　したがって，2進数では101101となる。
　② ①で求めた2進数を16進数にする。2進数を16進
　数にするには，2進数を4けたごとに区切って10進
　数にする。ただし，10〜15は，A〜Fに置き換える。

　　10　　1101
　　2　　13（D）

　したがって，16進数では2Dとなる。

【答】ア

4▶ 2進数の加算なので答えが2になると次のけたに繰
り上がる点を注意する。繰り上がり→

```
      1111  1
   01011010
  +01101011
   11000101
```

【答】エ

5▶ □を0，■を1として2進数で表していることがわ
かると単なる2進数を10進数にする基数変換の問題であ
ることがわかる。

	2進数	10進数
□□□■□	00010	2
□□■□■	00101	5
□■□■□	01010	10
■□■□■	10101	21

　つまり，■■□□□は，2進数の11000を意味するので，
10進数に変換すると24となる。

【答】ウ

6▶ 何通りかの方法があるが，ここでは，一度10進数
に変換して3倍する方法を説明する。
　2進数を10進数にする。　10110……22
　　　　　　　　　　　　　　　$22 \times 3 = 66$
　66を2進数にする。　　　1000010

【答】ウ

7▶ 2進数のシフト演算では，右に1ビットシフトする
ごとに$\frac{1}{2}$になる。
　2ビットシフトするので，$\frac{1}{2} \times \frac{1}{2}$で$\frac{1}{4}$になる。

【答】エ

8▶ 2進数のシフト演算では，右に1ビットシフトする
ごとに$\frac{1}{2}$になる。
　$\frac{1}{8}$にするには，$\frac{1}{2} \times \frac{1}{2} \times \frac{1}{2}$なので，3ビット右にシフト
すればよい。

【答】ウ

9▶ 次のように行う。
　① 右へ4ビットシフトする。

　1　0　1　1　1　1　0　0
　　　　　　　　　　　　あふれは切り捨てる

　0　0　0　0　1　0　1　1
　　0で埋める
　② ①を左へ4ビットシフトする。

　　0　0　0　0　1　0　1　1
　　あふれは切り捨てる

　1　0　1　1　0　0　0　0
　　　　　　0で埋める

【答】ウ

10▶ ① A〜Z は，26 文字ある。
② N ビットで表すことのできる表現数は，2^N で求めることができるので，$2^N \geqq 26$ になる N を見つければよい。
③ $2^5 = 32$ で，$2^5 \geqq 26$ の関係が成り立つので，5 ビットが正解である。
【答】イ

11▶ N ビットで表すことのできる表現数は，2^N で求めることができるので，2^8 を求めればよい。
【答】イ

12▶ ア AND 回路は，入力がすべて 1 のときのみ 1 を出力し，それ以外は 0 を出力する。
イ NAND（NOT AND）回路は，AND 回路と反対の出力になる。つまり，入力がすべて 1 のときのみ 0 を出力し，それ以外は 1 を出力する。
ウ OR 回路は，入力の中に一つでも 1 があれば 1 を出力し，それ以外は 0 を出力する。
エ XOR 回路は，入力がすべて 1 か，すべて 0 のときに 0 を出力し，それ以外は 1 を出力する。
【答】ア

13▶ 2 進データ X を 10101010 として，00001111 とビットごとの論理積（AND）の演算を行うと以下のとおりとなる。

```
        （上位）（下位）
         1010  1010  … X
  AND    0000  1111  … データ
         0000  1010
          ↑     ↑
        全て 0  X と同じ
```

【答】ウ

14▶ 以下の通り実行される。

15→A1	6→B1		→6→A1	3→B1		→3
6→A2	15÷6 の余り		→3→A2	6÷3 の余り		→0
	→B2			→B2		

【答】イ

15▶ 論理演算を日本語にすると，以下の通りになる。

AND 回路：○○であり，なおかつ○○。
OR 回路：○○か○○，○○か，または○○。
NOT 回路：○○でない。
【答】エ

16▶ ア 20 歳未満であり 65 歳以上である男性となる。三つの条件すべてが成り立たないといけない。
ウ 20 歳未満であり 65 歳以上か，または男性となる。
エ 男性かまたは，20 歳未満か，または 65 歳以上となる。
【答】イ

17▶ ① 「A かつ B」のベン図は以下のようになる。

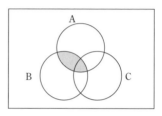

② 「C ではない」のベン図は以下のようになる。

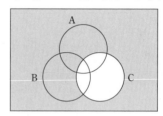

③ ①と②の条件を満たすので，二つのベン図を重ね合わせて，両方に色がついている部分のみ色を残す。
【答】イ

18▶ $10^3 = $ K，$10^6 = $ M，$10^9 = $ G，$10^{12} = $ T，$10^{15} = $ P と，3 乗倍ごとに次の単位になる。したがって，アは P，イは G（正解），ウは T，エは P となる。
【答】イ

19▶ ア 50 KB = 50,000 B
イ 5 MB = 5,000,000 B
エ 0.05 KB = 50 B
【答】ウ

20▶ 1 p 秒 = 1,000 分の 1 n 秒 = 1,000,000 分の 1 μ秒
【答】イ

21▶ イ BCD コード（Binary Coded Decimal Code：2 進化 10 進数）。10 進数の各けたを 4 ビットの 2 進数で表したコード。

ウ　EBCDIC（Extended Binary Coded Decimal Interchange Code：拡張2進化10進コード）。IBMで定義された文字コードで，一部の汎用コンピュータなどで使用されている。

エ　国際標準化機構(ISO)で定義されている7ビットの文字コード。

【答】ア

22▶　ア　米国の文字コード。アルファベットと数字，制御文字を表すことができる7ビットの文字コード。

イ　UNIX系のOSで使用される文字コード。日本語の文字も表せるが，世界中の文字を網羅しているわけではない。

ウ　日本工業規格で定められた日本語を表すための文字コード。

【答】エ

23▶　左端がaで右端がbとなるパターンは何通りあるかを考える。a〜fの6文字のうち，aとbが両端に配置されるので，左端から2番目には，cdefの4通りとなる。左端から3番目は，左端から2番目で1文字使われるので，3通り，左端から4番目は2通り，左端から5番目は残り1通りとなる。したがって，左端がaで右端がbとなるパターンは，$4 \times 3 \times 2 \times 1 = 24$ 通りある。

同様に左端がbで右端がaとなるパターンも $4 \times 3 \times 2 \times 1 = 24$ 通りあるので，合わせて48通りが正解である。

【答】ウ

24▶　受験者が100名で，合格者が50名なので，不合格者は50名。筆記の不合格者と実技の不合格者を合わせると75名になり，25名多いことがわかる。この25名が筆記と実技の両方が不合格だった受験者数である。ベン図にすると以下のようになる。

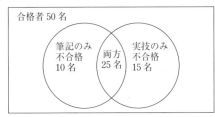

【答】ウ

25▶　C_2 から D_4 までの最短経路は以下の3種類が存在する。

$C_2 - D_2 - D_3 - D_4$　　　$C_2 - C_3 - D_3 - D_4$

$C_2 - C_3 - C_4 - D_4$

したがって，$A_1 - C_2$ 間が3通りで $C_2 - D_4$ 間が3通りなので，$3 \times 3 = 9$ 通り存在する。

【答】イ

26▶　平均値はデータの合計÷件数で求めるので，$(10 + 20 + 20 + 20 + 40 + 50 + 100 + 440 + 2000) \div 9 = 300$ である。

中央値はデータを整列し，その中央に位置する値なので，以下のとおり40である。

（中央）
↓

10　20　20　20　40　50　100　440　2000

【答】エ

27▶　分散は以下の手順で計算する。

①　平均値を求める。$(3 + 2 + 7 + 7 + 6) \div 5 = 5$

②　データの各値と平均値の差を求める。

	3	2	7	7	6
平均との差	-2	-3	2	2	1

③　②で求めた平均との差を2乗する。

	3	2	7	7	6
差の2乗	4	9	4	4	1

④　③で求めた値の平均値を計算する。これが分散である。

$(4 + 9 + 4 + 4 + 1) \div 5 = 4.4$

【答】エ

28▶　偏差値を求める式は以下のとおりである。

偏差値＝（個人の得点−平均点）÷標準偏差×10＋50

各教科の偏差値を求める。

国語：$(71 - 62) \div 5 \times 10 + 50 = 68$

社会：$(71 - 55) \div 9 \times 10 + 50 = 67.8$

数学：$(71 - 58) \div 6 \times 10 + 50 = 71.7$

理科：$(71 - 60) \div 7 \times 10 + 50 = 65.7$

したがって数学が一番偏差値が高い。

【答】ウ

29▶　ヒストグラムとは，以下のような図である。

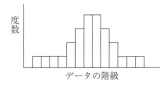

【答】ウ

30▶ グレーの棒グラフと黒の棒グラフを比べると，グレーの棒グラフは中央に固まっており，黒の棒グラフは横に広がっている。分散とは平均との差の大小を意味するので，グレーの棒グラフの方が値が平均付近に集中し，分散は小さい。

【答】イ

31▶ 推論とは既知のものから未知の事柄を予測や推理することである。

演繹法とは前提となるルールに物事を当てはめ，当てはまるかどうかで結論を出す方法である。

帰納推論とは複数の事実から共通点を見つけ出し結論を導き出す方法である。取り上げられた事実から共通点を見つけ出すので，取り上げられなかった事実については，得られた規則が当てはまらない場合もある。

【答】ウ

32▶ スタックは，後から格納したデータを先に取り出すデータ構造である。

【答】イ

33▶ キューは先に入れたデータから順にデータを取り出すデータ構造である。問題では，2番目に1を格納しているので，2回目に取り出されるデータは1である。

【答】ア

34▶ 次の順に操作を行うことで各解答のとおり取り出すことができる。

ア PUSH a → POP → PUSH b → POP → PUSH c → POP

イ PUSH a → PUSH b → POP → POP → PUSH c → POP

ウ この順番で取り出す操作はない。

エ PHSH a → PUSH b → PUSH c → POP → POP → POP

【答】ウ

35▶ キューは先入れ先出しのデータ構造である。要素45を追加した時点では以下のようになる。

新(後) ―――→ 古(先)

45　　12　　27　　33

ここから要素を二つ取り出すには，先に入っている(古い)ものから取り出すので，最初に33，二つ目として27

が取り出される。

【答】イ

36▶ スタックは最後に入ったデータが先に出るので，最後に入った5が取り出される。

【答】エ

37▶ 各操作が終了した時点の値を示す。網が次の操作で利用する値。囲みが操作後に代入された値を意味する。

最初	操作1後	操作2後	操作3後	操作4後
4		3		
3	7	7		
2	2	2	4	
2	2	2	2	2
1	1	1	1	1

【答】イ

38▶ 現在，ナリタ→ロンドン→ウィーンと順につながっている。これをナリタ→パリ→ウィーンに変更するには，ナリタのポインタとパリのポインタを変更すればよい。

〈現在のポインタ〉〈変更後のポインタ〉

100	ウィーン	160		
120	ナリタ	180	→	140
140	パリ	999	→	100
180	ロンドン	100		

【答】ア

39▶ アルゴリズムをプログラム言語で記述する作業がプログラミングである。また流れ図は，アルゴリズムを図で示すために使用する。

【答】イ

40▶ 探索のアルゴリズムの代表的なものには，線形探索と2分探索がある。線形探索は，先頭の要素から順番に一致するデータを探索する。2分探索は，探索する範囲の中央に位置する要素が一致するデータかを探索し，一致しない場合には，探索の範囲を半分に狭めて中央の要素を探索する。そのために，2分探索では，探索する要素を整列していることが必要である。

ア 誤り。線形探索の説明。

イ 正解。要素数が10個ならば最大探索回数は10回になり，100個ならば，最大探索回数は100回と要素数に比例する。

ウ 誤り。探索対象の要素が整列していることを前提と

するのは 2 分探索。

エ　誤り。探索回数の平均回数は 2 分探索の方が線形探索よりも少なくなるが，線形探索でも 1 件目で一致することがあるので，必ず 2 分探索の方が少ないとは言えない。

【答】イ

41▶　流れ図 X では i の値が $1 \to 3 \to 7 \to 13$ と変化すると書かれている。流れ図から i の初期値は 1 であり，i の値が変化するのは a なので解答群から a の変化を計算していくと

アとイ　$1 \to 3 \to 8 \to 19$　　　ウとエ　$1 \to 3 \to 7 \to 13$

となり，流れ図 X での i の変化が正しいのはウとエだと分かる。次に流れ図 Y の b を解答群のウとエのどちらが i の値が $1 \to 5 \to 13 \to 25$ になるかを計算していく。

ウ　$1 \to 3 \to 11 \to 25$　　　エ　$1 \to 5 \to 13 \to 25$

となるので，エが正解となる。

【答】エ

42▶　手順の通りに行う。

現在，状態 1 にいるので，計算すると

　　$(1 \times 11) \div 3$ の余り $= 2$

余りが 2 なので，時計回りに二つ次の状態に遷移するので状態 3 になる。

状態 3 で 2 度目の計算を行うと

　　$(3 \times 11) \div 3$ の余り $= 0$

余りが 0 なので，時計回りに一つ次の状態に遷移すると状態 4 となるので正答は 4 となる。

【答】エ

43▶　次の順に実行される。

(1)　X＝2　　Y＝3
(2)　　　　　Y＝2
(3)　X＝4
(4)　Y の値は 1 ではないので，(2)へ
(2)　　　　　Y＝1
(3)　X＝5
(4)　Y の値が 1 なので，処理を終了する。

したがって，X の値は 5 である。

【答】イ

44▶　一番最初の判定が「x か？」なので，最も件数の大きいデータ区分 C が YES にするのがよい。次にデータ件数の多いデータ区分 B を「y か？」で YES にする。最後の判定の「z か？」は最も少ないデータ区分 A とその他

のいずれかが YES になるようにする。

上記のようにすると

　データ区分 C：比較回数 1 回(x か？)×50 件 = 50 回
　データ区分 B：比較回数 2 回(x か？ と y か？)×30 件 = 60 回
　データ区分 A：比較回数 3 回(x か？ と y か？ と z か？) ×10 件 = 30 回
　その他：比較回数 3 回(x か？ と y か？ と z か？)×10 件 = 30 回
　合計：50 回 + 60 回 + 30 回 + 30 回 = 170 回

【答】ア

45▶　フローチャートは流れ図とも呼ばれ，プログラムの処理手順を記述する図として代表的なものである。

【答】ウ

46▶　Java 言語の特徴は，Java 仮想マシン(VM)で動作する中間言語に翻訳するために，この中間言語を解読実行できれば，どのような環境でも動作する。

　ア　HTML　　イ　Fortran　　エ　COBOL

【答】ウ

47▶　人類が使用している言語に近い文法や単語を用いて記述するプログラミング言語を高水準言語といい，その反対を低水準言語という。低水準言語には機械語やアセンブラ言語などがあり，高水準言語には C 言語や JAVA，Fortran や COBOL などがある。

また，コンピュータが理解できる言語は機械語のみのために，機械語以外のプログラミング言語で作成した場合には機械語へ翻訳する必要がある。

　イ　機械語は低水準言語。
　ウ　機械語は 2 進数で表現されている。
　エ　大半が高水準言語を使用している。

【答】ア

48▶　平均を求めるためには，合計を合計した件数(ここでは要素数)で割って求める。

　 a ：dataArray［1］から dataArray［要素数］までの値を sum に加える処理。(合計計算)

　 b ：合計の値が記憶されている sum を合計した件数(ここでは要素数)で割り平均を求める処理。

【答】ア

49▶　プログラム 1 の calcX

calcX(1)と実行するので inData の初期値は 1 となる。

また，3行目でnumにinDataの値を代入しているので
numの値も1である。numの値は$1 \to 3 \to 7 \to 13$と変
化すると書かれているのでnumの変化を考える。numの
値が変わるのはaである。最初iが1のときにはアイとウ
エのどちらの式でもnumの値は3になる。iが2になった
とき，アイの式では$2 \times 3 + 2 = 8$となってしまい，ウエで
は$3 + 2 \times 2 = 7$となることが分かる。よってaはウエのい
ずれかである。

プログラム2のcalcY

calcY(1)と実行するのでinDataの初期値は1，3行目で
numの値も1となる。numの値は$1 \to 5 \to 13 \to 25$と変
化すると書かれているのでnumの変化を考える。プログ
ラム1からaは，$num + 2 \times i$なので，bにアウとイエのど
ちらのときにnumの値が正しく変化するかを見る。bが
アウの場合，最初iが1なので，$1 + 2 \times 1 = 3$となり5に
はならない。bがイエの場合，最初iが2なので，$1 + 2 \times 2 = 5$となる。また次はiが4となり，$5 + 2 \times 4 = 13$となる。

したがって，aがウエ，bがイエなので，エが正しい組
み合わせとなる。

【答】エ

50▶ maxが3のときの1からmaxまでの整数の総和は
$1 + 2 + 3$で6となる。変数nは1からmaxまで1ずつ増
やしながら繰り返しているので，□ a □では，変数nを
足していけばよいことが分かる。return文は戻り値を返す
命令で，変数calcXの値を返しているので，変数calcXを
使い総和を求めればよいことが分かる。これらのことから
ウが正解となる。

【答】ウ

51▶ プログラムをトレースしたときの各変数と配列の
各要素の値は表のとおりである。したがって，アが正解と
なる。

n	m		比較		(1)	(2)	(3)	(4)
				初期値	2	4	1	3
1	1	[1]>[2] か	No	何もせず	2	4	1	3
	2	[2]>[3] か	Yes	入れ替え	2	1	4	3
	3	[3]>[4] か	Yes	入れ替え	2	1	3	4
2	1	[1]>[2] か	Yes	入れ替え	1	2	3	4
	2	[2]>[3] か	No	何もせず	1	2	3	4
3	1	[1]>[2] か	No	何もせず	1	2	3	4

【答】ア

3章

1▶ 一つの色を3桁の2進数で表すので000～111の8種類を表すことができる。

　色はR・G・Bの3色なので，8×8×8＝512通りの色を表すことができる。

【答】エ

2▶ ストリーミング配信は，おもに動画メディアの配信に用いられる方式である。データをダウンロードし終わるまで待つ必要がなく，ダウンロードしながら同時に再生することが可能なために，再生が開始するまでの待ち時間が少なくてすむ。

【答】エ

3▶ 拡張子がaviのファイルはWindowsで標準の動画形式。

【答】ウ

4▶ CSV(Comma Separated Values)は，値をコンマで区切った形式。

　RSS(Rich Site Summary)は，Webサイトの要約や記事の見出しなどを配信するためのXMLを用いたデータ形式。

　JSON(JavaScript Object Notation)は，JavaScriptでのオブジェクトの表記法を応用した文字ベースのデータ形式。

　XML(Extensible Markup Language)は，マークアップ言語の一種で独自にタグを拡張することができる。

【答】イ

5▶ ア　Windows標準の静止画像の形式。無圧縮で画質は高いが，ファイルサイズが大きい。

　イ　256色までの画像を扱うことができる可逆圧縮形式の画像ファイル形式。

　ウ　1677万色までの画像を扱うことができる非可逆圧縮形式の画像ファイル形式。

【答】エ

6▶ ア　Windows標準の動画形式。

　イ　Windows標準の静止画像の形式。無圧縮で画質は高いが，ファイルサイズが大きい。

　エ　動画の圧縮技術であるMPEGの一種でMPEGの音声圧縮技術を利用した音声ファイルの形式。

【答】ウ

7▶ 〈サンプリング(PCM)の過程〉

　①アナログの波→③サンプリング(標本化)→②量子化→

④符号化

【答】ウ

8▶ ①　圧縮しない場合：

BBBBBBWWWBBBBWBWWWWBWWWW(25文字)

　②　圧縮した場合：

　　B6W4B4WBW4BW4(13文字)

したがって圧縮率は13÷25＝0.52

【答】イ

9▶ ア　仮想記憶の説明。

　ウ　音声認識の説明。

　エ　人工知能の説明。

【答】イ

10▶ イ　ソーシャルネットワークサービス。Facebookや Twitter などが有名。

　ウ　関係型データベースの操作や定義を行うための言語。

　エ　ユーザが独自に定義したタグを利用できるマークアップ言語。

【答】ア

11▶ サンプリング(標本化)は一定時間ごとにアナログの音声サンプルを記録すること。

　サンプリング周期はサンプル取得の時間間隔が短いほど元データに忠実なデータ変化をとらえることができる。

　量子化はアナログデータのサンプルを一定範囲の整数値に変換(ディジタル化)すること。

　量子化の段階数は変換後のディジタルデータのサイズ(とりうる範囲)。これを大きくすると，より精度が上がり，元の波形に近い再現が可能となる。

【答】ウ

12▶ MP3は最も広く普及している音声圧縮方式の一つで，映像データ圧縮方式MPEG-1で利用される音声圧縮方式。非可逆圧縮方式を採用している。

【答】イ

13▶ タグを用いた言語をマークアップ言語という。マークアップ言語の中で利用者が独自のタグを定義して利用できるものはXMLである。

【答】エ

14▶ ア　ディスプレイやプロジェクタなどで映像や文字を表示する広告媒体。

イ コンピュータにより創られた仮想的空間上で，疑似体験できる仕組み。VRともいう。

エ 3DCGの基本的な要素で，立体の表面を形作る小さな多角形。

【答】ウ

15▶ ア 複数のサービスを1回の認証で利用できる仕組み。

イ コンピュータやネットワークに残されたデジタルデータを解析して，犯罪や不正行為などの証拠を収集・分析する技術。

ウ 暗号資産の一種。トークンはブロックチェーン上に記録されているため，改ざんや偽造が困難で安全性が高いという特徴がある。

【答】エ

16▶ ア ドキュメント指向データベース
イ グラフ指向データベース
ウ キーバリューストアデータベース
エ カラム指向データベース

【答】イ

17▶ ア グラフ指向データベース
イ ドキュメント指向データベース
ウ リレーショナルデータベース
エ キーバリューストアデータベース

【答】エ

18▶ ア データベース管理システム(DBMS)はミドルウェアに該当する。したがって，OS上で動作するのでOSは必要。

イ DBMSには，リカバリ機能があるが，これはバックアップデータとログファイルを用いてリカバリを行う。したがって，バックアップをしないとリカバリはできない。

ウ ネットワーク上に流れるデータを暗号化するプロトコルにはSSLなどがある。

エ 複数の利用者からの同時更新によるデータの不整合を防止するために排他制御などの機能を持つ。

【答】エ

19▶ E-R図とはデータベース化する対象を実態と実態間の関連，実態の持つ属性の三つの構成要素で図式化し，データベースを設計する手法である。

【答】ウ

20▶ E-R図などを用いてデータベースに必要なデータ項目を洗い出し(a)，テーブルを作成する(b)，そしてテーブルに1件分のデータ(レコード)を挿入する(c)。したがって，a→b→cの順となる。

【答】ア

21▶ DBMSの排他制御機能に関する問題。

【答】ウ

22▶ 条件①と②から出版社と著者の関係は「出版社(1)」対「著者(多)」であることがわかる。したがって，アかイが候補となる。

条件③と④から「著者(1)」対「本」(多)」であることがわかる。したがって，アが該当する。

【答】ア

23▶ ア プログラムと関連するデータをまとめたものをオブジェクトとして取り扱う。データベースのモデルではない。

イ データを木構造として表す。

ウ データを行と列の2次元の表として表す。

エ データ同士を網の目のようにつなぎ合わせて表す。

【答】ウ

24▶ 結合(join)は複数の表から，同じ値をもつ列の一致により，複数の表を結合した仮想表を作る処理。射影(projection)は一つの表から条件に合う列だけを取り出した仮想表を作る処理。選択(selection)は一つの表から条件に合う行だけを取り出した仮想表を作る処理。なお，Cの順次はアルゴリズムの基本構造の1種である。

【答】ウ

25▶ 特定の列を取り出す表操作を射影という。

【答】イ

26▶ 問題文に1人の社員が複数の部署に所属することはないと書かれているので，一つの部署に複数の社員がいることがわかる。したがって，社員と部署の関係は多対1の関係なので，ウが正解となる。

【答】ウ

27▶ a 主キーは一意でなければならないため，同じ値が重複してはならないため適切。

b インデックスは検索を高速に行うための項目として設定するものである。同じ項目を主キーに設定して

も構わないため不適切。

c　主キーは文字列でも構わないため不適切。

d　複数の項目を使って一意で表してもよいので適切。

【答】イ

28▶　主キーは，表の中で1件分のデータ（レコード）を特定するのに使われる項目で，項目の値に重複がないものである。条件①から従業員番号は重複がなく，各従業員を特定することができると読み取れるので従業員番号が主キーとなる。

【答】ア

29▶　主キーとは，テーブル中の行を一意に特定できる項目（列）である。

外部キーとは，他の表を参照するために使用する項目（列）である。

【答】イ

30▶　データベースの設計に際しては，データの重複を排除し，必要な情報を効率よく検索できるよう，データを構成しておく必要がある。データの正規化を行うことの意義は，データの構成を整理して，データの重複記録を避け，保守・管理を正確かつ容易に行えるようにすることにある。

【答】イ

31▶　複数のユーザが同時にデータを更新するとデータの整合性に問題が生じる。そのため，先にデータの更新処理に入った時点で，他からの処理ができないようにロックをかけることを排他制御という。

【答】エ

32▶　ア　排他制御の説明。

ウ　ロールバックの説明。

エ　結合の説明。

【答】イ

33▶　ア　処理が正しく行われたときにその内容を確定することをコミットという。

イ　データの内容や構造を定義したもの。

ウ　データベースに障害が発生したときに，バックアップデータをもとに更新後ログを用いて障害発生の直前の状態まで復旧すること。

エ　複数のトランザクションが同時にデータベースを更新しようとしたときに，整合性を維持するために，更新処理を一時的にできなくすること。

【答】ア

34▶　表の分割はデータが重複をしないように行う。各表は主キーを設定し，主キーにより特定できる項目をまとめる。また，分割した表が結合できるように互いの表に同じ項目が必要となる。

左の表は「社員ID」を主キーとし，社員IDで特定できる「社員名」と「生年月日」をまとめる。「試験日」をこの表に入れると社員が受験できるのは1回きりになってしまう。

右の表は「社員ID」，「試験種別」，「試験日」を主キーとし，合否の項目と合わせて一つの表とする。なお，「社員ID」の代わりに「社員名」を主キーに含めると，同姓同名の社員の受験記録がどちらの社員か分からなくなってしまう。

【答】ア

35▶　複数のデータベース処理をまとめたものをトランザクション処理という。トランザクション処理では，全ての処理が正常終了しないとデータの一貫性に問題が生じてしまう。この場合は，1度トランザクション処理を取り消し，トランザクション処理をやり直すと良い。実行したトランザクション処理を取り消すことをロールバックと言うが，トランザクションを実行前の状態に戻すには，ログファイルに実行前の状態を記憶する必要がある。

【答】エ

36▶　ア　A0006のみ

ウ　A0001　A0002　A0005　A0006　A0007の5件

エ　8件（すべてのデータ）

【答】イ

37▶　「建物」表から東館の建物コードはB002であることがわかる。したがって，「入館履歴」表で建物コードがB002を抽出すると，社員番号S0001, S0002, S0003, S0004の4件がある。この4件を日付の降順に整列し，2番目のレコードは，10/20のS0004である。

【答】エ

38▶　E-R図などを用いて，対象業務を分析し，必要なデータ項目を洗い出す。続いて，洗い出したデータ項目を正規化することで，テーブルが定義される。

【答】イ

39▶　スーパコンピュータは，膨大な計算を行う必要の

ある科学技術計算などを高速に処理するために特化したコンピュータである。

【答】イ

40▶ スタンドアロンは他のコンピュータやネットワークに接続していない，単独で使用することを前提としたコンピュータのことである。

【答】ウ

41▶ 仮想サーバとは1台の物理的なサーバ上で複数のサーバを動作させるものである。そのため，性能は物理サーバの性能を超えることができない。

 a 正しい。
 b 全ての仮想サーバの処理能力の合計は物理サーバの処理能力を超えることはない。
 c 全ての仮想サーバで記録できるHDDの容量は物理サーバに接続されているHDDの容量を超えることはない。

【答】ア

42▶ デュプレックスシステムとは，メイン系（主系）と従系の二つのシステムを持ち，通常はメイン系で処理を行うが，トラブルが発生すると従系に切り替えて処理を継続するシステムである。

【答】ウ

43▶ ア スマートウォッチなどのように，つねに身に着けるタイプの端末を利用したコンピュータを利用する環境。
 ウ ノートパソコンやタブレット端末，スマートフォンなどを利用する環境。
 エ いつでもどこでも，使いたいときに場所を選ばすコンピュータ処理ができる環境。

【答】イ

44▶ a デュアルシステム：同一の処理を二つのシステムで同時に行って定期的に結果を照合する。片側のシステムに障害が発生したときには，もう一方側のみで処理を続ける。つねに二つのシステムが動作しているために，片側が故障してもサービスは停止しない。
 b デュプレックスシステム（コールドスタンバイ方式）：現用系と予備系のシステムがある。コールドスタンバイでは予備系は別の処理を行っている場合が多い。そのために，現用系のシステムが故障した

場合には，予備系のシステムで現用系のシステムを起動するまでの間サービスは停止する。
 c デュプレックスシステム（ホットスタンバイ）：現用系と予備系のシステムがあるのはコールドスタンバイと同様。ホットスタンバイでは予備系のシステムでも現用系のシステムを起動して待機している点が異なる。したがって，現用系のシステムが故障した場合には，そのまま予備系で処理を引き継ぐことができる。

【答】ア

45▶ デュアルシステムとは，つねに同一の処理を二重に実行し処理結果を互いに照合する。また，片方にトラブルが発生しても，残ったシステムで処理を継続する。

【答】イ

46▶ イ 処理速度が遅い機器の処理を高速な機器が肩代わりすることで，全体の処理速度を向上させる手法。
 ウ データを一時的に蓄積することで，処理の効率化や処理速度を向上させる手法。
 エ 同じデータを同時に複数の機器に保存することで，どちらかの機器が故障してもデータの損失を防止できる手法。

【答】ア

47▶ グリッドコンピューティングとは，ネットワークを介して複数のコンピュータをつなぎ合わせて処理を行うシステム。それぞれのコンピュータの性能が低くても多くのコンピュータが協力して並列処理を行うことで高速の処理を行うことができる。

【答】ウ

48▶ サーバ仮想化とは，1台のサーバをあたかも複数のサーバであるかのように使用する技術をいう。1台のサーバ上でアプリケーションソフトだけではなく，OSでも含めて複数に分割して運用する。これにより稼働率の低いサーバを統合でき，サーバ運用の効率化を図ることができる。

 ア バーチャルリアリティの説明
 イ PCリモートの説明
 エ 仮想記憶方式の説明

【答】ウ

49▶ ピアツーピア型のLANは，互いの端末が対等で，

互いにクライアントになったり，サーバになったりする簡易型の LAN である。数台のネットワークではよいが，それ以上になる場合には，クライアントサーバ型 LAN の方が適している。

【答】エ

50▶ サーバには，通常のデスクトップパソコンと同じような形をしたタワー型やデスクトップ型のほかに，ラックに設置するラックマウント型サーバなども使用される。ブレード型サーバとは，電源などを共有し，ラックマウント型サーバよりも薄くブレード（刃物の刃）のようにしたサーバである。

【答】ウ

51▶ シンクライアントは，集中処理システムの一種で，端末には入出力に最低限必要な機能だけを持たせ，サーバがすべての処理を行うもの。したがって，データはすべてサーバに保存するために，端末内にデータが保存されることはない。

【答】ア

52▶ 問題文の通り。

【答】エ

53▶ ア　アクセスタイムは読み書きの時間。
ウ　タイムスタンプはファイルなどのデータが作成や更新された日時。
エ　レスポンスタイムは応答時間ともいう。

【答】イ

54▶ 日常業務で使用するプログラムを用いて，どの程度の時間で処理を行うかを計測し，性能を評価するものをベンチマークテストという。

【答】イ

55▶ MTBF＝90 時間，MTTR＝10 時間として稼働率を求めると，90÷(90＋10)＝90％である。
MTBF と MTTR を 1.5 倍にして再度稼働率を求める。
MTBF＝90×1.5＝135 時間
MTTR＝10×1.5＝15 時間
135÷(135＋15)＝90％となり，稼働率が変わらないことがわかる。

【答】エ

56▶ 予防保守とは，車の車検と同じと考えればよい。

予防保守のたびに，消耗してきた部品を事前に交換することで，故障しにくくなるために，全体としての稼働率は高くすることができる。

【答】イ

57▶ 平均修復時間は，故障して修理をしている時間の合計÷故障修理の回数で求める。
故障して修理をしているのは，
250～265　　15 時間
580～600　　20 時間
990～1000　　10 時間　の 3 回ある。
したがって，(15＋20＋10)÷3 回＝15 時間となる。

【答】イ

58▶ MTBF（平均故障間隔）は，正常に動作する時間の平均時間である。以下のように求める。
① 5,000 時間（総時間）－2,000 時間（故障時間）
＝3,000 時間（正常に動作する時間）
② 3,000 時間÷20 回（故障回数）＝150 時間
MTTR（平均修復時間）は，故障している時間の平均時間である。したがって，2,000 時間÷20 回＝100 時間
稼働率は，MTBF÷(MTBF＋MTTR) で求めるので，
150 時間÷(150 時間＋100 時間)＝60％となる。

【答】エ

59▶ ① 10 時間を分に換算すると，600 分。
② 式に代入する。
稼働率＝(600 分－3 分)÷600 分＝0.995

【答】エ

60▶ 本文から両方の処理装置の稼働が条件となっているので，直列のシステムである。直列のシステムは，
「装置 A の稼働率」×「装置 B の稼働率」で求めることができる。したがって，0.9×0.9＝0.81 となる。

【答】ア

61▶ ア　0.9×0.95＝0.855
イ　0.9×0.95×0.95＝0.81225
ウ　0.9×(1－0.05×0.05)＝0.9×0.9975＝0.89775
エ　1－0.05×0.05＝0.9975
したがって，最も稼働率が高いのはエである。

【答】エ

62▶ 図 1 の稼働率を求める。
① 装置 A の並列部分の稼働率は，1－(1－A)×(1－

A）なので，$1-0.1\times0.1=0.99$

② ①と装置Bの稼働率は，$0.99\times0.8=0.792$

図2の稼働率を求める。

$0.9\times0.8=0.72$

図1－図2を求める。

$0.792-0.72=0.072$

（小数第3位を四捨五入して0.07）

【答】ア

63▶ すべての装置の稼働率を0.9として，それぞれの稼働率を求めてみる。

ア $0.9\times0.9=0.81$

イ $1-(1-0.9)\times(1-0.9)=1-0.1\times0.1=0.99$

ウ $0.9\times0.9\times0.9=0.729$

エ $1-(1-0.9)\times(1-0.9)\times(1-0.9)=1-0.1\times0.1\times0.1$
$=0.999$

最も停止する可能性が低いとは，いい換えると稼働率が高いことなので，エが正解となる。

【答】エ

64▶ フールプルーフとは，人間はミスをするもの，人間の注意力はあてにならないという前提から，利用者が誤った操作をしても危険がないように，安全対策を設計段階で施すことである。

【答】エ

65▶ ア フェールセーフの説明

イ フォールトアボイダンスの説明

ウ フォールトトレラントの説明

エ フールプルーフの説明

【答】ウ

66▶ フェールセーフとは，故障や操作ミス，設計上の不具合などから障害が発生することをあらかじめ想定し，障害が発生したときに被害を最小限にとどめる，安全な方向へと進めるような工夫をしておく設計思想。例えば，石油ストーブを倒したときに，自動的に消火動作に入るのはフェールセーフの設計思想に当たる。

【答】ア

67▶ TCOはコンピュータシステムに係るすべての費用が該当するので，a〜cのすべてが該当する。

【答】イ

68▶ システムの総コスト（TCO）は，システムの導入に

かかる初期費用と，システムを運用するためにかかる運用費に分けられる。近年では，ハードウェアの価格の下落やクラウドサービスの普及により，初期費用を抑えることができるようになってきた。しかし，運用費は人件費や光熱費，システムの規模などにより大きく変動するため，どちらか一方の費用を重視するのではなく，総コストを重視するようになってきている。

【答】イ

69▶ 本文3行目の実際のコストが見積りコストを上回ってしまう確率が20％から，見積りコストに収まる確率は，$1-20\%=80\%$となる。つまりグラフの縦軸が80％を見ると，見積りコストは5,000万円となる。したがって，現在の予算4,000万円に加え，1,000万円を予備とすることが妥当となる。

【答】ア

70▶ ルータは，IPアドレスをもとに，他のネットワークへ中継するか，否かを判断する。

ア DNS

ウ モデム

エ サーバ

【答】イ

71▶ ア Bluetooth Low Energy。通信速度は遅く近距離の通信しかできないが，省電力の無線通信技術。

イ Home Energy Management System。家庭で使用するエネルギーを節約するための管理システム。

ウ Natural User Interface。人間の自然な動作で操作が行えるインタフェース。

エ Power Line Communications。コンセントからつながる電力線をネットワークの通信回線として利用する技術。

【答】ア

72▶ BLE（Bluetooth Low Energy）は，省電力に特化しており，ボタン電池でも長期間に渡って通信が可能である。

ア 無線LANとは規格が異なるために通信できない。

ウ Bluetooth3とは通信方式が変わったために互換性がない。

エ Bluetoothは無線通信。

【答】イ

73▶ ア Bluetooth Low Energy。通信速度は遅く近距

離の通信しかできないが，省電力の無線通信技術。

イ　Low Power Wide Area。通信速度は遅いが，広範囲
に対して省電力で通信できる無線通信技術。

ウ　Mobile Device Management。業務で使用している
タブレットやスマートフォンなどのモバイル端末を
一元管理する。

エ　Mobile Virtual Network Operator。自社では無線通
信の設備を持たず，ドコモやKDDIなどの電気通
信事業者から回線を借りて無線通信サービスを提供
している事業者。

【答】イ

74▶　イ　ネットワークケーブルを介して，ネットワー
ク機器に電力を供給する技術。

ウ　太陽光や振動，温度差などの環境エネルギーを電力
に変換する技術。

エ　スマートフォンなどの通信機能を使い，他の機器に
インターネット接続を提供する機能。

【答】ア

75▶　ア　仮想移動体通信事業者。他の事業者から通信
回線や通信設備を借りて事業を行う企業。

イ　近距離無線通信。10 cm程度の近距離しか通信でき
ない非接触型の無線通信で，機器どうしをかざして
通信を行う。

エ　無線LANで用いられる暗号化通信のための規格。

【答】ウ

76▶　ア　Wi-Fiの説明。

イ　ADSL（Asymmetric Digital Subscriber Line）の説明。

ウ　FTP（File Transfer Protocol）の説明。

【答】エ

77▶　デフォルトゲートウェイとは他のネットワークと
の接点となる機器で，他のネットワークへの中継を行う。
通常はルータがこの役割を持っている。

【答】ア

78▶　ア　複数の無線LANがある場合に使用する無線
LANを特定できるように付けられたネットワーク
の識別子。

イ　正しい。MACアドレスフィルタリングとは，NIC
に割り振られているMACアドレスを用いて，正規
の利用者であることを認証する方法である。

ウエ　どちらも無線LANで暗号化通信を行うための規

格。WPAはWEPを強化し，セキュリティを高めた
規格である。

【答】イ

79▶　事前に共有されたキーにより機器間の認証と暗号
を行う方式。WPA2を用いたWi-Fiルータでは，機器に
SSIDとともにパスワードや暗号化キー，セキュリティ
キー，ネットワークキーなどという名称で，英数字の組み
合わせが書かれている。この2つを入力することで，暗号
化通信ができる。

【答】ア

80▶　無線LANは電波を使用するために，複数のネット
ワークが存在すると混信する可能性がある。それに対応す
るために，IEEE802.11シリーズの無線LANでは，英数字
で最大32文字までのネットワーク名のようなものを付け
ることができる。それがESSIDである。

【答】ア

81▶　ESSIDは無線LANの識別に使用するものである。
これをステルス化すると，周囲にある無線LANを使用す
る端末からも見えなくなるため，ESSIDを知らない人間
に不正使用される可能性が低くなる。

【答】ア

82▶　テザリングはスマートフォンなどの携帯電話の回
線を他の端末へ開放することで，他の端末がインターネッ
トへ接続できる機能をいう。

【答】イ

83▶　アドホックネットワークとは，アクセスポイント
を使わずに端末同士が直接接続して通信を行う無線ネット
ワークである。

【答】ア

84▶　ゲストポートやゲストSSIDといわれるものは，
無線ネットワークに外部の人が持ち込んだ機器を接続する
もので，これに接続するとインターネットへの接続のみを
許可し，内部のネットワークには接続できないようにされ
る。

【答】ア

85▶　別の無線LANと同じチャネルを使用すると互いに
電波が干渉して速度が不安定になることがある。その場合
には，他の無線LANが使用していないチャネルに変更す

ることで速度が安定する。なお，引っ越してきた他社が自社の無線 LAN を不正利用しているために，通信速度が出なくなることも想定されるが，この問題では，他社とESSID が異なっているとのことから，その心配は少ないと考えられる。

【答】エ

86▶ WPA2 は無線 LAN の通信を暗号化する。同じように無線 LAN を暗号化するものには WEP や WPA があるが，暗号を容易に解読されてしまう脆弱性があるために，WPA2 を使用した方がよい。

【答】エ

87▶ LTE は第 4 世代の移動体通信規格で，スマートフォンの誕生とほぼ同じ時期に誕生した通信規格であり，第 3 世代の通信規格よりも高速で，動画の視聴もストレスなくできる。

【答】ウ

88▶ 通信プロトコルは通信規約ともいい，データを通信するためのさまざまな取り決めのことであり，多くのプロトコルがある。同じプロトコルを用いれば，たとえ OS やハードウェアが異なっても，互いに通信が可能である。

【答】エ

89▶ インターネットの最も標準的なプロトコルに TCP/IP がある。このプロトコルは OSI 基本参照モデルによる階層分けでは，第 3 層に位置する IP 層と第 4 層に位置する TCP 層からなる。また，HTTP は，第 7 層に位置する。

【答】イ

90▶　ア　TELNET(Teletype network)は，他の端末を遠隔操作するプロトコル。
　イ　POP(Post Office Protocol)は，メールサーバからメールをダウンロードするプロトコル。
　ウ　FTP(File Transfer Protocol)は，他の端末へデータを送受信するプロトコル。
　エ　DHCP(Dynamic Host Configuration Protocol)は，IP アドレスを自動的に割り振るプロトコル。

【答】ウ

91▶ 他のサーバへデータを送信し，保存することをアップロード。反対に他のサーバにあるデータを取得することをダウンロードという。

【答】ウ

92▶　DHCP(Dynamic Host Configuration Protocol)。
　エ　PPP(Point to Point Protocol)とは，電話回線を通じて，コンピュータをネットワークに接続するときに使用するプロトコル。

【答】ア

93▶　ア　大手の通信事業者から通信回線を借りて，サービスを提供する事業者。
　イ　数センチ程度の近距離でデータをやり取りする通信技術。電子マネーの決済や交通系 IC カードなどで利用されている。
　ウ　インターネット上で時刻を同期するプロトコル。

【答】エ

94▶　ア　HTTP の説明。
　イ　SNMP(Simple NetWork Management Protocol)の説明。
　ウ　TELNET の説明。

【答】エ

95▶ PC の設定では DHCP サーバを使用する設定となっている。DHCP は，IP アドレスを自動的に割り振るプロトコルなので，エが正解となる。

【答】エ

96▶　イ　端末をネットワーク上のサーバに接続させて時刻を調整するプロトコル。
　ウ　端末からメールサーバへメールを送信したり，メールサーバ同士でメールを転送するプロトコル。
　エ　無線 LAN において端末とアクセスポイントの間の無線を暗号化して通信を行うための規格。

【答】ア

97▶ メールの送信及び，メールサーバ間のデータ転送は，SMTP を利用する。また，メールサーバのメールボックスにあるメールを各自の端末(クライアント機)で受信するプロトコルが POP である。なお，POP3 は，POP バージョン 3 を意味する。

【答】ウ

98▶　ア　Internet Services Provider。利用者のコンピュータをインターネットに接続するサービスを提供する業者。
　イ　Mobile Number Portability。他社の携帯電話に代わるときに今までの携帯電話番号をそのまま使える仕

組み。

ウ　Mobile Virtual Network Operator。自社では無線通信の設備を持たず，ドコモや KDDI などの電気通信事業者から回線を借りて無線通信サービスを提供している事業者。

エ　Open Source Software。作成者がソースコードを無償で公開し，利用や改変，再配布が許可されているソフトウェア。

【答】ウ

99▶ NTP（Network Time Protocol）は，ネットワークを介して正確な時刻に時計を設定するプロトコルである。

【答】イ

100▶ a　FTP（File Transfer Protocol）は，他の端末へデータを送受信するプロトコル。

b　TELNET（Teletype network）は，他の端末を遠隔操作するプロトコル。

c　WWW（World Wide Web）は，インターネット上で文書や画像などの情報を公開するための仕組み。

【答】ア

101▶ 従来から使われていた IP アドレスはアドレス長が 32 ビットの IPv4 であったが，インターネットへ接続される端末の増加によりアドレス空間が不足し，アドレス長を 128 ビットにした IPv6 への移行が進んでいる。

【答】ウ

102▶ ア　使用できない組み合わせもあるが，2^{32} = で約 40 億になり，地球上の人口よりも少ない。

イ　IP アドレスの管理は，インターネットレジストリと呼ばれ，ICANN を頂点とした組織で管理している。なお，日本では JPNIC がこの下部組織である。

ウ　IP アドレスは，国ごとに割り振られているのではない。

エ　インターネットに直接接続しないネットワークでは，自由に IP アドレスを振ってもよい。なお，このような IP アドレスをプライベート IP アドレスという。

【答】エ

103▶ ア，イ　MAC アドレス
ウ　IP アドレス

【答】エ

104▶ NAT は，プライベート IP アドレスとグローバル IP アドレスを 1 対 1 で相互変換する。

【答】エ

105▶ ドメイン名は数字の羅列で覚えにくい IP アドレスの代わりに人間が分かりやすい文字列で表したものであり，URL やメールアドレスにも使用されている。基本的には個人でも取得することができ，漢字やひらがなのドメイン名も取得可能である。

【答】エ

106▶ URL（Uniform Resource Locator）は Web ページの情報源（リソース）を示すもので，アクセスするプロトコルとホスト名などの場所を指定する情報で表す。

【答】エ

107▶ example.co.jp がドメイン名である。このドメイン名の右端から順にトップドメイン（jp），セカンドドメイン（co），サードドメイン（example）となる。トップドメインは，各国に割り当てられている国別コード（jp や ch など）と汎用目的の com や net などがある。なお，http:// は，Web データの転送に使用するプロトコルとして HTTP を使用することを意味しており，index.html はファイル名である。

【答】エ

108▶ ア　Bit Per Second。1 秒間で送信できるビット数。

イ　Frame Per Second。動画で使用する単位で，1 秒間で何枚の静止画を表示するかを表す。

ウ　Page Per Minute。プリンタで使用する単位で，1 分間で印刷できるページ数を表す。

エ　Revolution Per Minute。ハードディスクドライブの中のディスクが 1 分間に何回転するかを表す。

【答】ア

109▶ 100 M ビット/秒で伝送効率が 20% ということなので，100 M ビット×20% = 20 M ビット。つまり，1 秒間で 20M ビット転送できる。1 バイトは 8 ビットなので，転送するファイルは，8G ビット = 8,000 M ビットである。

したがって，8,000 M ビット÷20 M ビット = 400 秒となる。

【答】ウ

110▶ データをパケットと呼ばれる小さな単位に分割

し，それぞれのパケットが経路を選択しながら通信される。途中の回線は複数の利用者のパケットが共有するので，効率よい通信が可能になる。

【答】ウ

111▶ Cc に指定したメールアドレスは，他の受信者からも見ることができるが，Bcc に指定したメールアドレスは，他の受信者にはわからない。

【答】エ

112▶ メーリングリストとは，同時に複数の人に対して同一の電子メールを配信する仕組み。メーリングリストのサーバに同報者のメールアドレスを登録しておき，指定のメールアドレスにメール送信すると，同じ内容が登録者全員に送られる。

【答】ウ

113▶ ア スパムメールは迷惑メールともいう。
イ メールマガジン
ウ チェーンメール
エ 電子掲示板(BBS)

【答】ア

114▶ インターネットで用いられるプロトコルを4つの階層に分けた TCP/IP 階層モデルでは，最下位の第1層はネットワークインタフェース層，第2層はインターネット層，第3層はトランスポート層，最上位の第4層はアプリケーション層に分かれる。FTP，POP，SMTP は第4層のプロトコルである。TCP/IP は，第2層と第3層のプロトコルから構成される。

【答】エ

115▶ テキスト形式は文字情報のみのために文字の装飾などはできない。また，HTML 形式は Web ページを作るための言語である HTML が使えるため，Web ページと同じような文字の装飾や画像の追加や他のページへのリンク，JavaScript 言語による動的な表現なども可能である。
ア スクリプトが実行される可能性があるのは HTML 形式。
イ ファイルの添付は MIME を用いて行うためにどちらでもできる。
エ 文字の装飾は HTML 言語のタグを用いるので HTML 形式。

【答】ウ

116▶ WAN は（Wide Area Network）の略で広域通信網といい，通信事業者の回線を借りて離れた場所にある LAN や端末どうしを接続したネットワークである。

【答】ウ

117▶ ア ワンタイムパスワードで使用するパスワードを生成するトークンの説明。
ウ SD カードなどのフラッシュメモリの説明。
エ B-CAS カードの説明。

【答】イ

118▶ 輻輳とは，ネットワーク上に大量のデータが流れることで送受信が困難な状態になることをいう。新年の挨拶メールや大災害が発生したときなどには，多くの利用者が同時に通信を行うために輻輳が発生しやすくなる。

【答】ウ

119▶ イ ブロックチェーンの説明。
ウ クラウドコンピューティングの説明。
エ 機械学習の説明。

【答】ア

120▶ VoIP（Voice over Internet Protocol）

【答】イ

121▶ VPN（Virtual Private Network）は，複数の加入者が共有する公衆回線を，データの暗号化技術を用いて仮想的な専用回線のようにして利用する技術である。

【答】エ

122▶ ア 特定のサイトに対して日時を決めて一斉にアクセスすることでサイトに過剰な負荷をかけ，サービスできない状態にする攻撃。
イ DNS サーバにはドメイン名とそのサーバの所在地である IP アドレスが記憶されている。偽の情報を DNS サーバに登録させることで，この DNS サーバの利用者が他のサイトに誘導されてしまう。
ウ 入力データに SQL のコマンドを入力することで，本来出力されてはいけない情報を出力させたり，データベースに被害を与えたりする攻撃。
エ 銀行などの有名企業を名乗った偽メールを送付し，偽サイトへ誘導して個人情報などを不正に入手する手口。

【答】イ

123▶ イ OS コマンドインジェクションの説明
ウ リスト型アカウントハッキングの説明
エ トロイの木馬の説明
【答】ア

124▶ ア サーバへ大量の通信を送り付けて，サービスを利用できなくする攻撃。
イ Web アプリケーションの脆弱性を悪用して，データベースを不正に操作する攻撃。
エ 偽のメールや Web サイトを利用して，ユーザを騙して個人情報などを盗む攻撃。
【答】ウ

125▶ ランサムウェアは身代金（ransom）とウェア（ware）を合わせた造語で，コンピュータ内のファイルやシステムを使用不能にし，それらの復旧と引き替えに金銭を要求するマルウェアの一種である。
【答】イ

126▶ DoS 攻撃とは，インターネット上のサーバに一斉にアクセスしたり，大量のデータを送りつけたりしてサーバに極端に負荷をかけてサーバをダウンさせたり，サービスが提供できないようにする攻撃。攻撃の手段として Bot やコンピュータウイルスなどが使われることが多い。
【答】イ

127▶ キーロガーとは，キーボードから入力した文字列を記録するソフトウェアである。このソフトをパソコンに仕掛けることで，パスワードやクレジットカード番号などを収集され悪用されることが多い。
【答】イ

128▶ ワームとは，自己複製を繰り返すマルウェアの一種である。近年では，自己複製したファイルをメールの添付ファイルとして一斉にメール送信するタイプのものが多い。
【答】エ

129▶ マクロウイルスは，表計算ソフトやワープロソフトに備わるマクロ機能により実行されるため，感染した表計算データやワープロデータなどを開かない限り感染しない。また，同じデータ形式のファイルにのみ感染するので，プログラムファイルに感染することはない。
【答】エ

130▶ ア ウイルスには，潜伏期間のあるものが多いの

で，本人が気がつかないうちに感染している可能性があるので，ウイルスチェックは必要。
ウ ディジタル署名は，途中での改ざんが行われていないことをチェックできるが，もともとウイルス感染していればまったく意味がない。
エ 友人がウイルス検査をしているとは限らないので，外部からのデータやファイルは必ずウイルス検査を行う。
【答】イ

131▶ 仮想通貨の取引はブロックチェーンという技術で管理されている。ブロックチェーンでは，個々の取引データをまとめたブロックを作り，この取引情報を第三者がチェックして承認する。この取引を承認する作業がマイニングであり，報酬を受け取ることができる。
　マイニングには大量の計算が必要であり，そのための大量のハードウェアを必要とする。クリプトジャッキングは，他人の端末を不正に利用してマイニングを行う行為である。
【答】ア

132▶ 電子メールに添付されているファイルはウイルスに感染していることをつねに想定した行動が必要である。そのため，必ずウイルスチェックは必要である。また，近年では見た目は非実行ファイルを装っているものもあるので注意が必要である。
　したがって，ab ともにウイルスチェックが必要なためにアが正解となる。
　なお，c は，プレビュー機能で開くだけでウイルスに感染する可能性もあるので，不審なメールは一切開かずに削除するのが適切な対処方法である。
【答】ア

133▶ スパイウェアは，利用者の気がつかないうちに，利用者の個人情報などを収集して外部へ送信するプログラムである。
【答】エ

134▶ ソーシャルエンジニアリングは人間の心理的な隙やミスに付け込み，不正に情報などを取得する方法である。
ア 総当たり攻撃
イ ショルダーハック。後ろからパスワードを覗かれないだろうという隙に付け込まれて盗まれてしまったので，ソーシャルエンジニアリングに該当する。
ウ DoS 攻撃や DDoS 攻撃

エ　バッファオーバフロー攻撃
【答】イ

135▶ ソーシャルエンジニアリングは，人間の心理的な隙につけ込むものである。したがって，運用担当者のセキュリティ意識が低いほど被害を受ける可能性が高くなる。
【答】ア

136▶ クッキー(cookie)は，Web サーバから送られてきたデータを，Web ブラウザで閲覧している端末に保存する仕組みである。

これにより，該当の Web サイトに以前訪問したことがあるかを確認したり，ログイン情報を記録しておいて次回訪問時に自動ログインしたりすることなどが可能になるが，使用方法によっては，個人情報の流出などの問題になることもある。

　a　クッキーの保存先は各 PC なので，別の PC からは他の PC に保存されているクッキーは読めない。

　b　クッキーには個人情報などが保存されることがあるので，共用パソコンでは，クッキーを残さない方がよい。

　c　クッキー情報を特定のサイトに送信するようなマルウェアが存在するので注意が必要である。
【答】エ

137▶ IP スプーフィングとは，パケットの送信元の IP アドレスを偽の IP アドレスにして送信する攻撃手法をいう。パケットの送信元を偽装できるために，信頼できるコンピュータになりすまして，不正アクセスを許してしまうなどの被害が生じる可能性がある。
【答】ウ

138▶ ア　サーバに大量の情報を送信するなどの負荷をかけてサービスの提供を妨げる攻撃。

　イ　入力フォームにデータベースを操作する SQL を入力することで，データベースから想定外の情報を出力させて不正に情報を取得する手口。

　ウ　利用者が複数のサイトで同じ ID やパスワードを使っていることが多いことを悪用し，他のサイトの ID やパスワードのリストを用いて不正侵入を試みる手口。

　エ　銀行やクレジットカード会社などを装った偽のサイトやメールで，利用者のパスワードなどの個人情報を盗み取る行為。
【答】ウ

139▶ 情報セキュリティポリシは，基本方針，対策基準，実施手順の３つの階層で構成されている。基本方針は経営者がどのように情報セキュリティに取り組むかを示す。対策基準は基本方針を実現するために何をするかを示す。実施手順は対策基準で定めたものをどのように実施するかを示す。
【答】ア

140▶ 情報セキュリティ方針とは，組織の情報セキュリティ対策の基本となるもので，組織が保有する情報資産を保護するための基本的な考え方やルール，情報セキュリティを確立するための体制，運用規定，対策基準などを，具体的に記載したもの。
【答】エ

141▶ ア　再教育は定期的に繰り返し行う。

　イ　新入社員への教育は，業務に配置される前に行う。

　ウ　すべての社員に対して行う。
【答】エ

142▶ クリアデスクとは，離席や退社時に，机の上に個人情報が記載された書類や，USB メモリなどの記憶媒体を放置しないこと。情報漏洩対策となる。
【答】イ

143▶ 共連れとは，入退出時に正規の認証を受けた人と同時に行動することで，認証をすり抜けることである。

　ア　サークル型のセキュリティゲートとは，１人しか入ることのできない回転ドアのようなものでそこを通過するときに認証する。

　イ　サーバの盗難防止対策に有効。

　ウ　共連れにより入室していたら入室証の着用は意味がない。

　エ　不正入室をするのにわざわざ管理簿に記入して証拠を残すとは思われないので効果なし。
【答】ア

144▶ ア　入室する際の認証の記録がないと退出時に認証を許可しない仕組み。共連れ対策として有効。

　イ　電話回線を用いて認証を行うと一度電話が切れ，折り返しサーバから電話がかかる仕組み。

　ウ　一度の認証で複数のサービスを利用できる仕組み。

　エ　密かに設置された出入口。ハッカーやマルウェアが設置する。
【答】ア

145▶ 可用性とは「使用することのできる可能性」と考えればよい。イは，不具合によりサーバが停止し使用することができない。
【答】イ

146▶ ア　DoS 攻撃によりサーバが使用不能になる可能性があるので，可用性が損なわれる。
イ　Web ページが改ざんされることで，データの内容が完全ではなくなるので，完全性が損なわれる。
ウ　ポートスキャンは，サーバへデータを送信し，サーバからの応答の有無などを確認する。ポートスキャンの結果から不正アクセスへと移ることが考えられるので，将来的には機密性が損なわれる可能性がある。
エ　データが盗聴されるので，機密性が損なわれる。
【答】イ

147▶ 脆弱性は欠点や弱点を意味するので，維持管理するものではない。それ以外のものは，維持管理することで，情報セキュリティを高めることができる。
【答】イ

148▶ a　始業時から終業時までつねに使用可能な状態ということは，本来使用してはいけない人でも使用できてしまい，情報漏洩などの問題が発生する可能性が高い。
【答】エ

149▶ ①可用性が損なわれる。
②完全性が損なわれる。
③機密性が損なわれる。
【答】ア

150▶ イ　DoS 攻撃(技術的驚異)
ウ　クラッキング(人的驚異)
エ　ヒューマンエラー(人的驚異)
【答】ア

151▶ マルウェアへの感染が疑われる事象が発生したら，マルウェアの感染が他の端末へ広がらないように，最初にネットワークを遮断する。その後にセキュリティ管理者などへ連絡して指示を仰ぐ。
【答】ウ

152▶ ランサムウェアは攻撃先の端末と端末が繋がっているネットワーク上のファイルを暗号化して利用できな
いようにし身代金を要求するものである。そのため，つね日頃から端末やネットワーク上のデータをバックアップし，バックアップしたメディアは端末から取り外して保管しておく。
【答】ア

153▶ ア　人的セキュリティ対策
イ　技術的セキュリティ対策
エ　技術的セキュリティ対策
【答】ウ

154▶ aとd　ISMS は PDCA サイクルにより継続的に見直しと改善が必要。したがって，a は正しく，d は誤りである。
bとc　組織のトップが情報セキュリティポリシを制定し，それを基にしていくため，ISMS はトップダウン活動である。したがって，b は誤りで，c が正しい。
【答】イ

155▶ イ　Plan(計画)フェーズで実施。
ウ　Check(点検)フェーズで実施。
エ　Do(実行)フェーズで実施。
【答】ア

156▶ ア　Check で実施
イ　Plan で実施
エ　Action で実施
【答】ウ

157▶ ア　リスク低減
イ　リスク移転
ウ　リスク受容
【答】エ

158▶ ア　リスクそのものが起きないようにすること。
イ　リスクが発生したときにその影響を第三者へ移すこと。リスク移転ともいう。
ウ　リスクが発生する可能性を小さくしたり，発生の影響を小さくすること。
エ　何も対策を取らず，リスクをそのままにしておくこと。
【答】イ

159▶ ア　MDM の管理対象はモバイル機器でありデー

タではない。

イ BYOD の説明。

ウ ディジタルフォレンジックスの説明。

【答】エ

160▶ ア DNS の説明。

イ NTP の説明。

エ POP や IMAP の説明。

【答】ウ

161▶ ア グラフィック処理に特化した演算装置である。画像処理や動画処理などの処理を高速に行うことができる。

イ 複数のハードディスクを組み合わせることで、性能や信頼性を向上させる技術。

エ PC を再起動する操作。

【答】ウ

162▶ a ランダムなデータを複数回書き込むことで、元のデータが復元できなくなるため適切。

b 物理的に破壊すれば、元のデータが読み込めなくなるため適切。

c 論理フォーマットでは、データが消えているように見えるが、物理的にはデータが残っており、復元できてしまうため不適切。

【答】ア

163▶ ワンタイムパスワードは 1 回しか利用できないパスワードである。そのため、このパスワードが外部に漏れても不正侵入されることはない。

【答】エ

164▶ 耐タンパ性とは内部構造の解析のしにくさのことである。この問題では IoT デバイスが盗難にあったときのことを想定しているので、IoT デバイス内の解析を防ぐ対策が必要である。

【答】イ

165▶ ア IP アドレスとドメイン名を相互に変換するサーバ。

イ Wide Area Network(広域通信網)。電話回線や専用線などを使って地理的に離れた地点にあるコンピュータ同士を接続するネットワーク。最も代表的なものがインターネットである。

エ IP アドレスをもとに経路選択・データの中継を行

う装置。

【答】ウ

166▶ ファイアウォールは、インターネットと LAN の境界に設置し、不正なデータを内部に通過させないようにする機器やソフトウェアである。

【答】ア

167▶ 非武装地帯ともいう。外部ネットワーク(インターネット等)と内部ネットワークの間に位置する、以下の図のような場所。

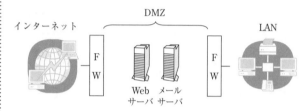

【答】イ

168▶ DMZ は、外部ネットワーク(インターネット等)と内部ネットワークの間に位置する領域で、外部に公開したいサーバなどを設置する。

【答】ア

169▶ サイバーキルチェーンとは、攻撃者が攻撃するまでの活動を 7 つのステップに分けることで、敵の戦術や技術、手順を分析して攻撃を可視化することをいう。

【答】ア

170▶ 認証の要素には以下の 3 種類がある。

知識：ユーザーが記憶している情報を用いる。

(例)パスワード、PIN コード、秘密の質問など。

生体：ユーザーの身体的特徴を用いる。

(例)指紋、静脈、虹彩など。

所持：ユーザが所有している物を用いる。

(例)IC カード、携帯電話、ワンタイムパスワードを表示する装置など。

【答】エ

171▶ バイオメトリクス認証は、人体的な特徴や行動の特性など、その人の固有の情報を用いて本人の認証を行う。現在ではバイオメトリクス認証に使用される装置は小型化し、大半のノート型 PC やスマートフォンに搭載されている。

【答】ウ

172▶ 本人拒否率を高くすると他人受入率が低くなり，不正使用を防げるために安全性が高まる。しかし，多少の光の加減などでも拒否される可能性が高くなるために利便性は低くなる。

本人拒否率を低くすると他人受入率が高くなり，不正使用の可能性が高まり安全性は低くなる。しかし，簡単に認証されるために利便性は高くなる。

本人拒否率と他人受入率はトレードオフの関係にあるために，どちらも許容できる範囲になるように調整が必要となる。

【答】ウ

173▶ ア パスワードを知られると，第三者でもログイン可能になるので，定期的な更新が必要。

　イ 怪我などをして虹彩認証に失敗しても，パスワード認証でログインできるので，利便性は高いといえる。

　ウ パスワードを知っていればログイン可能なので，パスワード認証と強度的には変わらない。

　エ 他人を本人と識別してしまえばログインできるので，強度が高いとはいえない。

【答】イ

174▶ 二要素認証とは，パスワードや秘密の質問の答えなどのように，本人が記憶しているものを認証に使う知識認証，キャッシュカードやスマートフォンなど本人が所持しているものを使う所有物認証，本人の指紋や虹彩，静脈などを認証に使う生体認証のうち，2つを使うことをいう。そのときに，パスワードと秘密の質問の答えではどちらも知識認証となるために，一要素とカウントされてしまうのに注意。

　a パスワード（知識）とICカード（所有物）の二要素認証。

　b パスワード（知識）と秘密の質問（知識）のためどちらも知識なので一要素認証。（2回認証するので二段階認証ではある）

　c パスワード（知識）と生体認証の二要素認証。

【答】ウ

175▶ AさんからDさんのアクセス権は以下の通りである。

※1が可能，0が不可能

	参照	更新	追加・削除
Aさん	1	0	0
Bさん	1	1	0
Cさん	0	0	1
Dさん 未登録のために人事グループの属性を利用	1	1	0

したがって，参照可能な人数が3名，更新可能な人数が2名である。

【答】エ

176▶ アから順に以下の変換する手順で1文字ずつ変換する。正解のskyで説明する。

手順	内容	s	k	y
1	文字番号	19	11	25
2	○文字目	1	2	3
3	文字番号＋○文字目	20	13	28
4	手順3を26で割った余り	20	13	2
5	手順4の値を文字番号と見なした文字	t	m	b

【答】エ

177▶ ア 共通鍵暗号方式は，暗号化と復号に同じ鍵を使用するため，鍵を手に入れれば，第三者でも復号が可能である。

　イ 公開鍵暗号方式は安全性も高いが，処理も複雑で時間がかかる。

　ウ 改ざんされたデータを復元する機能は持っていない。

　エ 共通鍵暗号方式では，通信する人数分の鍵を用意する必要がある。

【答】イ

178▶ ア 復号という。

　イ 別々に送信する。

　エ 公開鍵暗号方式を応用する。

【答】ウ

179▶ データを暗号化して送信することで，送信途中で盗み見されても内容が分からない。したがって盗聴防止となる。

【答】イ

180▶ a 共通鍵暗号方式の共通鍵は，送信者と受信者

が互いに持ち，暗号化と復号ともに同じ鍵を使用するために第三者に漏らしてはいけない。

b 公開鍵暗号方式の暗号化には，すでに広く公開している公開鍵により暗号化を行うために，第三者は既知のものである。

c 公開鍵暗号方式の復号には，受信者だけが持っている秘密鍵で行うために，この鍵は第三者に漏れてはいけない。

【答】イ

181▶ ディジタル署名は，文書の送信者を証明することと，その文書が改ざんされていないことを保証する。

【答】イ

182▶ ディジタル署名には，公開鍵暗号方式の技術が使用されている。

【答】ウ

183▶ CA(Certificate Authority：認証局)は，ディジタル証明書を発行する機関である。

【答】ウ

184▶ SSL のディジタル証明書のこと。

【答】ア

185▶ ア 画像などのデータを 64 種類の英数字を用いて扱うエンコード方式で，MIME によって規定されている。

イ ファイル圧縮プログラム。

ウ Portable Network Graphics の略。静止画像のファイル形式の一つ。

【答】エ

186▶ SSL により証明されるものは，そのサイトが証明書の通りの運営者であることと，このデータの途中でデータの改ざん等がないことである。また，暗号化による通信のために盗聴の心配がない。

【答】イ

187▶ SSL により証明されるものは，そのサイトが証明書の通りの運営者であることと，このデータの途中でデータの改ざん等がないことである。また，暗号化による通信のために盗聴の心配がない。

【答】イ

188▶ HTTPS は，Web サーバと Web ブラウザ間の双方向の通信を，SSL/TLS プロトコルによって暗号化して送受信する。

【答】ウ

189▶ PCI DSS(Payment Card Industry Data Security Standard)とは，クレジットカード情報を取り扱う企業や団体を対象として策定されたセキュリティ基準のことである。

イ TPM

ウ CSIRT

エ IPS

【答】ア

190▶ ハイブリッド暗号方式は，公開鍵暗号方式と共通鍵暗号方式を組み合わせた暗号方式である。公開鍵暗号方式は，暗号化と復号に異なる鍵を使用するため，安全性に優れているが，処理速度が遅いという欠点がある。また，共通鍵暗号方式は，暗号化と復号に同じ鍵を使用するため処理速度が速いという利点があるが，安全性に劣るという欠点がある。ハイブリッド暗号方式では，メッセージを共通鍵暗号方式で暗号化し，公開鍵暗号方式を共通鍵の配送にのみ使用することで，安全性と処理速度の両立を図っている。

したがって，メッセージの暗号化には共通鍵を使用し(a)，共通鍵の暗号化には，受信者の公開鍵を使用する(b)。

【答】ア

4章

1▶　イ　モジュール間のインタフェースに関するテスト。
　ウ　プログラムのモジュール単位で確認するテスト。
　エ　仕様書を満たす内部構造かを確認する単体テスト。
　【答】ア

2▶　ア　他の機能に影響がないかについても検証する。
　イ　不正な値に対する動作についても検証する。
　ウ　原則的にブラックボックステストで実施するためコードの確認は不要。
　【答】エ

3▶　ア　単体テストの説明。
　ウ　結合テストの説明。
　エ　運用テストの説明。
　【答】イ

4▶　ア　企画プロセスで行う。
　イ　システム要件定義で行う。
　エ　ソフトウェア詳細設計で行う。
　【答】ウ

5▶　ア　ソフトウェアの受入で行う。
　イ　システム結合テストで行う。
　エ　単体テストで行う。
　【答】ウ

6▶　ア　システム化計画で行う。
　イ　コストの見積もりで行う。
　エ　システム企画の要求定義で行う。
　【答】ウ

7▶　ア　ソフトウェアの導入で行う。
　イ　ソフトウェアの要件定義で行う。
　エ　ソフトウェアの要件定義で行う。
　【答】ウ

8▶　イ　システムの信頼性など総合評価を行うこと。
　ウ　顧客と提供者が品質やサービスについて結ぶ契約のこと。
　エ　メンテナンス等の故障を未然に防ぐ保守作業のこと。
　【答】ア

9▶　ア　品質保証のためにテストは実施する。
　イ　計画と実施は発注者が中心となって行う。
　エ　発注者が行う作業。
　【答】ウ

10▶　イ　開発側で行う作業。
　ウ　開発側で行う作業。
　エ　プログラムの作成者が行う作業。
　【答】ア

11▶　イ　ソフトウェア要件定義で行う。
　ウ　ソフトウェア方式設計で行う。
　エ　ソフトウェア方式設計で行う。
　【答】ア

12▶　ア　利用者の教育訓練などの支援を行う。
　イ　モジュール間のインタフェースの確認テストを行う。
　エ　ソフトウェア導入後の改善，修正などを行う。
　【答】ウ

13▶　a.　導入計画を策定し合意を得る必要がある。
　b.　導入計画は導入作業の前に行う。
　c.　導入計画の合意は導入作業の前に行う。
　d.　適切。
　【答】エ

14▶　イ　使用性に関する事項。
　ウ　効率性に関する事項。
　エ　保守性に関する事項。
　【答】ア

15▶　ア　システム開発段階での作業。
　イ　ソフトウェア導入段階での作業。
　ウ　ソフトウェア開発段階での作業。
　【答】エ

16▶　ア　予防保守はソフトウェア保守の作業。
　イ　品質保証はソフトウェア保守の作業。
　エ　開発中の修正はソフトウェア保守に含まない。
　【答】ウ

17▶　ア　積算法の説明。
　ウ　プログラムステップ法の説明。
　エ　類推法の説明。

【答】イ

18▶　ア，イ，ウはホワイトボックステストの手法。

【答】エ

19▶　ア　結合テストの説明。
イ　システムテストの説明。
ウ　運用テストの説明。

【答】エ

20▶　ア，イ　財務に関する指標。
ウ　進捗に関する指標。
エ　ソフトウェアの品質に関する指標の一つ。

【答】エ

21▶　ア　同値分析の説明。
イ　要因(原因)と特性(結果)の関係を表すグラフの説明。
ウ　限界値分析の説明。

【答】エ

22▶　ア　データ中心アプローチの説明。
イ　オブジェクト思考開発の説明。
ウ　UMLの説明。

【答】エ

23▶　ア　機能に関する説明。
イ　可用性に関する説明。
エ　信頼性に関する説明。

【答】ウ

24▶　ア　要件定義で行う。
イ，エ　外部設計で行う。

【答】ウ

25▶　ア　システムの目的・機能・性能などを定義する。
ウ　外部設計を受けて内部の詳細設計を行う。
エ　プログラムのコード作成を行う。

【答】イ

26▶　開発効率を確保するためには全ての工程で品質管理を行う必要がある。

【答】ア

27▶　イ　2つ以上のモジュール間における，データ受

渡しなどのインタフェースに関するテスト。
ウ　模擬的に試行することで機能や性能を評価する手法。
エ　システム開発の進捗状況を確認する会議。

【答】ア

28▶　ウォータフォールモデルの開発では下流の工程に行くほど上流の影響が大きくなる。したがって戻りが最も少なく済む工程はシステム設計になる。

【答】ア

29▶　ア　開発したシステムのテスト工程。
ウ　プログラミングからテストまでを設計する工程。
エ　ソフトウェア要件を実現するモジュールを設計する工程。

【答】イ

30▶　非機能要件には品質，技術，運用，移行，セキュリティ，環境要件などがある。

【答】ア

31▶　イ　統合開発環境によって開発を行う手法。
ウ　データと処理が一体化したオブジェクトを組み合わせて開発を行う手法。
エ　機能に合わせたテストを作成し，テストに適合するプログラムで開発を進める手法。

【答】ア

32▶　ア　プロトタイピングモデルの開発手法。
イ　ウォータフォールモデルの開発手法。
エ　ペアプログラミングの開発手法。

【答】ウ

33▶　ア　統合能力成熟度モデル。
イ　情報セキュリティマネジメントシステムに関する仕組み。
ウ　環境マネジメントシステムに関する国際規格。
エ　個人情報保護マネジメントに関する日本産業規格。

【答】ア

34▶　SLCPはソフトウェアライフサイクルの共通フレームを標準化したもの。
イ　プロジェクト全体を細かな作業に分解・構造化して管理する手法。
ウ　処理を部品化して，部品を組み合わせてプログラム

化する手法。

エ データの流れや構造を中心にしてシステムを開発する手法。

【答】ア

35▶ ア テスト駆動開発の説明。

イ ペアプログラミングの説明。

ウ リファクタリング(取り組み)の説明。

【答】エ

36▶ ア 上流工程から下流工程へ手順にしたがって開発する手法。

ウ 開発の初期段階で試作品を作成して開発する手法。

エ 統合開発環境のもとでプログラミングの自動化などにより短期の開発を進める手法。

【答】イ

37▶ イ アジャイル開発のフレームワーク。

ウ 開発の初期段階で試作品を作成して開発する手法。

エ 一つのプログラムを2人のプログラマが,1台のコンピュータに向かって共同で開発する手法。

【答】ア

38▶ ア 少人数による開発に適している。

イ 設計変更に柔軟的に対応することを前提としている。

ウ 顧客との対話を重視して進める。

【答】エ

39▶ ア 概念検証(PoC)の例。

イ アウトソーシングの例。

ウ ウォータフォールモデルの例。

【答】エ

40▶ ア アジャイル開発の説明。

イ スパイラルモデルの説明。

エ プロトタイピングモデルの説明。

【答】ウ

41▶ a. データ属性とメソッドをまとめた概念で適切。

b. 上位クラスの特性を引き継ぐ概念で適切。

c. データベースの設計概念で不適切。

d. プログラムのテスト手法で不適切。

【答】ア

42▶ ア CMMI(統合能力成熟度モデル)の説明。

イ SLCP共通フレームの説明。

エ PMBOK(プロジェクトマネジメントの知識体系)の説明。

【答】ウ

43▶ ア データと処理が一体化したオブジェクトを組み合わせて開発を行う手法。

イ サブシステムごとに開発プロセスを繰り返し,利用者の要求に対応しながら改良していく手法。

ウ システムで使われるデータに基づいてシステムの機能を設計する手法。

【答】エ

44▶ ア BIツールの説明。

イ 業務フロー図の説明。

ウ ユースケース図の説明。

【答】エ

45▶ ア アジャイル開発の説明。

イ プロトタイピングモデルの説明。

ウ ウォータフォールモデルの説明。

【答】エ

46▶ ア ソフトウェア開発において,上流から下流までを順番に実施する手法。

イ サブシステムごとに開発プロセスを繰り返し,利用者の要求に対応しながら改良していく手法。

ウ 試作品のソフトウェアを作成して,利用者による評価をフィードバックして開発する手法。

【答】エ

47▶ イ リバースエンジニアリングの説明。

ウ デバッグの説明。

エ ソフトウェア保守の説明。

【答】ア

48▶ ア 文書化は規定外。

ウ 規定はなく共通フレームの利用者に委任されている。

エ ハードウェアの詳細作業の規定はない。構成・導入・運用・保守に限られている。

【答】イ

49▶ ア システム管理基準の目的。

ウ　セキュリティ管理基準の目的。

エ　PMBOK の目的。

【答】イ

50▶　イ　見積手法の定義はない。

ウ　PMBOK で定義されている内容。

エ　JIS 規格で定義されている内容。

【答】ア

51▶　ア　ワープロソフトの行頭の調整機能。

ウ　表計算ソフトの絞り込み機能。

エ　オブジェクトを呼び出す機能。

【答】イ

52▶　ア　グリッドコンピューティングの説明。

イ　サービスデスクの説明。

ウ　ウィザード形式の説明。

【答】エ

53▶　ア　ダイアログボックスの説明。

イ　リストボックスの説明。

ウ　エディットコントロールの説明。

【答】エ

54▶　ア　投稿サービスの説明。

イ　ソーシャルブックマークの説明。

ウ　ソーシャルボタンの説明。

【答】エ

55▶　ア　HTTPS の機能。

イ　RSS（Rich Site Summary）の機能。

ウ　Cookie の機能。

【答】エ

56▶　ア　障害の有無や年齢にかかわらず物理的・心理的な障壁を取り除くデザイン。

イ　システムの障害発生時に安全を最優先する考え方。

ウ　人為的ミスによるシステムの障害を防ぐ設計思想。

【答】エ

57▶　ア　Web サイトの利用者を識別できる仕組み。

ウ　コマンドを入力し処理結果を文字列で出力するインタフェース。

エ　通信の暗号化プロトコル。

【答】イ

58▶　ア　Web マーケティングの説明。

イ　CSS（スタイルシート）の説明。

エ　CGI の説明。

【答】ウ

59▶　プロジェクト憲章とは，プロジェクト開始に際して，これから実施するプロジェクトの根本的な取り決めを定義した文書である。見ず知らずの人たちが集まり新しいプロジェクトチームを結成するにあたり，最低限の情報を共有する目的で作成する。したがって，プロジェクト憲章には，プロジェクトの背景と目的，内容，成果，期間，予算やメンバと組織構成，プロジェクトを実施する上でのルールなどを記述する。

【答】エ

60▶　プロジェクトマネジメントの知識体系で事実上の国際標準とされる PMBOK では，プロジェクトにはタイム（納期），コスト（予算），スコープ（範囲）の三つの制約があるとしている。この三つの制約のバランスが崩れると品質の悪いものとなってしまう。

たとえば，プロジェクトの範囲が大きくなった場合，当然時間も費用も大きくなるはずだが，納期と予算が変わらなければ当然品質の悪化につながる。プロジェクトマネージャはこの三つの制約のバランスをつねに考慮する必要がある。

【答】ア

61▶　プロジェクトマネジメントの知識体系で事実上の国際標準とされる PMBOK では，五つのプロセス群として立ち上げプロセス群，計画プロセス群，実行プロセス群，監視コントロールプロセス群，終結プロセス群からなる。

最初に行うプロジェクトを立ち上げる立ち上げプロセス群では，プロジェクト憲章の記述から開始する。

イとエは，計画プロセス群のため立ち上げプロセス群の次の段階となる。またアは監視コントロールプロセス群で実施される。

【答】ウ

62▶　プロジェクトマネージャの役割は，プロジェクトが円滑に進むようにプロジェクト全体を管理することであり，スケジュールや進捗に対しての問題が発生した場合には適切な処置を行う。

【答】イ

63▶　プロジェクトに関する決定事項を確実に伝えるた

めには，文書化する必要がある。そのためには，どのような書式でどのような書き方で文書化するかをあらかじめ定めておくほうがよい。

【答】ア

64▶ スコープマネジメントとは，プロジェクトの目標を達成するために必要な作業範囲を定義し，プロジェクトの成功のために，必要に応じて範囲を変更しながら管理すること。

a　コストマネジメント。
b　タイムマネジメント。
c　スコープマネジメント。
d　スコープマネジメント。

【答】エ

65▶ ステークホルダは利害関係者という意味であり，何らかの利害があれば，組織の内外に関わらず全てが該当する。

【答】イ

66▶ PMBOK は，アメリカのプロジェクトマネジメント協会(PMI)がとりまとめたプロジェクトマネジメントに関する知識体系で，事実上の標準となっているものである。

【答】エ

67▶ ア　スコープマネジメントの作業。
ウ　プロジェクト人的資源マネジメントの作業。
エ　タイムマネジメントの作業。

【答】イ

68▶ WBS は，作業分解図ともいい，以下のようにプロジェクトを細かい作業に分割して階層構造としたものである。

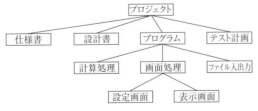

【答】イ

69▶ イ　WBS の作成範囲はスコープ内の作業。
ウ　それぞれのプロジェクトの成果物によって詳細化する階層は異なる。
エ　類似作業であっても省略しない。

【答】ア

70▶ プロジェクト計画書には，目的，プロジェクト範囲，作業工程や担当者，見積り，スケジュール，進捗管理の方法，物品購入などの資源調達などを記載する。

【答】ウ

71▶ マイルストーンとは，プロジェクトの進捗状況を管理する上で区切りとなる日時を意味する。通常は，工程の開始日や終了日となり，この日を遵守することを目標に進捗管理を行う。問題ではウの設計レビュー開始日以外は工程の開始日や終了日ではないので，マイルストーンにはならない。

【答】ウ

72▶ クリティカルパスとは，以下の図で見たときの①→②→③→⑤→⑥の経路で，最早時刻と最遅時刻が同じ経路である。つまり，この経路にはまったくの余裕時間がないために，少しでも遅れると計画通りに終了しないことを意味する。

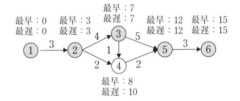

【答】ウ

73▶ 予定では以下の通り 20 日で作業が完了する。

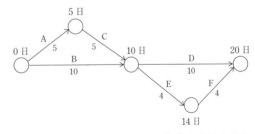

作業 B が 2 日遅れたが，20 日で作業を完了するためには作業 D を 8 日で完了する必要がある。

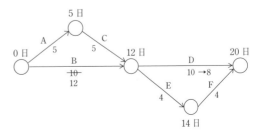

現在作業Dは20名で10日間かかっている。これを8日で完了させるには，10日÷8日＝1.25倍の人数が必要になる。したがって20名×1.25＝25名と5名の増員が必要である。

【答】エ

74▶ 最初の計画では，以下の通り20日間ですべての作業が終了する。

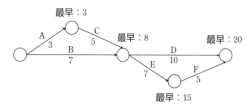

次に実際の作業では，作業Bが3日遅れとなったので，全ての作業が完了するまでに22日間。つまり最初の予定から2日遅れとなった。

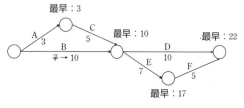

問題では全体の遅れを1日，つまり21日間で終了するためにはどの行程を短縮すればよいかと聞いているので，上記のパート図を用いて各解答群を試していけばよい。

ア 作業Cが1日短縮しても，作業Bが10日かかるので全体としての短縮にはならない。

イ 作業Dを1日短縮して9日にしても，作業E→作業F間は合わせて12日かかるので，全体としての短縮にはならない。

ウ 次の図の通りとなり，全体の完成まで1日遅れとなる。

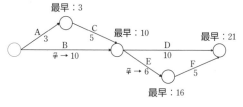

エ どこも短縮しなければ当然22日かかり，2日遅れとなるので不正解。

【答】ウ

75▶ 予定では1,000万円で完成（100％）なので，1,000万円÷100で1％につき10万円かかる予定であることがわかる。

実際には40％で600万円かかっているので，600万円÷40で1％につき15万円かかっている。このまま完成（100％）まで続けると15万円×100で1,500万円かかる。予算1,000万円のところ1,500万円かかるので，1,500万円－1,000万円で500万円の超過となる。

【答】エ

76▶ 設計工程は6kステップ/人月 なので，120kステップ÷6k＝20人月

製造工程は4kステップ/人月 なので，120kステップ÷4k＝30人月

全体の工程では20人月＋30人月＝50人月

【答】エ

77▶ 6名をAからFとすると以下の組み合わせになる。

A・B, A・C, A・D, A・E, A・F,
B・C, B・D, B・E, B・F,
C・D, C・E, C・F,
D・E, D・F
E・F

したがって，15通りとなる。

【答】ウ

78▶ ア 過去の類似した成果物を参考にするのは有効である。

イウ プロジェクトの成功は品質と納期とコストのバランスを取ることである。

【答】エ

79▶ プロジェクト調達マネジメントは，外部から物品やサービスを購入するための，選定から契約完了までの一連の手続きである。

【答】エ

80▶ トレーニングの目的がプログラム作成の生産性向上なので，プログラムを作成する量を指標とするのが望ましい。

【答】ウ

81▶ ア 事業継続計画。災害や事故などの緊急事態が発生しても，事業を継続するための計画。

イ 秘密保持契約。取引先や顧客から開示された機密情報を，外部に漏らすことを禁じる契約。

ウ サービスレベル合意。サービス提供者と顧客が，サービスの品質や可用性について合意する契約。正

解。

　エ　サービスレベルマネジメント。サービス提供者と顧客が SLA を達成するために，サービスの計画，実行，監視，改善を実施する。

　【答】ウ

82▶　SLA は，顧客とサービス供給者の間でサービスの品質について合意した文書のことをいう。

　【答】イ

83▶　SLA(Service Level Agreement)：サービスレベル合意書。

　SLA とは，事業者がユーザに対してサービスの品質を保証する契約書のことをさす。その内容としては，回線の通信速度の最低速度や利用不能時間の上限等がある。保証項目を守れなかった場合には，利用料金の減額などを契約に含める場合もある。

　【答】イ

84▶　ア　SLM とは，SLA をもとに契約したユーザが，PDCA サイクルを利用し，日々のサービスの品質を監視し(モニタリング)，まとめる(レポーティング)，それをもとに，事業者・ユーザ間で協議(レビュー)を行い，よりよいサービスレベルへの向上を図る(改善)を繰り返す管理活動である。

　エ　MSP(Management Services Provider)とは，企業が保有するサーバやネットワークの運用や監視業務を請け負う事業者。

　【答】ア

85▶　ITIL(Information Technology Infrastructure Library)は，イギリス政府が IT サービス運用の成功事例を収集してまとめた 7 冊の書籍である。

　【答】イ

86▶　インシデントとは障害を意味する。まずはシステムを回復させ，システムの稼働を維持させることを優先させる。

　根本的解決のための原因追及をするのは問題管理。

　【答】イ

87▶　a　正しい。

　b　回答の候補をオペレータのディスプレイに表示するシステムのため，完全に自動化されていない。

　c　正しい。

　【答】ウ

88▶　ア　正解。受け付けた問い合わせ内容などを記録・整理しておくことで，同様の問い合わせに速やかに回答できるなど，サービスデスクの業務改善につながる。

　イ　サービスデスクは速やかにサービスを回復することが主な業務である。根本的な問題解決は問題管理で行われる。

　ウ　窓口は細かく分けずに 1 つの窓口にする。

　エ　速やかにサービスを回復するために優先度の高いものから回答することも必要である。

　【答】ア

89▶　ア　問題管理の目的

　イ　変更管理の目的

　ウ　構成管理の目的

　【答】エ

90▶　構成管理とはシステムを構成するハードウェアやソフトウェアなどの管理を行うこと。

　イ　インシデント管理

　ウ　サービスデスク

　エ　変更管理

　【答】ア

91▶　問題管理とは，インシデントの根本的な原因(問題)を探し出して対処することである。

　【答】エ

92▶　ア　Plan　　イ　Do　　ウ　Check

　【答】エ

93▶　ファシリティマネジメントとは，企業活動において使用する施設や機器，それらを利用する人々の環境を最適化するための活動である。

　a d　正しい

　b　情報セキュリティマネジメントの内容

　c　IT サービスマネジメントの内容

　【答】イ

94▶　サービスレベルマネジメントとは，IT サービスの品質や成果を，提供者と利用者間で合意し，維持・向上させるための仕組み。

　ファシリティマネジメントとは，経営戦略に基づく施

設・設備の最適な管理・運営のこと。

UPS は電源の安定供給と機器の保護を目的とする装置。無停電電源装置とも呼ぶ。

IPS は不正侵入を検知・遮断するシステム。侵入防止システムとも呼ぶ。

【答】エ

95▶ セキュリティワイヤは，ノートパソコンなどの持ち運びが比較的可能な機器と机や柱などをつなぐ金属製のコードである。

【答】イ

96▶ サージ防護とは，過電流から端末などを守るための機器である。簡易的なものであれば，コンセントなどに内蔵されているものもある。

【答】イ

97▶ ア　問題管理の説明
イ　インシデント管理の説明
ウ　構成管理の説明

【答】エ

98▶ セキュリティパッチを自社システムに適用することにより，場合によっては新たな障害が発生する可能性がある。そのために，本当にシステムに適用してもよいかを評価し，問題がなければ，システムに適用するのが変更管理である。

【答】ウ

99▶ リスク管理とはプロジェクトにマイナスの影響を与えることが起こり，それが原因でプロジェクトに損失が発生する可能性を洗い出し，発生しないように予防措置を施すとともに，それでも発生した場合には被害が最小限で済むように対策をすることである。

ア　企画の段階から実施する必要がある。
イ　プロジェクトメンバのスキル不足なども含まれる。
エ　リスクの発生は完全に防ぐことができないが，未知のリスクに対する対応策などを講じることで，リスクを最小限にとどめられるよう事前に対策をとることは必要である。

【答】ウ

100▶ a　組織全体の業務とシステムをモデル化し，全体最適化によって顧客のニーズや社会環境に柔軟に対応するための体系。システム監査とは関係ない。

b～d は，監査時の調査手段として使用する。

【答】エ

101▶ システム監査の手順は次の順に行われる。
①システム監査計画，②予備調査，③本調査，④評価・結果，⑤報告，⑥フォローアップ。

【答】ア

102▶ システム監査人の行動規範は，公正性，客観性，独立性，専門性を確保するための倫理基準である。具体的には監査対象から不当な利益や影響を受けないこと，個人的な意見や偏見を監査に反映させないこと，監査対象から独立した立場を維持すること，必要な知識や技能を習得・維持することである。

【答】ア

103▶ 監査証拠は監査人が評価をするための判断資料であり，監査報告書とともに公表を義務づけられている。したがって，推測ではなく，監査証拠に基づいて客観的な評価をする必要がある。

【答】イ

104▶ 職務分掌とは，組織における各部署や役職，担当者の行うべき業務を配分し，責任の所在と業務範囲を明確化することである。職務分掌を行うことで，不正やミスを防止できる。また，業務の効率化と専門性の向上，人材育成の促進にもつながる。

【答】ア

105▶ 内部統制とは，違法行為や不正だけでなく，うっかりミスをも含めてコンプライアンスを徹底するための仕組みである。相互チェック体制をとることは効果的である。

【答】イ

106▶ ア　経営者による内部統制の整備や運用に対して監督責任をもつのは，取締役会である。
イ　リスクは発生頻度と影響度の両面から評価する必要がある。
ウ　独立的モニタリングとは，業務に関わっていない人が行うもの。業務実施部門が自ら評価を行うものは，日常的モニタリングという。

【答】エ

107▶ 内部統制とは，違法行為や不正だけでなく，うっかりミスをも含めてコンプライアンスを徹底するための仕

組みである。相互チェック体制をとることは効果的である。
　【答】ア

108▶　モニタリングとは，内部統制が実際に機能しているか監視することである。
　【答】エ

109▶　エ　CIO（Chief Information Officer：最高情報責任者，IT 担当役員）。自社の経営理念に合わせて情報化戦略を立案，実行する責任者。
　【答】イ

110▶　ア　ITIL の説明
　イ　SLPC の説明
　エ　PMBOK の説明
　【答】ウ

5章

1▶　ア　経営計画の策定。
イ　経営戦略の策定。
エ　経営ビジョンの策定。
【答】ウ

2▶　CFO（最高財務責任者）
ア　CTO（最高技術責任者）が担当。
ウ　CIO（最高情報責任者）が担当。
エ　CHO（最高人事責任者）が担当。
【答】イ

3▶　ア　CIO（最高情報責任者）。
イ　クライアントの担当者。
ウ　基幹システムの運用業務の責任者。
エ　システム開発プロジェクトの責任者。
【答】ア

4▶　a, b, d は株主総会の決議を必要とする
c. 事業戦略の執行は経営者側の判断で行う。
【答】ア

5▶　ア　製品・地域など事業別に分化した組織形態。
イ　社内の独立企業的な運営組織。
ウ　製造・営業など職能別に分化した組織形態。
【答】エ

6▶　ア　各部門が独立した事業として運営する組織形態。
ウ　目的によって招集された人材による組織形態。
エ　従来の組織に横断的機能をもたせた組織形態。
【答】イ

7▶　ア　業務の外部委託のこと。
イ　横断的に編成された集団のこと。
エ　従来の組織に横断的機能をもたせた組織形態。
【答】ウ

8▶　イ　製造・営業など職能別に構成された組織形態。
ウ　目的によって招集された専門性の高い人材による組織形態。
エ　製品別事業など従来の組織に横断的機能をもたせた組織形態。
【答】ア

9▶　ア　独立採算制度などを取り入れた組織形態。
イ　社内起業の形態をとった組織形態。
エ　複数の管理者の命令のもと活動する組織形態。
【答】ウ

10▶　ア　コアコンピタンス経営の目的。
ウ　経営理念を策定するための目的。
エ　プライベートブランド戦略の目的。
【答】イ

11▶　ア　SFA（営業支援システム）の関係。
イ　CRM（顧客関係管理）の関係。
ウ　グループウェアの関係。
【答】エ

12▶　ア　自社の株式を市場に公開すること。
イ　専門的な格付け機関が企業の信頼性を評価したもの。
ウ　企業における法令遵守の活動のこと。
【答】エ

13▶　ア　災害時の企業活動を維持しつつ早期に復旧するための行動計画。
ウ　企業合併・買収などの経営手法。
エ　企業の経営陣が事業内容を譲り受け独立すること。
【答】イ

14▶　BCP（事業継続計画）。
事業継続計画の流れ：BCP 発動→再開→回復→全面復旧の段階で進められる。
【答】ア

15▶　a. BCP（事業継続計画）の発動，b. BCM（事業継続管理）の実施。
【答】ア

16▶　グリーン IT は社会の省エネ，環境保全を目的とした取り組みのこと。
ア　イ　ウは資源の節約とは無関係。
【答】エ

17▶　ア　ICT を活用した社員教育の方法。
イ　金融サービスと情報技術を結びつけた取り組み。
エ　高い資質を持つ人材の思考傾向や行動特性のこと。
【答】ウ

18▶　ア　権限委譲の考え方。
ウ　OJT の手法。
エ　コーチングの考え方。
【答】イ

19▶　イ　モチベーションを高める活動。
ウ，エ　Off-JT に分類。
【答】ア

20▶　ア　P(中長期の計画)。
イ　D(実行環境の調査)。
ウ　C(実行状況の評価)。
エ　A(外部環境による改善)。
【答】ウ

21▶　イ　能力に応じた適材適所を考慮した人材管理手法。
ウ　AI の機械学習の手法。
エ　暗黙知を見える化した知的財産を重視した経営管理手法。
【答】ア

22▶　ア　性別人種などの要因で昇進が阻害されている状態(ガラスの天井)。
ウ　プロフェッショナル人材に対して労働時間の制約を外した成果報酬の契約制度。
エ　仕事と生活のバランスを考慮した働き方の考え。
【答】イ

23▶　ア　重点的に管理する項目を分析する手法。
イ　企業内部の強みと弱み，外部要因の機会と脅威に分類した経営環境分析の手法。
ウ　企業活動が環境に及ぼす影響を予測・評価する手法。
【答】エ

24▶　ア　新未公開株式。
イ　買収対象の企業の資産を担保に資金を調達する手法。
ウ　買収対象企業の株式を好条件で買い付け経営権を取得する手法。
エ　未上場の企業に出資を行う投資会社のこと。
【答】ア

25▶　イ　第3次産業革命の定義。

ウ　第2次産業革命の定義。
エ　第1次産業革命の定義。
【答】ア

26▶　ア　デジタル技術を活用した二次元表示の広告媒体。
イ　情報通信技術の活用スキルによって起こる格差。
エ　生まれた時から情報機器を活用する環境に育った世代。
【答】ウ

27▶　a〜c が適切。
d，不適切。文字認識と自然言語処理の関係はない。
【答】ア

28▶　イ　パレート図を使用して重点項目を管理する分析手法。
ウ　異なるデータの類似性をもとにグループ化する分析対象を分類する手法。
エ　システムの変更が正常な機能に及ぼす影響を検証するテスト。
【答】ア

29▶　ア　コーホート分析の説明。
ウ　3C 分析の説明。
エ　RFM 分析の説明。
【答】イ

30▶　ア　スケジュール管理などの目的に予定と実績を二つの棒グラフで表現した図。
イ　工程管理や品質管理の目的に分析対象を一定範囲の折れ線グラフで表現した図。
ウ　結果と原因の関係性を表現した魚の骨状の図。
【答】エ

31▶　ア　管理図が正しい。

イ　特性(結果)と要因(原因)の関係を表す図。
ウ　値を表す棒グラフと累積を表す折れ線グラフによって構成要素を分析する図。
エ　複数項目を蜘蛛の巣グラフで表し全体のバランスを示す図。
【答】ア

32▶ ブレーンストーミングの4原則
・自由奔放 ・質より量
・便乗可能 ・批判禁止
【答】イ

33▶ ア 工程管理に用いる図。
イ フィッシュボーン・チャートともいう。
ウ 複数の分析対象から重点管理する項目を分析する図。
エ 縦軸と横軸に結果と要因などの項目を配置し関連性を分析する図。
【答】イ

34▶ ア 円グラフは対象の構成比率を表現する。
イ 縦軸・横軸に配置した項目の発生分布から相関関係を分析する図。
ウ 項目の値と累積構成比率から重点項目を分析する図。
【答】エ

35▶ ア 予定と実績を表現して工程管理に用いる。
ウ 情報の可視化を目的に，放射状の枝でアイデアや思考を表現した図。
エ 縦軸に対象項目，横軸に時間を表現し将来的な計画や展望を予測する図。
【答】イ

36▶ ア SFA(営業支援システム)の目標。
イ MRP(資材所要量計画)の目標。
ウ SCM(サプライチェーンマネジメント)の目標。
【答】エ

37▶ ア 平均在庫高の算出式。
イ 総資産回転率の算出式。
エ 在庫回転期間の算出式。
【答】ウ

38▶ 生産額の組み合わせは以下の式で計算する
A–X B–Y C–Z $6+6+8=20$
A–X B–Z C–Y $6+7+8=21$
A–Y B–X C–Z $7+6+8=21$
A–Y B–Z C–X $7+7+5=19$
A–Z B–X C–Y $8+6+8=22$
A–Z B–Y C–X $8+6+5=19$
【答】ウ

39▶ 計算式は以下の通り
9月の販売見込量$(100+90+95)/3=95$
9月の製造量 $95-25+20=90$
【答】ア

40▶ イ 発注回数は影響ない。
ウ 定期発注方式の説明。
エ 定期発注方式の説明。
【答】ア

41▶ X点からY点への経路の組み合わせ
X–A–B–C–Y $20+40+20+60=140$
X–A–C–B–Y $20+30+20+60=130$
X–B–A–C–Y $20+40+30+60=150$
X–C–A–B–Y $40+30+40+60=170$
【答】イ

42▶ 次の計算で比較する。
①倉庫A(35個) 5→C 30→D 店舗C(20個)
倉庫B(15個) 15→C 店舗D(30個)
運送コスト $5*4+30*2+15*2=110$(万)
②倉庫A(35個) 20→C 15→D 店舗C(20個)
倉庫B(15個) 15→D 店舗D(30個)
運送コスト $20*4+15*2+15*1=125$(万)
【答】ウ

43▶ a 適切
b 不適切 数値が大きいほど短期間
c 不適切 数値が小さいほど低い
【答】ア

44▶ ア 事業における収益性を示す指標。
イ 財務の安定性を示す指標。
エ 経営の安全性を示す指標
【答】ウ

45▶ イ 売上高÷自己資本。
ウ 損益分岐点売上高÷純売上高。
エ 流動資産÷流動負債。
【答】ア

46▶ 10年間の(利益) $10×110=1100$万
(投下資本)
取得費用 1000万
保守費用 $1000×0.1=10×10$年$=100$万

1100（利益）÷1100（投下資本）×100＝100％

【答】イ

47▶ 次の式にあてはめて計算する。

①資本利益率＝利益÷資本，

②売上高利益率＝利益÷<u>売上高</u>

③資本回転率＝<u>売上高</u>÷資本

　②と③の式から

④売上高利益率×資本回転率＝利益÷資本＝資本利益率

　値を代入する

⑤売上高利益率×2回＝4％

　売上高利益率＝4％÷2回＝2％

【答】ウ

48▶ ア　キャッシュフロー計算書の説明。

イ　損益計算書の説明。

ウ　株主資本等変動計算書の説明。

【答】エ

49▶ A社からB社への2,000は内部取引のため，B社の当期仕入高は3,000から1,000に変更する。

A社仕入高　13,000＋B社仕入高　1,000＝14,000（百万円）

【答】ウ

50▶ ア　総資産利益率（ROA）。

イ　投下資本利益率（ROI）。

ウ　株価収益率（PER）。

【答】エ

51▶ ア　当期純利益÷総資本×100。（総資本利益率）

イ　自己資本利益率

ウ　自己資本÷総資本×100

エ　当座資産÷流動資産×100

【答】イ

52▶ 在庫切れなどによる欠品は販売の機会損失になる。

【答】ウ

53▶ イ　減価償却費は現金の流失を伴わない費用の増加。

ウ　在庫の減少分は現金の増加要因。

エ　借り入れの増加分は現金の増加要因。

【答】ア

54▶ 有価証券報告書は経理の状態を報告する義務を定めている。

【答】ウ

55▶ ソフトウェアは無形固定資産扱いで，耐用年数は3年または5年，償却方法は定額法とされている。

【答】ウ

56▶ ・APS利用方式の費用　300×5年＝1,500（万円）

・自社方式の費用　100×5年＋X（初期投資額）

　1,500＜500＋X＝1,000＜X 初期投資額が1,000万を超えた時。

【答】イ

57▶ 取引先の財産を担保として設定しておくことが有効である。

【答】ウ

58▶ イ　情報システムの総合的な評価を担当する。

ウ　法的な書類の作成を担当する。

エ　企業の税務に関する手続きを担当する。

【答】ア

59▶ ア　売上総利益＝売上高－売上原価

前期　7,500－6,000＝1,500

当期　［当期］9,000－7,000＝2,000

イ　営業利益＝売上総利益－販売費及び一般管理費

前期　1,500－1,000＝500

当期　2,000－1,000＝1,000

ウ　経常利益＝営業利益＋営業外収益－営業外費用

前期　500＋160－110＝550

当期　1,000＋150－50＝1,100

エ　当期純利益＝経常利益＋特別利益－特別損失－法人税等

前期　550＋10－10－250＝300

当期　1,100＋0－0－500＝600

【答】ウ

60▶ 目標利益＝限界利益－固定費で計算する。

客一人当たりの限界利益は0.2万円。したがって

$400 = 0.2X - 2,000$　$0.2X = 400 + 2,000$　$X = 12,000$（人）

12,000÷300日＝40（人）

【答】エ

61▶ 売上高－変動費－固定費（X）＝利益

$50,000,000 - 7,000 \times 5,000 - X = 3,000,000$

$X = 12,000,000 (1200 万円)$

【答】ア

62▶ 売上増の金額：2,000（千円）　利益増の金額：800（千円）

変動費の金額：$2,000 - 800 = 1,200$（千円）

1個あたりの変動費：$1,200,000 \div 2,000$（個）$= 600$ 円

【答】イ

63▶ 損益分岐点の公式で求める。

変動費 ÷ 販売価格 = 変動費率

$100 \div 300 = 1/3$

固定費 ÷（1−変動費率）= 損益分岐点売上高

$100,000 \div (1 - 1/3) = 150,000$（円）

【答】ア

64▶ ア　各著作者にそれぞれ著作権が認められる。

ウ　著作権法の対象外。

エ　新規性は要件にしていない。

【答】イ

65▶ 派遣先企業はA社　派遣元企業はB社　派遣労働者はC氏

請負契約では著作権はB社　派遣契約では著作権はA社

著作権者は原則法人となる。

【答】ウ

66▶ a. 不適切　特許権は先に出願した者　著作権は両方に認められる。

b. 不適切　特許権の対象とならない。

c. 適切

【答】エ

67▶ a. 該当する。

b. 単なる情報表示で該当しない

c. 発明は特許権に該当する。

【答】ア

68▶ a. 保護の対象となる。

b. 保護の対象となる。

c. 対象外。

d. 対象外。

【答】ア

69▶ ア　商品のデザインなどに対する権利を保護。

イ　回路のパターンなどに対する権利を保護。

ウ　発明以外の形状や構造などに対する権利を保護。

【答】エ

70▶ コピープロテクトの無効化は権利の侵害にあたるので著作権法が該当する。

不正アクセスはIDやパスワードの不正利用が対象となる。

【答】イ

71▶ a, b, c, の3つとも適切。

【答】ウ

72▶ ア　商品の形状やデザインを保護する。存続期間は出願から25年。

イ　製品の形状や構造を保護する。存続期間は出願から10年。

ウ　存続期間は設定登録日から10年。

エ　自然の法則を利用した発明などを保護する。存続期間は出願から20年。

【答】ウ

73▶ 産業財産権には意匠権・実用新案権・特許権・商標権がある。

【答】イ

74▶ ア　プログラムは特許権の対象。

イ　ビジネスモデルは特許権の対象。

ウ　製造に関する技術は特許権の対象。

エ　実用新案権の対象。

【答】エ

75▶ 商品名は商標権，デザインは意匠権，配置などは実用新案権。

【答】ウ

76▶ 請負契約の場合，受託業者が開発したソフトウェアの著作権は受託業者に帰属する。

【答】エ

77▶ ア　シェアウェアはライセンス契約のひとつ。

イ　記憶媒体に記録され販売されているソフトウェア。

エ　特定の機能を可能にするためのソフトウェア。

【答】ウ

78▶ ビジネスモデルに関する発明は特許権で保護される。
【答】エ

79▶ ア　回路配置権の保護対象。
イ　商標権の保護対象。
エ　工業製のない自然物で量産できないものは対象外。
【答】ウ

80▶ ア　著作者が著作物を独占的に使用できる権利。
イ　購入者を保護するために事業者が守るべき義務をさだめた法律。
ウ　他人のID，パスワードを不正に利用する行為を禁止する法律。
【答】エ

81▶ a．非公知性は営業秘密。
b．可用性と営業秘密の関連はない。
c．有用性は営業秘密。
d．秘密管理性は営業秘密。
【答】イ

82▶ ア　商品の名称などの権利を保護する法律。
イ　特定の商取引から消費者を保護する法律。
ウ　不正アクセス行為を制限する法律。
【答】エ

83▶ a．個人情報保護法で規制。
b．不正アクセス禁止法で規制。
c．不正競争防止法の対象。
【答】エ

84▶ a．特許法の保護対象。
b．意匠法の保護対象。
c．商標法の保護対象。
【答】ア

85▶ ア　個人情報を扱う業者の遵守義務を定める法律。
イ　電気通信事業者を定める法律。
ウ　個人のID，パスワードなどの不正利用を防止する法律。
【答】エ

86▶ 価値のある発明を独占的して利用できる権利。
【答】イ

87▶ ア　M&Aによる特許権の取得の説明。
イ　共同研究契約の説明。
ウ　特許のオープン化の説明。
【答】エ

88▶ イ　原則，開封後の契約無効はできない。
ウ　使用の有無にかかわらず開封後は契約成立。
エ　開封しなければ購入後でも契約は未成立。
【答】ア

89▶ ア　「不正指令電磁的記録に関する罪」の行為。
イ　著作権における「公衆送信権の侵害」の行為。
エ　「電子計算機損害等業務妨害罪」の行為。
【答】ウ

90▶ a．個人情報の提供は規制対象外。
b．個人の情報を公開するため規制対象外。
c．個人情報の提供は規制対象外。
【答】エ

91▶ a．正しい。国と地方公共団体の連携に関する規定。
b．正しい。国民の努力義務に関する規定。
c．正しい。6つの基本理念で規定されている。
【答】イ

92▶ ア　IT活用の基本理念，設置すべき機関を定めた法律。
イ　事業継続計画の具体的なガイドライン。
ウ　基本理念及び施策の基本事項を定めた法律。
【答】エ

93▶ a．正しい。氏名・アドレスの表示義務。
b．正しい。同意証明の保存義務。
c．誤り。義務ではない。
【答】ア

94▶ ア　著作権に違反する。
イ　個人情報保護法に違反。
エ　不正アクセス禁止法に違反。
【答】ウ

95▶ 要配慮個人情報の例。人種・信条・社会的身分・犯罪歴・心身機能の障害など。

【答】エ

96▶　イ　地方公共団体は該当しない。
　　ウ　独立行政法人は該当しない。
　　エ　国の機関は該当しない。
　　【答】ア

97▶　a　ハンドルネームだけでは個人を特定できないので該当しない。
　　b，c，d，は個人情報。
　　【答】エ

98▶　イ　1通ずつメールの送信は適切。
　　ウ　名簿作成時に同意されているので適切。
　　エ　BCC での送信であるため適切。
　　【答】ア

99▶　アクセス管理者の努力義務は次の3つ。
　　・ID やパスワードの適切な管理。
　　・アクセス制御機能の有効性の検証。
　　・システムを防御するための措置。
　　【答】ア

100▶　ア　オプトインの説明。
　　ウ　不適切。
　　エ　匿名加工情報の説明。
　　【答】イ

101▶　ア　不正利用の防止を目的とした設定。
　　イ　オプトイン後の拒否設定。
　　エ　全てを許可する初期設定。
　　【答】ウ

102▶　a，c，は適切。
　　b　不適切。EU 域内に拠点があるため適用対象。
　　d　不適切。EU 域内に商品を提供しているため適用対象。
　　【答】ウ

103▶　ア　会社の設立・運営・管理に関する法律。
　　イ　国民同士の利害や責任配分に関する法律。
　　エ　企業に労働者を派遣する際の法律。
　　【答】ウ

104▶　派遣社員は派遣企業との雇用契約になる。その

他は当該企業との雇用契約。
　　【答】イ

105▶　ア　派遣期間は最長で3年。
　　イ　特別な事情を除き派遣先は選任できない。
　　ウ　派遣元企業が支払う。
　　【答】エ

106▶　①派遣契約上，問題ない。
　　②派遣契約上，問題ない。
　　③二重派遣は禁止されている。
　　【答】エ

107▶　a　正しい。コアタイムは出勤義務がある。
　　b　誤り。契約時間を超えた分は賃金を支払う義務がある。
　　c　正しい。個々の労働者の管理は必要。
　　【答】ウ

108▶　ア　SOC（Security Operation Center）の説明。
　　ウ　SLA（Service Level Agreement）の説明。
　　エ　WBS（Work Breakdown Structure）の説明。
　　【答】イ

109▶　ア　派遣先に制約はない。再委託も可能。
　　イ　請負元との合意で請負先に常駐が可能。
　　ウ　請負元との合意で進捗の確認が可能。
　　【答】エ

110▶　ア　請負は契約者同士の同意によるため必要事項ではない。
　　イ　原則，成果物の権利は受託者に帰属するため必要ない。
　　エ　契約時に金額・納期・請負範囲を確定にしておく。
　　【答】ウ

111▶　イ　検査の有無にかかわらず60日以内に支払う義務がある。
　　ウ　契約の記載がない場合検査の義務はない。
　　エ　下請け事業者に検査の義務はない。
　　【答】ア

112▶　ア　製造者に瑕疵があったとき賠償責任を定めた法律。
　　イ　公正・自由な市場を担保するための法律。

エ　原産地の偽造，営業権利の侵害などを規制した法律。
【答】ウ

113▶　PL法は製造物の安全性上の欠陥により被害を被った消費者を保護するための法律。損害賠償などの請求に関して規定している。
【答】イ

114▶　ア　以下の要件があれば良い。
・欠陥が存在したこと。
・製造物によって損害が生じたこと。
・欠陥と損害に因果関係があること。
【答】ア

115▶　公益通報者を保護する目的から解雇の無効，派遣契約の解除の無効，降格・減給等の不利益な扱いの禁止を定めている。
【答】イ

116▶　情報公開法では，行政機関が保有する文書，画像，電子記録が請求できる対象。
【答】エ

117▶　ア　契約から定められた日数以内であれば契約を解除できる制度。
イ　製造物の欠陥から生じた損害から消費者を保護する法律。
エ　インターネット上での不正なアクセスを制限する法律。
【答】ウ

118▶　a, b, c, d の全てが対象となる。
【答】イ

119▶　a　業務の適正化を確保する体制づくりを規定。
b　適正な報告書の作成を規定。
c　派遣法に内部統制の規定はない。
【答】ア

120▶　大きく企業の目的に適合した経営を統治する仕組みのことでエが正しい。
【答】エ

121▶　ア　コアコンピタンスの説明。
ウ　事業分析などのフレームワークなどの概念。

エ　CSRの説明。
【答】イ

122▶　a　正しい。
b　ウィルス作成罪の対象。
c　不正アクセス禁止法の対象。
【答】ア

123▶　a　適切。社内外に公開する効果は高い。
b　適切。基本原則や遵守すべきルールを制定する。
c　不適切。企業側が制定する。
【答】イ

124▶　ア　不正アクセスの防止が目的。
イ　システムの品質保証，監査の実行性の確保が目的。
エ　システムの可用性，保全性，機密性の確保が目的。
【答】ウ

125▶　ア　IPアドレス，DNS管理に関する調整を行う機関。
イ　ISOで取り扱っていない，電気・電子技術分野の国際規格を作成する機関。
ウ　電気工学・電子工学の標準化を行う機関。
【答】エ

126▶　ア　アメリカ工業分野の標準化機構。
イ　欧州標準化委員会。
ウ　電気分野を除く工業分野の国際標準規格を策定する機構。
エ　日本産業規格。
【答】ウ

127▶　ア　品質マネジメントシステムについての規格。
ウ　ITサービスマネジメントシステムについての規格
エ　情報セキュリティマネジメントシステムについての規格
【答】イ

128▶　イ　環境マネジメントシステムに関する規格。
ウ　個人情報保護マネジメントシステムに関する規格。
エ　情報セキュリティマネジメントシステムに関する規格。
【答】ア

129▶　ア　イーサネットなどに関する規格。

ウ　静止画の圧縮フォーマットのこと。

エ　動画フォーマットのこと。

【答】イ

130▶　ア　IPアドレス，DNS管理に関する調整を行う
機関。

ウ　電気分野を除く工業分野の国際標準規格を策定する
機構。

エ　インターネットで使用される技術の標準化を進める
団体。

【答】イ

131▶　ア　AEO制度(税関の簡素化を進める制度)のメ
リット。

イ　技術の標準化によるメリット。

ウ　ISO27000シリーズのメリット。

【答】エ

132▶　ア　Webコンテンツの情報を一元管理する。

ウ　従業員のスキルや経験，志向などの人材情報を一元
管理する。

エ　経験などの暗黙知を組織で共有する手法。

【答】イ

133▶　ア　アルファベット，数字，特殊文字及び制御
文字を含む文字コード。

イ　アナログテレビ放送でチャンネルと放送時間を一意
に指定するためのコード。

ウ　日本産業規格における商品識別コード。

【答】エ

134▶　ア　気候変動問題に対する国際的な枠組み。

ウ　教育，科学，文化等の国際的な発展と振興を進める
機関。

エ　世界保健機関。

【答】イ

135▶　ア　不正競争防止法との関連。

ウ　プライバシー・著作権との関連。

エ　情報セキュリティとの関連。

【答】イ

136▶　ア　バーコードの数値13桁に制約される。

ウ　QRコードは数値以外の多言語にも対応できる。

エ　QRコードはデータ量が大きい。

【答】イ

137▶　ア　JANコード単体でも利用可能。

イ　数字以外のデータは表現できない。

エ　タイプごとにコードの長さは決まっている。

【答】ウ

138▶　ア　市場での製品の機能が均一化している状態。

イ　物や人のつながりを表現した状態。

エ　あらゆるものがコンピュータにつながった状態。

【答】ウ

139▶　ア　産業規格の説明。

イ　デジュール標準の説明。

ウ　デファクトスタンダードの説明。

【答】エ

6章

1▶ ファブレスとは，自社で生産設備を持たず，100%外部委託によって製造を行っているメーカ，あるいは，そのようなビジネスモデルのこと。

【答】イ

2▶
ア　アウトバウンドマーケティングはテレビCMやバナー広告など（プッシュ型）によって，企業から見込み客に向けて一方的に働きかけるマーケティング活動。
イ　インバウンドマーケティングはブログやSNS，SEOなど（プル型）によって，見込み客の方から見つけて出してもらうマーケティング活動。
ウ　ダイレクトマーケティングは手紙やダイレクトメール，電話などによって，顧客や見込み客一人ひとりに対して直接コミュニケーションを取るマーケティング活動。
エ　テレマーケティングは電話によって，顧客や見込み客と直接対話するマーケティング活動。

【答】イ

3▶ 結果を評価するための指標となるKGI（Key Goal Indicator：重要目標達成指標）は，「成約件数を増やすことを目的」としているので，成約件数が該当する。
　過程を評価するための指標となるKPI（Key Performance Indicator：重要業績評価指標）は，成約件数を増やすために必要な提案件数が該当する。

【答】イ

4▶
ア　BPR（Business Process Reengineering）は既存の組織を見直し，業務フローや情報システムなどを再設計すること。
ウ　起業家や新事業の育成を支援すること。
エ　自社の製品・サービスを業界で最も成功を収めている企業のものと比較して違いを分析する手法。

【答】イ

5▶
イ　ロングテール戦略の説明。
ウ　差別化戦略の説明。
エ　コストリーダーシップ戦略の説明。

【答】ア

6▶
ア　アライアンスの説明。
ウ　分社化の説明。
エ　M&Aの説明。

【答】イ

7▶ バランススコアカード（BSC：Balanced Score Card）とは，財務の視点・顧客の視点・ビジネスプロセスの視点・学習と成長の視点の四つの視点で企業業績を評価する。
① 財務の視点では，企業が財務の面で成功するための行動指標を設定する。
② 顧客の視点では，顧客に対しての行動指標を設定する。
③ 内部ビジネスプロセスの視点では，財務目標の達成・顧客満足度の向上を実現する，業務プロセス構築の指標を設定する。
④ 学習と成長の視点では，組織や個人の能力向上を図るための指標を設定する。

【答】ア

8▶
ア　金のなる木（成長率：低，占有率：高）
　安定した資金・利益の流入が見込める分野
イ　花形（成長率：高，占有率：高）
　維持には多額の資金の投入を必要とする分野
ウ　負け犬（成長率：低，占有率：低）
　市場からの撤退を検討するべき分野
エ　問題児（成長率：高，占有率：低）
　慎重な対応が求められる分野

【答】エ

9▶ QC（Quality Control）とは，製造部門に対して適用された品質管理の手法である。これを製造部門以外のサービス部門等に適用し，体系化したものをTQC（Total Quality Control）という。TQM（Total Quality Management）は，TQCで示された品質管理目標を，経営戦略に適用した考え方である。方針管理とは，経営方針に基づき，実施計画を効率的に達成するため，企業組織全体が協力して行われる活動をいい，TQCの重要な要素である。

【答】ウ

10▶
ア　合併と買収の略で，吸収合併や買収により他社を子会社化し，自社の経営資源とすることで競争力を強化する経営手法。
イ　企業が自らの持つ特許権や知的財産権の行使を互いに許諾し合うこと。
エ　事業のために会社の一部を分割し，元会社との関係を保ったまま別の会社として独立させること。

【答】ウ

11▶　イ　MBO の説明。
ウ　IPO の説明。
エ　CSR の説明。
【答】ア

12▶　イ　RFM 分析の説明。
ウ　コーホート分析の説明。
エ　ABC 分析の説明。
【答】ア

13▶　ア　ニッチ戦略：大手市場が参入していないニッチ（すきま）市場に焦点を絞り込んで営業展開する手法。
イ　プッシュ戦略：セールスマンを起用して積極的に営業活動を行うなどして，自社製品をより多く市場に流通させ，直接消費者に訴えかけていく手法。
ウ　プル戦略：広告や販売促進活動を通して，商品やブランドのイメージを高め，消費者の需要を喚起する手法。
エ　ブランド戦略：企業・商品・サービスなどに対する消費者のイメージを高め，ロイヤルティを醸成する手法。
【答】ア

14▶　まず，B 社と C 社のそれぞれの評価に重みを乗じた値を合計してスコアを算出する。
B 社：$9 \times 1 + 7 \times 4 + 10 \times 3 + 6 \times 2 = 79$
C 社：$6 \times 1 + 9 \times 4 + 7 \times 3 + 10 \times 2 = 83$
次に，ブランドの評価を除いた A 社のスコアを算出する。
A 社：$10 \times 1 + 10 \times 4 + 6 \times 3 = 68$
競合相手のうち，大きい方の C 社の 83 を超えるためには，A 社のスコアに最低でも 16 ポイント加算する必要がある。よって，A 社のブランドの評価は，16 ポイントを重み 2 で除した 8 ポイントとなる。
【答】ウ

15▶　マーケティングミックス（Marketing Mix）とは，企業がターゲットとする市場から望ましい反応を引き出すために用いるマーケティングツールの組み合わせである。具体的には，製品（Product），価格（Price），流通（Place），プロモーション（Promotion）のいわゆる「マーケティングの 4P」を用いてマーケティング戦略を行う。
【答】ウ

16▶　アフィリエイト（affiliate 提携の意）とは，個人の Web サイトなどに，企業の広告や Web サイトへのリンクを掲載し，そのリンクを経由して閲覧者が当該企業のサイトで商品購入などをすると，誘導された実績に応じてリンク元サイトの主催者に報酬が支払われるという広告手法。
【答】イ

17▶　CRM（Customer Relationship Management）は，顧客満足度を向上させることを重視する経営手法。アフターサービスの充実，販売促進，ポイント制度などがある。
【答】ア

18▶　オピニオンリーダとは，顧客の購買行動に重要な影響を与える意見や感想を提供する人々のことである。
【答】ウ

19▶　SEO（Search Engine Optimization）とは，Web の検索で上位に表示されるようにページやサイトを最適化する技術のこと。上位に表示されることで多くビジネスチャンスが生まれる。
ア　SSL（Secure Sockets Layer）の説明。
イ　SNS（Social Networking Service）の説明。
ウ　経営システムの分野。
【答】エ

20▶　ア　アウトソーシングの事例。
ウ　水平統合の事例。
エ　水平分業の事例。
【答】イ

21▶　アライアンス（alliance）は，企業合併や資本提携，販売提携のこと。事業投資に対するリスクを軽減することができる。
ア　企業の合併と買収のこと。
イ　自社の業務の一部または業務のすべてを外部へ委託すること。
エ　事業単位で市場における位置づけを分析し，今後の戦略に活かすこと。
【答】ウ

22▶　ア　4C は，売り手側の視点のマーケティングミックスである 4P を買い手側の視点に置き換えたもの。
イ　4S は，職場の安全性や生産性などの環境を改善するための 4 つの要素である整理，整頓，清掃，清潔のこと。

ウ　AIDMA は，消費者の購買決定プロセスを説明する
モデルの1つで，Attention（注意）→ Interest（関心）
→ Desire（欲求）→ Memory（記憶）→ Action（行動）
の頭文字をとったもの。

エ　SWOT は，自社の内部環境である強み（Strength）と
弱み（Weakness），外部環境である機会（Opportunity）
と脅威（Threat）を洗い出し，現状を把握する手法の
こと。

【答】ア

23▶　ア　サービスマーケティングは，自社のサービス
を他社と差別化することで競争力を高めるマーケ
ティング手法。

イ　セグメントマーケティングは，市場を性別や年齢な
どによって細分化し，それぞれの区分に適したマー
ケティングを行うこと。

ウ　ソーシャルマーケティングは，利益を意識するので
はなく，社会的責任を意識したマーケティングを行
うこと。

エ　マスマーケティングは，市場を細分化せず，すべて
の見込み客に対して画一的に行うマーケティング活
動。

【答】イ

24▶　ア　SWOT 分析・3C 分析に関する説明。

ウ　バリューチェーン分析に関する説明。

エ　PPM 分析に関する説明。

【答】イ

25▶　UX（User Experience）は，ユーザが得られる体験
のことで，ユーザが製品やサービスから得た印象や感動な
どを指す。

ア　ユニバーサルデザインの説明。

イ　CRM の説明。

ウ　ユーザビリティの説明。

【答】エ

26▶　アンゾフの成長マトリクスは，成長戦略を「製品」
と「市場」の2軸とし，さらにそれらを「既存」と「新規」
に分けたもの。

	既存製品	新規製品
既存市場	市場浸透	製品開発
新規市場	市場開拓	多角化

・市場浸透戦略は，いままでの市場に既存の製品やサー

ビスを投入する戦略で，製品の認知度を上げシェアを
獲得することが求められる。

・製品開発戦略は，いままでの市場に新しい製品やサー
ビスを投入する戦略で，他社と差別化された製品や
サービスの開発が求められる。

・市場開拓戦略は，新しい市場に既存の製品やサービス
を投入する戦略で，ターゲットを変更して新たな顧客
層に販売すること。

・多角化戦略は，新しい市場に新しい製品やサービスを
投入する戦略で，企業は新たな収益源を獲得すること
ができるが，コストが大きくなるリスクがある。

【答】ア

27▶　フォロワ企業は，リーダ企業からの報復を招かな
いように注意をして収益性を重視し，中低価格の市場を対
象にする。なお，企業の業界地位は大きく次の四つに分類
できる。

①　リーダ企業：市場においてナンバー1のシェアを有
する企業。

②　チャレンジャ企業：リーダに次ぐシェアを保持する
企業。

③　フォロワ企業：リーダやチャレンジャの戦略を参考
にして，市場での地位を維持する企業。

④　ニッチャ企業：特定の市場で独自の専門的な地位を
維持する企業。

ア　ニッチャ企業のとるニッチ戦略

ウ　リーダ企業のとる競争戦略

エ　チャレンジャ企業のとる競争戦略

【答】イ

28▶　CSF（Critical Success Factor）重要成功要因の略。
経営戦略の目標を達成する上で決定的な影響を与える要因
のこと。

イ　ERP（Enterprise Resource Planning：全社的資源計
画）。企業全体の経営資源を計画的に管理し，経営
の効率化を図るための手法。

ウ　MRP（Materials Requirements Planning：資材を中
心とした資材所要量計画）。生産管理の手法。

エ　SCM（Supply Chain Management：供給連鎖管理）。
生産・在庫・購買・販売・物流などすべての情報を
リアルタイムに交換し全体の効率を向上させる手
法。

【答】ア

29▶　市場を細分化するセグメンテーション（Segmentation），

ターゲットとする市場を選ぶターゲティング(Targeting)，競合他社との関係から自社の立ち位置を決めるポジショニング(Positioning)の一連のマーケティング活動を STP という。

ア　インストアプロモーションは，店舗内で消費者に向けて直接的に行う販売促進活動。

エ　リベートは，メーカーが卸売業者や小売業者に対し，取引高に応じて仕入代金の一部を払い戻すこと。メーカーが行う販売促進活動。

【答】ウ

30▶　ア　イノベーションは，革新的な発想や技術によって新たな価値を創造すること。

イ　マイグレーションは，ソフトウェアやデータを新しいシステムに移行すること。

ウ　リアルオプションは，金融工学で用いられる価格決定理論を応用した事業の評価の考え方。

エ　レボリューションは，社会の構造や状況を激変させる革命や大改革のこと。

【答】ア

31▶　CSR(Corporate Social Responsibility)は，企業の社会的責任をいう。

ア　ベンチマーキングの説明。

ウ　コーポレート・ガバナンスの説明。

エ　コアコンピタンスの説明。

【答】イ

32▶　バリューエンジニアリング(value engineering)：製品やサービスの，コストあたりの価値(性能・機能・満足度など)を最大にしようという手法。

【答】イ

33▶　ア　トレーサビリティは，対象物の流通経路を追跡できる性質のこと。

イ　ベストプラクティスは，もっとも優れた成功事例のこと。

ウ　ベンチマーキングは，他社の成功事例を指標にして自社を評価することで経営を改善すること。

エ　ロジスティクスは，供給から消費まで物流の一連を最適化する，物流管理のこと。

【答】エ

34▶　範囲の経済は，複数の事業間で資源を共有することでコストを下げる効果のこと。

規模の経済は，同一製品の生産量を増やすことで単位当たりのコストを下げる効果のこと。

ア　範囲の経済に該当

イ　PDCA サイクルが該当

ウ　規模の経済に該当

エ　規模の不経済に該当

【答】ア

35▶　次の手順で計算する。

各戦略項目ごとに実績と評価方法・基準を比較して，評点を計算する。

［売上高増加率］

実績の 2.4% は，評価 110 点

売上高増加率の評点 = $110 \times 0.5 = 55$

［新製品開発件数］

実績の 1 件は，評価 100 点

新製品開発件数の評点 = $100 \times 0.3 = 30$

［顧客満足度］

目標と比べて実績が増えていないので 0 点

3 項目の評点をすべて足すと，

総合評点 = $55 + 30 + 0 = 85$

【答】ウ

36▶　PDCA とは，計画(Plan)→実行(Do)→評価(Check)→改善(Act)を繰り返して，業務の改善を図る手法のこと。

「経営計画の実行状況」以外は計画(Plan)段階で把握しておくもの。

【答】ウ

37▶　ア　FMEA の説明。

イ　QC サークルの説明。

エ　TQM の説明。

【答】ウ

38▶　次の手順で求める。

［効果額］100 万円/月 → 1 年では 1,200 万円の効果

［システム運用費］20 万円/月 → 1 年では 240 万円の費用

［システム保守費］年間に初期投資額の 15% がかかるので，$2,400 \times 0.15 = 360$ 万円の費用。したがって

年数を n として式を組み立てると，次の式が成り立つ。

$2400 + 240n + 360n = 1200n$

$600n = 2400$

$n = 4$　(4 年間)

【答】エ

39▶　SCM の効果の具体例：在庫の削減，在庫回転率の向上，納期達成率の向上，配送コスト削減など。

【答】ウ

40▶　ア　ERP の説明。
イ　SFA の説明。
ウ　サプライチェーンマネジメントの説明。
エ　ナレッジマネジメントの説明。

【答】エ

41▶　アライアンス(alliance)とは，同盟・連合を意味し，企業経営上では，複数の企業間のさまざまな連携共同行動をさす。

【答】ア

42▶　CRM（顧客関係管理）：情報システムを応用し，企業が顧客と長期的な関係を築く手法。顧客データベースを用いて個々の顧客とのすべてのやり取りを一貫して管理する。顧客のニーズにきめ細かく対応することで，顧客の利便性や満足度を高め，顧客を常連客として囲い込んで収益率の極大化をはかることを目的とする。

【答】イ

43▶　ア　金のなる木：市場占有率が高く，市場成長率が低い。
イ　花形：市場成長率が高く，市場占有率も高い。
ウ　負け犬：市場成長率と市場占有率がともに低い。
エ　問題児：市場成長率は高いが，市場占有率が低い。

【答】ア

44▶　SWOT 分析とは，企業をとりまく経営環境を分析し，戦略を立案するための手法。
　　Strength（強み），Weakness（弱み・弱点）：企業の内部要因を分析する。
　　Opportunity（機会），Threat（脅威）：企業の外部要因を分析する。
　限界利益とは，売上高－変動費を表し，限界利益率とは，限界利益/売上高をいう。これらの資料は内部環境に該当する。
　　ア　競合製品の特徴の洗出しは外部環境要因。
　　ウ　市場価格は外部環境要因。
　　エ　代替品の市場調査は外部環境要因。

【答】イ

45▶　SWOT 分析は，企業をとりまく経営環境を分析す

る手法のこと。

【答】ア

46▶　ア　A/B テストは，2 つのバージョンのコンテンツを用意し，どちらが優れているかを比較する方法で，Web サイトや広告の検討に利用される。
イ　ABC 分析は，パレート図を用いて上位 70％を A 群，上位 70％～90％を B 群，それ以外を C 群とすることで重要なグループを明確にする方法で，在庫管理や品質管理に利用される。
ウ　クラスタ分析は，対象を似た者同士を集めグループ分けし，グループの傾向を比較する方法で，マーケティングに利用されている。
エ　リグレッションテストは，システムを修正した際に，以前まで正常に機能していた箇所に不具合が発生していないか検証するテストで，退行テストまたは回帰テストともいう。

【答】ア

47▶　ア　コモディティ化の事例。
イ　カニバリゼーションの事例。
ウ　マーケティングの失敗事例。
エ　価格設定の失敗事例。

【答】イ

48▶　ア　導入期では，イニシャルコストが回収できていないためキャッシュフローはマイナスとなる。
ウ　他社からのマーケット参入が相次ぎ，競争が激しくなるのは成長期である。
エ　成長性を高めるため広告宣伝費の増大が必要となるのは導入期である。

【答】イ

49▶　ア　オムニチャネルの事例。
イ　SFA の事例。
エ　POS の事例。

【答】ウ

50▶　ア　アフィリエイト広告は，個人の Web サイトなどに企業の広告を表示させ，販売実績に応じて企業から報酬を受け取る形態。
イ　オーバーレイ広告は，Web サイト上の動画に重なるように表示させる広告。
ウ　オプトアウトメール広告は，受信者の承諾を得ずに送信されるメールによる広告。特定電子メール法に

よって禁止されている。

エ　オプトインメール広告は，あらかじめメールによる広告の受信の承諾を得ている者に送信される広告。

【答】エ

51▶　ア　アフィリエイト広告は，個人のWebサイトなどに企業の広告を表示させ，販売実績に応じて企業から報酬を受け取る形態。

イ　オークションは，消費者同士が売買を行う形態。

ウ　フラッシュマーケティングは，比較的短い期間限定で割引価格やクーポンを提示するマーケティング手法。

エ　レコメンデーションは，顧客の閲覧履歴や購入履歴を分析し，関心のありそうな商品やサービスを勧める仕組み。

【答】エ

52▶　ERP(Enterprise Resource Planning)は，企業資源計画ともいい経営の効率化を図るための手法。

統合型(業務横断型)ソフトウェアを「ERPパッケージ」という。

イ　BPR(Business Process Re-engineering)：業務プロセスの再構築の説明。

ウ　CRM(Customer Relation Management)：顧客関係管理の説明。

エ　KM(Knowledge Management)：ナレッジマネジメント。知識管理の説明。

【答】ア

53▶　MOT(Management of Technology)は，技術経営または技術マネジメントと呼ばれ，技術革新を継続的に維持しつつ，企業事業を発展させていく考え方。

ア　M&A(Mergers and Acquisitions：企業の合併と買収)の説明。

ウ　MBO(Management Buyout：経営陣買収)の説明。

エ　MRP(Materials Requirements Planning：資材所要量計画)の説明。

【答】イ

54▶　ア　カニバリゼーションは共食いという意味で，自社製品同士が競合してしまうことで売上が減少してしまうこと。

イ　業務モデリングは，業務をE-R図やDFDなどによって図式化することであり，ビジネスプロセスの改善やシステム開発に利用する。

ウ　デジタルトランスフォーメーション(DX)は，AIやIoTなどのデジタル技術によって既存の生活やビジネスを良い方向へ変革させること。

エ　リーンスタートアップは，少ない費用で最低限の試作品を短期間で作り，顧客の反応を見ながら製品を開発していくマネジメント手法。

【答】エ

55▶　ア　APIエコノミーは，Web APIを活用することで新たなビジネスが生み出される経済の形のこと。

イ　アウトソーシングは，自社の業務を外部に委託すること。

ウ　シェアリングエコノミーは，インターネットを介して資産をシェアすることで生み出される経済の形のこと。

エ　プロセスイノベーションは，製品やサービスを製造，流通する過程(プロセス)に革新を起こすこと。

【答】ア

56▶　技術経営(MOT)において新規事業の成功の道のりは「研究」「開発」「事業化」「産業化」の4段階に分けられ，次段階へのステップアップの困難さを「魔の川」「死の谷」「ダーウィンの海」の3つの障壁で表している。

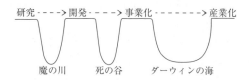

ア　囚人のジレンマは，ゲーム理論のモデルの1つで，各プレーヤーが常に自分の利益を優先した場合，プレーヤー同士が協力したときよりも全体の利益が少なくなってしまうゲームのこと。

ウ　ファイアウォールは，ネットワーク外部からの攻撃や不正なアクセスから防御するためのソフトウェアやハードウェアのこと。

エ　ファイブフォースは，「業界内の競合」「代替品の脅威」「新規参入者の脅威」「買い手の交渉力」「売り手の交渉力」の5つの競争要因を分析すること。

【答】イ

57▶　イノベーションのジレンマは，業界トップの企業が自社製品の高品質化に注力するあまりイノベーションに立ちおくれ，革新的な後続企業にシェアを奪われてしまうこと。

【答】エ

58▶ ハッカソン(hackathon)は，ハック(hack)とマラソン(marathon)を掛け合わせた造語で，ソフトウェア開発者がチームを組み特定のテーマに対する成果を競い合う，短期集中型のイベントのこと。
【答】ウ

59▶ デザイン思考は，デザインを行う際にデザイナーが用いるプロセスを，ビジネス上の課題に対して活用する考え方。
　ア　CSS(Cascading Style Sheets)の説明。
　ウ　BPR(Business Process Re-engineering)の説明。
　エ　オブジェクト指向の説明。
【答】イ

60▶ 技術ポートフォリオは，分析対象の技術が自社にとってどれほど重要かを表す「技術重要度」と，自社が持つ技術が他社と比べてどれほど優れているかを表す「保有技術水準」を軸とするマトリックスに，自社が持つ技術をマッピングしたもの。資源配分の検討に用いられる。

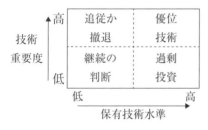

【答】ア

61▶ 技術ロードマップとは，技術の将来像を予測した道程表のことで，研究開発の指針となる重要な役割を果たしている。
　ア　科学技術の将来の方向性を示すものである。
　イ　政府や行政においても「技術戦略マップ」が作成・活用される。
　ウ　技術動向予測などにもとづいて市場動向に応じた見直しを行う。
【答】エ

62▶ 　ア　EDI：Electronic Data Interchange　電子商取引のためのメッセージを組織間で交換する仕組みのこと。
　ウ　ISP：Internet Service Provider　インターネット接続事業者のこと。
　エ　RFID：Radio Frequency Identification　ID情報を埋め込んだRFタグ(ICタグ)と電磁波や電波を用いる技術。
【答】イ

63▶ 人間や動物の脳神経網の特性をシミュレーションによって表現する数学モデル。ディープラーニングなどの機械学習に用いられている。
【答】ウ

64▶ 　a　誤り。組織内の管理目的で使用することはできない。
　b　正しい。事務担当者は必要な限度で他人のマイナンバーを記載することができる。
　c　正しい。事務担当者はマイナンバー通知カードの記載事項が本人のものであることを確認する義務がある。
【答】エ

65▶ フリーミアム(Freemium)は，フリー(Free)と割増(Premium)を掛け合わせた造語で，基本的なサービスを無料で提供し，追加の機能は料金を課金するビジネスモデル。
　ア　サブスクリプションの説明。
　イ　フリーソフトの説明。
【答】ウ

66▶ AML(Anti-Money Laundering)は，犯罪や違法な取引から得た資金の出所を分からないようにする資金洗浄(マネーロンダリング)を防止するための金融機関の取組みのこと。
　イ　インサイダー取引規制は，会社の内部情報を知る規制対象の関係者が，その情報が公開される前に株券を売買することで不正に利益を得るインサイダー取引を禁止する規制のこと。
　ウ　スキミングは，不正利用目的でクレジットカードなどの磁気ストライプから情報を読み取る行為のこと。
　エ　フィッシングは，実在する組織を装った電子メールに記載したリンクから偽サイトに誘導し，個人情報を入力させることで不正に個人情報を搾取する行為のこと。
【答】ア

67▶ ICカードとは，データの記録や演算のために，ICチップを組み込んだカード。磁気カードと比べ，保持できる情報量が多く，暗号化によりセキュリティも高い。

【答】ア

68▶ イ　EIP(Enterprise Information Portal)とは，ステークフォルダに対して，企業内の様々なシステムやデータベースにアクセスする入口を提供するポータルのこと。

　ウ　ERP(Enterprise Resource Planning)とは，企業の経営資源を有効に管理し，経営の効率化を図るための手法。

　エ　ETC(Electronic Toll Collection)とは，有料道路の料金所を通過するときに自動で料金を精算するシステムのこと。

【答】ア

69▶ エスクローは，ネットオークションやネットフリーマーケットなどの電子商取引において，売主と買主間の代金や商品の受け渡しを仲介するサービスのこと。

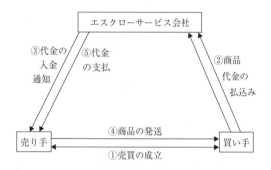

　ア　アフィリエイトは，所有するWebサイトに企業の広告を掲載し，その広告のリンクを経由して販売された場合に報酬が支払われる仕組み。

　ウ　逆オークションは，買い手から提示した条件に対し，複数の売り手が価格を提示し，その中から買い手が売り手を選定する仕組み。

　エ　ソーシャルネットワーキングサービスは，インターネット上で登録者同士が交流できる会員制サービスのこと。

【答】イ

70▶ ア　グループウェアは，組織内でスケジュールや情報などを共有することができるソフトウェアのこと。

　イ　シェアウェアは，一定期間は無償で利用できる試用期間があり，試用期間後は使用料の支払いが必要なライセンス形態。

　ウ　ファームウェアは，ハードウェアを制御するためのソフトウェアで，ハードウェア上のROMにあらか

じめ書き込まれた状態で機器に組み込まれている。

　エ　ミドルウェアは，OSとアプリケーションソフトウェアの間に位置し，両者を補佐するソフトウェアのこと。

【答】ウ

71▶ ジャストインタイム生産方式とは，必要な物を，必要なときに，必要な量だけ生産することで，工程間在庫の最少化を目指す。生産指示票としてカンバンと呼ばれる帳票を利用するため，カンバン方式とも呼ばれる。

【答】エ

72▶ イ　自社で生産設備を持たず，外部の協力企業に100％生産委託する生産方式。

　ウ　ベルトコンベア方式による分業型の流れ作業方式。

　エ　ある数量にまとめ，ロットにして生産する方式。

【答】ア

73▶ 電子入札は，官公庁と入札参加者との間で行われる入札に関する手続きを，ネットワーク上で行う方法。

　手続きは，図①の電子証明書の申請から始まり，②の電子証明書の発行，③の電子入札の実施，④の電子証明書の有効性の確認，⑤の電子証明書の検証結果を通知，⑥の開札結果の通知の順で実施される。

【答】ウ

74▶ 人間中心のAI社会原則には，社会がAIを受け入れ適正に利用するため，社会が留意すべき基本原則(7原則)が定められている。

　(1)　人間中心の原則

　(2)　教育・リテラシーの原則

　(3)　プライバシー確保の原則

　(4)　セキュリティ確保の原則

　(5)　公正競争確保の原則

　(6)　公平性，説明責任及び透明性の原則

　(7)　イノベーションの原則

　a. については，AIの利用にあたっては，人が自らどのように利用するかの判断と決定を行うことが求められる。

　b. については，(1)人間中心の原則に記載されている。

　c. については，情報弱者や技術弱者を生じさせず，AIの恩恵をすべての人が享受できるよう，使いやすいシステムの実現に配慮すべきである。

【答】ウ

75▶ SFA(Sales Force Automation)は，営業支援システ

ムとも呼ばれ，商談に関するデータなど営業活動に関する情報を管理し，組織内で共有することで，営業活動を効率化することができる。

【答】ア

76▶ 電波の送受信により IC チップのデータを読み書きする技術。

【答】エ

77▶ FAQ（Frequently Asked Questions）システムは，頻繁に尋ねられる質問という意味で，顧客などから頻繁に尋ねられる質問をまとめてデータベース化し，検索できるようにしたもの。

ア AI を活用していない。
イ 電話自動音声応答システムの事例を説明している。
ウ 電話とシステムを連携させる CTI（Computer Telephony Integration）システムの事例を説明している。
エ AI の音声認識と自然言語処理を活用している。

【答】エ

78▶ 生成 AI は，さまざまなコンテンツを生成することができる AI のことで，自然言語による具体的な指示を受け，それに基づいて新しいコンテンツを生成することができる。

ア 生成 AI ではなく開発ツールなどの利用が適している事例である。
イ システム全体の開発は複雑であり，システムエンジニアなどの人間が得意とする仕事である。
ウ 生成 AI の用途に適している。
エ サーバの構築は複雑であり，システムエンジニアなどの人間が得意とする仕事である。

【答】ウ

79▶ B to C とは，企業対消費者間の取引をいう。一般消費者向けの通販サイトは代表的な例。

ア C to C の例
ウ B to B の例
エ 自社内のシステムで電子商取引の対象外

【答】イ

80▶ デビットカードとは，現在発行されているキャッシュカードを用いて，商品購入などができるサービス。クレジットカードとの大きな違いは，使用者の口座から即座に代金を引き落とされる点にある。

【答】イ

81▶ ア e-ラーニングの事例。
イ アウトソーシングの事例。
ウ ナレッジマネジメントの事例。

【答】エ

82▶ ア アノテーションは，AI の教師あり学習を行う際に利用する学習データを作成するプロセスのことで，機械学習に利用する画像，動画，テキスト，音声データに情報を付加する。
イ ディープフェイクは，ディープラーニング（深層学習）とフェイク（偽）を掛け合わせた造語で，生成 AI によって画像や動画，音声を合成する技術のこと。
ウ バイアス（偏見）は，AI に学習させるデータの偏りによって，AI が偏った結果を出力すること。

【答】エ

83▶ 金融サービス（Finance）と情報技術（Technology）を融合した概念。PC やスマートフォンなどを使った送金，モバイル決済，ロボアドバイザ，ブロックチェーンなどのサービスが代表的な例。

ア 障害発生時のバックアップシステムであるフォールトトレラントシステムの説明。
イ セキュリティに関するロックアウトの仕組み。
エ ノンフリート等級制度の説明。

【答】ウ

84▶ イ データの多様性から画像，動画，音声などのマルチメディアコンテンツも分析対象。
ウ センサなどによって収集された人流や物流などのデータも分析対象。
エ ブログや SNS の書込み等の非構造化データも分析対象。

【答】ア

85▶ 組込みシステムとは，特定のハードウェアに対して，特定のソフトウェアを組み込んだシステム。産業機器から家電製品まで，多種多様な製品が身近に存在している。

【答】エ

86▶ リアルタイム性とは即時性のことで，発生した要求に対して短時間に応答を返すこと。

【答】イ

87▶ 基盤モデルとは，大量のデータによってトレーニング（事前学習）をした後，様々なタスクに適応できるよう

微調整(ファインチューニング)をする機械学習モデルのこと。

ア 基盤モデルは大量のデータから学ぶことで判断できるようになる。ルールを学び判断するのはエキスパートシステムの特徴である。

イ 機械学習用のデータに情報を付与するプロセスである,アノテーションの説明である。

ウ 基盤モデルの説明である。

エ 基盤モデルは広範な大量のデータによる事前学習を行うことで,様々なタスクに適用するため,例外データだけを学習させるのは不適切である。

【答】ウ

88▶ 実店舗を持たないことを利点として,膨大な商品を低コストで扱うことができる。

ア オークション方式の形態

イ オムニチャネルの形態

ウ パレート法則の形態

【答】エ

89▶ ②はクレジットカードの保証及び売上票へのサイン,③は売上代金の請求,④はカード会社から加盟店への代金支払い,⑤はカード会社から利用者への代金請求,⑥は利用者からクレジットカード会社への代金支払い。

【答】エ

90▶ 次の手順で計算する。

① 部品Aの加工に必要な部品Cは3週間後に入荷し加工するには1週間が必要となるため,完成するまでに4週間が必要。

② 部品Bは入荷に2週間かかるが,部品Cが入荷する前に調達することができる。

したがって,部品Aが完成する4週間にA,Bの組み立ての1週間を合わせて5週間が必要。

【答】イ

91▶ CAM(Computer Aided Manufacturing)とは「コンピュータによる製造支援」を意味し,工場などの生産ラインをコンピュータを利用して制御するシステムのこと。

ア CAD(Computer Aided Design):コンピュータによる設計支援。

ウ MRP(Material Requirements Planning):生産管理の購買・原材料在庫管理。

エ 生産スケジューラ:生産管理の生産日程計画。

【答】イ

92▶ CIO(Chief Information Officer)とは,最高情報責任者のこと。経営戦略に則った情報戦略立案や具体的なIT投資計画に関する責任を持つ役職。この問いは情報システムの整備計画が全社的なため,統括者であるCIOを責任者とする。

イ CTO(Chief Technology Officer)は最高技術責任者のこと。

ウ 基幹事業が情報システムと関係があるとは限らないため,不正解となる。

エ 企画担当者であり,責任者としてふさわしくはないため,不正解となる。

【答】ア

93▶ グループウェアとは,IT機器を活用し,組織を効率的に運営すること目的としたソフトウェア。

イ シェアウェアとは,試用期間は無料だが,その後,継続利用する場合,ライセンス料を支払う方式のソフトウェア。

ウ ファームウェアとは,電子機器などハードウェアに組み込まれたコンピュータシステムを制御するためのソフトウェア。

エ フリーウェアとは,無償で公開されているソフトウェア。内容の変更,コピーおよび配布が可能だが,著作権は放棄していない。

【答】ア

94▶ ア アクセシビリティとは,情報・サービス・ソフトウェアなどが,多くの人にどの程度利用しやすいかを表す語。

イ ダイバーシティとは,多様性を表す語。

エ ディジタルデモクラシーとは,行政活動へのITの導入により,政治家と行政,政治家と市民・企業間のコミュニケーションがより密接になった民主政治の形態。

【答】ウ

95▶ 情報戦略は,不必要な情報を過度に大切に扱ったり重要な情報に不足が生じないよう,企業の経営戦略との整合性に留意して策定する必要がある。

【答】イ

96▶ Service Oriented Architecture の略。サービス指向アーキテクチャ。

決済処理や在庫処理のような一つのソフトウェアを一つのサービスと位置づけ,それらのサービスをネットワーク

上で連携させて，全体を構築していく手法。オブジェクト指向をサービス指向に置き換えると理解しやすい。

　ア　Application Service Provider の略。アプリケーションサービスプロバイダ。

　イ　Data Oriented Approach の略。データ中心アプローチシステム開発技法の考え方。

　ウ　Internet Service Provider の略。インターネットサービスプロバイダ。

　【答】エ

97▶　情報システム戦略は，経営戦略を実現するためのものであるため，経営戦略を踏まえた作成が必要となる。

　ア　情報システム戦略と経営戦略は，整合性を保たなければならないため，不正解となる。

　ウ　経営戦略の内容を踏まえて情報システム戦略を策定するため，不正解となる。

　エ　経営戦略，情報システム戦略ともに全体的な戦略なため，不正解となる。

　【答】イ

98▶　エンタープライズサーチとは，組織が保有する大量の資料やデータの中から，目的の資料やデータを見つけるための企業内検索エンジン。

　イ　コーパスの説明。

　ウ　スキャナの説明。

　エ　EA（エンタープライズアーキテクチャ）の説明。

　【答】ア

99▶　DFD（Data Flow Diagram）とは，業務プロセスを構造化分析する手法。データの流れに着目し処理の関係を図式化する。

　E-R 図（Entity-Relationship Diagram）とは，データベース化の対象となる実体（エンティティ）と実体の持つ属性（アトリビュート），実体間の関連（リレーションシップ）を表現する。関係データベースの設計手法の一部。

　PERT 図（アローダイアグラム）とは，最適な作業計画を作るための図法。作業の順序と必要日数を矢印で結び表現する。作業の遅延が許されない工程（クリティカルパス）を明確にできる。

　【答】ア

100▶　ストレージサービスとは，サーバのディスクスペースをネットワークを介してユーザに貸し出すサービス。可用性とは，使いたい時に使えるということ。

　【答】ア

101▶　システムインテグレーションサービスとは，情報システムの企画から設計，開発，構築，導入，保守，運用までをすべて請け負うサービス。請け負う業者のことをシステムインテグレーターという。

　ア　SaaS とは，インターネット経由でソフトウェア機能を提供するサービス。

　ウ　ハウジングサービスとは，顧客のインターネットサーバを，回線設備の整った自社の施設に設置するサービス。

　エ　ホスティングサービスとは，サーバや回線を自前で用意できない顧客に，インターネットサーバの容量の一部を間貸しするサービス。

　【答】イ

102▶　これまで人間が行っていた定型的な PC 作業をソフトウェアのロボットによって自動化する仕組み。日本の生産労働人口が減少局面にあるなか，従来よりも少人数で生産力を向上させる方法として注目されている。

　【答】ウ

103▶　BPM（Business Process Management）とは，業務管理手法の一つで，業務の流れを整理・分析することによって問題点を見出し，最適な作業の仕方を模索するという改善を継続的に行う管理手法。

　ア　ISO（International Organization for Standardization）導入に関する内容。

　ウ　アウトソーシングに関する内容。

　エ　BPR（Business Process Reengineering）に関する特徴。

　【答】イ

104▶　BYOD（Bring Your Own Device）は，従業員が個人的に所有する PC やスマートフォンなどの情報端末を職場に持ち込み，それを業務に使用すること。

　イ　BPR（Business Process Reengineering）とは，業務プロセスを改革し，IT により業務の処理能力とコスト効率を高めること。

　ウ　BCM（Business Continuity Management）とは，事故や災害の発生に対して，安定的に業務を遂行できるようにするための事業継続計画のこと。

　エ　BPO（Business Process Outsourcing）とは，自社の業務プロセスの一部を，外部の企業に委託し，業務の効率化を図ること。

　【答】ア

105▶　M2M(Machine to Machine)とは，機械同士が通信ネットワーク上で情報のやり取りをすることで，人間を介さず，自律的に協調して管理・制御を行う仕組み。
ア　MOT(Management Of Technology)とは，技術開発の成果によって事業利益を獲得することを目的とした経営手法のこと。
イ　MRP(Material Requirements Planning)とは，部品表と生産計画をもとに必要な資材の量を算出し，これを基準に在庫，発注，納入の管理を支援するシステム。
エ　O2O(Online to Offline)とは，インターネット情報を得た顧客が，実店舗に足を運ぶように誘導する販売戦略。
【答】ウ

106▶　DFD(Data Flow Diagram)とは，業務プロセスをとらえる際にデータの流れに着目して図式化する代表的手法。
イ　E-R図(Entity Relationship Diagram)とは，対象世界を実体(Entity)と実体間の関連(Relationalship)で表現するモデル。
ウ　データマイニングとは，データウェアハウスに蓄積されている大量の生データから，今まで知られていなかったデータの規則や因果関係を見つけ出す手法。
エ　データモデリングとは，データが用いられる業務の構造やデータの扱われ方に適した形式でデータを構造化・組織化して，データモデルを決定する手法。
【答】ア

107▶　DFD：処理・プロセス(○)，データの吸収先(□)，データの流れ(→)，データストア(＝)の4つの記号を用いて対象業務をモデル化し，業務のデータの流れや処理の関係を可視化する構造化分析手法。
ア　状態遷移図
ウ　E-R図
エ　流れ図(フローチャート)
【答】イ

108▶　業務プロセスのモデル化とは，システム開発の要求定義段階で，システム化の対象となる業務・手順・内容・データの流れなどを，図式化するなどして可視化すること。
【答】ウ

109▶　BPR(Business Process Reengineering)とは，既存の組織やビジネスルールを根本的に見直し，プロセスの視点から職務，業務フロー，管理機構，情報システムを再構築するという企業改革の考え方。
【答】ウ

110▶　ア　SaaS(Software as a Service)とは，ソフトウェアの機能のうち，ユーザが必要とするものだけをサービスとして配布・利用可能にしたソフトウェアの配布形態。
イ　システム開発の受託とは，社外から依頼を受け，システム開発を行うこと。
ウ　ハウジングサービスとは，顧客のコンピュータ・サーバなどを，自社の回線設備の整った施設に設置するサービス。
エ　ホスティングサービスとは，インターネットに情報発信するサーバの容量の一部を間貸しするサービス。レンタルサーバとも呼ばれる。設置場所と通信機器を提供する。
【答】エ

111▶　ア　データクリーニングとは，何らかの原因によって不整合が生じたデータを，整合性のある状態に戻すこと。
イ　データクレンジングとは，抜け項目のあるデータ，不正データ，特異なデータなどを，システムが想定している正しいデータに修正すること。
ウ　データマイニングとは，大量に蓄積されたデータを統計や推論などの手法を用いて解析し，その中に潜む項目間の相関関係やパターンなど，有効な情報を採掘すること。
【答】エ

112▶　情報リテラシ(information literacy)とは，情報を自己の目的のために活用できる能力のこと。
ア　EA(Enterprise Architecture)とは，エンタープライズアーキテクチャの説明。大企業の基本理念のこと。
イ　コンプライアンスの説明。
ウ　事業継続計画とは，BCP(Business Continuity Plan)の説明。
【答】エ

113▶　顧客のコンピュータやサーバを，自社の回線設備の整った施設に設置するサービスのこと。

【答】エ

114▶　アクセシビリティとは，年齢や身体的制約，利用する環境などにかかわらず，誰しもが製品やサービスなどを支障なく利用できる状態やその度合いのこと。
　イ　スケーラビリティとは，システムやネットワークなどが，どれだけ柔軟に利用負荷などの増大に対応できるかの能力や度合いのこと。
　ウ　ダイバーシティとは，性別や年齢，国籍などの違いから生じる様々な価値観を企業活動に取り込むことによって，新たな価値の創造や組織の能力向上につなげようとする考え方のこと。
　エ　トレーサビリティは，日本語では追跡可能性といい，対象とする物品の原材料の生産から販売に至るまでの流通経路を確認できる状態のこと。
　【答】ア

115▶　クラウドコンピューティングとは，インターネット上でプロバイダが提供するソフトウェアやデータ，サーバなどの資源を利用する方法。
　ア　集中処理システムの説明。
　イ　EUC（End User Computing）の説明。
　エ　グリッドコンピューティングの説明。
　【答】ウ

116▶　シェアリングエコノミーとは，個人や企業が保有するものや場所，技能やノウハウなどの売買や貸し借りを仲介するサービス。
　ア　クラウドコンピューティングとは，インターネット上でプロバイダが提供するソフトウェアやデータ，サーバなどの資源を利用する方法。
　ウ　テレワークとは，ICTを活用し，オフィスにとらわれず時間や場所を有効に活用できる柔軟な働き方。
　エ　ワークシェアリングとは，一人で担当していた仕事を複数人で分担し，一人あたりの労働時間を削減し，新たな雇用を生み出す仕組み。
　【答】イ

117▶　BPMNとは，ビジネスプロセスをワークフローとして視覚的に表記する手法。
　ア　BABOKとは，ビジネスアナリシス知識体系ガイドのこと。
　ウ　BPOとは，自社の主たる業務以外の業務または一部を外部業者へ委託すること。
　エ　BPRとは，既存の組織やビジネスルールを根本から見直し，業務内容や流れ，組織を再設計する手法。
　【答】イ

118▶　BYODとは，社員の個人所有の情報機器を職場に持ち込み業務に利用すること。コストを削減できる反面，セキュリティのリスクが増加する。したがって，私物を業務で使用しているウが正しい。
　【答】ウ

119▶　a．DFDとは，業務プロセスをモデリングする構造化分析手法。
　b．アクティビティ図とは，UML図の一種で業務プロセスの流れやプログラムの制御フローのような一連の手続きを視覚的に表現した図。
　c．パレート図とは，値の大きい順に分析対象の項目を並べた縦棒グラフと，累積構成比を表す折れ線グラフを組み合わせた複合グラフ。
　d．レーダーチャートとは，図の中心から正多角形状に配置される各項目の軸に，値をプロットし，各点を線で結んだ形状で表す図。
　よってDFDとアクティビティ図が正しい。
　【答】ア

120▶　EAとは，組織の業務手順や，資源配置，情報システムなどの最適化を進めて効率化を図るための設計手法。
　ア　ディザスタリカバリ計画の説明。
　ウ　BPR（Business Process Reengineering）の説明。
　エ　SOA（Service Oriented Architecture）の説明。
　【答】イ

121▶　テレワークとは，ICTを活用し，オフィスにとらわれず時間や場所を有効に活用できる柔軟な働き方。
　イ　ワークシェアリングの説明。
　ウ　BYOD（Bring Your Own Device）の説明。
　エ　ワークライフバランスの説明。
　【答】ア

122▶　ゲーミフィケーションとは，様々な活動にゲーム要素を持たせることで，利用者のサービスや製品に対する愛着を高める取り組み。
　ア　ゲーム理論の説明。
　ウ　クチコミ分析（ソーシャルリスニング）の説明。
　エ　データマイニングの説明。
　【答】イ

123▶ PoC(Proof of Concept)とは，新しいサービスや製品に用いられるアイディアや技術が，実現可能かを試作開発の前段階における検証で確認する一連の作業。

ア IoT(Internet of Things)とは，モノのインターネットと訳され，あらゆるものをインターネットに接続する技術。

ウ SoE(Systems of Engagement)とは，企業と顧客を繋げ，関係を深めることを目的としたシステム。

エ SoR(Systems of Record)とは，データを正確に記録することを目的としたシステム。

【答】イ

124▶ オンプレミスとは，情報システムを自社の施設にて，自社で管理・運用する形態。

ア アウトソーシングとは，外部企業へ自社の業務を委託すること。

ウ クラウドコンピューティングとは，インターネット上でプロバイダが提供するソフトウェアやデータ，サーバなどの資源を利用する方法。

エ グリッドコンピューティングとは，ネットワークで繋がった複数台のコンピュータに処理を分散させる技術。

【答】イ

125▶ 情報リテラシーとは，情報の整理，蓄積や分析，収集や発信など情報を活用する能力のこと。

ア アクセシビリティとは，年齢や障害に左右されず，すべての人が平等に扱えるかを表す度合い。

イ コアコンピタンスとは，その企業特有の他社と差別化することが可能な独自のノウハウや技術。

エ デジタルディバイドとは，IT を使いこなせるものとそうでないものの間に生じる格差のこと。

【答】ウ

126▶ ASP(Application Service Provider)とは，アプリケーションソフトをインターネット経由で顧客にレンタルする事業者。

イ BPO とは，業務の外部委託。

ウ ISP とは，インターネット接続業者。

エ SI とは，情報システムの企画から設計，開発，構築，導入，保守，運用までをすべて請け負うサービスや業者。

【答】ア

127▶ PoC とは，新しいサービスや製品に用いられる

アイディアや技術が，実現可能かを試作開発の前段階における検証で確認する一連の作業。

ア CRM とは，顧客満足度向上を目的とし，顧客との関係を構築することに重きを置く経営手法。

イ KPI とは，企業目標やビジネス戦略を実現するために，設定したビジネスプロセスの実施状況をモニタリングするための指標。

エ SLA とは，IT サービスの利用者と提供者の間で結ばれるサービスのレベルに関して合意する契約。

【答】ウ

128▶ SNS とは，人と人とのつながりを促進するコミュニティ型 Web サイト。顧客と企業や顧客同士が双方向のコミュニケーションをとるためのツールとしても活用される。

ア SCM とは，商品・材料の仕入れから顧客まで製品を届けるまでの一連の流れを管理し，効率性を高める手法。

ウ SQL とは，リレーショナルデータベース管理システムにおける，データの操作や定義を行うための言語。

エ SSL とは，通信を暗号化し主に Web ブラウザと Web サーバ間でデータを安全にやり取りするためのプロトコル。

【答】イ

129▶ ア ISP(Internet Service Provider)の説明。

イ IaaS(Infrastructure as a Service)の説明。

ウ PaaS(Platform as a Service)の説明。

【答】エ

130▶ 次の式で求める。

初期投資額÷実質効果額(効果額−(運用費＋保守料))

ア $1250 \div (720 - (240 + 180)) = 1250 \div 300 = 4.1666\cdots$

イ $900 \div (510 - (170 + 90)) = 900 \div 250 = 3.6$

ウ $800 \div (440 - (120 + 160)) = 800 \div 160 = 5$

エ $600 \div (300 - (80 + 120)) = 600 \div 100 = 6$

【答】イ

131▶ ソフトウェアライフサイクルとは，ソフトウェアの企画から開発・運用・保守・廃棄に至るまでの一連の活動のことを指す。共通フレームにおいては，企画・要件定義・開発・運用・保守の順に遷移すると定義されている。

【答】イ

132▶　経営戦略をもとにシステム化が行われる。
イ　システム開発工程の前提条件
ウ　開発を委託するベンダを選定するための前提条件
エ　開発プロジェクトを進めるにあたっての前提条件
【答】ア

133▶　目標値を設定する企画プロセスは、「システム化計画の立案」で行われる作業である（共通フレーム）。
イ　開発プロセスに含まれる「システム要件定義」の作業。
ウ　開発プロセスに含まれる「ソフトウェア導入」の作業。
エ　開発プロセスに含まれる「ソフトウェア要件定義」の作業。
【答】ア

134▶　システム化計画：システム化の基本方針を立案し、対象業務を分析して、開発スケジュールや人員配置、費用対効果といったシステム化の全体像を明らかにする工程。
【答】ウ

135▶　要求定義とは、開発依頼元が新システムに望む機能や性能（要求）を洗い出し、整理する作業のことである。プロジェクトの成否が分かれる大事な工程なので、開発依頼元と開発者間での合意が重要である。
【答】ア

136▶　業務要件は、業務の手順や特性、用語などのように新たなシステムで業務上実現すべき要件のことを指す。問いにおいて、委託先に伝わっていなかったのは「業務上のルール」なため、これを明らかにすべき段階は「業務要件の定義」となる。
【答】エ

137▶　ア　運用プロセスで実施
イ　企画プロセスで実施
ウ　開発プロセスで実施
【答】エ

138▶　業務要件とは、業務の手順や業務上のルール・規則などにしたがって、システムで実現すべき要件をいう。このケースでは、委託先に業務上のルールが伝わっていなかったことが原因である。
ルールを明らかにする作業は業務要件の定義で行う。

イ　システムテスト要件は、システム要件定義の段階で明らかにする。
ウ　システム要件の定義は、業務要件のうちシステムで実現すべき部分を明らかにする。
エ　ソフトウェア要件の定義は、業務要件のうちソフトウェアで実現する部分を明らかにする。
【答】ア

139▶　企画プロセスでは経営事業システムを実現するため実施計画を策定する（共通フレーム）。
ア　開発プロセスの成果
イ　要件定義プロセスの成果
エ　開発プロセスの成果
【答】ウ

140▶　イ　要件定義プロセスで実施
ウ　開発プロセスの「システム要件定義」で実施
エ　開発プロセスの「ソフトウェア要件定義」で実施
【答】ア

141▶　RFIは、委託先の候補企業の技術・経験や業界の最新の動向などを把握するために発行される。そのため、目的は「技術動向調査書」の入手となる。RFPは、候補企業に対し、システム提案書の提出を求めるために発行される。そのため、「提案書」の入手が目的となる。よってアが正答となる。
【答】ア

142▶　機能要件とは、データの種類や構造、処理内容、ユーザインタフェースといった業務を実行するために必要なシステムの機能に関する要件を指す。非機能要件は品質要件やセキュリティ、運用方法、環境対策などが定義されている。以上のことからbとcが非機能要件と言える。
【答】ウ

143▶　基本の流れは以下の通りである。
1. 発注者が情報提供依頼書を発行。受注候補が返答する。
2. 発注者が提案依頼書を発行。受注候補が提案書を送る。
3. 発注者が見積依頼。受注候補が見積書を送る。
4. 発注者は発注先を選定。
5. 発注者は決定した受注者に発注書を発行。ここで契約締結される。
6. 期日までに受注側は納品。発注側は検収書を送る。

7. 商品のチェック完了後，受注者から請求書が発行されるので，期日までに代金を支払う。

【答】ウ

144▶ 評価点に評価項目ごとの重みを乗じて，それらを合算し，総合点を算出する。

ア $2×3+4×4+1×1=23$ 点

イ $4×3+3×4+1×1=25$ 点

ウ $2×3+3×4+4×1=22$ 点

エ $3×3+2×4+3×1=20$ 点

よってイが正答となる。

【答】イ

145▶ ROI（Return on Investment）とは，投下資本利益率。投資額に対し，どれだけ利益が生み出されたかを測る指標。

ア PER（Price Earnings Ratio）とは，株価収益率。株価が1株当たり純利益の何倍まで買われているかを測る指標。

ウ 自己資本比率とは，会社の総資産に対する自己資本の割合を示す値。

エ 流動比率とは，流動資産と流動負債の比率を示す値。

【答】イ

146▶ 業務要件は実現したい業務全体の流れや制約を定義したもの。システム要件は業務全体に定義された要件のうちシステム化する対象範囲など，システムに関わる部分を定義したもの。

ア 信頼性要件（システム）

イ セキュリティ要件（システム）

ウ インタフェース要件（システム）

【答】エ

147▶ システム化を計画する発注者が，RFP（提案依頼書）（Request For Proposal）の作成に先立ちシステム化の目的や業務概要を説明し，考えられる手段や技術動向などに関する情報の提供をベンダに依頼すること。

ア RFPの目的。

ウ RFPの目的。

エ NDA（秘密保持契約）（Non-disclosure Agreement）の目的。

【答】イ

148▶ 評価項目ごとに重み（重要度）を付け，重みに評

価点を乗じた値（評価項目の点×重み）をその項目の点数とする。

A社 $2×2+3×3+4×5=33$

B社 $4×2+4×3+2×5=30$

C社 $3×2+2×3+4×5=32$

D社 $3×2+3×3+3×5=30$

【答】ア

149▶ RFP（Request for Proposal）とは，提案依頼書のこと。ベンダに対し，導入したいシステムの概要，開発に関わる要望などの諸条件を記載した，提案を依頼する文書。

ア 提案依頼書の作成は発注元が行う。

イ 提案依頼書の作成は発注元が行う。

エ 情報提供依頼書（RFI：Request for Information）の説明。

【答】ウ

150▶ RFP（Request For Proposal，提案依頼書）とは，情報システムの導入や業務委託を行う際に，発注先候補の業者（ベンダ）に対し，具体的な提案を依頼する文書。

【答】イ

151▶ RFP（Request For Proposal）とは，提案依頼書のこと。企業は発注先に対して具体的なシステム提案を求め，提案の評価基準を作成しておき，この評価基準を用いて開発ベンダの選定を行う。

【答】ア

模擬試験問題

1▶ ア　上位概念を下位の概念に分解していく際に用いられる思考ツール。全体をモレなくダブリなく表現することができる。

ウ　データの値を色の濃淡で表すことで視覚的に見分けられるようにしたもの。ヒートマップデータをもとにWebのデザインを改善することもできる。

エ　縦軸と横軸を使い，縦横に項目を配置し，重なったところに結果などを書く図のこと。全体の中のどのあたりに位置するのか示すことができる。

【答】イ

2▶　各表に条件をあてはめ結果を確認すればよい。また，受注額200万円未満…Y，納期1週間未満…Yと受注額200万円未満…N，納期1週間未満…Nのように，極端な条件で結果を確認すると答えが割り出せることがある。

【答】エ

3▶　CSR（Corporate Social Responsibility）

ア　コンプライアンス（法令遵守）の説明。

ウ　コーポレートガバナンス（企業統治）の説明。

エ　コアコンピタンスの説明。

【答】イ

4▶　データマイニングは，これまで知られていなかったが役立つ可能性がある情報を，データから採掘（マイニング）することである。経験的に自明である内容は，データマイニングの応用例とは呼べない。

【答】ア

5▶　Society 5.0を目指している社会では，IoTですべての物や情報が人とつながり，さまざまな知識や情報が共有されることで，今までにない新たな価値が生まれると期待されている。また，AIを活用することで多様なニーズに対して，きめ細やかな対応が可能となり，必要な情報が必要なときに必要な場所に提供されるようになる。そのことによって，さまざまな課題解決に対応できる社会が実現できるとされている。

ア　企業がAIやIoTなどの新たなディジタル技術を活用して，顧客や社会に新たな付加価値を提供するとともに，既存のビジネス構造を変革し，組織の変革や新しい価値を生み出す革新的な諸活動のこと。

イ　現実世界にある多様なデータを集積・分析することで生み出された知識や価値を，現実の社会問題の解決や産業の活性化に生かそうとする概念。

エ　製造業におけるオートメーション化およびデータ化・コンピュータ化を目指す技術的コンセプトにつけられた名称。

【答】ウ

6▶　ア　システム開発の受託の説明。

イ　SaaS（Software as a Service）の説明。ソフトウェアの機能のうち，ユーザが必要とするものだけをサービスとして配布・利用可能にしたソフトウェアの配布形態。

ウ　ハウジングサービスの説明。顧客のコンピュータ・サーバなどを，自社の回線設備の整った施設に設置するサービス。

エ　ホスティングサービスの説明。インターネットに情報発信するサーバの容量の一部を間貸しするサービス。レンタルサーバとも呼ばれる。

【答】イ

7▶　ニッチとは「すきま」の意。

ア　ブランド戦略の説明。　イ　プッシュ戦略の説明。

ウ　ニッチ戦略の説明。　　エ　プル戦略の説明。

【答】ウ

8▶　個人識別符号：文字や番号，記号その他の符号のうち特定の個人を識別できるものを指す。運転免許証，保険証の番号，マイナンバーはもちろん，指紋や静脈などの生体情報をデジタル変換したデータも個人情報である。しかし，クレジットカード番号や携帯電話番号，メールアドレスなどはこれに該当しない。ただし，メールアドレスの中に会社名や氏名などが含まれ，個人を特定できる場合は，個人情報となる。

【答】エ

9▶　①工程AからBへ送られる製品数の計算

20時間×60分＝1,200分　1,200分÷4分＝300個（生産可能数）

300個×0.9＝270個

②工程Bで生産される製品数

20時間×60分＝1,200分　1,200分÷3分＝400個（生産可能数）

270個×0.9＝243個

【答】イ

10▶　キャッシュフロー計算書（C/S）とは，企業会計について報告する財務諸表の一つ。会計期間における資金（現

金および現金同等物)の増減，すなわち収入と支出(キャッシュフロー)を営業活動・投資活動・財務活動ごとに区分して表示する。

【答】ア

11▶ 著作権法で保護されているのはプログラムそのもので，特殊な技法やアイディアなどは産業財産権の実用新案権で保護される。アルゴリズムは対象外。

【答】エ

12▶ ア　POS(Point Of Sales)とは，販売時点情報管理の説明。

イ　VE(Value Engineering)とは，工業製品の価値管理の説明。

ウ　SCM(Supply Chain Management)とは，サプライチェーンマネジメントの説明。

エ　EOS(Electronic Ordering System)とは，電子発注システムの説明。

【答】ウ

13▶ 次の手順で計算する。

① 販売個数の計算

$y = -20 \times 1,000 + 80,000$ （$x = 1,000$ 円）

$y = 60,000$

② 売上利益＝売上高－(変動費＋固定費)

売上利益 $= 1,000 \times 60,000 - (500 \times 60,000 + 2,000,000)$

$= 28,000,000$ 円

【答】イ

14▶ SFAとは情報技術を活用した，営業部門の支援機能の一つ。コンタクト管理は，顧客に対しての効率的なサービスを実現するために，顧客の要望や交渉記録をデータベース化して管理することをいう。

ア　SFAのマーケティング情報機能についての説明。

イ　SFAのチームセリング機能についての説明。

エ　ナレッジマネジメントについての説明。

【答】ウ

15▶ CRM(Customer Relationship Management)とは，顧客関係管理，CIO とは，最高情報責任者，CEO とは，最高経営責任者，CSF とは，重要成功要因

【答】ウ

16▶ SWOT とは，Strengths(強み)，Weaknesses(弱み)，Opportunities(機会)，Threats(脅威)の頭文字をとったも

の。SWOT 分析では，まず，企業や組織の持つ人材・資金・技術その他の内部要因を S(強み)と W(弱み)に当てはめ，企業や組織を取り巻く経済状況，技術革新，競合他社との関係その他の外部環境を O(機会)と T(脅威)に分類する。次に分類した結果を 2 次元の座標に整理し，自社と競合他社との比較，経営環境の分析などを行う。

【答】ウ

17▶ 会計情報を経営管理者の意思決定や組織の業績評価に役立てる。そのため経営学や統計学が用いられる。

ア　主に貨幣による測定が行われ，必要に応じて生産工程の計量化も行う場合がある。

イ　詳細な部門別，製品別のほかプロジェクト別の財務計算が行われる。

ウ　経営状況の把握が目的であり，必ずしも立証する必要はない。

【答】エ

18▶ 各社の重み付けした評価の合計を求めればよい。評価は，「それぞれの評価×重み」で求められる。

	重み	自社	A社	B社	C社
価　格	5	4×5	3×5	2×5	3×5
製品の品質	3	3×3	3×3	5×3	2×3
ブランド力	3	2×3	4×3	1×3	5×3
営業力	4	4×4	2×4	5×4	4×4
合　計		51	44	48	52
順　位		2位	4位	3位	1位

【答】イ

19▶ ア　個人の検索履歴やクリック履歴を分析し，ユーザの好みを学習したアルゴリズムが，真偽よりもユーザの見たい情報を優先的に表示することで，見たくない情報が遮断され，自身の考え方や価値観の中(バブル)に孤立してしまう情報環境のこと。

イ　SNS の書き込みや個人情報などがインターネット上で一度拡散してしまうと，完全に削除することは不可能であり，半永久的にインターネット上に残れることを入れ墨に例えた表現。

エ　主に Web サイトや SNS で発信された，事実とは異なるがまるで真実のように伝えられる情報のこと。世間の関心をひくことで，自分のサイトのアクセス数を増やすねらいのものや，故意に虚偽の情報を発信して他者に被害を与える悪質なものもある。

【答】ウ

20▶ M 氏に対する指揮命令権は B 社にある。

ア　配属先に関しては契約時に決められており，変更する場合は新たに契約を取り交わす必要がある。
イ　労働者派遣契約関係はA社とB社にある。
ウ　職種によっては最長3年間と決められている。
【答】エ

21▶　システム化計画とは，経営戦略達成のため，業務の効率化を支援する情報システムについての，数年先までの「開発企画書」にあたるものである。システム戦略に基づいて，対象業務を分析し，スケジュール，体制，概算コスト，リスク分析，費用対効果，適用範囲などを検討し，システム化の全体像を明確化する。
【答】ア

22▶　RFP(Request For Proposal)：提案依頼書
【答】イ

23▶　バナー広告：Webページ上に，画像やテキストを貼り付けるタイプのインターネット広告。
　PPC広告：広告がクリックされた回数分だけコストが発生するクリック課金タイプの広告。とくに，GoogleやYahoo！などの検索エンジンの検索結果画面に広告が表示されるものを指すことが多い。
　コンテンツターゲティング広告：広告対象の商品やサービスと関わりの深い話題を提供するWebサイトに掲載されるクリック課金型の広告。
【答】ウ

24▶　アダプティブ・ラーニング(Adaptive Learning，AL，適応学習)では，生徒個々の学習の進捗状況をログとして記録し，理解度などを分析して最適な学習内容を提示する。
ア　OJT(On the Job Training)の説明。
ウ　HRテック(HR Tech)はヒューマンリソース(Human Resources)とテクノロジー(Technology)を組み合わせたもの。
エ　CDP(Career Development Program/Plan)の説明。
【答】イ

25▶　この法律では，情報の発信は不特定の者に対するものでなければならないので，特定人のみを相手とする通信は適用の対象とならず，Webサイトで公開された情報の発信が適用の対象となる。
【答】ア

26▶　ア　デジタルサイネージの説明。
イ　デジタルネイティブの説明。
ウ　デジタルトランスフォーメーションの説明。
エ　デジタルディバイドの説明。
【答】ウ

27▶　ア　SFA(Sales Force Automation)の説明。
イ　組込みシステムの説明。
ウ　GPS(Global Positioning System)の説明。
【答】エ

28▶　コモディティ化とは，汎用品化とも呼ばれ，メーカや販売会社間で，商品の機能や品質の差別化特性が失われることを意味している。結果として，顧客は価格あるいは買いやすさ以外に選択要因がなくなる。
【答】ア

29▶　ジャストインタイム生産方式とは，必要な物を，必要なときに，必要な量だけ生産することで，工程間在庫の最少化を目指す。生産指示票としてカンバンと呼ばれる帳票を利用するため，カンバン方式とも呼ばれる。
【答】ア

30▶　ア　グリーンITの説明。
イ　CSR(社会的責任)の説明。
ウ　ダイバーシティマネジメントの説明。
【答】エ

31▶　① 製品Aを1個製造する場合：製品Aを1個製造するには，部品Bを4個と部品Cを3個必要とする。
部品B ⬜⬜⬜⬜　部品C ⬜⬜⬜
② 製品Aを15個製造する場合：製品Aを15個製造するには，部品Bを4×15＝60個と部品Cを3×15＝45個必要とする。
部品B ⬜⬜⬜⬜⬜⬜⬜⬜⬜‥‥60個
部品C ⬜⬜⬜⬜⬜⬜⬜⬜‥‥‥‥45個
③ 部品Cには引当可能な在庫が5個：部品Cは45個必要であるが，5個は在庫をあてる。
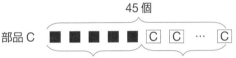
45個
部品C ■■■■■⬜⬜…⬜
5個　部品Cの正味所要量45個−5個＝40個
【答】ア

32▶　ア　要素を2軸のマトリックス上にプロットして

分析すること。

イ　長期的な技術開発の記録を資料として保存すること。

ウ　同じ分野の優れた事例を自社と比較し分析すること。

【答】エ

33▶　NDA（Non-Disclosure Agreement）の説明。

ア　SLA（Service Level Agreement）とは，ITサービスを提供する前に，サービスの提供者と顧客の間で提供されるサービス内容について定めた契約。

イ　RFP（Request For Proposal）とは，情報システムの導入や業務委託を行うにあたり，発注先候補の業者に具体的な提案を依頼する文書。

エ　SFA（Sales Force Automation）とは，営業活動にインターネットやモバイルなどのIT技術を活用し，営業効率を高め売上高や利益の増加につなげる仕組み。

【答】ウ

34▶　ア　ディープフェイクの説明。

イ　ファクトチェックの説明。

ウ　機械学習の説明。

エ　ハルシネーションの説明。

【答】エ

35▶　ア　SCM（Supply Chain Management）とは，製造から販売までの流れを供給連鎖ととらえ，関連する部門や企業間で情報を共有・管理することで，全体の工程を最適化する経営手法。

ウ　SSL（Secure Sockets Layer）とは，顧客のクレジットカード番号などの個人情報の安全を確保するために，インターネット上で情報を暗号化して送受信する仕組み。

エ　SNS（Social Networking Service）とは，インターネット上で参加者がお互いに友人，知人などを紹介し合い，つながり合うコミュニティ型のサービス。

【答】イ

36▶　プロダクトポートフォリオマネジメント（PPM）は，縦軸に市場成長率，横軸に市場占有率をとったマトリックス図を四つの象限に区分し，市場における製品（または事業やサービス）の位置付けを二つの観点で分類して資源配分を検討する手法。

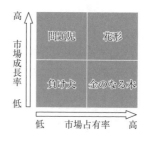

【答】ウ

37▶　ア　積算法の説明。

ウ　類推法の説明。

エ　COCOMOの説明。

【答】イ

38▶　要件定義プロセスでは，企画プロセスにおいて立案されたシステム計画について，実際に開発を行う外部との各種調整や合意を行うプロセスである。

【答】イ

39▶　ア　結合テストの説明。

イ　ホワイトボックステストの説明。

エ　システムテストの説明。

【答】ウ

40▶　システム監査人は，専門的な立場から開発，運用，利用の状況を客観的に点検・評価して助言を行う。

【答】ア

41▶　データ入力を人間が行った場合，誤りを発見するには，データ入力結果の出力リストと入力伝票とを照合する必要がある。

【答】イ

42▶　クリティカルパスがA→B→G→D→Iとなり，作業日数の和は31となる。

【答】エ

43▶　ア　プロジェクトマネジメントの説明。

イ　サービスデスクの説明。

エ　ITサービスマネジメントの説明。

【答】ウ

44▶　工数は10人×15日＝150人日となる。作業開始から3日間は7名での作業となるので，7人×3日＝21人日となり，150人日－21人日＝129人日となる。129人日

を残りの 12 日間で完成させるためには 129 人日÷12 日＝
10.75 人÷11 人必要となる。当初予定した 10 人－11 人＝
－1 となるため，増員は 1 名必要となる。

【答】ア

45▶　①　修正対象となるプログラムの数。
　　1,000 本×20％＝200 本
　②　1 人のプログラマが①を修正するのにかかる日数。
　　200 本÷0.5 本/日＝400 日
　③　必要な月数を求める。
　　400 日÷20 日(1 か月の作業日数)＝20 か月

【答】イ

46▶　ア　ITIL の説明。
　イ　SLM の説明。
　エ　プロジェクトマネジメントの説明。

【答】ウ

47▶　内部統制とは，企業内部での違法行為や不正，うっ
かりミスを含めて，法令遵守を徹底するための仕組みであ
る。最も効果的なものは，実行者とチェック担当者を分け
ることで相互チェック体制を敷くことである。エのように
担当者がすべての権限を持つとチェック体制に不備が生じ
る。したがってエは誤り。
　イ　ファシリティマネジメントの例。
　ウ　地域貢献の例。

【答】ア

48▶　信頼のおける委託先であっても，詳細な指示と検
証を伴うものでなければ適切とはいえない。

【答】イ

49▶　インシデント管理とは障害が発生したときに
可能な限り迅速にサービスを復旧させることである。

【答】イ

50▶　ア　企業が法律や社会規範を守らずに企業の信頼
　　を損ねてしまうリスク。
　ウ　特定の国や地域における政治，経済，社会情勢など
　　に起因するリスク。
　エ　企業にとって利益と損失の両方が発生する可能性の
　　あるリスク。動的リスクともいう。

【答】イ

51▶　SLCP(Software Life Cycle Processes)

　イ　RAD(Rapid Application Development)はプロトタイ
　　ピングモデルを意味する。
　ウ　FP(Function Point method)とは，ファンクション
　　ポイント法。開発するシステムの機能の数をもとに，
　　ソフトウェアの規模を測定する方法。
　エ　WBS(Work Breakdown Structure)。プロジェクト
　　マネジメントの初期段階で，プロジェクト全体を細
　　かい作業に分解した構成図。作業分解図などとも呼
　　ばれる。

【答】ア

52▶　システム監査は，システムに関するすべての工程
が対象となる。

【答】ア

53▶　ア　リスクを他社などへ移すこと。
　イ　リスクの影響力が小さいために，許容範囲としてリ
　　スク対策を行わないこと。
　ウ　対策を講じることで，脅威発生の可能性を下げるこ
　　と。
　エ　リスクが発生する可能性を取り去ること。

【答】ア

54▶　ア　IrDA の説明。
　イ　Bluetooth の説明。
　エ　RFID の説明。

【答】ウ

55▶　イ　ストリーミングの説明。
　ウ　CPRM の説明。
　エ　ディジタル万引きの説明。

【答】ア

56▶　ア　ランサムウェア(身代金要求型不正プログラ
　　ム)は，端末内のファイルを人質に取り，開放の条
　　件として身代金を要求するマルウェア。
　イ　セキュリティホールが発見されたばかりで，開発者
　　による修正プログラムなどの対策が提供されるまで
　　の時間差を利用して行われる攻撃。
　エ　利用者のアカウントの乗っ取りを試みる手法で，別
　　のサービスなどで使用しているパスワードを用いて
　　別のサービスへのログインを試みる手法。パスワー
　　ドの使い回しをしている利用者を標的としている。

【答】ウ

57 ▶ ア　ハニーポットの説明。
ウ　リグレッションテストの説明。
エ　検疫ネットワークの説明。
【答】イ

58 ▶ ①　正しい。
②　ハードディスクのアクセス速度は向上するが、セキュリティ対策にはならない。
③　正しい。
④　管理者権限では、PC の設定やアプリケーションソフトのインストールなど多くのことができてしまう。もしも Web ブラウザから不正ソフトが侵入すると、被害が大変大きくなってしまう。
【答】エ

59 ▶ ア　機械学習の説明。
イ　帰納法の説明。
エ　推論の説明。
【答】ウ

60 ▶

問1　問2

27　38　35

$65 + 73 - 100 = 38$

【答】イ

61 ▶ データの削除(POP)と挿入(PUSH)がリストの一方の端(図では上部)で行われ、削除は最新のデータ、挿入は古いデータに積み重ねる形のデータ構造を「スタック」という。スタックは、後入れ先出し(LIFO)で処理を行う。
【答】ウ

62 ▶ 「入力 A」OR「入力 B」の真理値表は、C2 のみ 0 で他は 1 となる。A 列と B 列を加算したとき、いずれかの列に 1 が入力されていると 1 か 2 になるため、加算した値を 2 で割り、四捨五入すると出力結果と同じになる。

	A	B	C
1	入力 A	入力 B	出力
2	0	0	0
3	0	1	1
4	1	0	1
5	1	1	1

イ　XOR を求める。
ウ　AND を求める。
エ　NAND を求める。
【答】ア

63 ▶ プログラム言語は、コンピュータに対しての処理手続きを記述するための言語である。したがって、処理手続きに誤りがあれば、コンピュータは誤った処理を行う。
【答】ウ

64 ▶ ア　ハイパバイザ型の説明。
ウ　VDI(Virtual Desktop Infrastructure)の説明。
エ　コンテナ型の説明。
【答】イ

65 ▶ ア　PPP の説明。
イ　FTP の説明。
エ　URL の説明。
【答】ウ

66 ▶ ア　NAS の説明。
ウ　マイグレーションの説明。
エ　VDI の説明。
【答】イ

67 ▶ ア　サービスを提供するサーバと、サービスを依頼するクライアントに立場の分かれた LAN。
イ　インターネットなどを通じて映像や音声などをデータを受信しながら同時に再生を行う方式。
エ　ホストコンピュータが一括でデータを処理し、端末はデータの入力と処理結果の出力でのみ使用する方式。
【答】ウ

68 ▶ 障害が発生したときに使用できる予備があれば、障害時にも予備機で稼働できるのでシステムを動かすことができる。したがって、システムの構成を二重化することは、信頼性の向上につながる。
【答】イ

69 ▶ イ　ブラウザの説明。
ウ　メーラの説明。
エ　ワープロソフトの説明。
【答】ア

70 ▶ ハードディスクの故障に対応するためのバックアップなので、現在使用しているハードディスクにバック

アップを取った場合，そのハードディスクが故障するとバックアップの意味をなさない。また，別のハードディスクでも前回バックアップした場所に上書きすると作業中にバックアップ中のハードディスクが故障した場合，バックアップ前のファイルも上書き途中で消えてしまう。したがって，別のハードディスクに上書きでなく保存するために，名前を変えて保存するのがよい。

　【答】ア

71▶ カレントディレクトリのB＊から，矢印のBへは，A→ルートと2階層上にあがらないと到達できない。1階層上るごとに..¥と記述するので，..¥..¥となる。

　【答】イ

72▶ ア　PCI DSS（Payment Card Industry Data Security Standard）の説明。
　イ　耐タンパ性の説明。
　エ　IDS（Intrusion Detection System）の説明。

　【答】ウ

73▶ オープンソースソフトウェアは，ソフトウェアの設計図にあたるソースコードを無償で公開し，誰でもそのソフトウェアの改良や再配布が行えるようにしたソフトウェア。

　【答】イ

74▶ ア　利用者の利便性を考え，Webサイトとしてデザインや操作体系などを統一した方がよい。
　ウ　ページのタイトルは開発者ではなく，利用者にわかりやすいものとする。
　エ　自動で新しいページに飛ばされると，利用者はまだ現在のページを見ていたいかも知れないのに強制的に飛ばされてしまうので利用者は不便である。

　【答】イ

75▶ ア　総当たり攻撃とも呼ばれ，文字や数字，記号などすべての組み合わせをパスワードとして，繰り返しログインを試す攻撃のこと。
　イ　サイバー攻撃の手順を攻撃者の視点からいくつかの階層に分けモデル化したもの。
　ウ　AIが誤った分類をするように，人間にはわからないよう，わずかに不要な情報を入れたデータのこと。

　【答】エ

76▶ ア　正しい。AR（拡張仮想現実）の説明文である。

　イ　VR（仮想現実）は，CGや音響効果を組み合わせて，人工的に現実感を作り出す技術。
　ウ　眼鏡やゴーグル型のディスプレイ。
　エ　液晶ディスプレイ。

　【答】ア

77▶ ア　$0.9 \times 0.9 \times 0.9 = 0.729$
　イ　$(1 - (1 - 0.9) \times (1 - 0.9)) \times 0.9 = 0.891$
　ウ　$0.9 \times 0.9 = 0.81$
　エ　$1 - (1 - 0.9) \times (1 - 0.9) = 0.99$

　【答】エ

78▶ データベース管理システムは，DBMSともいう。データベースの構築や運用などを行うためのソフトウェアである。

　【答】エ

79▶ データベースでは，テーブル内のデータ（レコード）を一意に識別することが可能な項目をキーにしなければならない。「氏名」には，同姓同名の生徒がいる可能性がある。「住所」では，兄弟や双子などに対応できず，「郵便番号」では，近所に住む生徒が多数存在してしまう。したがって，「生徒番号」が答えとなる。

　【答】ウ

80▶

会員番号	氏名	性別	現住所	勤務地
K001	秋本一郎	男	埼玉県	東京都
K002	井田健二	男	東京都	埼玉県
K003	碓氷三智子	女	千葉県	東京都
K004	＜江口好子	女	東京都	東京都
K005	大泉五郎	男	埼玉県	埼玉県
K006	香山睦子	女	千葉県	東京都

　【答】ウ

81▶ ネットワークを経由して，同一のファイルやデータベースに同時にアクセスすると，このような不具合が発生する。このような不具合を防ぐためには，最初にそのファイルを開いた人が，他者の利用ができないようにロックをかけることで防ぐことができる。これを排他制御という。

　【答】イ

82▶ ア　ドキュメント指向データベースの説明。
　イ　キーバリューストアデータベースの説明。
　ウ　リレーショナル型データベースの説明。

エ　グラフ指向データベースの説明。

【答】ア

83▶ 　デフォルトゲートウェイとは，他のネットワークとの接点となる場所をいい，同一のネットワーク内にあるルータがこれに当たる。そのため，デフォルトゲートウェイに設定するIPアドレスはルータのIPアドレスとなる。

　しかし，ルータには二つのネットワークに接続できるように二つのポートがあり，それぞれに別のIPアドレスが振られているので，設定するPCから見て同一のネットワークになるポートのIPアドレスにする。

【答】ウ

84▶ 　①転送するデータは5Mバイト×10枚=50Mバイト。バイトをビットの単位に変換すると50Mバイト×8ビット=400Mビット。

　②転送速度は1秒間に10Mビットだが，伝送効率が80％なので，実質の転送速度は10Mビット×80％=8Mビットである。

　③転送するデータ量は①から400Mビット。1秒間の伝送速度は8Mビットなので，400Mビット÷8Mビット=50秒となる。

【答】エ

85▶ 　ア　無線LANを識別するための文字列。

　イ　無線LANのルータやアクセスポイントがなくても各端末の無線LANアダプタどうしが接続する規格。

　ウ　無線LANが網の目のように接続し合い，障害の発生した機器があっても迂回して通信ができる規格。

【答】エ

86▶ 　ソーシャルエンジニアリングとは，ネットワーク管理者や利用者などから，話術巧みに聞き出したり，盗み聞き・盗み見するなどの「社会的」手段によって，パスワードその他のセキュリティ上重要な情報を入手すること。

【答】エ

87▶ 　情報セキュリティポリシとは，どのような情報資産をどのような脅威からどのようにして守るかを定めたものである。情報資産や脅威は組織によって実情や考え方が異なるので，各企業ごとに定める必要がある。また，この内容は全社員が理解し情報セキュリティポリシを守る必要がある。

【答】ウ

88▶ 　ア　情報セキュリティの三要素。CIAという。

　イ　情報セキュリティ対策の種類。

　エ　データベースの基本操作。

【答】ウ

89▶ 　コンピュータウイルスは毎日新しいものが発生するので，新しいウイルスに対応したウイルス定義ファイルに更新しないと意味がないので注意する。

【答】イ

90▶ 　暗号化することで，もし盗聴されても意味を理解することができない。

【答】ア

91▶ 　ア　PLAFSの説明。

　イ　POPの説明。

　ウ　RSAの説明。

【答】エ

92▶ 　ア　キーロガーの説明。

　ウ　トロイの木馬の説明。　　エ　ランサムウェアの説明。

【答】イ

93▶ 　関数keisanをkeisan(5)として呼び出すので，変数ataiの初期値は5となる。変数eには変数ataiの値が代入されるので5である。その後の変数sと変数iの移り変わりは以下のようになる。

s : $0 \to 1 \to 3 \to 6 \to 10 \to 15$

i : $1 \to 2 \to 3 \to 4 \to 5 \to 6$

したがって戻り値は15となる。

【答】ウ

94▶ 　占有ロックとは，データベースを更新するときにかけるロックで，他者からは参照も更新もできない。

　アクセス権とは，コンピュータの利用者に与えられた，資源(ファイルやフォルダ，あるいは接続された機器など)を利用するための権限。

　共有ロックとは，データベースを参照するときにかけるロックで，他者からは参照はできるが，更新はできない。

　デッドロックとは，二つ以上のトランザクション処理が，それぞれロックのかかったデータにアクセスしようとしたときに，ロックの解除ができない待ち状態が無限に続くこと。デッドロックが生じた場合は，一方のトランザクション処理を強制キャンセルする必要がある。

【答】ア

95▶　ア　ディジタルビデオカメラの接続などに用いられているインタフェースの規格。
　イ　有線 LAN の規格。
　ウ　電気・電子分野における世界最大の学会。関係する学会の開催や論文誌の発行とともに技術標準を定めている。
　【答】エ

96▶　ア　NAT の説明。　　ウ　VPN の説明。
　エ　プロキシサーバの説明。
　【答】イ

97▶　ア　受信者がメールサーバに保存されたメールをダウンロードして受信するためのプロトコル。
　イ　送信者からメールサーバへの送信，またはサーバ間のメール転送に使われるプロトコル。
　エ　画像や音声などのデータを文字データへ変換して送るためのプロトコル。
　【答】ウ

98▶　ア　SIM カードの説明。
　イ　テザリングの説明。　　エ　MVNO の説明。
　【答】ウ

99▶　CSIRT(Computer Security Incident Response Team)は，企業や行政機関などに設置される組織で，コンピュータシステムやネットワークにセキュリティ上の問題に繋がる事象が発生した際に，組織内の対応窓口として，被害の拡大防止や情報収集，再発防止対策等を行う。また，外部と連携して情報の共有や情報セキュリティに関する教育や広報活動なども行う。
　【答】エ

100▶　a, c　正しい。
　b　継続的に実施することが望ましい。
　d　業務に入る前に情報セキュリティについて学ぶ必要があるので，新人教育の一環として実施した方がよい。
　【答】ア

＊＊＊＊＊＊＊＊＊＊＊＊＊＊＊＊＊＊＊＊＊＊＊＊＊＊＊＊＊＊＊＊＊＊＊
本書に関するお問い合わせに関して

●正誤に関するご質問は，下記いずれかの方法にてお寄せください。
・弊社Webサイトの「お問い合わせフォーム」へのご入力。
 https://www.jikkyo.co.jp/contact/application.html
・「書名・該当ページ・ご指摘内容・住所・メールアドレス」を明記の上，FAX・郵送等，
 書面での送付。
 FAX：03-3238-7717
●下記についてあらかじめご了承ください。
・正誤以外の本書の記述の範囲を超えるご質問にはお答えいたしかねます。
・お電話によるお問い合わせは，お受けしておりません。
・回答期日のご指定は承っておりません。

＊＊＊＊＊＊＊＊＊＊＊＊＊＊＊＊＊＊＊＊＊＊＊＊＊＊＊＊＊＊＊＊＊＊＊

●写真協力──エレコム
●本文・表紙デザイン──難波邦夫

令和6年度版   2024年6月10日　初版第1刷発行

IT パスポート試験問題集

●著作者　ITパスポート試験教育研究会　　●発行所　実教出版株式会社
●発行者　小田良次   〒102-8377
                                                    東京都千代田区五番町5番地
●印刷所　壮光舎印刷株式会社   電話 ［営　　業］（03）3238-7765
                                                        ［高校営業］（03）3238-7777
                                                        ［企画開発］（03）3238-7751
                                                        ［総　　務］（03）3238-7700
無断複写・転載を禁ず   https://www.jikkyo.co.jp/

ISBN 978-4-407-36360-9　C3004   Printed in Japan